国家社科基金
GUOJIA SHEKE JIJIN HOUQI ZIZHU XIANGMU
后期资助项目

# 冷战后中亚
# 非传统安全合作研究

Research on Non-Traditional
Security Cooperation in Central
Asia after the Cold War

朱新光　著

上海三联书店

# 国家社科基金后期资助项目
## 出版说明

后期资助项目是国家社科基金设立的一类重要项目，旨在鼓励广大社科研究者潜心治学，支持基础研究多出优秀成果。它是经过严格评审，从接近完成的科研成果中遴选立项的。为扩大后期资助项目的影响，更好地推动学术发展，促进成果转化，全国哲学社会科学工作办公室按照"统一设计、统一标识、统一版式、形成系列"的总体要求，组织出版国家社科基金后期资助项目成果。

全国哲学社会科学工作办公室

# 目　　录

# 导　　论

## 一、研究背景和意义

中亚非传统安全合作是冷战后中亚地区安全进程的必然结果。众所周知,苏联时代,中亚区域经济是在苏联计划经济体制下运行的,拥有苏联庞大的自给自足成分的经济体,经济合作仅限于国家内部层次,与世界经济的联系几乎处于隔绝状态,一般来说,这种经济合作是按照苏联计划经济的区域分工实现的,各国的出口贸易和投资完全受制于苏联的计划指令,与地区安全没有必然的联系。与此同时,中亚受制于苏联高度中央集权,与外部世界隔绝。尽管当时也存在诸如宗教极端势力、民族分裂势力等问题,但在苏联高压政策下,这些问题往往被视为“异端”或者内部矛盾加以压制和掩盖。此外,中亚地处欧亚大陆腹地,属于水资源脆弱的干旱地区。苏联时期,为解决该地区水资源短缺,苏联在这一地区修建一系列庞大的水利枢纽,实行统一的水资源一体化管理,来满足中亚的工业用水和农业灌溉需求。加之由于苏维埃中央政府对中亚的罂粟和大麻的种植、加工和销售实行严格管控,中亚的吉尔吉斯斯坦等少数地区被允许合法种植罂粟,以提取鸦片作为医院的临床药用和医药研究使用,中亚地区不存在毒品问题。

冷战结束后，两极格局瓦解，在中亚持续近七十年的苏联模式被完全打破。自中亚国家独立以来，各类高于国家层次和低于国家层次的经济危机、恐怖主义、跨界水资源冲突、毒品泛滥等非传统安全威胁层出不穷，构成对中亚地区安全的全方位、多层次和长周期的挑战。国际关系的现实主义、自由主义、非传统安全等理论流派对"人的安全"的关注，标志着以非军事和政治为核心的非传统安全观已成为中亚各国的广泛共识。而中亚非传统安全的混合性复杂威胁，则要求区域各国间为共同目标进行局部或全面的协调或联合，在经济、反恐、水资源、禁毒等诸多安全领域开展广泛合作，以护持中亚地区的和平与安全。

随着全球化和区域一体化的衍进，地区安全合作成为中亚各国普遍认同的治国方略，并在理论和实践上不断得以推陈出新，形成各具特色的制度设计。因此，中亚非传统安全合作的出现，既是区域一体化浪潮使然，也是中亚地区安全的客观要求。当然，中亚非传统安全合作的形成与发展同中亚的经济安全、反恐安全、生态安全、禁毒安全等密不可分，它是中亚在特定历史条件下形成的区域安全合作模式。

## 二、国内外学界研究现状

从目前国内外学界有关中亚区域经济安全、反恐安全、生态安全、禁毒安全等合作议题的相关研究成果看，大多数成果较为分散，缺少对地区非传统安全合作的整体和宏观的讨论，限制了中亚区域性安全合作研究。

### （一）中亚区域经济安全合作议题

在中亚区域经济安全合作研究上侧重区域经济合作的动因、制度结构、影响力、制约性分析等方面。比如，在区域经济合作的动力上，学界有两种看法：一种观点认为，中亚区域经济合作是在中亚内外多种力量相互作用下展开的。学者托利波夫指出，中亚区域经济合作既是对区域外地缘政治压力的回应,也是从内部确立新的地缘政治地位的途径。① 学者艾利松的研究表明,区域外美俄对中亚的外部压力和区域内的次大国竞争性参与及各国领导人对区域安全框架的政治承诺的共同作用,激发中亚区域经济合作的转变。② 另一种观点认为,中亚区域经济合作取决于区域内多元政治主体共同推动的结果。学者王维然指出,作为中亚一体化进程的重要步骤,中亚区域经济合作只有在该区域的国家和非国家行为体等多种"政治力量"而非市场经济力量大力倡导下才能完成。③ 俄罗斯学者谢苗诺夫指出,中亚国家间和区域一体化集团内部经济联系的强度和稳定性取决于它们属于相同或不同的文明,一体化国家对相同或相当(类似)文明(包括宗教)的归属,对其动力产生积极影响,为形成新统一经济空间和人文合作空间奠定基础。④ 学者波尔也把区域经济合作的根本原因归结为实现中亚的区域认同⑤。

在区域经济合作的制度结构上,学界提出五种制度模式:一是学者戈里森提出的以中亚合作组织为代表的"渐进一体化"模式,强调该组织是被哈萨克斯坦设计成渐进式的政策协调运动下的一个合乎逻辑的步骤,它代表哈萨克斯坦对中亚国家紧密经济一体化的长期愿景。⑥ 二是托卡耶夫提出的以欧亚经济共同体为代表的"互惠一体化"模式,指出该组织是区域政治经济一体化进程的重要步骤,强调这

① Farkhod Tolipov,"Geopolitical Stipulation of Central Asian Integration,"*Strategic Analysis*,Vol. 34,No. 1,2010.

② Roy Allison,"Regionalism,regional structures and security management in Central Asia,"International Affairs,Vol. 80,No. 3,2004.

③ 王维然等:《欧亚经济共同体对中亚区域一体化影响的研究》,《国际经贸探索》2012 年第 10 期。

④ Семенов К. А,"*Международная экономическая интеграция*,"Юристъ-Гарда-рика,2001. С. 60—75.

⑤ Annette Bohr,"Regionalism in Central Asia:new geopolitics,old regional order,"*International Affairs*,Vol. 80,No. 3,2004.

⑥ Gregory Gleason,"Inter-State Cooperation in Central Asia from the CIS to the Shanghai Forum,"*Europe-Asia Studies*,Vol. 53,No. 7,2001,pp. 1077—1095.

种制度安排在促进每个成员国货币市场交易发展的同时,还确定一些在货币、支付、信贷关系领域内开展多边合作的有效措施,能完善各国的货币法则,使协调信贷、货币政策的形式与方式有所改观。[①] 三是学者孙霞提出的以上合组织为代表的"战略一体化"模式,凸显中亚区域经济合作的综合性、无霸权和机制化的特质。四是学者卡贝斯坦提出的以上合组织为代表的"开放一体化"模式,强调该组织是通过建立共同的和较宽松的政府间组织、国际合作和区域一体化平台,来促使成员国在一系列共同问题上进行合作的。[②] 五是学者顾炜提出的"次地区一体化"模式,次地区结构呈现扁平化特质。[③] 学者们普遍认为,这些制度安排都以竞争而非合作的方式来实现,并通过建立相对权威的超国家机构,来构建复杂多变且相互竞争的区域经济制度格局。

在中亚区域经济合作的影响力上,学者们大多倾向于国际一体化的外部性和各国投资贸易结构的微观层面对区域经济合作进程的重要意义。在区域经济合作外部性上,学者楚拉诺娃和曼特一致认为,国际一体化的分工格局对中亚各国出口结构(如石油、天然气、纺织服装、汽车配件等)的转变有重大影响。[④] 学者屠李波夫、李卜曼等人还从地缘政治、域外行为体渗入等方面阐明中亚区域经济合作的影响因素。[⑤] 在区域经济合作的投资政策、贸易依存度、经济增长

---

① 托卡耶夫:《哈萨克斯坦:从中亚到世界》,新华出版社 2001 年版,第 128 页。

② Jean-Pierre Cabestan,"The Shanghai Cooperation Organization, Central Asia, and the Great Powers, an Introduction,"*Asian Survey*, Vol. 53, No. 3, 2013, pp. 423—435.

③ 顾炜:《中亚一体化的架构变化与发展前景》,《国际关系研究》2020 年第 2 期,第 9—30 页。

④ Zaure Chulanova,"Integration of Central Asian Republics into Global Economy,"*Himalayan and Central Asian Studies*, Vol. 12, No. 3—4, 2008;Martin Myant & Jan Drahokoupil, "International Integration and the Structure of Exports in Central Asian Republics,"*Eurasian Geography and Economics*, Vol. 49, No. 5, 2008.

⑤ Farkhod Tolipov,"Geopolitical Stipulation of Central Asian Integration,"*Strategic Analysis*, Vol. 34, No. 1, 2010; Alexander Libman & Evgeny Vinokurov,"Is it really different? Patterns of regionalisation in post-Soviet Central Asia,"*Post-Communist Economies*, Vol. 23, No. 4, 2011.

方式等微观层面上,学者帕斯万和斯帕彻尔都主张,取消对域外投资者的资本监管、减少在财产权上的地方保护主义、加快区域间多边和双边资本的自由流动、构建宽松的区域投资自由化市场,是中亚区域经济合作的必由之路。① 学者郭建伟、张栋、徐婧等人认为,各国在货币汇率和进出口贸易上所形成对俄罗斯、中国和欧元区等域外市场的贸易互补性,有利于该区域一体化的整合。② 学者李依霏也指出,中亚对外贸易的高依存度对五国经济增长具有正向影响。③ 显然,尽管大多数学者强调国际一体化等外部因素和各国投资贸易结构对区域一体化进程的重要性,但仍无法解释二十多年来中亚一体化在贸易、投资、货币一体化、经济增长等方面取得的巨大成就。

当然,少数学者也试图从贸易互惠安排、关税同盟、共同市场、区域公共产品和经济增长等方面来揭示区域一体化效应。比如,学者迈安特等认为,国际一体化既有积极的结果,也有消极的结果。自由贸易可以带来有益的新出口机会,但如果国内生产者不能适应受保护的苏联环境的适应冲击,自由贸易也会导致能力丧失;资本的自由流动可以带来新的投资和出口机会,但也会导致财富外流;劳动力的自由流动可以带来新的劳动力,也可以刺激一个国家劳动力的迁移,以获得新的劳动力。④ 学者波波库诺夫指出,中亚的贸易便利化,自

---

① Nawal K. Paswan,"Investment Cooperation in Central Asia: Prospects and Challenges,"*India Quarterly*, Vol. 69, No. 1, 2013; Martin C. Spechler,"How Can Central Asian Countries and Azerbaijan Become Emerging Market Economies?,"*Eastern European Economics*, Vol. 49, No. 4, 2011.

② 郭建伟:《中亚五国货币与其锚货币是线性关系吗?》,《数量经济技术经济研究》2018 年第 10 期;张栋:《后危机时代中亚五国贸易和外商直接投资发展:回顾、比较和展望》,《金融发展评论》2017 年第 8 期;徐婧:《一带一路多边合作贸易互补性测度与贸易拓展研究》,《上海经济研究》2019 年第 3 期。

③ 李依霏:《中亚 5 国外商直接投资、进出口贸易对经济增长的影响》,《世界农业》2016 年第 5 期。

④ Martin Myant & Jan Drahokoupil,"International Integration and the Structure of Exports in Central Asian Republics,"*Eurasian Geography and Economics*, Vol. 49, No. 5, 2008, pp. 604—622.

由化贸易,统一贸易的技术规范和标准,加大服务、资本和劳动力的自由流动,协调区域宏观经济政策和经济立法规章,加强与世贸组织成员的友好合作关系,制定普遍接受的贸易自由化准则和规则,强化各国间经济联系的共同基础等,是区域一体化的关键所在。[①] 学者潘广云从独联体的欧亚经济共同体一体化微观角度阐释一体化在关税同盟、统一市场、金融货币合作上的成效及其局限性。[②] 学者王维然等也强调,在中亚国家经济仍处于转型阶段且各国面临大量现实矛盾的情况下,上合组织更应考虑如何为本地区提供区域性公共产品和成为地区经济增长的发动机,以此来带动区域一体化的发展。只有各国能从中国经济增长中受益实现本国经济发展,中亚一体化进程才有望得以持续。[③] 但其不足在于未能将其他区域组织(如中亚合作组织、上合组织等)纳入区域一体化的作用机制当中综合考量,缺乏更广泛的区域一体化宏观背景来审视其对区域经济合作的效应维度。

在区域经济合作的制约因素。学界存在三种分歧:其一是经济模式多元论。学者楚拉诺娃、曼特、波波库诺夫等人认为,中亚国家多元经济模式所带来的国内经济结构和贸易主义的复杂性,是造成中亚难以融入全球经济一体化、实现区域经济合作跨越式发展的重要因素。[④] 其二是国家威权政治论。学者斯帕彻尔、吴宏伟等人认

---

① Abduimajid Bobokhonov, "Economic Cooperation in Central Asia," *Studenckie Prace Prawnicze, Administratywistyczne i Ekonomiczne*, March 2008.

② 潘广云:《俄罗斯的独联体劳动移民及相关问题分析》,《东北亚论坛》2008 年第 6 期。

③ 王维然等:《关于建立上海合作组织自由贸易区的回顾与反思:2003—2013》,《俄罗斯东欧中亚研究》2014 年第 6 期。

④ Zaure Chulanova,"Integration of Central Asian Republics into Global Economy," *Himalayan and Central Asian Studies*, Vol. 12, No. 3—4, 2008; Martin Myant & Jan Drahokoupil, "International Integration and the Structure of Exports in Central Asian Republics,"*Eurasian Geography and Economics*, Vol. 49, No. 5, 2008; Abduimajid Bobokhonov,"Economic Cooperation in Central Asia,"*Studenckie Prace Prawnicze, Administratywistyczne i Ekonomiczne*, March 2008.

为,中亚经济合作滞后的根本原因在于,中亚国家的威权主义政治结构、特别是各国政治领导人推动压力的结果。[①] 学者刘雪莲等指出,中亚的领导集团、派系斗争的专制性权力,反对势力、恐怖组织、国外支持和部族政治、"伊斯兰化"、"突厥化"等基础性权力的不确定性,造成其国内的市场环境不公平不公正、外交政策具有敏感性和颠覆性、安全问题外溢等政治风险,并对区域一体化建设产生影响。[②] 其三是域外大国依附论。学者李卜曼、赵华胜、孙霞等人认为,中亚经济体与区域外经济体(独联体、中国、美国、欧盟等)在市场、资本、技术等方面存在高度依附关系,且完全游离于全球和区域贸易的供应链之外,是制约中亚经济合作取得实质性突破的关键所在。[③]

从上述国内外学者的学术成果中不难看出,学界对中亚经济安全合作的相关性研究主要有四种观点:一是推动中亚经济合作的驱动力是区域"政治力量"而非市场经济;二是中亚区域经济整合的制度结构始终伴随合作与竞争;三是区域经济一体化的外部性作用对中亚经济合作的效应产生影响;四是中亚经济合作停滞不前的根本原因在于中亚自身经济模式的缺陷、政治结构的阻力、区域外政治集团和经济组织参与的叠加作用,造成中亚难以形成向心力和聚合力。应该指出,由于现有中亚经济合作的制度安排存在诸多片面性和不确定性,无论对区域金融合作、对外直接投资、货币体系、自由贸易区建设等方面都带来限制,这就给进一步整合和优化中亚经济一体化

①　Martin C. Spechler,"How Can Central Asian Countries and Azerbaijan Become Emerging Market Economies?,"*Eastern European Economics*,Vol. 49,No. 4,2011;吴宏伟:《中国与中亚国家政治经济关系:回顾与展望》,《新疆师范大学》2011年第3期。

②　刘雪莲:《中亚国家国内政治风险对丝绸之路经济带建设的影响》,《社会科学战线》2020年第12期。

③　Alexander Libman,"Is it really different? Patterns of regionalisation in post-Soviet Central Asia,"*Post-Communist Economies*,Vol. 23,No. 4,2015;赵华胜:《上海合作组织的机遇和挑战》,《国际问题研究》2007年第6期;孙霞:《中亚新地区主义与上海合作组织》,《俄罗斯研究》2009年第6期。

的制度结构提供较大空间,而背后原因在于谋求区域经济地区主义的主导权。

(二) 中亚反恐安全合作议题

在中亚反恐安全合作议题的相关研究成果看,学界主要侧重区域反恐合作的内部治理、区域性组织的作用等方面。比如,在反恐合作的内部治理上,美国学者欧迈利切娃认为,中亚各国为打击恐怖主义和宗教极端主义,主要通过制订广泛的反恐方案和立法,以法治和尊重人权为原则,把恐怖活动和与恐怖主义有关的活动定为刑事犯罪行为,建立具有几乎相同职能和权力的反恐机构,并依据各自不同的国情和恐怖主义的威胁程度,采取差异化的治理方式应对各国的恐怖主义势力。乌兹别克斯坦对伊斯兰宗教极端主义分子采取镇压性的反恐措施,塔吉克斯坦对激进伊斯兰极端主义者采取强硬立场,土库曼斯坦加强对宗教和政治活动的控制,哈萨克斯坦和吉尔吉斯斯坦则制定较宽松的反恐政策等等,以便有效遏制恐怖主义的蔓延。① 欧迈利切娃的研究表明,中亚各国政府对与恐怖主义、宗教极端主义有关的安全风险理解不仅取决于该地区政治暴力和恐怖主义的规模,也取决于中亚社会中伊斯兰教的实践。中亚国家打击恐怖主义势力的能力,对各国反恐政策的可接受性、暴力的不同作用,以及使用武力的不同看法等都会影响到中亚各国内部的反恐规模。中亚国家间关系的发展也很大程度影响其对该地区恐怖主义问题的认知。② 中国学者曾向红等人则强调,以上合组织的反恐合作为契机,秉承"上海精神",满足成员国在涉恐等安全事务上的合理利益需求。

①　Mariya Y. Omelicheva, "Combating Terrorism in Central Asia: Explaining Differences in States' Responses to Terror," *Terrorism and Political Violence*, Vol. 19, No. 1, 2007, pp. 369—393.

②　Mariya Y. Omelicheva, "Combating Terrorism in Central Asia: Explaining Differences in States' Responses to Terror," *Terrorism and Political Violence*, Vol. 19, No. 1, 2007, pp. 369—393.

并以安全合作为基础和主导方向，与以"发展对接"为共识的经济合作并行，以人文合作为纽带的发展模式。①

在区域性组织的作用上，哈萨克斯坦学者巴赞库娃指出，上合组织作为最重要的区域安全合作组织，在打击区域恐怖主义和极端主义、维护本地区的和平与稳定等问题上发挥举足轻重的作用，展示不同种族、民族、宗教、文明和文化和平共处的典范。② 韩国学者云悦米认为，以俄中两国为主导的上合组织的多边安全合作，对于有效遏制区域伊斯兰极端主义、分裂主义和国际恐怖活动的威胁，促进成员国的安全、权利和利益等至关重要。③ 土耳其学者坦瑞瑟韦则强调独联体、集体安全条约组织和上合组织等中亚的区域安全组织在打击恐怖主义的重大作用。④ 中国学者孙壮志也认为，上合组织框架内的反恐合作，不仅增进成员国间的政治和军事互信，有利于真正构筑和平友好的新边界，防止非传统安全的现实威胁，而且有助于消除地区的安全隐患，维护成员国的国防安全，增强上合组织的行动能力，形成一种新的安全观念和安全合作模式，应对变幻莫测的国际局势等。⑤ 但这些观点没有形成对中亚区域反恐安全合作演变过程的整体性把握。

在区域反恐合作的制约性上，美国学者瑞叶思等人认为，长期以来，在伊斯兰圣战的蛊惑下，中亚各地的恐怖主义势力和宗教极端主

---

① 曾向红等：《上海合作组织的安全合作及发展前景》，《外交评论》2018 年第 1 期。

② Kuralai I. Baizakova，"The Shanghai Cooperation Organization's Role in Countering Threats and Challenges to Central Asian Regional Security，"*Russian Politics and Law*，Vol 51，No. 1，2013，pp. 59—79.

③ Yeongmi Yun and Kicheol Park，"An Analysis of the Multilateral Cooperation and Competition between Russia and China in the Shanghai Cooperation Organization：Issues and Prospects，"*Pacific Focus*，Vol. 5532，No. 1，2012，pp. 62—85.

④ Oktay F. Tanrisever，"The Problem of Terrorism in Central Asia and Countering Terrorist Activities in Kyrgyzstan，"*NATO Science for Peace and Security Series*，E：Human and Societal Dynamics，2013，pp. 72—79.

⑤ 孙壮志：《上海合作组织反恐安全合作：进程与前景》，《当代世界》2008 年第 11 期。

义之间保持着密切的互动合作,并与阿富汗的塔利班势力结成区域恐怖主义联盟,对抗各国政府,扩大在中亚地缘政治的影响力。[1] 英国学者兰茵也认为,极端宗教势力的暴力恐怖行为的威胁是中亚五国最大的国家安全风险。[2] 英国学者赫斯曼指出,鉴于中亚恐怖主义的复杂性,应把恐怖主义置于中亚各国政权更广泛的政治文化和目标,以及这些新独立国家寻求巩固国家和民族地位的更广泛的安全中来讨论。[3] 土耳其学者坦瑞瑟韦强调,中亚恐怖主义泛滥的主要根源在于各国政治体制的薄弱,独立初期的意识形态危机,以及各国反恐法律的不完善等。[4] 联合国的官员艾曼巴耶娃强调,中亚的宗教信仰、迷信和偏见都被利用为招募恐怖分子的目的,而低下的生活水平、政府腐败、对民族认同问题等,往往成为该区域助长恐怖主义势力的催化剂。[5] 中国学者靳会新也认为,中亚的反恐地区机构务虚多、落实少,各种反恐文件及合作机制的作用不明显,反恐效果差。加之成员国在制定共同应对恐怖事件的行动机制问题上未能达成一致,有些通过公约对反恐方式和内容所作出的规定失之笼统,没有对涉及具体操作并涉及各成员国刑事司法协助等程序性问题予以具体规定,造成各成员国在合作打击恐怖主义实践中意见不统一等。[6]

　　英国学者列维斯在对中亚恐怖主义势力类型研究后发现,中亚

---

[1] Liana Eustacia Reyes & Shlomi Dinar,"The Convergence of Terrorism and Transnational Crime in Central Asia," *Studies in Conflict & Terrorism*, Vol. 38, No. 1, 2015, pp. 380—393.

[2] Sarah Lain,"Strategies for Countering Terrorism and Extremism in Central Asia,"*Asian Affairs*, Vol. 3, No. 1, 2016, pp. 386—405.

[3] Stuart Horsman,"Themes in official discourses on terrorism in Central Asia,"*Third World Quarterly*, Vol. 126, No. 1, 2005, pp. 199—213.

[4] Oktay F. Tanrisever,"The Problem of Terrorism in Central Asia and Countering Terrorist Activities in Kyrgyzstan,"*NATO Science for Peace and Security Series*, E: Human and Societal Dynamics, 2013, pp. 72—79.

[5] Aida Amanbayeva,"The Collision of Islam and Terrorism in Central Asia,"*Asian Criminology*, Vol. 4, No. 1, 2009, pp. 165—186.

[6] 靳会新:《中俄在非传统安全领域的反恐合作》,《俄罗斯中亚东欧研究》2008 年第 4 期。

区域现存的恐怖主义势力通常表现为三种类型:第一类是以伊斯兰圣战联盟和乌兹别克斯坦伊斯兰运动为代表的"临时松散"性国际恐怖组织,与基地组织和塔利班结盟,从事跨国恐怖活动。第二类是以塔吉克斯坦的"贝伊特"伊斯兰好战组织为代表的本土化恐怖组织,其以暴力为后盾,用特定道德规范或宗教信仰系统(伊斯兰教旨),在特定的区域参与地方空间政治以及社区的社会和经济活动,包括回应国家镇压、抵制侵犯其合法或非法经济活动或将自己的道德准则强加给当地社会等。第三类是以塔吉克斯坦的圣战组织为代表的本土化跨国暴力恐怖组织,以边境地区为据点,从事跨国劫持人质,与政府军发生零星战斗等恐怖活动。列维斯指出,正是这些错综复杂的恐怖组织相互勾结,在很大程度上造成区域反恐合作难以取得实质性突破的关键所在。[1]

（三）中亚区域水安全合作议题

在中亚区域水安全合作议题的相关研究成果看,大多数侧重区域水安全的背景、治理结构及其局限性等外部性治理。比如,在区域水安全的背景上,美国学者图柯认为,自然资源稀缺或环境退化所带来环境挑战,在中亚国家内部和国家间造成冲突或助长冲突,形成中亚水安全风险。[2]德国学者阿不都万得指出,区域水资源匮乏、管理不当,以及不同偏好的国家利益,导致区域水分配的紧张,加之专制政治制度和域外行为体的干预,阻碍区域水一体化进程,削弱解决水争端的可能性。[3]英国学者穆斯伊从中亚水管理系统的功能转变角度认为,苏联解体后,曾经在中亚发挥巨大作用的统一水管理系统支

[1]　David Lewis,"Crime, terror and the state in Central Asia,"*Global Crime*, Vol. 15, No. 3—4, 2014,pp. 337—356.

[2]　Douglas L. Tookey, "The environment, security and regional cooperation in Central Asia," *Communist and Post-Communist Studies*, Vol. 40,No. 1,2007,pp. 191—208.

[3]　Behrooz Abdolvand, "The dimension of water in Central Asia: security concerns and the long road of capacity building," *Environ Earth Sci*,Vol. 73,No. 1,2015,pp. 897—912.

离破碎,使得上下游国家之间的水——能源交换机制名存实亡,需要通过区域水安全合作来重新运营。[1] 美国学者温莎尔强调,由于苏联解体后中亚上下游国家之间的能力和利益不对称引发中亚新独立国家严重的水冲突。[2] 中国学者释冰指出,中亚水资源危机是把双刃剑,既是地区冲突的引爆点,也是增强合作的契机。各国在严峻形势下表现出的极度忧虑和共同解决问题的意愿正是实现地区合作的黏合剂。[3] 但学者们忽略中亚国家独立后,各国的主权国家身份和经济社会发展战略的转变与区域水合作的相关性。

在区域水安全的治理结构上,美国学者温莎尔认为,在中亚跨界流域水安全合作上不能简单的以水治水,而更多是要把水安全合作与能源和农业问题相联系,实现区域安全合作从应急机制向预防机制的转变。[4] 荷兰学者艾宾克的研究表明,在中亚跨界河流下游修建水库,是解决当地农业灌溉用水的供需矛盾、防止跨界流域国之间水冲突的有效方法。[5] 英国学者波利卜特主张,通过修建和维护水坝等水利基础设施的安全性,重建和提升流域灌溉系统的水效率,开发更适应干旱条件的农作物,适时制定区域水法和合作框架体系等多种治理手段,解决中亚水安全合作的治理困境。[6] 中国学者邓铭江强调,中亚跨界河流合作应构建合法的、规范的、新的法律和经济

[1] Sharmila L. Murthy & Fatima Mendikulova, "Water, Conflict, and Cooperation in Central Asia: The Role of International Law and Dipomacy,"*Vermont Journal of Environmental Law*, Vol. 18, No. 1, 2017, pp401—454.

[2] Erika Weinthal, "Water Conflict and Cooperation in Central Asia," *Prepared as Background Paper for the UN Human Development Report* (2006).

[3] 释冰:《浅析中亚水资源危机与合作》,《俄罗斯中亚东欧市场》2009 年第 1 期。

[4] Erika Weinthal, "Water Conflict and Cooperation in Central Asia," *Prepared as Background Paper for the UN Human Development Report* (2006).

[5] Klaus Abbink,"Sources of Mistrust: An Experimental Case Study of a Central Asian Water Conflict," *Environ Resource Econ*, Vol. 45, No. 1, 2010.

[6] Bolibert,"Challenges and Opportunities for Transboundary Water Cooperation in Central Asia: Findings from UNECE's Regional Assessment and Project Work," *Water Resources Development*, Vol. 28, No. 3, 2012.

框架;建设并加强有关制度,包括国家层面的制度和联合体层面的制度;建立磋商与互助的管理机制,包括监测与评估、公众参与、流域管理规划、示范项目,积极开展国际组织等多方资助的咨询项目等。①中国学者李立凡也指出,中亚国家间应通过加强议题联系、支持流域整合与合作;发挥区域多边机制优势、推动跨境水资源问题协商解决;推进域内外治理者联动、培育中亚国家的主观能动性;以水为脉、促进沿岸国家的民心相通等方式,来共同推进中亚水安全合作的进程。② 但这些区域水治理方略未能从根本上解决跨界流域的上下游国家在水资源上的国家利益偏好。

在区域水安全合作的外部性治理上,德国学者阿不都万得认为,中亚有效的水管理和跨界合作有助于该地区的稳定和安全。并指出德国启动的柏林进程力求使水管理成为中亚合作的纽带,促进中亚的跨界水管理,扩大跨界水管理方面的科学知识普及,促进德国、欧盟与中亚国家的水专家建立网络联系。他进一步强调中亚水治理的必要性,只有通过以学习和获得技能和资源为基础的能力建设措施,才能实现这些方面的目标,教育机构可以发挥积极作用。③ 美国学者图柯也认为,加强中亚国家与域外国家或组织的跨界合作,对解决中亚环境问题至关重要。④ 英国学者穆斯伊则强调跨界流域国家的次区域层级水合作、特别是社区之间水合作对中亚水安全的重要性。⑤ 中国学者李兴等从"安全化"与"去安全化"相互作用的视角,分析中亚跨

① 邓铭江:《哈萨克斯坦跨界河流国际合作问题》,《干旱区地理》2012 年第 3 期。
② 李立凡等:《中亚跨境水资源:发展困境与治理挑战》,《国际政治研究》2018 年第 3 期。
③ Behrooz Abdolvand, "The dimension of water in Central Asia: security concerns and the long road of capacity building," *Environ Earth Sci*, Vol. 73, No. 1, 2015, pp. 897—912.
④ Douglas L. Tookey, "The environment, security and regional cooperation in Central Asia," *Communist and Post-Communist Studies*, Vol. 40, No. 1, 2007, pp. 191—208.
⑤ Sharmila L. Murthy & Fatima Mendikulova, "Water, Conflict, and Cooperation in Central Asia: The Role of International Law and Dipomacy," *Vermont Journal of Environmental Law*, Vol. 18, No. 1, 2017, pp. 401—454.

界河流水资源问题的解决路径,通过签订双边条约与协定、成立利用和保护跨界河流联合委员会、成立环保合作委员会、展开技术交流与合作、借助地区政治平台加强合作等"去安全化"的合作手段,以实现跨界河流水资源的和平利用。[①] 中国学者李志斐指出,欧盟在中亚地区以合作方式建立起复合型的水治理框架,通过在政治和技术层面双管齐下、投资水基础设施建设、推行一体化水治理政策,来积极介入水治理事务。[②] 中国学者邢伟也指出,欧盟与中亚的水合作主要是通过区域性的双边与多边对话与合作机制,提供区域性公共产品,突出其价值观并维护中亚地区的安全利益。欧盟内部的一致性、中亚国家间的关系和地区内部国家水资源的治理能力,影响欧盟水合作的进展和推动。[③]

在区域水安全合作的局限性上,哈萨克斯坦学者帕维塔认为,中亚缺乏可持续水政府概念的影响,包括水资源的所有权、开发和管理是造成该地区水危机的根本所在。[④] 英国学者穆斯伊指出,中亚各国的水资源、农业和能源由于没有在国家内部进行有效整合,不可能在区域内完成,因此很难实现区域互利的跨界水资源——能源——粮食相互联系的解决办法。[⑤] 中国学者邓铭江认为,影响中亚水安全合作的因素是多方面,突出反映在:五国的产水与用水空间分布差异巨大,用水关系复杂,跨界水资源利用矛盾十分突出;水资源管理难度大,秩

① 李兴等:《安全化与去安全化:中哈跨界河流合作中的问题与对策》,《国外理论动态》2019年第11期。

② 李志斐:《欧盟对中亚地区水治理的介入性分析》,《国际政治研究》2017年第4期。

③ 邢伟:《欧盟的水外交:以中亚为例》,《俄罗斯东欧中亚研究》2017年第3期。

④ Barbara Janusz-Pawletta, "Current legal challenges to institutional governance of transboundary water resources in Central Asia and joint management arrangements," *Environ Earth Sci*, Vol. 73, No. 1, 2015, pp. 887—896.

⑤ Sharmila L. Murthy & Fatima Mendikulova, "Water, Conflict, and Cooperation in Central Asia: The Role of International Law and Dipomacy," *Vermont Journal of Environmental Law*, Vol. 18, No. 1, 2017, pp. 401—454.

序较混乱,导致利用十分粗放,效率不高;长期以来对水土资源的掠夺性开发,引发严重的生态环境问题,尤其是咸海生态环境问题,引起全世界的高度关注等。① 中国学者焦一强指出,中亚水资源的用水配额不均衡以及缺乏各国普遍认可与接受的水配额、能源交换补偿机制难以正常运作、相关水商品属性的争议、水利设施修建的不确定性等,是导致区域水安全合作进程迟缓的主要障碍。② 中国学者苏来曼-斯拉木也指出,中亚水资源合作各方对水资源利用方式和模式根本不可能在短期内得到改变,各国家有限的财力无法支持新技术的采用,五国水资源合作机制不完善,国际组织对中亚地区的各种援助的支持力度远远不够等,严重制约该地区水安全合作的发展。③ 但它们无法解释二十多年各国在区域水合作上所取得的进步。

而从国际水法角度研究中亚水安全合作的相关文献不多,且侧重单独分析既有协定或条约的法律规范,缺乏对中亚不同时期的水协定或条约的比较研究,因而对区域水安全合作进程难以形成整体性认知。比如,芬兰学者热合曼通过对《阿拉木图协定》的文本研究,认为该协定试图采用联合国国际水道公约所倡导的"合理和公正使用"、"不造成重大损害"、国际合作、协商及和平解决争端等国际水法原则,来构建中亚跨界流域国的水制度框架体系,有利于中亚水资源管理的可持续性。④ 英国学者穆斯伊还分析《阿拉木图协定》存在的缺陷,指出协定在用水和能源交换上缺乏灵活性,使其法律有效性和约束力大打折扣,无法在跨界流域国的水资源、能源交换和农业灌溉之间发挥协调作用,建议通过构建涵盖地区(次国家)、国家、区域(超国家)三级

① 邓铭江:《中亚五国水资源及其开发利用评价》,《地球科学进展》2010 年第 12 期。
② 焦一强:《中亚水资源问题:症结、影响与前景》,《新疆社会科学》2013 年第 1 期。
③ 苏来曼-斯拉木:《中亚水资源冲突与合作现状》,《欧亚经济》2014 年第 3 期。
④ Muhammad M. Rahaman, "Principles of Transboundary Water Resources Management and Water-related Agreements in Central Asia: An Analysis," *Water Resources Development*, Vol. 28, No. 3, 2012, pp. 475—491.

联动的水合作法律体系加以完善。[①] 哈萨克斯坦学者帕维塔在研究《阿拉木图协定》等条约后发现,这些条约都将联合管理安排的国际水法理念广泛运用于中亚水安全合作的制度安排当中,视为一种公平、有效和可持续的区域水管理工具。[②] 中国学者杨恕等也指出,中亚现有的区域水条约和协定都缺少约束力,各国间的行为很少协调、各自为政,且没有一个具有足够权力的国际机构来实施地区的水资源管理,在出现区域水纠纷和水矛盾时也没有国际仲裁或协调等。[③] 中国学者郑晨骏在对中哈跨界水资源合作问题的研究中也发现,双方达成的水合作协定仅限于原则层面,或对某一事项设置限度或规定具体范围,如资料交换,共同进行专题研究,或决定实施某项具体工程。至于复杂紧迫的分水问题,双方至今还未达成实质性协议,以避免承担国际义务。[④] 中国学者郝少英强调,中哈跨界水资源合作应在坚持国际水法基本原则的基础上,构建系统的法律保障制度,加快协议的签订进程,力争在生态环境保护、防止水污染、水量分配、利益补偿等问题上取得突破,促进丝绸之路经济带建设的发展。[⑤]

(四) 中亚禁毒安全合作议题

在中亚禁毒安全议题的相关研究成果较少,且主要集中在中亚禁毒安全合作的成因、形式、手段等方面。比如,在合作成因上,学者普遍认为,阿富汗毒品问题、中亚毒品走私贩运及由此引发的地区社会

---

① Sharmila L. Murthy & Fatima Mendikulova, "Water, Conflict, and Cooperation in Central Asia: The Role of International Law and Dipomacy,"*Vermont Journal of Environmental Law*, Vol. 18, No. 1, 2017, pp. 401—454.

② Barbara Janusz-Pawletta, "Current legal challenges to institutional governance of trans-boundary water resources in Central Asia and joint management arrangements," *Environ Earth Sci*, Vol. 73, No. 1, 2015.

③ 杨恕等:《中亚水资源争议及其对国家关系的影响》,《兰州大学学报》2010 年第 5 期。

④ 郑晨骏:《一带一路倡议下中哈跨界水资源合作问题》,《太平洋学报》2018 年第 5 期。

⑤ 郝少英:《丝绸之经济带建设中的中哈跨界河流合作利用面临的难题及对策》,《俄罗斯东欧中亚研究》2017 年第 3 期。

问题等,是造成中亚禁毒安全合作的主要因素。中国学者邓浩、宋海啸、文丰、王玮、罗升鸿、梁春香等人认为,阿富汗毒品生产和贸易为主的非法经济活动的不断扩大,已成为阿富汗毒品经济的重要来源,严重威胁中亚地区的安全与稳定。[①] 中国学者曹旭也认为,阿富汗毒品形势严峻,安全风险向上合组织成员国扩散,毒恐结合问题突出,已危及地区安全。[②] 中国学者许勤华、阿地力江·阿布来提等学者的研究表明,中亚大规模的跨国有组织毒品走私,造成中亚各国的毒品泛滥,毒品犯罪团伙与极端宗教、恐怖主义相互交织,为其提供充足的资金来源,使中亚新兴主权国家的安全受到威胁,削弱外国投资者的投资兴趣,制约中亚各国政治经济的发展,有必要强化禁毒执法,加强国际合作,建立预防中亚毒品渗透的协作机制,有效控制中亚地区毒品泛滥。[③] 印度学者穆哈帕彻则、捷克斯洛伐克学者扎布然斯基等人强调,以中亚的当地农民、犯罪集团、跨国网络和武装团体为主体的各类毒品走私团伙相互勾结,已威胁到各国的法律和社会秩序,对各国带来严重的吸毒、艾滋病和毒品犯罪等社会问题,需要通过合作加以应对。[④] 伊朗学者阿兹孜也指出,中亚毒品走私贩运的日益猖獗,正在经济、政治、社会、个人、卫生和环境安全等方面威胁中亚国家,应当通

---

[①] 邓浩:《中亚毒品问题:现状与前景》,《国际问题研究》2001 年第 4 期;宋海啸:《阿富汗毒品经济:历史、作用与成因》,《南亚研究》2010 年第 3 期;文丰:《阿富汗毒品及其对中亚的影响》,《新疆社会科学》2014 年第 6 期;王玮:《上合组织框架下中亚地区禁毒区域合作研究》,《广西警察学院学报》2019 年第 3 期;罗升鸿:《中国—中亚国家警务合作:共建地区安全与繁荣》,《北京警察学院学报》2020 年第 4 期;梁春香:《"金新月"地区毒品向我国渗透的现状与对策》,《武警学院学报》2014 年第 11 期。

[②] 曹旭:《浅议上海合作组织框架下禁毒合作现状与发展对策》,《山西警察学院学报》2018 年第 3 期。

[③] 许勤华:《解析毒品与毒品走私对中亚地区安全的影响》,《俄罗斯中亚东欧研究》2007 年第 2 期;阿地力江·阿布来提:《中亚毒品问题的国际化及其对我国稳定的影响》,《云南大学学报》法学版 2010 年第 2 期。

[④] Nalin Kumar Mohapatra,"Political and Security Challenges in Central Asia: The Drug Trafficking Dimension," *International Studies*, Vol. 44, No. 2, 2007, pp. 157—174; Tomas Zabransky,"Post-Soviet Central Asia: A summary of the drug situation," *International Journal of Drug Policy*, Vol. 25, 2014, pp. 1186—1194.

过加强各国的民间机构合作和对贩毒者适用更严格的法律规范,来减少该地区毒品危机的蔓延和烈度。[1] 但这些观点未能阐释中亚各国在治理毒品蔓延问题上所取得巨大成效。

在区域禁毒安全合作形式上,一些学者从区域内的双边合作、区域合作和跨区域合作等角度,研讨中亚禁毒安全合作的形态及其影响。比如,印度学者莎尔玛认为,鉴于中亚贩毒活动对区域安全构成严重威胁,加之中亚国家因其在管理禁毒问题缺乏经验、资金、安全部门装备不足等,本身没有能力应对地区毒品挑战,中亚国家与毗邻国家如中国、俄罗斯和伊朗等建立一个"复杂的安全网络"相互合作,在打击贩毒斗争中形成联合对策,以遏制负面影响,积极借助集体安全条约组织、上合组织等区域外行为体的力量,协助中亚各国在防止贩毒扩散方面发挥重要作用。[2] 意大利学者丹伊礼指出,中亚国家与美国和欧盟的禁毒合作在边境管理、执法机构能力建设、安全结构重组等方面取得重要进展,但由于美国等的禁毒政策和干预措施过于传统,其禁毒合作的效果尚没有充分释放出来。[3] 中国学者刘轶从合作机制、联络渠道、签订合作协议、执法务实合作、技术培训和经费设备援助、上合组织框架内的合作等方面阐释中国与中亚国家间开展禁毒合作的成效。[4] 中国学者胡江认为,针对中亚毒品犯罪的严峻形势及其对我国的严重危害,有必要在上海合作组织框架内就打击中亚毒品犯罪开展合作,进一步完善打击毒品犯罪的区域性公约及其实施措施,加强各成员国禁毒立法的协调和完善,通过建立会

[1] Hamidreza Azizi, "Analysing the Impacts of Drug Trafficking on Human Security in Central Asia," *Strategic Analysis*, Vol. 42, No. 1, 2018, pp. 42—47.

[2] Sharma, "Central Asian Security and Changing Dimension," *Eurasian Vision*, No. 1, 2003, pp. 235—253.

[3] Filippo De Danieli, "Beyond the drug-terror nexus: Drug trafficking and state-crime relations in Central Asia," *International Journal of Drug Policy*, Vol. 25, 2014, pp. 1235—1240.

[4] 刘轶:《中国与中亚国家禁毒合作现状及展望》,《新疆大学学报》2013 年第 5 期。

晤机制等方式,加强合作打击中亚地区毒品犯罪的机制建设与机构建设,并就引渡、侦查协作等问题,在上海合作组织框架内开展刑事司法合作,寻求与其他国家和国际组织的合作等。① 中国学者张文伟也指出,上合组织作为本地区具有重要影响的国际组织,迫切需要统筹协调成员国禁毒力量,在禁毒领域发挥更加积极的作用,以切实保障地区安全、社会稳定和发展,同时通过禁毒合作提升上合组织的行动能力和执行能力,打破国际国内多年来对上合组织缺少实际成效的诟病。②

　　在区域禁毒安全合作手段上,中国学者王宪主张中亚反毒品工作应告别各国各自为政的状况,发挥上合组织的反恐效能,加强情报合作,统一领导协调。中国学者张勇安强调,应该共同发展应对毒品挑战的全面而有效的区域多边响应机制,建立全球贩毒组织联合调查和情报共享系统,联合阻止越境毒品贩运;联合建立针对制贩毒信息传播的全球互联网监测系统,防止国际禁毒合作中新的"气球效应";协调推进阿富汗政权建设。中国学者梁春香认为,区域各国应努力赢得国际社会的援助,建立强有力的禁毒、戒毒机构,断绝贩毒分子的经济来源;并加强国际社会在资金、技术等方面提供积极、主动的帮助,防止毒品犯罪与恐怖活动相互勾连,共同打击毒品犯罪。③ 中国学者王玮也主张,上合组织禁毒区域合作需强化禁毒立法与执法,强化禁毒打击与情报合作,加强科研合作和培训,以期在上合组织框架下形成全方位禁毒合作态势,共同推动区域禁毒合作关系的发展。④ 中国学者曹旭认为,应推动赋予地区反恐怖机构禁

① 胡江:《合作打击中亚地区毒品犯罪的若干问题分析》,《江西公安专科学校学报》2010年第1期。
② 张文伟:《上海合作组织禁毒安全合作》,《俄罗斯学刊》2016年第5期。
③ 梁春香:《"金新月"地区毒品向我国渗透的现状与对策》,《武警学院学报》2014年第11期。
④ 王玮:《上合组织框架下中亚地区禁毒区域合作研究》,《广西警察学院学报》2019年第3期。

毒职能,提升禁毒合作行动力和组织对外交往水平,加强立场与政策协调,促进上合组织禁毒合作深入发展。[①] 还有一些研究者认为,中亚禁毒合作已形成较为成熟的上海合作组织框架下的禁毒合作机制、独联体机制下的打击毒品犯罪合作、集安组织框架下的禁毒合作机制、中亚信息协调中心框架下的禁毒合作机制等四种区域性禁毒合作机制,推动中亚禁毒安全合作的发展。但它们未能从宏观上对中亚禁毒安全合作的演变及其影响进行深入和系统研究。因此,有必要加强中亚的区域非传统安全合作,已成为各国地区安全合作的当务之急。

### 三、研究分析框架

本书介绍传统现实主义国际安全论的国家、军事、权力、道德等核心概念的功能和作用,梳理自由主义国际安全论在安全主体、领域设定、价值观整合、安全途径等安全维度的扩展,概述非传统安全论在安全主体多元性、主导安全价值的宽泛化、合作安全的主导性、道德的安全作用等方面对国际安全的贡献。而美苏霸权的衰弱孕育"霸权后合作论"、"合作模式论"、"国家间合作理论"等国际合作论的诞生,为国际社会多边主义的成长注入强大动力,为中亚非传统安全合作奠定理论基石。在此基础上,本书从以下五方面提出中亚非传统安全合作的分析框架:

首先,从经济、反恐、生态、禁毒等安全维度论述中亚非传统安全合作的驱动逻辑。指出中亚的国家转型经济的战略选择、地区经济多元化的内在需要、改变区域经济发展迟缓的紧迫性、应对经济全球化挑战的必然性等的经济安全环境,地区的伊斯兰原教旨主义威胁

---

① 曹旭:《浅议上海合作组织框架下禁毒合作现状与发展对策》,《山西警察学院学报》2018 年第 3 期。

和宗教极端主义势力渗透的反恐安全环境,地区的水资源分布不均、重大环境灾难频发、咸海流域水危机、水污染严重、边界水争端升级等的生态安全环境,阿富汗的毒品问题、中亚毒品日益猖獗、中亚毒品泛滥引发社会问题等禁毒安全环境,是导致该地区非传统安全合作形成和发展的根本动因和前提条件,推动中亚经济、反恐、水资源、禁毒等区域性安全合作议题的进程。

其次,阐明中亚经济安全合作的制度秩序演绎、效应、风险和主导权博弈的合理性。在制度秩序上构建以中亚合作组织为代表的内生性一体化模式、独联体欧亚经济共同体为代表的兼容性一体化模式、上海合作组织多边协商为代表的派生性一体化模式、中亚区域经济合作组织为代表的辅助性一体化模式等不同形态的制度结构模式。指出这种模式在经济一体化效应上对于改善地区出口贸易的规模和结构、增强区域投资的活跃度、加快区域货币的国际化进程、促进区域经济的国内生产总值和国民收入的量性增长的重要性。强调它在地区金融合作滞后、对外直接投资的区域保护主义盛行、缺乏区域性货币体系、尚未建立区域性自贸区、地区多元经济模式对区域经济整合的消解等方面面临着竞争性制度过剩的风险。分析其根本原因在于区域制度化的竞争性选择,导致各国对主导权的激烈博弈,造成该地区严重的制度过剩,阻碍中亚开展深度的多边经济合作。

第三,基于中亚各国反恐政策的调整,提出以独联体为主导的内生型反恐安全合作、上合组织为主导的介入型反恐安全合作,以及美国等为主导的竞争型反恐安全合作三种不平衡的中亚反恐安全合作模式及其价值指引。在内生型反恐安全合作中,独联体成员国对地区反恐安全合作的组织、规制、执行力等核心要素能够保持高度认同,倾向于结果式反恐安全合作。而在介入型反恐安全合作中,上合组织对反恐安全合作的理念培育、规制倾向、执行力等常以妥协达成。在竞争型反恐安全合作中,美国等行为体则与中亚国家维持一种间歇式反恐安全合作关系。分析其在地区反恐安全合作认同感式微、地区反恐安全主导权竞争的制度"过剩"风险、地区多边主义泛化的规制风险、地区反恐军事合作排他性的负外部效应等方面影响中亚反恐安全合作的制约因素,并给出应对之策。

第四,运用联合国国际水道公约等国际《水法》的相关原则,建构以《阿拉木图协定》为主导的单向度水合作、《锡尔河水能协议》为主导的互惠式水合作、《楚河和塔拉斯河协定》为主导的共治式水合作等中亚内生性水安全合作机制,完成区域内水合作从区域多边主义向双边合作回归。在中亚外生性水安全合作的治理机制上形成中亚与政府间国际组织、欧盟、上合组织、非政府间国际组织等全方位的水治理机制,以及里海合作的制度安排。分析该机制在区域水配给制有失公允、区域水补偿制形同虚设、跨界流域国水法体系及其实践差异的分歧等制约性,其原因在于国家内部政治博弈的溢出效应和区域水治理失灵和相邻国家边界纠纷的负外部性所致,并提出中亚水资源多边合作可持续发展的方略。

第五,结合中亚国家禁毒措施,打造以中亚"二轨制"一体化禁毒安全、上合组织的多元禁毒共治、独联体的制度性禁毒合作可持续性等为主导的区域性制度框架,在禁毒的理念、规制、执行力和议程设置上,完成中亚禁毒安全合作的转变。分析中亚禁毒安全合作的局限性在于制度安排上欠缺高制度化且具有法律约束力的国际机制、合作对象上过度倚重利益攸关方的偏好、资金和技术上的两极分化等,阻碍区域禁毒治理一体化进程。提出改变局面的应对之策为增强各国间的相互理解和信任、探索制定适合禁毒实情的区域性制度安排、充分发掘各国的禁毒资源潜力、保持与国际社会的沟通与交流,以确保中亚禁毒安全合作的可持续性。

# 第一章　非传统安全合作

## 第一节　非传统安全合作的源起

### 一、国际安全

何谓国际安全？按照巴瑞·布赞等人的观点认为，是对一个指涉对象（传统上是国家、合法的政府、领土与社会）造成了"生存性威胁"[1]。通俗地讲，国际安全是指国际社会不存在危险或不存在对国际社会各成员的威胁[2]。它意味着在主权国家普遍安全的前提下，国际社会处于和平、有秩序和相对正义的状态（其中当然包含着现实主义传统哲理在各国独立生存和主权国家国际体系根本稳定意义上的国际安全）。[3]约瑟夫·奈也认为，国际安全是指处于安全困境中的国家之间的相互依赖。加尼特等人指出，国际安全是关于国际社会的安全，它代表克服国家安全对安全问题狭义的、以人种为中心的认识的一种努力。

众所周知，随着全球化的发展，一个国家的安全日益具有国际政治乃至全球政治的色彩。国家的活动已越来越与国际社会密不可分。由

---

[1]　巴瑞·布赞等：《新安全论》，浙江人民出版社 2003 年版，第 29 页。
[2]　王逸舟：《全球化时代的国际安全》，上海人民出版社 1999 年版，第 36 页。
[3]　时殷弘：《国际安全的基本哲理范式》，《中国社会科学》2000 年第 5 期。

于信息的便捷,以国家名义处理的任何事务,实际上都会引起国际社会的迅速反应。因此,一个国家谋求安全,不可避免地会带有国际色彩,从而成为国际安全的一部分。从这个意义上讲,国家安全与国际安全是互通的,一个国家既有国家安全的问题,也有国际安全的问题。一个国家的国际安全,指的就是国家在国际社会中所实现的安全。同时,由于当今世界仍然是一个主权国家体系,国际政治中安全的基本单元还是国家。所以,对国家来说,自身的安全永远是第一位的,它只有在必要时,才会去维护国际安全。国家安全是国际安全的基础。

（一）现实主义的国际安全观

现实主义是西方国际关系的主导学派,现实主义认为,人性恶是安全分析的基点,权力是目的,均势和结盟是实现安全目标和安全利益的主要手段。为此,现实主义强调国家利益、国家权力对国家在国际关系中的重要性,把国家作为国际关系最基本的行为体,认为国际体系由民族国家构成。由于国际社会处于一种无政府的状态,国家职能只能是把自身的生存、安全以及权力的最大化作为首要的目标。面对他国的威胁,各国通常使用武力来解决国际争端,以维护国家利益,军事能力的强弱也就自然成为衡量国家实力的重要标准,国家间寄望通过加强军事力量、结盟等方式以达到均势状态或建立霸权获得安全目标。这样一来,国家、军事、权力、道德等要素成为国际安全的理论基础和根本动力。

一是国家是国际安全最重要的主体。民族国家作为国际安全的最重要主体,早在修昔底德时代就已萌芽,尤其是其关于城邦国家利益的观念,奠定现实主义的思想基础,尽管当时城邦国家与现代民族国家并不能直接划等号。古典现实主义和新现实主义都关注民族国家,并且把民族国家作为主要研究单位,认为民族国家是一个追求国家利益的理性行为体。马基雅维利在阐述权力政治时,把国家间关系视为动态变化的,他认为,人类所固有的自然特性使所有的政府形式在不同程度上是不稳定的,也容易发生变革。主权概念是霍布斯国际关系思想的基础,他主张,结束战争的唯一方式就是建立理性国家,在重建主权的过程中构建国际秩序以及国家间均势。黑格尔更是对国家概念近乎痴迷,他强调,国家是绝对理念在伦理阶段自我发展的最高实体,是永恒和绝对合理的普遍意志,因此国家成为考察国际关系的基石和理论单元。马克思·韦伯则将国家界定为垄断物质力量合法使用的人类共同体,国家是国际关系中唯一行为体,而国际关系本身就是国家之间追求分享权力和影响权力分配的斗争,国家总是为其生存而斗争,"和平只是冲突性质的改变"①。

因此,对于现实主义来说,把国家作为国际关系的主要行为体是其主要理论要素之一,古典现实主义假定国际社会无政府状态导致国家对均势的担忧,但是把国际结构的限制因素视为引起过激行为的次要原因。国家追求权力,并根据权力确定国家利益。国际关系的主要驱动力是国际体系中每一国家的内在权力意志,国家的权力意志促使国家争夺霸权,即古典现实主义体现出国家中心主义的假定,国家是国际关系中最重要的理性行为体。

新现实主义一个重大飞跃在于把国际关系的分析视角,从单一的国家层面扩展到一个体系层面,认为个人、国家和国际体系是国际社会的主要结构层次,分析国际问题需要从三者之间的排序原则、单位功能及其互动来考察,在国际关系的自助体系中,国家按照他们的强大程度排列地位。美国学者华尔兹指出:"在国际关系理论中之所以忽略国家和政治家的行为和实践,并不是因为他们不重要,而是因为他们没有包含在体系结构之内。"②换言之,无论均势还是霸权安

---

① Michael Joeseph smith, *Realist Thought from Weber to Kissinger*, Baton Rouge and London: Louisana State University Press, 1986, p. 15.

② 罗伯特·基欧汉:《新现实主义及其批判》,郭树勇译,北京大学出版社 2002 年版,第 310—311 页。

全论,尽管关注的角度置于体系的结构和变化动力,但他们都基于对国家是国际关系核心主体的认可。正如美国学者吉尔平所言:"世界政治仍然以政治试题的争斗为特征,他们在一种全球无政府状态下为权力、声望和财富而争斗。"①

二是军事是维护国家安全利益的主要方式。在无政府状态的国际社会中,如何获取国家安全是现实主义主要解决的问题。尽管现实主义对国际关系有一定程度的差异,但在对国家安全的基本价值判断上现实主义还是达成共识,即"现实主义者对有助于和平的国际秩序的各种设计持怀疑态度"②。正是这种消极的安全判断,使现实主义者认为,国际关系就是民族国家为权力或安全而斗争的全部显示及过程。在国际安全领域,国家的根本目的就是加强自身的权力与安全,武力或武力威胁是实现国家安全利益的主要手段。军事能力成为衡量国家权力的重要指标。为此,国家增强自身安全自助能力的主要途径便是增强军备。

作为军事权力和国家安全两个核心概念,马基雅维利提出"共同体"以及"共同的善"的安全概念和途径,两者同时还是国际安全的目的和手段,在这两个概念的背后散发的是他对国家间关系持有的动态变化观点,而最重要的实现方式就是增强实力,尤其是军事实力。霍布斯曾尝试在重构主权这一核心概念在政治义务和权威原则的基础上构建政治实践,并把这一问题的关键置于"建构物质权力、计算和利益的自觉性政治"。而黑格尔在对战争进行深入剖析后也指出,国际法和康德式的国际联盟并不能对国际社会提供永久的和平和安全,如果承认国家利益是国际社会的最高法则,那么战争就将是这一

---

① 罗伯特·吉尔平:《世界政治中的战争与变革》,宋新宁等译,上海世纪出版集团2007年版,第234页。

② Michael W. Doyle, *Ways of War and Peace:Realism,Liberalism,and Socialism*, NewYork and London:W. W. norton&company,1997. p. 43.

法则借以表现的最高途径。总之,在古典现实主义的著作或论述中,虽对权力、道德以及国际法等都有进一步发展,但如何维护国际和平与安全仍以权力和军事作为基础的。

新现实主义更倾向于强调国际社会无政府状态,追求安全是国家最优先考虑的问题,在他们看来,国际体系的权力结构决定着国家之间的关系,在无政府状态和自助系统前提下均势是维系国际和平的基本方式。美国学者吉尔平指出,国际体系不仅是国际关系的分析单元,同时也对国内政治具有重要影响。在国际体系变革的进程中,大国尤其是居于支配地位的大国的衰落与新兴大国的兴起是重要的标志。同时,国际力量尤其是军事力量是国际政治的核心,核武器的发展或许会是建立和平变革机制的目标更加难以实现。

从上述分析中不难看出,无论是古典现实主义还是新现实主义,都始终认为,国家权力、国家实力尤其是军事实力仍然是谋求国家安全和和平的基本因素,是构建国际安全最重要的依靠力量。

三是权力是国家安全的核心。现实主义的权力论从古希腊的修昔底德到近代的马基雅维利、博丹、霍布斯、黑格尔,再到当代的韦伯、尼布尔、卡尔、摩根索等,都从不同角度发展了权力理论。古典现实主义认为,根植于人性恶的判断,权力是国家的首要目标。修昔底德和马基雅维利都指出,无论国家还是个人之间,利益的一致才是最可靠的结合,国家的行动最主要的动力也是利益而非正义,理解国家行为的关键就是对权力、利益和行为后果的计算与判断。马基雅维利在《君主论》中主张国家的生存是政治家最重要的政治考量,追求政治利益和国家利益应该是统治者的主要工作。霍布斯则把对权力的追求归因于人类的欲望,认为权力斗争在国际关系中是处于根本地位的。黑格尔、马克思韦伯同样认为权力和利益是国际关系中的决定因素。

作为古典现实主义权力论的集大成者,摩根索把国际关系视为权力政治。在其《国家间政治》中,他首先界定权力和政治权力的概念,指出权力"是指人支配他人的意志和行为的力量",而政治权力则是"权力行使者与权力行使对象之间的心理的关系。前者通过影响后者的意志而对某些行动有支配力量。"[①]其次,列举国家权力的九大来源,即地理因素、自然因素、工业能力、军事准备、人口、民族性格、国民士气、外交质量和政府质量等。摩根索肯定武力是权力争夺最常用的方式,同时也强调外交的重要性。第三,国家对权力的追求主要表现为保持权力、增加权力和显示权力,与之相对应的有三种外交政策,即维持现状政策、帝国主义政策和威望政策等。第四,承认政治行动中道德意义的同时,强调道德的要求和政治行动成功之间存在不可避免的冲突,政治行动必须由政治标准加以判断,即所谓的"这一政策对国家的权力有何影响"[②]。显然,在权力和道德之间,他更看重权力而非道德。第五,国家无一例外地追求权力导致冲突和战争,后者是人类以国家形式争夺权力的必然结果。可见,在摩根索看来,权力自始至终是国际政治的轴心,在一个无中央权威的国际体系中,追求权力既是国家实现目标的手段又是国家的最终目标。当然,国家在追求权力最大化时通常需要制定外交政策的指南,因为"用权力界定的利益概念是帮助现实主义穿越国际政治领域道路的主要路标[③]。因此,国家是理性的,它制定对外政策以最大限度的实现国家利益为指南,而其国家利益的大小完全取决于该国的权力或实力。

新现实主义把无政府状态视为决定一国行动的根本动因。在

---

① 汉斯·摩根索:《国家间政治——寻求权力与和平的斗争》,徐昕等译,中国人民公安大学出版社1990年版,第37页。

② 汉斯·摩根索:《国家间政治——寻求权力与和平的斗争》,徐昕等译,中国人民公安大学出版社1990年版,第74页。

③ 汉斯·摩根索:《国家间政治——寻求权力与和平的斗争》,徐昕等译,中国人民公安大学出版社1990年版,第6页。

这一前提下,国家最关心的是安全问题,为此,"国家寻求的目标是保卫自己的生存……生存是实现国家其他任何目标的先决条件"①。权力不是目标,而是作为一种手段来看待。诚如美国学者沃尔兹所指出的,国家拥有的权力必须适当,"太大或太小都会有风险,力量软弱会招致攻击,力量强大则会使对手不敢发动进攻。力量过于强大则可能刺激其他国家,使它们增加军备并联合起来。"②当国家处于危急关头时,国家最关心的恰恰是安全。由此可见,在国际关系结构中,除了无政府状态这一原则,还有一个重要的组成因素,即国家间权力的分布。权力在国际体系中按照从大到小的结构排列,正是由于权力在国家间的分配及这种分配的变化,才最终引起结构的变化。在沃尔兹看来,国家把权力视为手段而非目的,使得国家在国际体系中不是谋求权力的最大化,而是寻求权力的平衡。

四是道德是国家安全的必要补充。对现实主义来说,道德在国际关系中的规范作用是相对有限的,道德的选择在某种意义上不是绝对的,它附属于国家利益,普世的道德原则不适用于国际关系中的国家行为。美国学者摩根索指出:"普遍的道德原则不能以其抽象的、一成不变的公式,应用于国家行动之中:必须经过时间、地点等具体条件的过滤。"③马基雅维利在考察 16 世纪意大利城邦国家之间的关系后也指出,道德是从属于政治的,二者是适用于不同的政治领域。道德存在和赖以维系的条件是政治活动,并作为政治共同体的产物而存在,试图将法律对照普世的道德标准——共同的善是没有

① 肯尼斯·沃尔兹:《国际政治理论》,胡少华等译,中国人民公安大学出版社 1992 年版,第109 页。
② 肯尼斯·沃尔兹:《国际政治理论》,胡少华等译,中国人民公安大学出版社 1992 年版,第109 页。
③ 汉斯·摩根索:《国家间政治——寻求权力与和平的斗争》,徐昕等译,中国人民公安大学出版社 1990 年版,第 25 页。

意义的。为此,马基雅维利还用双重标准把道德区分为国家道德和个人道德。在这里,尽管他呼吁道德,但对政治而言,道德又完全是工具性的。在此基础上,韦伯又进一步发展道德的选择,提出信念上的绝对道德和责任上的实用道德的二元论,强调一国的领导人为实现政治目的,可以使用不道德的手段来完成。这表明,在国际关系中,道德始终是从属于国家利益的,并扮演着工具性的角色,对维系国际和平发挥作用。英国学者卡尔一针见血地指出,相对于权力而言,"道德只能是相对的,不可能存在普世道德。"[①]在政治行动中,道德起到协调平衡权力的作用。

(二) 自由主义的国际安全观

自由主义是国际关系的另一个重要学派。该学派注重理性个体的作用,主张国际关系的道德趋向,进而兼顾到自由、财富和正义等条件。在国际安全上,自由主义主要关注四个方面:一是基于信奉人本善的哲学基础,对国际关系本质的判断持有乐观的态度,进而相信利他的国家选择和合作;二是国际行为体的多元主义视角,不仅关注国家而且关注个体、私人组织、社会团体以及公司等非国家行为体;三是对制度安排等国际合作形式持积极态度,认为国际相互依赖、认知的进步、国际一体化、国际法以及国际制度等会促进人类的自由、和平的实现;四是相信各种相互依赖的体系力量的作用,认为国际安全不能仅仅局限在政治、军事等高级政治安全,也涉及经济、社会、环境等低级政治安全。

一是低政治安全成为国际安全的核心。自由主义的国际安全较现实主义而言,更倾向于国际制度和国际机制的作用发挥,尤其关注经济、社会、环境等低级政治安全的变化,这在一定程度上改变传统

---

① 爱德华·卡尔:《20 年危机——国际关系研究导论》,秦亚青译,世界知识出版社 2005 年版,第 62 页。

现实主义关于国际事务的固化排列的局面,即军事安全问题始终占首位,经济、科技、社会、福利问题一直居后,使得政治、经济、社会等安全环境在内容上得以丰富和发展。美国学者福山指出,国际事务的排列问题不再是固定不变的了,而是应形势变化而异,经济、科技、社会、福利问题在某些时期也可跃居首要地位,以便"寻求发现有着特殊利益的单独行为体可以自己组织起来提高经济效益、避免毁灭性的物质冲突"[①]。

其实,在国际关系理论的早期论著中就已有相关论述,例如,格劳修斯在论述人类生活的基本原则时,就涉及到诸如财产权等相关问题。洛克在有关财产的国际分配论述也指出,自然环境和自然资源的污染和破坏就需要人们去保护,而不论污染和破坏发生在何时何地。而新功能主义的代表人物哈斯,则以更加政治化、国家化和制度化的视角强调一体化的政治过程,注重意识形态和价值观念等政治因素在国际和平安全与合作中的作用。基欧汉等人在对跨国主义的定义时,也特别强调"不受各国政府中央外交政策机构控制的那些跨越国家边界的联系、联盟或互动行为"[②]。很明显,自由主义对国际安全的认知往往与跨国关系相联系。

二是国际安全价值判断的乐观主义倾向。自由主义的安全观对人的理性能力持肯定和积极态度,相信理性原则在国际安全能够发挥重要作用。这种"相信人类理性与人类行动改变世界的能力,这有助于所有人类内在潜力的更充分的实现"。[③] 自由主义对人类理性的积极态度,贯穿于自由主义安全论的各个方面,无疑对判定国际安全具有积极

---

① 弗朗西斯·福山:《历史的终结及最后之人》,黄胜强等译,中国社会科学出版社 2003 年版,第 56 页。

② Robert O. Keohane and joseph S. Nye eds, *Traditional Relations and World Politics*, Cambridge: Harvard University Press, 1971, p. xi.

③ Michael Howard, *War and the Liberal Conscience*, London: Temple Smith, 1978, p. 11.

影响。格劳修斯认为,尽管国际关系表现为无政府状态,但在人类理性、共同利益以及和平相处的"善"的习俗基础上,人们可以通过接受国际法的规范,改善这种无政府状态。他还把这一理念引入正义战争的概念,旨在限制战争残酷性并体现自然法的正义战争。推而广之,如果把该理念引入国际安全中,就可以通过接受国际法的规范,来减少无政府的混乱状态。而洛克则认为,自然状态是一种和平、美好意愿、互助及保存的完全自由的平等的状态。对于国际安全,洛克主张除非国家受到攻击或发现其权利受到侵害,国际法会作出限制和调节。为此,洛克还确立基于自然正义原则的合法性征服,要优先于国家主权的观念。就国际安全而言,保持和维护这一局面需要有勇气和正义的支撑,且人们可以发展相互间的关系和订立契约,以减轻无政府状态的危害性。此外,康德也认为,"人类拥有理性并充分意识到自我的真实利益,通过订立社会契约进入法制社会。"[①]他还提出永久和平论,认为每个国家的公民体制都应该是共和制、国际权利应该以自由国家的联盟制度为基础、世界公民权利将限于以普通的友好为其条件。康德的这一论断对构建国际安全产生重要影响,特别是他主张的法制国家联邦,预示20世纪国际规则、规范和国际组织的广泛实践。

三是国际安全主体的多元主义。自由主义对国际安全主体的确立,集中反映在安全主体的多元化上。这不仅要求关注传统安全的主体国家,而且要求"把个人也视为相关行为体,以此作为出发点。"[②]也就是说,人是国际关系的基本行为体,国家的目的就在于超越单纯的安全而保护和促进个人权利。美国学者基欧汉指出:"自由主义依旧忠实于对个人权利和个人福利的强调,并将之作为国际制度和国际交

---

① 托布约尔·克努成:《国际关系理论史导论》,余万里等译,天津人民出版社 2004 年版,第145 页。

② 罗伯特·基欧汉:《局部全球化世界中的自由主义、权力与治理》,门洪华译,北京大学出版社 2004 年版,第 86 页。

换的规范性基础。"①在此基础上,自由主义主张,国家是由不同的个体、利益集团等构成的,并且国家也是分为不同类型的,国家行为的首要决定因素是国家偏好而非权力,这种偏好一般是基于不同的国家文化、经济体系与政府类型等不同偏好,随机伴有不同的国家行为。在这里,自由主义不仅关注人,更认为人是客观环境的产物,强调教育对人的积极作用。不难发现,自由主义安全论把安全主体的视角,已从一维的国家主体延伸到国家、国际社会、非国家行为体的多维视角,有利于国际安全多维视角的形成。对此,洛克指出,国家的存在是为了保证其公民的生命、自由与财产并使他们的生存和幸福不受到其他国家的干扰。康德则认为,国家是根据人的理性行为和保障人的自由来确定的。并主张,国际权利应该以自由国家的联盟制度为基础,组成一个法治的国家联盟。威尔逊不仅对国际联盟有着特殊的兴趣,更推动国联的建立,他倡导多边国际机制与集体安全机制的建设。

新自由主义更加强调个人安全在国际安全中的重要性,指出以军事为核心的安全不再是国家追求的最重要目标,个人的生活质量和政治权利才是国家应该最关心的事情。因为全球化使得单个国家无法获得自身的绝对安全,只有国家间制度化的国际合作,才能实现国家真正的安全。当然,国家是安全的手段而不是目的,与他国相比,国家更可能成为公民人身安全和社会福利的直接威胁。由此一来,民族国家作为安全主体地位的唯一性不存在了,安全的主体就从国家之下的个人拓展到国家之上的国际社会。对此,米特兰尼解释道:"我们现在的历史任务就是'积极使各国据合起来,而不是使其和平地相分离'"②。其目的是打破传统的领土主权观念,构建并非基于权力的权威。基欧

---

① 罗伯特·基欧汉:《局部全球化世界中的自由主义、权力与治理》,门洪华译,北京大学出版社 2004 年版,第 103 页。

② David Mitrany,"the Functional Approach in Historical Perspective,"*International Affairs*,Vol. 47,No. 3,1971,p. 538.

汉也强调,由于传统的以国家为中心的研究视角忽略社会间交往、跨国行为体等的跨国互动,现实中的个人与组织等非政府行为体在国际关系中发挥重要作用,构成"世界政治范式",即"世界体系中重要的行为体之间所有的政治互动,其中重要的行为体是指任何控制了丰富资源并与其他行为体一起参与跨越国界的政治关系的自主性的组织和个人"。[1] 该世界政治范式主要包括跨国互动、国家间互动和跨政府间互动单个类型。在这里,基欧汉抛弃国家是唯一行为体的观念,强调国际层次上不同行为体的作用,强调对超越国界的相互联系、结盟关系和相互依赖的重视,关注次国家层次上的国内官僚机构、利益集团等在国家对外政策形成过程中的作用。

四是国际安全的主要途径是互利合作与秩序。在自由主义看来,既然国际合作、国家联盟、国际法、国际机制、乃至全球治理都可以成为建构安全的重要方式,那么军事和战争就不是安全的唯一途径。由此一来,自由主义把更多的注意力放在经济、社会、文化,以及内部秩序的建立和外部安全的保障等议题上。就像美国学者基欧汉所言,自由主义强调个人,试图理解集体决定,从伦理角度促进人权,试图改善人类环境。[2] 既然自由主义倾向于在理性基础上寻求建设性国际合作的可能性,并尝试在自由主义国际安全观的各个方面加以丰富和发展,那么它对国际社会的无政府状态持基本认同的态度,相信通过制度安排等国际合作的形式,能够限制或者改善这种无政府状态。英国学者格雷指出,自由主义"相信所有的社会制度与政治安排都是可以纠正和改善的"[3],制度安排及其他国际合作在促进人

---

[1]　Robert O. Keohane and Joseph S. Nye eds, *Traditional Relations and World Politics*, Cambridge: Harvard University Press, 1971, p. xxxiv.

[2]　罗伯特·基欧汉:《局部全球化世界中的自由主义、权力与治理》,门洪华译,北京大学出版社 2004 年版,第 12 页。

[3]　约翰·格雷:《自由主义》,吉林人民出版社 2005 年版,第 2 页。

类自由的同时会极大促进国际安全的改变。这一点也可以从古典国际关系理论中找到佐证。格劳修斯认为,国际法和国际契约是维持国际安全(秩序)的必要条件。康德在规划永久和平的正式条款中,把国家的联盟制度视为国际权利的基础,声称共和国家可以组成一个法治的国家联盟。尽管他没有详细说明这种联邦如何实现,但已经预示以后国际安全实践中有着确定规则、规范和惯例的国际组织的出现。边沁则认为,通过最大限度地裁减军备、设立国际法庭、公开地通过外交谈判缔结条约等方式,可以实现永久和平,纠正国际社会无政府状态导致的安全困境最有效途径是集体安全与裁军。

　　随着自由主义的不断发展,国际关系学界对国际安全的认知更加成熟。威尔逊明确倡导多边国际机制与集体安全机制的建设,相信一系列以法理为基础的国际制度能够维持国际和平。米兰特尼和哈斯则认为,一体化是人们追求福利的一个过程,具体问题的合作逐步形成网络,推动合作由一个功能领域扩展到其他领域,进而"外溢"形成以这些领域为基础的"共同政府",并且越来越重视意识形态和价值观念等政治因素的作用。① 基欧汉在考察国际经济相互依赖加深背景下,跨国进程与组织机构的重要性的基础上,重点分析国家与跨国关系在不同问题领域的相互作用,国内结构与国际制度对国际社会的非国家行为体网络的调节性影响,并认为国际安全不仅取决于国家的行为,还取决于跨国机构与国际组织。另外,基欧汉在分析国际机制对相互依赖的影响时还引入"进程"概念,指出国际机制是国际体系的权力结构与该结构内的政治、经济谈判之间的中介因素,国际体系的结构深刻影响着国际机制的性质,而国际机制也影响并且一定程度上支配着国际体系内发生的政治谈判和日常决策。

---

① David Mitrany,"A Political Theory for a New Society,"in A. J. R. Groom and Paul Taylor, eds.,Functionalism: Theory and Practice in International Relations,London: University of London Press,1975,p. 32.

（一）霸权稳定论

霸权稳定论是较早研究国际合作的理论之一。该理论从霸权入手，界定霸权的概念及其相关属性。美国学者吉尔平认为，霸权就是"一个单一的强大国家控制或统治该体系内部比较弱小的国家"[①]。也就是说，霸权国家把自己的意志强加给了一些小国，或者其他国家从霸权国家那里获益而接受了它们的领导。[②] 简言之，霸权意味着一个单一的具有超强的政治、经济、军事实力的国家支配的国际体系。在这个体系中，霸权国家承担了组织和捍卫世界政治和经济等的责任，如它们倡导自由贸易、提供投资资本、提供国际货币等，实际上，它们提供发挥世界市场效率所必需的公共物品。[③] 因为，对霸权国家来说，保持现状、自由贸易、海外投资和一个功能完善的国际货币体系所带来的收益大于相应的成本。霸权国家的政策在给自己带来好处的同时，也使那些期望并能够利用国际政治和经济现状的国家得到好处。[④] 在此基础上，吉尔平等人提出了霸权稳定论。该理论认为，国际霸权体系与国际秩序稳定之间存在一种因果关系，一个强大且具有霸权实力的行为体有利于国际体系的稳定，相反，在不存在霸权国家的情况下，国际秩序将会混乱无序和不稳定。霸权国家不但可以稳定国际政治秩序，还可以维系一个稳定发展的国际经济秩序。

霸权稳定论的核心内容：一是承认国际关系的激烈竞争性，主张维护国家安全和政治利益是霸权稳定的第一要务。由于国际社会的无序性，当霸权国家获取霸权统治地位时，它必须有能力来维持国际秩序，并有责任向国际社会提供"公共物品"，如建立在最惠国待遇基

---

① 罗伯特·吉尔平：《世界政治中的战争与变革》，上海人民出版社 2007 年版，第 35 页。
② 罗伯特·吉尔平：《世界政治中的战争与变革》，上海人民出版社 2007 年版，第 150 页。
③ 罗伯特·吉尔平：《世界政治中的战争与变革》，上海人民出版社 2007 年版，第 144 页。
④ 罗伯特·吉尔平：《世界政治中的战争与变革》，上海人民出版社 2007 年版，第 150 页。

础上的平等原则和无条件互惠原则上的自由开放贸易体制和稳定的国际货币及国际安全等。同时,霸权国家自身的经济发展对世界经济具有引领作用,以保障世界经济的健康运行。并有能力向弱小国家提供经济发展所必要的资金和技术,从而维系世界经济政治秩序的平稳。二是在国际体系中建立国际规则。霸权地位的巩固是靠国际规则而非统治来维持的,因为霸权国家的经济增长不可能永无止境地持续增长,按照吉尔平的说法,霸权国"一旦进一步的变革与扩张在成本和收益上达到平衡,发展趋势将是,维持现状的经济成本比支撑现状的经济能力上升得更快。"①这在一定程度上影响霸权的稳定,而国际规则作为一种软"公共物品"具有较强的可持续性,它不会随霸权国的实力下降而发生改变,相反,霸权与国际规则力量成正比,国际规则有助于维系霸权的稳定。三是霸权的稳定是依赖于霸权实力。以实力为基础的霸权有其形成、发展、强盛、衰弱的过程,当霸权国处于上升周期时,霸权国借助实力尚可以维持其统治。而当霸权国处于下降周期时,实力的作用已损失殆尽,霸权稳定性势必大打折扣,需要与新的霸权国协商制定新的国际规则,否则很容易产生矛盾与冲突。

(二) 霸权后合作论

霸权后合作论是美国学者提出的一种国际合作理论。基欧汉认为,国际合作是一个过程,在这一过程中,因为政策协调的结果,各国政府实际奉行的政策,被其他政府视为能够促进自己目标的实现。合作涉及到相互的调整,而且,合作也只有在冲突或者潜在的冲突状态中才能得以出现。纷争是与和谐相对的,它会刺激政策调整的需要,它既可能导致合作,也可能导致持续的也许是剧烈的纷争。② 从

---

① 罗伯特·吉尔平:《世界政治中的战争与变革》,上海人民出版社 2007 年版,第 161 页。
② 罗伯特·基欧汉:《霸权之后:世界政治经济中的合作与纷争》,上海人民出版社 2001 年版,第 76 页。

这个意义上,他又指出,合作并不意味着没有冲突,相反,它显示是与冲突混合在一起的。合作会在行为者认为它们的政策处于实际或者潜在冲突的情况下而不是和谐的情况下才会发生。合作不应该被视为没有冲突的状态,而应该被视为对冲突或潜在冲突的反应。没有冲突的凶兆,也就没有必要进行合作了。[①]

当然,基欧汉也承认,合作是实现国家目标的必要手段,其本身不是目的。基欧汉认为,国际合作与国家行为密切相关。国家行为一般可根据"由内及外"或者"由外及内"的方法来确认。"由内及外"的解释方法或者单位层次的解释方法,把国家对外行为的根源视为其内部因素决定的,这些内部因素如政治或经济体制,领导者的特性,或者国内政治文化等。国家对外行为"由外及内"的解释方法,或者体系的解释方法,是以体系总体上的特性为基础的。[②]基欧汉肯定"由外及内"的解释方法的合理性。他指出,国家的行为,还有其他行为者的行为,强烈地受到国际环境所决定的限制和激励因素的影响。当国际体系发生变化时,激励因素和行为也会发生变化。为此,他强调国际制度及其实践对国家行为的影响。因为国际机制影响着政府可能获得的信息和机会,政府对支持这类国际制度的承诺的破坏,会对其声誉造成损害。国际机制因此改变着政府对其利益或有利地位的估算。[③]

与此同时,基欧汉还认为,霸权是一种合理现象,霸权之后的合作是可能的。这不仅仅因为共同的利益可能导致国际机制的创设,而且也因为需要维持既定国际机制的条件不如创设这些机制时的条

---

① 罗伯特·基欧汉:《霸权之后:世界政治经济中的合作与纷争》,上海人民出版社 2001 年版,第 64—65 页。

② 罗伯特·基欧汉:《霸权之后:世界政治经济中的合作与纷争》,上海人民出版社 2001 年版,第 29 页。

③ 罗伯特·基欧汉:《霸权之后:世界政治经济中的合作与纷争》,上海人民出版社 2001 年版,第 30 页。

件那么苛刻和强烈。① 所以,在基欧汉看来,国际合作机制与霸权并不相悖,霸权依赖的是一种"非对称的合作",随着美国霸权的衰弱,霸权后合作是可能的,因为互补利益的存在可导致非霸权机制的建立,霸权后合作是一种"对称的合作"。在此基础上,国际合作可能通过霸权的存在而培育起来,同样,霸权可以促进合作,霸权国要求依靠合作来制定和强制执行规则。霸权与合作不是非此即彼的关系。相反,它们往往是一种彼此共生关系。正因为如此,在霸权国家的领导下可以完成国际机制的创设。通过国际机制可以汇聚各国政府的行为预测,提供信息沟通的渠道,改善信息的质量和减少信息的不对称性,降低交易成本,赋予行动和政策的合法性,改变行为者的利益偏好,协调和调整各国政府的政策和行动,减少不确定性,这对于霸权主导下国际体系中各国政府之间的和平与合作以及霸权体系的维护具有重要价值。

(三) 合作模式论

合作模式论是美国学者罗伯特·阿克塞尔罗德在其《合作的演变》等著作中提出的一种观点。他在《合作的演变》中认为,在国际关系中,各角色的利益并不总是完全对抗的,关键的问题是如何使不同角色相信,他们能够从合作中达到互利的目的。他同时指出,国际社会的各行为体的友谊并不是发展合作的必须,在一定条件下,建立在互惠基础上的合作甚至可能在敌对者之间也是可能的,即"我活也让别人活"模式。当然,为了让"我活也让别人活"的模式得以实现,其基本博弈规则:一是对别人的成功不嫉妒;二是不首先放弃合作机会;三是对别人的合作或者不合作均持对等态度;四是不要自作聪明。他强调,各行为体在进行合作时,采取对应政策是必要的。首先

---

① 罗伯特·基欧汉:《霸权之后:世界政治经济中的合作与纷争》,上海人民出版社 2001 年版,第 61 页。

是试图合作,然后再根据对方的反应决定如何行动。对应政策成功的关键在于学习、效仿和抉择。一般而言,合作应经过三个阶段:一是在对双方共同利益的认定和追求的前提开始启动合作;二是在互惠基础上制定相应的策略与措施;三是巩固在互惠基础上的合作,防止任何一方不合作带来的侵害。对于如何推进合作博弈模式,他建议,一是未来比现在更重要,相互合作有利于稳定将来的关系;二是改变互动激励机制,互动机制越持久,合作就越顺利;三是教育人们应相互关心;四是强调互惠的重要性,互惠不仅帮助别人,而且也帮助了自己;五是改进互认的能力,在互动过程中逐渐认可对方所发挥的作用等。

另外,阿克塞尔罗德在《合作的复合性》中提出了复合型合作模式的概念。他指出,复合型合作主要包括:一是完善强化合作行为的准则;二是要确定有关标准;三是建立必要的合作组织;四是构建相互影响的共同文化。对此,他强调,复合型合作是将社会影响模式化,以帮助人们在互动的过程中实现互动,其目的是加强对复杂世界的冲突与合作的了解与把握。

(四)国家间合作论

国家间合作论是海伦·米尔纳在《国家间合作的国际关系理论——优点与弱点》中提出来的观点。米尔纳认为,合作是行为者通过政策调整过程,调整自身行为以适应别人目前的和以后的需求。她从六方面阐述对国家间合作影响的因素:一是绝对收益、相对收益和互惠互动因素。当国家采取互惠互动政策时,合作行为将更为可能,国家间进行合作是为了实现绝对收益,但在一定条件下,国家也追求相对收益。二是行为者的数目因素。两个行为者是合作的最佳数目,即双边合作最为可行。三是国际机制因素。国际机制所强调的准则、原则和规则对合作的形成具有重要作用,国家间合作与国际机制密切关联。四是认知一致因素。要实现合作,合作者必须形成认知的一致,特别是共同的利益和价值取向,对问题和解决方法的一致认识。五是权力的非对称因素。权力的非对称等级有利于合作的实现等。当然,米尔纳也强调,如果行为者发生冲突所付出的代价低,则合作的可能性就小;如果代价高,反之就有可能合作。另外,国内政治对国际合作非常重要。国内政治制度、利益集团和公共舆论对国家在国际上采取什么战略和政策起决定性作用,只有国内一致,一国的国际合作协议才能得以批准和实施。在涉及国内政治和国际合作的关系上,多元理论、精英政治理论和国家制度理论对国际合作具有重要意义。

## 第二节　非传统安全合作的界定

### 一、非传统安全的概念属性

一般而言,非传统安全是指一切免于由军事武力所造成的生存性威胁的自由。具体而言,非传统安全是强调行为体间的优态共存。优态是安全指向的对象,是安全达成的价值性条件;共存是安全获得的互惠性条件;行为体间是安全实现的关系性条件,是安全实现的关系本位与过程建构性。[①] 显然,作为一种"场域安全",非传统安全是是与安全相关联的、具有特定活动性质的、没有危险或威胁的关系状态,它强调的安全不是一种单一的、局部的、纯技术的安全,而是复合的、非线性的、整体的、技术与价值混合的安全。从这个意义上说,非传统安全是除军事安全、政治安全等以外的经济、社会、文化、环境、生态、信息等领域的生存威胁,主要包括经济安全、反恐安全、生态安全、禁毒安全、公共卫生安全等安全形态。

20 世纪 90 年代后,随着国际安全出现的以哥本哈根学派、女性

---

① 余潇枫等:《非传统安全概论》(第三版上卷),北京大学出版社 2020 年版,第 28—30 页。

主义安全研究、后结构主义、建构主义、批判理论等一批与传统安全研究不同的新安全论,这些安全论由于在理论价值基础、研究范式和研究具体内容上,与以现实主义为代表的传统安全论有区别,因而被称为非传统安全论。

(一) 安全主体的多元性

在非传统安全中,国家不再是作为单一的安全主体,其安全对象已扩展到社会、国际组织、人等多元主体。尽管冷战后主权国家依然是国际社会中的最主要行为体,但随着全球化进程的发展以及国际关系的调整,非国家安全行为体的作用和影响日益凸显,对国家行为体的主导地位产生巨大冲击。非传统安全的安全主体开始从单一国家行为体,向非政府组织、国际社会乃至个人等多元化安全主体转变。在这一变化中,非传统安全对于人、特别是个体的人的安全予以特别重视。[1] 非传统安全认为,主权国家在很多情况下不再能承担安全保障着的角色,它对人的安全、特别是个体安全已造成损害。尽管在当下的国际社会,人的安全尚未上升到取代国家安全的程度,但人的安全与国家安全的关系一直是学界关注的重要问题。

英国学者布赞指出,虽然主权国家在当今国际体系中仍然是安全的标准单元,但是一些军事和生态威胁也影响到地球的生存环境,进而影响到整个人类的生存。整个人类的安全主要受到五个方面因素的影响,即军事、政治、经济、社会与环境。军事安全涉及国家的武装进攻和防御能力同国家对彼此意图的感知之间的互动;政治安全之国家组织体系、政府体系以及意识形态的稳定性;经济安全指获取资源、金融和市场的能力;社会安全指语言、文化、宗教、民族认同和习俗的传统模式不仅具备可持续性,而且具备进一步发展演进的条

---

[1]　李开盛:《人、国家与安全治理:国际关系中的非传统安全理论》,社会科学文献出版社 2012 年版,第 116 页。

件;环境安全指区域或全球生物圈的维系能力。这五个方面的因素
并非彼此孤立,它们分别突出安全问题群中的某个关键点,确定特定
的政策优先顺序,但都相互交织于一个强大的关联网络中。① 为此,
布赞强调,安全拥有很多潜在的指代对象,不能简单地将"国家"作为
唯一指代对象,安全的主体向下延伸到个人,向上衍生到整个国际体
系。② 在地区安全复合体理论中,布赞认为,安全复合体主要是指一
组单元,他们的主要安全化、非安全化进程,或者这两者被相互联结
在一起——他们的安全难题除非彼此远离,是不能被理性地分析或
解决的。③ 具有一定程度的安全相互依赖是一组国家或其他实体的
组合构成一个安全复合体的重要条件。地区安全复合体理论的目的
之一,就是抵制过分强调大国作用的倾向,并确保本地因素能够在安
全分析中被赋予恰当的权重。④

　　肯·布斯和理查德·琼斯等人强调,安全指涉对象应由国家层
次回归到个人及其团体,强调理论的实践导向,即强调解放政治实
践。⑤ 他们指出,如果我们用国家安全的视角来看世界,我们会忽
略国家、国家制度和人之间的关系,进而趋向忽略一个事实,即国
家本身有时候就是个大问题。解放是我们安全研究中规避聚焦国
家的一种方式,⑥也就是以解放来界定安全,即"安全意味着威胁的
缺位,解放是使人类(作为个体的和团体的)免于那些阻止他们自
由选择的物质的和人为的束缚。战争和战争的威胁及贫穷、落后

---

① 巴里·布赞:《人、国家与恐惧》,闫健等译,中央编译出版社 2009 年版,第 24—25 页。
② 巴里·布赞:《人、国家与恐惧》,闫健等译,中央编译出版社 2009 年版,第 32 页。
③ 巴瑞·布赞等:《新安全论》,朱宁译,浙江人民出版社 2003 年版,第 266 页。
④ 巴里·布赞等:《地区安全复合体与国际安全结构》,潘忠岐等译,上海世纪出版集团 2010
　 年版,第 46 页。
⑤ 刘胜湘:《国家安全:理论、体制与战略》,中国社会科学出版社 2015 年版,第 45—46 页。
⑥ Dovile Jakniunaite, "Critical Security Studies in the 21st Century: Any Directions for Lithu-
　 anian Security Studies?," *Lithuanian annual Strategic Review*, Vol. 12, 2013—2014,
　 p. 41.

的教育、政治压迫等就是这样的束缚。安全和解放是一枚硬币的两面。不是权力或秩序，而是解放产生了真正的安全。理论上讲，解放就是安全"。[1]

（二）主导安全价值的宽泛化

由于非传统安全更多关注人的安全，使得主导安全的价值趋于宽泛化。由此一来，非传统安全对于安全威胁的判断不断扩展，不再仅局限于某一领域的安全，而更多关注安全价值与安全威胁之间的联动性。这种联动性不仅体现在不同的安全价值之间，也体现在国内、国际安全之间。英国学者布赞曾大胆提出一个"弱国家"的概念，试图在国内安全与国际安全之间建立一种联系。他认为，弱国家不但无法为其公民提供充分的安全，还通常会为其所在的地区带来不稳定的安全环境。[2] 这样，非传统安全从国际体系的变化中得出一个基本判断，即在全球化时期，影响国家安全的因素不是一成不变的，而是伴随着国际体系的变革而不断扩展。换言之，国家安全不再仅仅局限于军事、政治领域、已逐渐扩展到经济、科技、信息等诸多领域，经济、科技、信息等非军事议题逐渐被提上国家安全的日程。布赞一针见血地指出，安全研究的议程要更加多样化，其中，经济、社会和环境安全事务与军事、政治安全有着同样重要的地位和作用。通常来说，军事安全关系到国家武装进攻和防御能力这两个层次的互动，以及国家对相互意图的洞察力；政治安全关系到国家、政府系统和意识形态有组织的稳定性，并且给它们的合法性；经济安全涉及通往资源、金融和市场途径，以保证维持能接受的福利水平和国家权力；社会安全涉及可持续能力，以及可接受的发展条件，语言、文化、

---

[1] Ken Booth, "Security and Emancipation," *Review of International Studies*, Vol. 17, No. 4, 1991, p. 319.

[2] 巴里·布赞：《人、国家与恐惧——后冷战时代的国际安全议程》，中央编译出版社 2009 年版，第 156 页。

宗教,民族认同和习俗的传统模式;环境安全则关系到地方和地球生物圈的维持——作为基本的支撑维持着全人类进取精神依赖的系统。

与此同时,奥利·维夫也在其安全化论中强调,安全化是"对威胁的话语建构",一种以言语行为对威胁进行社会建构的社会进程。它包括主体、客体、过程三个层面。在安全话语中,经过渲染,一个问题作为具有最高优先权被提出来,通过将它贴上标签,建构一个共享的、对某种威胁的集体反应和认识,一个施动者就可以要求一种权利,以便通过非常措施应对威胁,这就是安全化过程,一种"言语—行为"。① 其中,"主体间性"安全认知的共享程度是认识行为主体行为的一个关键,因为成功的安全化不仅由安全化施动者所决定,还由"安全言语—行为"的听众所决定。②

法国学者迪迪埃·比戈等人则认为,技术在安全治理中的重要性,反对安全的言语建构,主张安全是一种社会建构,不安全是安全化进程的结果,更准确地说是不安全化进程的结果。③ 认为(不)安全化进程是"安全领域"内"(不)安全专家"决策和实践的直接结果。安全专家的世界不是同质的,不同的行为者有不同的立场,拥有不同的利益,他们在安全领域通过斗争获取安全话语,进行安全实践,而行为者在安全领域内的行为又受到行为者习惯、过去经历的影响,因此,会出现不安全专家造就安全,④或安全专家造就不安全的情况,如在安全化进程中,试图获得最大程度的安全可能导致不安全的最大化。为此,他们更关心"内部"安全与"外部"安全的融合问题。当

---

① 巴瑞·布赞等:《新安全论》,朱宁译,浙江人民出版社 2003 年版,第 36—37 页。
② 巴瑞·布赞等:《新安全论》,朱宁译,浙江人民出版社 2003 年版,第 43 页。
③ 刘胜湘:《国家安全:理论、体制与战略》,中国社会科学出版社 2015 年版,第 64—65 页。
④ Didier Bigo, "Security and Immigration: Toward a Critique of the Governmentality of Un-ease," Alternatives, Vol. 27, No. 1, 2002, p. 85.

今世界，国内政治和国际政治的界限正变得越来越模糊，威胁也不再局限于国家，而更具有跨国性，安全研究应该更多的考察内部安全与外部安全的融合。因此，他们认为，环境结构、安全问题的性质、（不）安全专家权力斗争三大因素决定内部安全机构和外部安全机构的地位。

尽管学术界对上述学者的观点看法不尽一致，但对于传统国家安全观的仅仅关注军事、政治方面的安全来说，则是前进了一大步。因为他启发人们对安全重新进行更全面、更深入的思考，从而为主张扩展安全内容的学者提供依据。正如基辛格所言，在应对传统议程方面取得的进展不能满足要求，一些新问题凸现出来。能源、资源、环境、人口以及太空和海洋的利用等问题已构成传统外交议程的军事安全、意识形态和领土争端等问题并驾齐驱。

（三）合作是国际安全的主要方式

在非传统安全看来，要维护国家安全除了运用传统的军事手段之外，必须综合运用政治、经济、科技、环境等多种手段。因为在经济、环境、贸易等领域，安全多呈现出非零和性，这不但为合作提供了可能，而且这些安全价值之间的相互关联性和互动性，也致使各行为体只能采取合作的方式获取安全利益。当然，也应该看到，非传统安全强调安全的共同性，其目的在于试图摆脱安全困境。全球化时代，国家所面临的许多问题诸如能源、人口、环境、粮食、裁军、发展等已成为全球性问题，任何一个国家、地区、集团都无力单独从根本上解决这些问题。瑞典前首相帕尔梅为首的裁军和安全问题独立委员会1982 年发表的报告——《共同的安全》明确指出，全球相互依赖使传统的国家安全观过时了。国家安全不仅包括一国本身或其同盟国，甚至还要包括其对手和中立国等相关国家。我们要么同所有国家享有共同安全，要么什么都没有。国际安全必须建立在共享生存的基础上，而不是以彼此毁灭相威胁。

随着全球化的演进,国家安全更加依赖于各国的共同努力,国际合作的趋势逐步超过国际冲突的趋势,武力在解决国际争端上的作用有所减弱,安全的共性和关联性体现为"非零和博弈",你的安全就是我的安全,我的安全也就是你的安全。这种双赢关系充分体现了安全的相互依赖性。全球化所导致的安全主体多元化、安全要素多样化、安全手段复合化使安全的不可分割性越来越突出,安全的性质与实现安全的规则发生重大变化。对此,美国学者基欧汉指出,国家在安全问题上的相互依存有三个表现:一是国际社会存在着多渠道、多层次的社会联系,这种联系使国家间的相互联系和相互依存大大增强;二是越来越多的看来和安全关联性不大的问题进入国家安全的议事日程,国内和国际的界限日益变小,国内深受国外因素的影响;三是维护国家安全的手段日益多元化,军事力量的使用受到较大的限制。

（四）道德对国际安全的积极作用

非传统安全把合作看成全球化时代各国处理国家间关系的基本选项,道德原则达成的共识可以促成各国之间发展进一步的合作。在自由主义的眼里,战争的根源不能归因于人本性的好坏,战争的出现也不是人类历史发展过程中的必然产物。人类可以摆脱或消除追求权力的欲望,避免安全困境,减轻或根除战争的危害。国家间虽然会有矛盾和冲突,但是冲突和矛盾是可以避免的,因为这些不是源自于人类的本性,所以国家之间的利益可以妥协,而这种利益妥协最显著表现就是避免战争和寻求和平。这些观点得到非传统安全的广泛认同和接受。非传统安全认为,在一个日益开放和透明的国际环境下,道德在国际关系中具有非常重要的地位,国家要有道义原则,而且要信守这种原则。国家只有在国际道德的约束之下才能在对外关系中不损害其他国家的利益。因此,一个国家的安全政策能否得到其他国家的认可,主要是看这个政策是否与国家间普遍接受的道义原则相一致。

## 二、非传统安全合作的要义

非传统安全合作是指通过国家间和地区间的合作来实现非传统安全,它主要包括非传统安全的经济合作、反恐合作、生态合作、禁毒合作、公共卫生合作等诸多形态。非传统安全合作是一种有限的、相对保守的和变化了的共同安全,它强调通过建立信任措施、安全化防控、更多的透明度和信息交流来促进国家间的互信。同时,非传统安全合作并不是以对抗冲突为前提,而是以平等参与为基础。非传统安全合作的目的是实现国际安全合作。在非传统安全合作中,共同利益是物质前提,相互依赖是安全基础,维护和平与稳定是共同目标,建立非传统安全机制是制度保证。

（一）经济安全合作

经济安全合作作为非传统安全合作的一个组成部分,冷战后,国家和地区间的经济安全合作在三个层次上得以迅猛发展,在个体层面上,经济安全合作指个体间对相互福利的感受和想法的状态,是对现在和将来能满足基本需求和愿望的相对肯定。即个体间的观念共识是经济安全合作的重要组成部分,换句话说,经济安全合作是相对的。经济安全合作随着个体间的时间、地点、文化的不同而赋予不同的内容。在国家层面上,经济安全合作是指国家间的经济竞争性合作;国家间的经济合作来提高抵御国内外各种干扰、威胁、侵袭的能力;国家间经济合作得以存在并不断发展的国内、国际环境。即国家层面的经济安全合作涉及的是各国的总体经济利益,并对各国的军事安全和政治安全起到保障性作用。在国际层面上,经济安全合作则指各国为了自身经济利益,经济发展而在国际舞台上获取安全保障的能力和博弈行为;各国为了全球经济秩序的稳定,为了共同的经济利益,全球经济的持续发展,解决全球性经济危机所采取的共同行动。

（二）生态安全合作

生态安全合作是非传统安全合作的子系统。随着生态环境的破坏对人类生存和国家发展造成的威胁，全球生态问题日益突出。它不仅对国家的经济、社会生活构成挑战，而且对国家安全造成严重威胁。同时，由生态问题引发的国际冲突也不断增多。生态问题不仅是一个国家的经济或科技问题，而且成为国家安全合作的一种延伸。所谓生态安全合作，指国家为了生存和发展所处的环境不受或少受因生态失衡而导致破坏或威胁状态而进行的合作。其包括两层含义：一是国家间为防止由于生态环境的退化对经济基础构成威胁的合作，主要指防止环境质量状况和自然资源的减少和退化削弱了经济可持续发展的支撑能力所开展的双边或多边合作；二是国家间为防止环境问题引发民众的不满特别是导致环境难民的大量产生、从而影响社会稳定而开展的合作。生态安全合作包括国土安全合作、水资源安全合作、环境安全合作、生物物种安全合作等。生态安全合作的特点：其一，整体性。生态环境是彼此相通的，任何一个局部环境的破坏，都有可能引发全局性的灾难，以致危及整个国家和民族的生存条件，须通过强化国家间合作得以实现。其二，长期性。众多生态环境问题的形成是人类长期活动的结果，其影响也是长期性的，所以，生态环境问题的解决也不是短期就能实现的，其合作是长期的过程。其三，全球性。随着生态环境的日益恶化，世界各国都程度不同地面临着各种全球性环境问题，表明生态安全合作须通过跨越国界的全球治理来解决。

（三）反恐安全合作

反恐安全合作是非传统安全合作的组成部分。由于恐怖主义的非国家主体性、跨国性、危害性等特质，加强国家间、地区间及全球层面的反恐安全合作成为当代反恐安全的普遍共识。各国通过加强国际安全合作，标本兼治，以消除产生恐怖主义的根源。为此，在打击恐怖主义的政策上,各国深知恐怖主义的严重程度和国家物质能力影响各国政府对恐怖主义的反应,在反恐问题上坚持立场,尽量减少对国家安全造成威胁,并根据各国的实情来制订和调整各国反恐的相关法律法规,以适应地区反恐安全合作的现实需要。在此基础上,各国通过正式国际机制和非正式国际机制,加强国家间的反恐安全合作,加强信息交流与协作,构筑多边反恐机制,加强各层次的对话与磋商,增强互信,共同应对恐怖主义的挑战。

（四）禁毒安全合作

禁毒安全合作也是非传统安全合作的重要组成。由于东南亚、中亚、南亚等地区国家的非法罂粟等的种植面积不断扩大,导致毒品走私活动日趋猖獗,禁毒形势更加严峻。世界各国围绕地区毒品种植、加工、走私贩运的日益猖獗,以及国内面临的毒品问题所引发的吸毒、艾滋病等各种社会危机的困扰,积极采取措施,制订有关禁毒法和相关法规,在执行力上多元并举,加大对本国毒品犯罪的打击力度,推动各国禁毒工作的有序开展。在联合国等国际组织的倡导下,各国通过加入联合国的《麻醉品单一公约》、《精神药物公约》和《联合国禁止非法贩运麻醉药品和精神药品公约》等国际公约,参与国际禁毒合作,形成国家间和地区间的双边禁毒合作和多边禁毒合作的格局,有效遏制了毒品的泛滥。

## 三、非传统安全合作与国家利益的关系

国家利益作为国际关系中驱动国家互动的基本要素。它一般是指民族国家追求的主要好处、权利或受益点,反映这个国家全体国民及各种利益集团的需求与兴趣。[①]作为国家基本需求的体现,国家利益不仅决定国家居支配地位的价值与政策取向,而且也决定着国家

---

① 王逸舟:《国家利益再思考》,《中国社会科学》2002 年第 2 期。

的具体追求目标。国家利益的表现形式多种多样,从利益的内容看有政治利益、安全利益、经济利益、文化利益,从利益效益的持续时间看有长远利益、近期利益和眼前利益,从利益的重要性看有生存利益、重要利益、主要利益和边际利益等。

在现实国际关系中,非传统安全合作与国家利益并非相互矛盾、孤立存在的,而是相互统一、相辅相成。一方面,国家利益是非传统安全合作的前提,决定着非传统安全合作的发展方向。对一个主权国家来说,国家利益高于一切,有什么样的国家利益,就必然要求什么样的非传统安全合作与之相适应。在国际社会相互依存度不断加深的今天,各国国家利益的价值取向具有日益明显的趋同现象,这种现象直接导致了非传统安全合作的普及。当国家利益的共同性越多时,非传统安全合作的层次就越高。而随着非传统安全合作水平的进一步提升,国家利益也就越能得到保障。另一方面,非传统安全合作又是国家利益的驱动力,务实而充满活力的非传统安全合作,反过来又推动了国家利益的护持必将国家利益的健康发展。也只有通过非传统安全合作才能够得以体现。当然,国家利益涉及到国家在政治、经济、军事、科技、文化等各方面的利益,而利益的实现都建立在非传统安全合作的基础上,只有非传统安全合作得到一定程度的满足时,各类形式的国家利益才可能得以实现。所以,实现国家利益共同性的最大化是非传统安全合作的基础。

当然,对主权国家来讲,非传统安全合作是国家间的一种博弈。因为"非传统安全合作可能是按牺牲一些国家的利益来使另一些国家获益的形式设计的"[1],"要牺牲国家的部分独立性"[2],在一定程度上决定非传统安全合作具有不稳定性,且"总是难以持久"[3]。当建

---

[1]　大卫·A·鲍德温:《新现实主义和新自由主义》,浙江人民出版社2001年版,第113页。

[2]　阿诺德·沃尔弗斯:《争论与合作》,约翰·豪肯大学出版社1965年版,第26页。

[3]　约翰·米尔斯海默:《大国政治的悲剧》,上海人民出版社2003年版,第64页。

立非传统安全合作的内外因素发生变化时,非传统安全合作可能发生裂变,甚至"导致从战争到萧条的后果"。不过,在通常情势下,各主权国家"相信多合作比少合作要好"①。这意味着,如果它们能建立起共同获益的非传统安全合作关系,它就有可能以较少的代价实现其独自难以实现的国家利益,而且这一利益远远超过由此而失去独立性所导致的损失,否则就不会出现非传统安全合作关系。所以,世界上多数主权国家,特别是中小国家在直面共同的外部威胁时,往往会选择非传统安全合作,并通过建立相关的非传统安全合作机制,趋利避害,求得自保。

---

① 大卫·A·鲍德温:《新现实主义和新自由主义》,浙江人民出版社 2001 年版,第 113 页。

# 第二章　中亚非传统安全合作的驱动逻辑

中亚非传统安全合作是中亚地区安全的必然产物,其形成与发展受到中亚的经济安全、反恐安全、生态安全、禁毒安全等驱动逻辑的深刻影响,它是中亚国家的政治、经济、社会等不断转型的特定历史条件下形成的区域安全合作形态,极大推动中亚非传统安全进程的可持续性。

## 第一节　经济安全驱动逻辑

### 一、中亚国家转型经济的战略选择

中亚五国独立前,由于受原苏联计划经济体制影响,各加盟共和国生产力分布的配置完全是从全联邦的总体布局出发来承担分工义务的,基本上是苏联的原料供应地,经济完全依赖苏联。这直接导致中亚社会生产力水平和社会经济基础相对落后,经济结构畸形,工业则主要以矿山开采和农副产品加工为主。直到中亚国家独立初期,传统计划经济的惯性依然在各国经济运行中潜移默化地发挥作用。为改变这种局面,中亚各国根据自身区位和资源特性制定新的经济发展战略。

（一）哈萨克斯坦

在哈萨克斯坦,为实现哈萨克斯坦全面现代化,哈萨克斯坦政府提出其经济发展战略:建立独立、开放、自由的市场经济,制定和实现保障稳定的经济竞争力的整体战略,适度控制经济增长,保持哈经济持续、稳定发展;将注意力集中到俄罗斯、中国、中亚、波罗的海和黑海地区的市场上,使哈萨克斯坦变成中亚的"地区火车头";改造经济结构,加大石油加工和石油天然气领域基础设施建设、冶金和金属成品的生产,致力发展轻工业、食品工业、某些机器制造部门、技术密集型部门等进口替代型产业,以及服务业和旅游业等,实现经济多样化;根据哈萨克斯坦在地区经济与世界经济中的新作用,相应发展现代化基础设施,包括交通运输、邮电通讯作为其优先发展的部门,积极参与世界市场竞争;进行现代化教育和职业再培训,建立"头脑经济"基础,利用新工艺、新思想和新观点,发展创新经济;集中国家控股公司的经营注意力,对其工作进行组织,使其符合国际标准;在自由化条件下稳定金融系统,提高竞争力水平;实施旨在推广高技术工艺和支持创新的国家统一战略;组织展开经济增长和具有竞争力的地区中心的工作;吸收和有效地利用外资,在国有私营合作伙伴关系基础上发展战略基础设施,并提高该领域的管理质量;继续扶持中小经营者,丰富消费品市场。

(二) 乌兹别克斯坦

在乌兹别克斯坦,乌兹别克斯坦政府首先在乌兹别克斯坦实行非国有化与私有化,建立混合型的多种成分的经济。按照乌兹别克斯坦非国有化与私有化法规定,乌兹别克斯坦公民、共和国公民组成的非国家法人、外国法人和自然人都可以成为非国有化和私有化的主体。他们有权购买实行非国有化与私有化的财产,参加投标、拍卖活动。乌兹别克斯坦的非国有化和私有化先从商业、饮食服务业开始,然后在中小型企业推广。其次,乌兹别克斯坦政府改变过去单一式的经济结构,增强自力更生能力。为此,乌兹别克斯坦政府要求改建乌兹别克斯坦的经济部门与地区的产业结构、进出口结构,把发展能源、加工工业、农业、日用消费品生产放在优先地位,尽快改变国家目前以低价位出口原料、初级产品,高价位进口工艺成品、食品、日用消费品的不合理的经济结构。第三,乌兹别克斯坦政府还通过加强宏观调控,克服经济生活中的混乱和无序状态。在经济体制转轨过程中,乌兹别克斯坦政府强化国家和企业之间的关系,力图在政府和企业之间建立起合作伙伴关系。重视国家在制止生产下降、控制通货膨胀、抑制失业人口增加、保证支付平衡、防止贫富分化等方面的主导作用。第四,乌兹别克斯坦政府改革对外经贸体制,寻求国际经济技术合作。[①] 乌兹别克斯坦通过颁布《乌兹别克斯坦共和国对外经济活动法》、《乌兹别克斯坦共和国外国投资法》、《共和国总统关于鼓励外经活动、吸引和保护外贸的措施的命令》等一系列法规,扩大对外经贸活动的法规,乌兹别克斯坦外经外贸活动呈活跃势头。

（三）塔吉克斯坦

在塔吉克斯坦,为保持经济的稳定增长,依凭塔吉克斯坦特殊的地理位置和特性,塔吉克斯坦政府制定以市场经济为基础,稳步发展,提高人民生活水平的经济政策,并实施一系列的社会经济发展计划。通过大力发展轻工业,引入现代化生产工艺和国际先进的管理经验,对现有生产企业进行综合整改,保障合理利用资源。对存在问题的企业,责令经贸部、财政部、税务部等政府部门进行综合整治,采取措施保证企业利润和生产具有竞争力的产品,必要时将其整改意见提交政府以法律形式限定。通过制订国家农产品加工和出口发展计划、园艺和葡萄种植恢复和发展计划、养蜂业恢复和发展计划等,以扩大农产品的加工和出口。通过国际合作,有效开发水利资源,修建和改造大型水电站、输变电线等。

---

① 万春生:《乌兹别克斯坦:政治经济改革的理论与实践》,《东欧中亚研究》1996年第6期。

（四）吉尔吉斯斯坦

在吉尔吉斯斯坦,吉尔吉斯斯坦政府主张向市场经济过渡的社会经济发展模式。具体包括:自由选择经营方式,各种所有制一律平等,不可侵犯,每个人都是自己命运的主人;国家应努力按其专业技能、受教育水平和经验等为公民提供平等获得生产资料的可能性,为居民提供在各种所有制企业的就业岗位,企业也需为国家承担义务;经营主体收入越多,所承担的社会义务也就越多,充分的经济自由与经济责任成正比;社会主义不应在收入和分配方面搞平均,收入和分配应有法律原则;法律的执行要由国家力量予以保证;不存在人剥削人是一种标准的社会现象,在何种所有制成分中工作并不能证明某人是否受剥削,国家法律中应规定标准制度和劳动报酬,并以此确定所有者与工人之间的法律关系。①

（五）土库曼斯坦

在土库曼斯坦,为使土库曼斯坦成为一个社会经济指标达到世界水平、保证土库曼斯坦居民生活达到高标准的迅速发展的强国,土库曼斯坦政府制定了国家经济发展战略,通过经济高速增长、推广新工艺和新生产方式以及提高劳动生产率,保持其经济独立与安全,不断提高人均国内生产总值水平。加快具有高度投资积极性和增加生产性项目的建设,大力发展电力工业,改建现有发电站,建设新电站;大规模地进行地质勘探工作,增加石油天然气开采量;通过综合有效地利用丰富的原料资源,建立一个生产氯化钾、硫酸钾、苛性纳和氯的化工综合体,提高各种矿肥和主要化学产品的产量;提高机器制造和冶金加工产品的总产量,进一步发展纺织工业、建材工业、交通运输业、通讯业、农产品加工、种植业和养殖业等。

总之,中亚国家经济发展战略的转型,尽管其形式和内容的侧重点有所不同,但基本上都是围绕着以下方面展开的:以市场经济为取

---

① 赵常庆:《中亚五国概况》(东方文化集成),经济日报出版社 1999 年版,第 135 页。

向的宏观经济与微观经济政策措施,立足于引进市场机制;加快科技进步和科技成果向生产力转化政策,鼓励企业提高生产工艺和增加技术含量高的制成品出口;调整产业结构、加快产业结构升级政策,重点是对工农业生产结构的调整;强调地缘经济的重要性,加强区域经济合作政策,积极参加地区内的经济一体化进程,促进中亚共同体的成长,摆脱对俄罗斯的依赖;并通过实行私有化和自由化经济政策,以解决计划经济模式向市场经济的转型,调整与独联体的经济联系,向国际市场开放,最终实现中亚国家向市场经济的成功转变。

## 二、地区经济多元化的内在需要

在经济改革推动下,中亚各国的集体农庄整体消失,大批国有企业被强制私有化,国有资产大量流失,国家经济所有制成分的比例严重下降。在哈萨克斯坦,哈萨克斯坦政府将国家的大型经济实体,包括矿山开采、化学和冶金企业的管理交给外国公司,然后将这些企业进行私有化。有 4500 多个经济实体被私有化,其中包括近 500 个国营农场。[①] 哈萨克斯坦集体农庄和国营农场的部分土地和财产被按份瓜分,许多土地被转卖给私人或出租,国营农场和集体农庄劳动者收入急剧减少,不少人离开哈萨克斯坦,农村地区出现失业现象。[②]在乌兹别克斯坦,1995 年,乌兹别克斯坦 83％的国有企业已实现非国有化,其中,工业企业达 2500 个,建筑行业达 4100 个,商业达92％。还建立了 4500 家股份公司。乌兹别克斯坦政府明确规定大中型企业的股份分配比例为:国家占 26％,职工占 25％,投资基金会占 30％,自由出售占 19％。另外,乌兹别克斯坦绝大部分国营农场

---

① 罗伊·麦德维杰夫:《无可替代的总统纳扎尔巴耶夫:哈萨克斯坦腾飞的组织者和欧亚方案的倡导人》,王敏俭等译,社会科学文献出版社 2009 年版,第 25 页。
② 罗伊·麦德维杰夫:《无可替代的总统纳扎尔巴耶夫:哈萨克斯坦腾飞的组织者和欧亚方案的倡导人》,王敏俭等译,社会科学文献出版社 2009 年版,第 176 页。

也被改造成非国有制企业,已成立 2 万个私人家庭农场或合作农场。这些经济组织形式有更大的独立自主权,有单独的银行账户,可直接与农产品采购单位和组织订立合同。

在吉尔吉斯斯坦,1992 年,吉尔吉斯斯坦开始借助"特殊支付手段",实施群众性的私有化规划,以保证每个公民都有权拥有一部分国家财产。1993 年,吉尔吉斯斯坦有 86.7％的贸易和大众食品企业实施私有化,而在日常服务行业这一指数达到 97.2％。1995 年,吉尔吉斯斯坦有资产非国有化或私有化所占比例为:工业领域为 53.8％,农业领域为 37.3％,建造业为 42％,交通运输业为 34.6％。1998 年,吉尔吉斯斯坦私有经济在工业、商业、建筑业和运输业所占比重分别为 87％、97％、57％、55％。① 2002 年,吉尔吉斯斯坦共有 6369 家国有企业或设施改变了所有制形式,"私营中小企业占 GDP 的 80％,93％的农业产值也来自私营企业"②。在塔吉克斯坦,"从 1991 年到 2003 年末,有 7500 家公司完成了私有化"③。中亚各国的国有经济丧失垄断地位,小农经济和中小企业取代国有经济,成为中亚国家经济的主导者,中亚国家经济所有制呈现多元化格局,并催生各种形形色色的经济利益集团和行业协会。

鉴于这些利益集团和行业协会的经济地位和利益诉求不同,它们的政治信仰和价值观势必存在较大差异,难以形成统一的政治表达共同体。所以,中亚国家经济私有化的实际结果不是真正过渡到稳步增长的市场经济,不是保护私有财产的制度,从而建立民主政体的经济基础,而是强化基于各国政府与商业领域密切联系的当权者地位,形成中

① 焦一强:《从"民主岛"到"郁金香革命":吉尔吉斯斯坦政治转型研究》,兰州大学出版社 2010 年版,第 193 页。
② 吉尔吉斯斯坦发展门户网:《2002 年的中小商业活动》,http://eng.gateway.kg/business_small,登录时间:2017 年 6 月 1 日。
③ 玛莎·布瑞尔·奥卡特:《中亚的第二次机会》,李维建等译,时事出版社 2007 年版,第 132 页。

亚各国治理的制度基础。诚如美国学者福山所言："意识形态的变化会影响社会经济结构,特定社会经济结构的变化也将导致意识形态发生变化"[①]。所有这一切一定程度上推动中亚经济安全合作的生成。

## 三、改变区域经济发展迟缓的紧迫性

中亚国家独立以来,致力于市场经济改革,基本建立起市场经济结构,私有化和自由化显著提高,各国经济趋于稳定,增长率有所提高。[②] 截至 2010 年,哈萨克斯坦的私有化程度达到 85%、乌兹别克斯坦私有化程度达 61%、吉尔吉斯斯坦私有化程度达 70%、塔吉克斯坦私有化程度达 44%、土库曼斯坦私有化程度达 36%。各国经济总量虽已接近或超过独立前水平,但经济发展总体还是相当滞后。由于各国工业和农业产出下降以及老牌部门的劳动力外流,导致大量有技能和受过教育的人流出,加之各国经济的全面开放,加剧其对石油和天然气等少数国际可贸易商品出口的依赖性,使得各国的经济结构畸形发展,国内生产总值呈现整体下降趋势。统计资料显示,中亚五国从 1990—1995 年的 5 年中,各国 GDP 的增长均为负值,其中,1995 年,哈萨克斯坦的 GDP 为−8.2%,吉尔吉斯斯坦的 GDP 为−5.4%,塔吉克斯坦的 GDP 为−12.4%,乌兹别克斯坦的 GDP 为−0.9%,直到 1997 年,中亚经济下滑的趋势才得以缓解。[③] 尽管如此,塔吉克斯坦学者波波库诺夫认为,各国的实际国内生产总值的绝对值仍比独立前的 1989 年低 30%左右。[④]

---

① 弗朗西斯·福山:《历史的未来》,《外交》(美)2012 年第 1 期。

② Kutan A. Vuksic G. ,"Foreign direct investment and export performance: Empirical evidence,"*Comparative Economic Studies*, Vol. 49,No. 3, 2007,pp. 430—445.

③ 数据资料来源:Interstate Statistical Committee of the Commonwealth of Independence States.

④ Abduimajid Bobokhonov, " Economic Cooperationin Central Asia," *Studenckie Prace Prawnicze*, *Administratywistyczne i Ekonomiczne*, Vol. 5,2009,pp. 143—152.

　　中亚经济发展滞后所带来的直接后果,就是各国失业率的居高不下。在吉尔吉斯斯坦,2005 年吉尔吉斯斯坦总失业水平为 8.1%,2006 年吉尔吉斯斯坦 15 岁以上青年就业水平为 40.1%,2007 年吉尔吉斯斯坦失业率则高达 17%,[①]2011 年失业率为 2.5%,2012 年失业率为 1.2%,客观上造成贫困人口上升,民众生活艰辛。据统计,在吉尔吉斯斯坦,2003 年约有 50% 的民众生活在贫困线以下,而在南方地区同期贫困人口的比例则高达 80%。2006 年吉尔吉斯斯坦总赤贫程度依然为 9.1%。2009 年吉尔吉斯斯坦仍然有一半以上的贫困人口,其中 13% 的人口处于极度贫困线以下,居民月收入一般只有 20—30 美元,少数人月收入不到 10 美元,只能维持基本生计。在塔吉克斯坦,2011 年人均 GDP 只有 844 美元,有超过 80% 的人口生活在贫困当中,迫于生活压力,每年大约有 62 万塔吉克斯坦季节劳工出国到俄罗斯、哈萨克斯坦、乌兹别克斯坦等国家打工挣钱。[②] 在土库曼斯坦,约有 58% 的人口遭受贫困的困扰,其中,有 44% 的人口每天的收入低于两美元。[③] 在乌兹别克斯坦,2011 年人均 GDP 为 1511 美元,有 21.8% 的人口每天生活费不足一美元,有 77.5% 的人口每天不足两美元。[④] 在哈萨克斯坦,1996—1997 年,约有 45% 的贫困人口,2011 年人均 GDP 尽管达到 1.12 万美元,仍有 11% 的人口生活在贫困线以下,失业人数也已接近 50 万人[⑤]。中亚要想从根本上改变这一困

---

① 钱平广:《吉尔吉斯骚乱原因分析:政治体制方面不断冲突》,《第一财经日报》2010 年 4 月 8 日。

② 玛莎·布瑞尔·奥卡特:《中亚的第二次机会》,李维建等译,时事出版社 2007 年版,第 130—131 页。

③ 玛莎·布瑞尔·奥卡特:《中亚的第二次机会》,李维建等译,时事出版社 2007 年版,第 120 页。

④ 玛莎·布瑞尔·奥卡特:《中亚的第二次机会》,李维建等译,时事出版社 2007 年版,第 137 页。

⑤ 罗伊·麦德维杰夫:《无可替代的总统纳扎尔巴耶夫:哈萨克斯坦腾飞的组织者和欧亚方案的倡导人》,王敏俭等译,社会科学文献出版社 2009 年版,第 179 页。

局,只有加强各国间的经济合作方能扭转局面。

## 四、应对经济全球化挑战的必然性

经济全球化作为人类社会生产力发展的必然阶段,已成为世界经济发展的主流。20 世纪 90 年代以来,随着市场经济体制为导向的改革、区域经济合作的加强、跨国公司的蔓延以及自由贸易的推动,世界经济更为紧密地连在一起,经济全球化趋势不可逆转。

众所周知,在世界发展相互依存的今天,经济全球化不仅为西方发达国家的经济注入活力,也给发展中国家提供难得的发展机遇。发展中国家通过参与经济全球化,不仅使其资源得以合理配置,为其自身发展提供必备的市场、资金、技术、人才等,而且还可在激烈的国际竞争中,尽快提高本国民族工业的竞争力,促进经济现代化。当然,经济全球化是一柄"双刃剑",它为发展中国家带来机遇的同时,也使其面临挑战。战后发展中国家虽取得长足的社会进步,但受历史和传统局限,其社会发展的总体水平,较西方发达国家仍有较大差距,表现在生产力水平低下、经济结构单一、资金短缺、技术工艺落后、人才匮乏等,无疑制约发展中国家的经济发展。

中亚国家作为冷战后新兴的发展中国家,由于其在政治制度、社会经济等诸多方面的滞后,在经济全球化进程中处于被"边缘化"的窘境,直接影响其经济社会的发展。尽管中亚各国独立后在积极推进经济社会改革,并取得不少成效。《哈萨克斯坦—2030》发展战略也明确指出,哈萨克斯坦要通过"继续坚持国家利益,为国内经济改革和民主化最大限度地提供有利的外部条件保障,继续与其他国家发展建设性协作与平等伙伴关系,促进国际稳定与安全和正在形成的世界秩序的民主基础"[1]等来应对全球化的挑战。然而,它们面对

---

[1]　托卡耶夫:《中亚之鹰的外交战略》,新华出版社 2002 年版,第 21—22 页。

经济全球化的挑战与冲击,在许多方面表现得不尽如人意。

一方面,经济全球化使中亚各国的政府职能普遍退化,国家主权受到严重的侵蚀。由于各国经济处于转型阶段,地区经济一体化程度较低,被动地参与经济全球化。它们在全球生产、贸易、金融分工上往往处于极不利的位置。联合国统计数据显示,哈萨克斯坦在向市场经济转型过程中,其制造业严重依赖出口贸易而陷入崩溃的境地,1994 年的生铁和粗钢产量下降到只有 1989 年 46％的水平。[①]在吉尔吉斯斯坦,政府采取自由主义的经济政策,把自由化与大型企业某种形式的凭证私有化结合起来,致使工业基础缩小,经济活动持续大幅下降。而中亚各国缺乏应有的治理、应变能力及相应的制度安排,因而造成各国政府管理经济的职能衰退。在这种情势下,各国主权的合法性虽仍受到承认和尊重,但主权的内涵却大幅度缩水,行使主权亦受到越来越多的限制。国家主权特别是国家经济主权的非对等性让渡已成为各国普遍默认的约定俗成。

另一方面,经济全球化导致中亚各国间的贫富差距进一步拉大。在中亚,经济全球化程度愈高,"富国"与"穷国"之间的差距就愈大。哈萨克斯坦、乌兹别克斯坦、土库曼斯坦等属的经济状况较好,其人均国民产值均名列地区前茅,哈萨克斯坦还被世界银行确定为中等以上收入国家[②]。而吉尔吉斯斯坦和塔吉克斯坦的收入水平仍很低,塔吉克斯坦独立初期还爆发了内战,经济萧条,是中亚地区国民总收入最低的国家[③]。这些社会矛盾一旦被激化,将给中亚社会经济以致命的打击,有必要从区域经济安全合作上加以扭转。

---

[①]  UN Statistical, *United Nations Statistical Yearbook*(*1998*), New York, NY: United Nations, 2001, p. 487.

[②]  赵常庆:《"颜色革命"在中亚》,社会科学文献出版社 2011 年版,第 130 页。

[③]  玛莎·布瑞尔·奥卡特:《中亚的第二次机会》,时事出版社 2007 年版,第 130 页。

## 第二节　反恐安全驱动逻辑

恐怖主义是一个古老的政治或社会现象。从恐怖主义的历史演变看,大致可分为五个阶段:从有历史记载到法国大革命爆发前是恐怖主义的第一个阶段。由于没有明确的国家和民族观念,该阶段的恐怖活动即无国家与非国家之分,也没有被认为是一种不正当的、非法的暴力手段。从 18 世纪末法国大革命到 19 世纪末无政府主义浪潮是恐怖主义的第二个阶段。这一时期的恐怖活动由于发生在行为体内部,且非跨国间的恐怖活动,对国际关系未造成影响,其恐怖主义被视为一种正当的、合法的暴力手段。20 世纪初至 60 年代是恐怖主义的第三个阶段。这个阶段正逢世界反殖民主义浪潮,恐怖主义的目标是要赶走外国侵略者或外民族占领者,实现民族独立,因此该时期的恐怖活动开始跨越一国范围,成为国际关系的重要内容,在一些地区,恐怖活动还在新国家建立过程中发挥过重要作用。20 世纪 60—70 年代是恐怖主义发展的第四个阶段。其特点是具有明显的意识形态色彩,成为冷战的工具。在这期间,苏联和美国都支持过一些恐怖组织从事部分代理人战争或其他相关武装活动,使得恐怖主义成为国际社会共同面临的安全问题。20 世纪 80 年代至今是恐怖主义的第五个阶段。随着恐怖主义中的宗教极端主义思潮抬头,宗教极端主义成为恐怖活动的主导型因素。

"9·11"事件后,恐怖主义又呈现一些新变化,尤其是宗教恐怖组织,比如"基地"组织,公开建立基地,使用大规模杀伤性武器,通过自杀式袭击手段,造成巨大杀伤力,引起国际社会高度关注。作为恐怖主义势力的活跃地区,中亚地区的恐怖主义在苏联解体后成为影响该地区稳定的隐患,其主要表现为宗教极端型的恐怖主义、民族分裂型的恐怖主义、宗教极端和民族分裂相混合的恐怖主义等。归根结蒂,中亚恐怖主义泛滥的根源,是该地区的各种民族、宗教、地缘、大国势力争夺等内外因素交织碰撞的必然结果。

## 一、地区伊斯兰原教旨主义的威胁

### (一) 苏联时期伊斯兰教死灰复燃

不言而喻,中亚五国是以伊斯兰教为主的多宗教国家,5000 万人口中有 3500 万人信仰伊斯兰教。十月革命后,苏维埃国家废除了任何民族和宗教的一切特权,实行教会与国家分离、宗教信仰自由的政策,加强对各民族人民进行无神论宣传和教育。但过去长期形成的宗教传统观念是根深蒂固的,许多民族居民仍然信奉不同的宗教,进行宗教活动,特别是中亚穆斯林居民还把宗教信仰与民族传统观念紧密联系在一起,来维护民族的风俗传统和利益。1985 年戈尔巴乔夫上台后,以改革和新思维为旗号,提出"与这个国家五千万穆斯林实现和解"的口号,引发中亚地区的伊斯兰教回潮。1986 年 8 月,塔共第一书记马卡莫夫在杜尚别举行的塔吉克加盟共和国思想工作会议上说,由于无神论宣传教育一直没有认真进行,一些地方,尤其是在乡村,无疑遵循着伊斯兰教规,因此,各种教派领导人的活动更为活跃。我们共和国人民笃信宗教的程度明显增加。

大量事实表明,穆斯林教职人员的反社会行为在增长,接受伊斯兰经学教育的儿童人数在增长,印刷和传播危险思想的印刷品也增多了,还放映很多从国外带进来的宗教录像片。"我们尤其担忧的是,我们一部分青年人被宗教所吸引,乡村到处都有小伙子封斋,做祷告,参加其他宗教仪式"[①]。《苏维埃塔吉克斯坦报》1986 年 6 月 11 日也刊文说:"宗教信仰在群众中非常普遍,许多人严守宗教教

---

① 张振国:《中亚伊斯兰教的历史与现状》(研究报告),北京大学亚非研究所 1996 年编,第 69—70 页。

规、封斋和做祷告,而对自己的本职工作却马马虎虎,不负责任。党组织对此视而不见,以致一些党员随心所欲,顽固地坚持宗教信仰,遵守教规和礼仪。哈萨克斯坦还有一些党员当了毛拉,但他们并没有为此受到处罚"①。

戈尔巴乔夫的"新思维"加快苏联的改革和民主化的进程,中亚宗教活动更加明显。1989 年后,中亚伊斯兰教已能够公开合法地参与自由化进程,中亚绝大多数地方党组织到 1989 年底都已转变对伊斯兰教的态度。在乌兹别克斯坦,共和国党组织完全支持宗教自由化及信仰者的合法权利,并与宗教界合作,信仰者在参与共和国公共政治与文化生活方面拥有完全平等的机会。一些被关闭和改作他用的古老清真寺和圣地重新开放,一些宗教教育机构获得重新开放。② 在哈萨克斯坦,一些政府官员和学者将恢复宗教文化作为自己民族复兴的重要标志,积极推动宗教团体活动的恢复,默许宗教管理部门和民间宗教团体筹集资金,修复清真寺等设施,助长伊斯兰教的复兴。

(二) 独立后中亚伊斯兰教的勃兴

独立后,中亚国家开放对宗教的限制,大批清真寺开始修复和新建。据统计,1990 年底,中亚各地的清真寺已由两年前的 160 座增加至 5000 座,仅塔吉克斯坦的清真寺就已由两年前的 17 座增至 2870 座。1991—1999 年,吉尔吉斯斯坦清真寺已由 39 座发展到 1200 座。哈萨克斯坦 2004 年也有 1500 座开展宗教活动的清真寺,而据伊斯兰神职会统计,哈萨克斯坦清真寺和诵经场所总数超过 5000 所。③

---

① 张振国:《中亚伊斯兰教的历史与现状》(研究报告),北京大学亚非研究所 1996 年编,第 70 页。

② 张振国:《中亚伊斯兰教的历史与现状》(研究报告),北京大学亚非研究所 1996 年编,第 75 页。

③ 罗伊·麦德维杰夫:《无可替代的总统纳扎尔巴耶夫:哈萨克斯坦腾飞的组织者和欧亚方案的倡导人》,王敏俭等译,社会科学文献出版社 2009 年版,第 185 页。

中亚地区信教人数也与日俱增,随之而来的是形形色色的伊斯兰教派的涌现。中亚五国独立前,一些具有浓厚伊斯兰色彩的政治组织如乌兹别克斯坦人民阵线、伊斯兰民主党、哈萨克斯坦的"阿拉什"党、塔吉克斯坦的"拉斯托赫兹"等均表现出强烈的参政意识和强有力的参政能力,并开始鼓吹伊斯兰政治和文化自治,甚至提出建立伊斯兰共和国的口号。据当地媒体报道,中亚"多年来一直为共产党附庸的穆斯林权力集团,目前也重新亮出自己的政治面孔,虽然这一权力集团还没有抛弃共产党的领导。而一些极端分子正在利用戈尔巴乔夫的思想,企图最终建立一个独立的伊斯兰共和国"[①]。中亚国家独立后,中亚民族主义情绪重新恢复,在某些方面产生重建哈里发的愿望,伊斯兰复兴浪潮更加高涨。[②] 2003 年初,吉尔吉斯斯坦登记注册的宗教团体有 270 个。哈萨克斯坦的宗教组织诸如"利法赫"、"法基马"、"女穆斯林联盟"等也从 1996 年的 660 个,[③]增加到 2011 年已超过 4500 个。伊斯兰教派四处活动,掀起一股伊斯兰教的狂潮。

哈萨克斯坦的许多清真寺还经常为愿意接受初级宗教教育的人开设培训班,学校毕业后,男生可以做伊玛目,女生可以做教师或宗教工作人员。高等宗教教育主要在阿拉木图的"努尔·穆巴拉克"埃及伊斯兰文化大学。哈萨克斯坦伊斯兰教宗教管理局还经常派信徒到东方国家的伊斯兰教学院学习。[④] 由于"伊斯兰教不仅是一种宗教信仰,还是一种综合性的意识形态。伊斯兰教不仅谋求人们要遵

---

① 张振国:《中亚伊斯兰教的历史与现状》(研究报告),北京大学亚非研究所 1996 年编,第 76 页。

② Aida Amanbayeva,"The Collision of Islam and Terrorism in Central Asia,"*Asian Criminology*, No. 4,2009, pp. 165—186.

③ 罗伊·麦德维杰夫:《无可替代的总统纳扎尔巴耶夫:哈萨克斯坦腾飞的组织者和欧亚方案的倡导人》,王敏俭等译,社会科学文献出版社 2009 年版,第 183 页。

④ 张宏莉:《当代哈萨克斯坦民族关系研究》,世界知识出版社 2007 年版,第 225 页。

守一定的精神道德教规,对人们在家庭内部的举止以及他们对真主的态度进行全面监督,而且要对人们的整个社会政治、经济生活和个人生活进行监督"①。在塔吉克斯坦,伊斯兰教的价值观和信仰是个人世界观重要性的统一因素。有学者进行民调统计后发现,有38.4%的受访者对当地清真寺的伊玛目高度信任,只有13%的人信任国家领导人。当地伊玛目通过精神感受、领导和引导,在民众生活中发挥着重要作用,特别是在农村地区。②所以,中亚一些宗教极端主义势力乘机打起伊斯兰教的旗号,公开煽动民族分裂,使混乱的中亚民族关系又增添几分危机色彩。联合国的阿曼巴耶娃一针见血指出,中亚伊斯兰狂热主义的发展助长中亚恐怖主义集团与国外宗教极端主义组织之间的密切联系,通过对中亚恐怖主义集团的培训和资助,参与地区恐怖主义活动,加剧中亚地区的社会动荡。③

（三）中亚伊斯兰教原教旨主义的兴起

受这种狂潮的影响,伊斯兰教原教旨主义在中亚兴起。对于伊斯兰教原教旨主义,美国学者亨廷顿理解为,"伊斯兰教原教旨主义通常被视为政治的伊斯兰教,其范围更加广泛的伊斯兰教观念、实践和辞藻的复兴,以及穆斯林对伊斯兰教再作贡献的一个组成部分。它是主流而不是极端的,是普遍的而不是孤立的"④。德国学者米勒也断言:"原教旨主义给人们指出了一个看似明确的前进方向,它促进了个人和集体的认同感,因为它大量追溯共同的历史和人们还一直坚守的传统价值观念,而所有这些都和人们的日常生活息息相关。

① 罗伊·麦德维杰夫:《无可替代的总统纳扎尔巴耶夫:哈萨克斯坦腾飞的组织者和欧亚方案的倡导人》,王敏俭等译,社会科学文献出版社2009年版,第182页。

② Karina Korostelina,"The system of social identities in Tajikistan: Early warning and conflict prevention," *Communist and Post-Communist Studies*, Vol. 40, 2007, pp. 223—238.

③ Aida Amanbayeva,"The Collision of Islam and Terrorism in Central Asia," *Asian Criminology*, No. 4, 2009, pp. 165—186.

④ 塞缪尔·亨廷顿:《文明的冲突与世界秩序的重建》,周琪等译,新华出版社2002年版,第111页。

因此,它在动员民众方面就可以发挥特殊的作用,并且很容易争取到合法地位"①。伊斯兰教原教旨主义的政治使命是主张各国建立一个纯粹的、单一的、政教合一政体,反对西方的民主政治。从内容上看,该主张既不利于各国当前的改革进程,又违背民族关系发展的客观规律,企图把各民族拉回到中世纪时代。

苏联解体后,中亚各国政治动荡,经济不景气又使人们在失望、悲观之时更容易依附宗教。因此,"伊斯兰教作为一种宗教,作为一种世界观,作为一种特殊的生活方式,不仅在信徒们的灵魂中,而且在生活实践中也仍然保持着几乎是原封不动的状态"②。处在这种迷茫状态下的人们,为填补内心空虚和保持心里平衡,开始转向从伊斯兰教原教旨主义中寻求安慰和寄托,为原教旨主义提供滋生的温床。美国学者本杰明·巴伯认为:"没有什么地方比在伊斯兰世界里,民主与吉哈德之间的紧张关系更加明显。尽管很明显伊斯兰教是一个复杂的宗教且绝不是吉哈德的代名词,它相对地敌视民主且这种敌视反过来培育了一种偏爱本位主义、反现代主义、排外以及对他者的敌视"③。

在中亚国家中,塔吉克斯坦受其影响最深。由于塔吉克族与伊朗人同属伊朗语民族,伊朗的原教旨主义首先在该国兴起。塔吉克斯坦政府起初对原教旨主义危害性认识不足,采取放任自流的态度,并在其宪法中明文规定,公民有权建立宗教性质的政党,平等地参与国家的政治生活,大大助长原教旨主义势力的膨胀。他们组建伊斯兰复兴党,积极重构原教旨主义意识形态,初步形成以伊斯兰信仰、自由市场制度、西方民主政治制度为基础的政治伊斯兰价值观,频频向政府发难,使塔吉克斯坦政局几度濒临危机。

---

① 哈拉尔德·米勒:《文明的共存》,郦红等译,新华出版社 2002 年版,182—183 页。
② 杜比茨基:《土库曼斯坦的不忠分子》,纽约出版社 1954 年版,第16—17 页。
③ Benjamin R Barber, Jihad Vs, *McWorld*: *Terrorism's Challenge to Memocracy*, New York: Ballantine Books, 2001, p. 205.

中亚原教旨主义活动的日益猖獗，"地区宗教信仰、迷信和偏见都被利用为招募恐怖分子的目的，而低下的生活水平、腐败猖獗和对民族认同的价值体系，往往成为该地区助长恐怖主义的催化剂"[①]，其恐怖活动势必波及到中亚各国。中亚地区的恐怖主义组织非常复杂，英国学者奥马利等人通过对中亚恐怖主义组织的分类研究发现，该地区的恐怖组织通常分为"临时零散"型恐怖组织（包括大多数跨国武装）和"持久组织"型恐怖组织两种类型。[②] 而英国学者大卫·莱维斯则主张，中亚恐怖主义组织应分为三种类型："临时零散"型组织（如伊斯兰圣战联盟、乌兹别克斯坦伊斯兰运动等），武装组织型恐怖集团（如"贝阿特"伊斯兰组织等），好战组织等。[③] 比如，1999 年 7 月，乌兹别克斯坦伊斯兰运动由塔吉克斯坦潜入吉尔吉斯斯坦奥什州的巴特肯地区，袭击哨所、绑架人质。[④] 2000 年 8 月，该组织又袭扰吉尔吉斯斯坦南部地区，造成该地区人员财产的巨大破坏。伊斯兰解放党也自 20 世纪 90 年代以来，在吉尔吉斯斯坦的贾拉拉巴德州、奥什州等地大肆发展信徒、修建宗教场所。据统计，伊斯兰解放党在奥什州修建清真寺 677 座、经文学校 4 所，在贾拉拉巴德州修建清真寺 123 座、经文学校 1 所。[⑤] 通过因特网、图书、报刊、组织"宗教学术研讨会"等手段传播"政治伊斯兰主义"思想[⑥]，并通过网络招

---

① Aida Amanbayeva,"The Collision of Islam and Terrorism in Central Asia,"*Asian Criminology*, No. 4,2009,pp. 165—186.

② O'malley,"A Crime-Terror Nexus? Thinking on Some of the Links between Terrorism and Criminality,"*Studies in Conflict and Terrorism*,Vol. 30,No. 1,2007,pp. 1095—1107.

③ David Lewis,"Crime, terror and the state in Central Asia,"*Global Crime*, Vol. 15,No. 3—4,2014,pp. 337—356.

④ НурбекАмуралиев，АйнураЭлебае Ра，"Баткенские Сщбытия Р Кыргызстане，"http://"ЦентральнаяАзияи Кавказ"，Швеция，02,2000,登录时间：2016 年 3 月 1 日.

⑤ УранБотобеков，"Внедрениеидейпартии，"ХизбАт-ТахирАл-Ислами"наюге Ки Р гизии"//"Исламнапостсовекомпространст Ре: Рзгладизнутри，"Московскийцентр Карнеги，Москва，2001，С. 106,登录时间：2016 年 5 月 9 日.

⑥ Э. Курманов: деятельность，"Хизб Ут-Тахрир，"Р Кыргыстане//"ЦентральнаяАзияи Кавказ"，Швеция，№3(21),2002，С. 139,登录时间：2016 年 5 月 1 日.

募成员,开设家庭讲经班,把学生和儿童列为重点目标人群,在学校进行传播,向学生灌输对无神论和异教徒的仇恨。参与推翻阿卡耶夫政权的"郁金香革命"①,成为吉尔吉斯斯坦具有相当影响力的宗教极端主义政党。

（四）各国对伊斯兰原教旨主义的态度

中亚各国为维护其统治,采取种种宗教政策,实行世俗化、政教分离的治国方针,容许有宗教信仰自由,并拒绝宗教极端主义。土库曼斯坦前总统尼亚佐夫指出:我不认为土库曼斯坦将成为一个伊斯兰国家。虽然大部分人信奉伊斯兰教,但政府的方针既清楚又明确,即建立一个非宗教性的国家。土库曼斯坦是个多民族国家,每个人都可以自由地信仰某种宗教,但任何一种宗教都不应享有特殊待遇。在这方面不必夸大土库曼斯坦伊斯兰化的可能性。乌兹别克斯坦前总统卡里莫夫也强调,激进的伊斯兰主义者和原教旨主义者破坏了国家稳定,破坏对国家改革的信心,是对乌兹别克斯坦国家安全和政治稳定的最大威胁。②

哈萨克斯坦前总统纳扎尔巴耶夫指出:"把宗教作为文化遗产十分重要的组成部分进行恢复,是振兴哈萨克人民精神的强大推动力。对于我们,对于哈萨克人,对于穆斯林来说,这首先是一个崇高理想,是决定我们世界观的重要因素,是一种纪念我们祖先、传承丰富的曾几何时几乎被人遗忘了的穆斯林文化的特殊象征。首先,穆斯林对我们来说是一种自我表达方式。不仅仅是政治意志不允许在我国出现某些大规模的严重极端主义,在更大程度上,这是宗教宽容,首先是哈萨克斯坦的国民本地民族的宗教宽容。在这层意义上,哈萨克

---

① 张宁:《吉尔吉斯斯坦'颜色革命'中的选举因素》,《俄罗斯中亚东欧研究》2005 年第 5 期。
② Mariya Omelicheva, "Combating Terrorism in Central Asia: Explaining Differences in States' Responses to Terror," *Terrorism and Political Violence*, Vol. 19, 2007, pp. 369—393.

斯坦是一个世俗国家。这不仅是形式上的,而且是国家和全体哈萨克斯坦人民的本质和精神所在。这种意识是在历史上容许各种宗教信仰并存的基础上形成的"①。他声称:"在哈萨克斯坦,宗教不是把自己置于民族和政治对立面的竞争团体,而是哈萨克斯坦人文化生活的补充,它赋予了全社会独一无二的丰富多彩,同时又不失其独特性"②。为此,纳扎尔巴耶夫在总统就职宣誓仪式上坚持把手放在哈萨克斯坦宪法上而不是《古兰经》上进行宣誓。但对于宗教极端主义予以坚决反对,他强调,鉴于我们国家目前的混乱状态,伊斯兰原教旨主义正在试图向中亚地区渗透,我们不会听任这一趋势发展下去,因为它可能破坏这一地区的稳定。

（五）中亚伊斯兰原教旨主义的影响

尽管如此,中亚伊斯兰原教旨主义仍具有广泛的影响。其理由,美国学者亨廷顿认为,是现代化的产物,也是把握现代化的努力。其原因在于"那些造成非西方社会的本土化趋势的一般因素:城市化、社会动员、识字率和教育水平的提高,通讯和媒体应用的加强,与西方和其他文化的相互作用的扩大。这些发展破坏了传统的乡村和氏族纽带,造成了异化和认同危机。伊斯兰教的象征、信奉和信仰满足了这些心理需要,伊斯兰福利组织满足了穆斯林在现代化进程中的社会、文化和经济需要。穆斯林感到需要回复到伊斯兰教的观点、习俗和体制,为现代化提供指导方向和动力"③。

美国学者卡利扎德则声称:"中亚被伊斯兰原教旨主义者接管是一种可能,但普遍认为对苏联解体后出现这种危险后果的可能被过

---

① 罗伊·麦德维杰夫:《无可替代的总统纳扎尔巴耶夫:哈萨克斯坦腾飞的组织者和欧亚方案的倡导人》,王敏倩等译,社会科学文献出版社 2009 年版,第 185 页。

② 罗伊·麦德维杰夫:《无可替代的总统纳扎尔巴耶夫:哈萨克斯坦腾飞的组织者和欧亚方案的倡导人》,王敏倩等译,社会科学文献出版社 2009 年版,第 160 页。

③ 塞缪尔·亨廷顿:《文明的冲突与世界秩序的重建》,周琪等译,新华出版社 2002 年版,第 118 页。

分夸大了"[①]。中国学者张振国也有同感,他指出,伊斯兰教原教旨主义是中亚民众对信仰渴求的结果,而非强烈要求按教规教法对社会政治经济体制进行全面变革的结果。更多时候,伊斯兰是被看作一种手段而非一种结果。伊斯兰教作为一种古老的意识形态,尽管它同某些政治、社会理想至今仍具有一定的合理性与吸引力,但从政治角度看,它能否与当今整个社会政治发展潮流相一致并加以推动,为许多人所怀疑,它所构建的伊斯兰政治秩序也并未被中亚大多数人民所接受。因此,他们乐观地估计,中亚民众广泛投向伊斯兰,只是一种暂时现象,一种暂时的精神文化寄托而非一种政治取向。[②]美国学者韩克斯也认为,中亚伊斯兰教复兴作为一种文化复兴运动,是对苏联七十年的高压宗教政策的理性纠正,与基地组织或其他地方伊斯兰激进主义的抬头没有必然联系。[③]

对此,美国学者欧梅李奇韦指出,中亚极端主义很少得到公众的支持,而建立伊斯兰国家的激进思想对大多数中亚人来说还是陌生的,实际上,许多中亚人开始对激进的伊斯兰团体产生不信任和敌意,因此有充分理由认为激进的伊斯兰团体在该区域的能力有限。[④]中国学者苏畅也认为,由于中亚世俗化程度高且极端教义教派分裂,外来极端思想很难被中亚主流伊斯兰接受,更容易煽动年轻穆斯林。但中亚内部挑战多,伊斯兰极端主义在这里更加突出政治和社会特

---

① 扎米尔·卡利扎德等:《21 世纪的政治冲突》,张淑文译,江苏人民出版社 2000 年版,第 176 页。

② 张振国:《中亚伊斯兰教的历史与现状》(研究报告),北京大学亚非研究所 1996 年编,第 83—84 页。

③ Reuel R. Hanks,"Dynamics of Islam, identity, and institutional rule in Uzbekistan: Constructing a paradigm for conflict resolution,"*Communist and Post-Communist Studies*, Vol. 40, 2007,pp. 209—221.

④ Mariya Omelicheva, "Combating Terrorism in Central Asia: Explaining Differences in States' Responses to Terror,"*Terrorism and Political Violence*, Vol. 19, 2007, pp. 369—393.

征。联合国的官员阿曼巴耶娃指出，虽然中亚的伊斯兰教和民族特性是紧密交织在一起的，但伊斯兰与中亚的恐怖主义之间尚未形成牢固或可行的关系，迄今为止，伊斯兰教与中亚恐怖主义之间的冲突是可以避免的。[①]

当然，更多学者和政界人士持悲观立场，他们认为，中亚这种现象若持续蔓延的话，会刺激越来越多的宗教极端组织跟风发展，蛊惑更多穆斯林接受并支持他们建立政教合一的"哈里发"国家主张，最终葬送中亚民主化。德国学者贝赫鲁兹·万德直言不讳地指出，像伊斯兰解放党这些团体在做出结束贫困的允诺，以致伊斯兰原教旨主义团体将来有可能在吉尔吉斯斯坦等国接管政权。如果民众的生存状况仍然得不到改善的话，伊斯兰原教旨主义团体，如伊斯兰解放党，不仅会主宰吉尔吉斯斯坦，而且主宰整个中亚地区将只是个时间问题。[②]

美国学者奥卡特主张，即使中亚各国提高技术能力，能够发现并解除极端组织的武装，但它们的号召力也很成问题。在普通的宗教信徒心目中，官员普遍接受贿赂说明他们根本没有宗教信仰，这些行为更加使伊斯兰组织认为，政府只是为自己的利益而统治，根本不是为了人民的利益。一些国家的决策者可能会私下里认为乌兹别克斯坦的反恐行为是在点燃而不是扑灭极端组织的火焰，尽管它们与乌国在关于伊斯兰激进组织或极端组织的定义上有共同的判定标准，并认为这两类组织都应该被禁止活动。[③] 哈萨克斯坦的托卡耶夫也认为："中亚地区宗教极端主义的扩散，甚至在我国与邻国保持友好关系的条件下，它也可能对我国安全构成威胁"[④]。俄罗斯前总统梅

① Aida Amanbayeva，"The Collision of Islam and Terrorism in Central Asia，"*Asian Criminology*，No. 4，2009，pp. 165—186.

② http://www. cetin. net. cn/cetin2/servlet/cetin/action/HtmlDocumentAction? baseid=1&docno=423458，登录时间：2018 年 8 月 4 日。

③ 玛莎·布瑞尔·奥卡特：《中亚的第二次机会》，时事出版社 2007 年版，第 260 页。

④ 托卡耶夫：《中亚之鹰的外交战略》，新华出版社 2002 年版，第 6 页。

德韦杰夫甚至警告说,如果中亚的一些持有极端政见的人上台的话,将使各国面临崩溃瓦解的危险。[①] 可见,中亚宗教极端主义势力的蔓延,对中亚反恐形势影响巨大。

## 二、地区宗教极端主义势力的渗透

### (一) 泛伊斯兰主义的影响

中东的泛伊斯兰主义在中亚伊斯兰原教旨主义的极端化过程中产生重要影响。泛伊斯兰主义产生于 19 世纪末至 20 世纪初即将灭亡的奥斯曼帝国。奥斯曼是古代突厥一部,源于今阿尔泰山南部,历史上曾建立突厥汗国,但不久便分裂为东西两部。唐代时,东突厥汗国臣服于唐朝,西突厥汗国在唐朝进攻下向西迁移,其中塞尔柱和奥斯曼两部曾在小亚细亚半岛建立过政权。16 世纪奥斯曼建立地跨亚、欧、非三大洲的奥斯曼帝国,但随着西欧殖民者的强盛,它急剧衰落了。18 世纪后半期,其成为西欧殖民者瓜分的对象,领土逐渐缩小到小亚细亚半岛和巴尔干半岛南端的狭小地区,从而引起奥斯曼帝国"苏丹"兼国内伊斯兰教总教长"哈里发"阿卜杜尔·海米德二世的惊惧,他在抑制本国宪政运动、恢复独裁统治后,为巩固其统治地位,积极谋求精神世界的统治,大力倡导泛伊斯兰主义,梦想成为伊斯兰教世界的"教皇"。该主义的基本内容是,所有信奉伊斯兰教的国家和地区,都应并入统一政体,结成统一的伊斯兰教国家。

尽管一些西方学者对泛伊斯兰主义表示质疑,认为这种泛伊斯兰主义无法把所有的伊斯兰国家维系在一起。其理由是"由于伊斯兰国家都出于对自身绝对要求的考虑,宗教合法性的基础便会发生偏差。在可以想象到的微小偏离上,彼此之间就已经出现明显的敌意。只要有一个建立在不同宗教诠释基础上的伊斯兰国家的存在,

---

[①]　谢奕秋:《吉尔吉斯斯坦为什么放弃总统制?》,《南风窗》2010 年第 24 期。

对所有其他伊斯兰国家的行为提出怀疑，它就会马上被当作异端而受到谴责和打击"①。国家间将会产生宗教分裂。"伊斯兰国家世界具有差异性、分裂性并受到政治竞争的影响。没有任何可信的证据表明，能够使这块打满补丁的地毯拼合在一起"②。

然而，冷战后，一些中东地区国家还是利用泛伊斯兰主义的影响，派遣大批毛拉去中亚传经授徒，兴办教育及恢复宗教设施，赠送大量《古兰经》等宗教书籍，出资修建清真寺、经学院，拨专款培训由中亚各国派往德黑兰、库姆、马什哈德等地学习的人员③，在该地区建立波斯语协会，帮助中亚各国制作电视节目等④。还帮助塔吉克斯坦修正教育制度，把塔吉克语中的西里尔字母改为阿拉伯字母。并在交通和通信方面给予土库曼斯坦很大帮助。通过广泛的民间宗教教育与文化活动增强其在中亚的影响力。

（二）泛突厥主义的侵蚀

泛突厥主义，又称大土耳其主义，20世纪初兴起于土耳其。20世纪初，青年土耳其党领导资产阶级革命，海米德二世被推翻。为挽救帝国衰败的历史命运，青年土耳其党倡导泛突厥主义，以便恢复奥斯曼帝国的荣耀，统治亚洲操突厥语的诸民族。泛突厥主义宣称，操突厥语的诸民族有着共同的历史和共同的文化，这些民族应该组成统一国家。第一次世界大战后，基马尔领导的资产阶级民主革命取得胜利，建立土耳其共和国，但在思想上并未对泛突厥主义给予彻底的批判。相反，由于泛突厥主义只讲民族和宗教，可以引起强烈的宗教狂热和民族沙文主义情绪，成为其在中亚搞分裂颠覆活动的工具。

① 哈拉尔德·米勒：《文明的共存》，郦红等译，新华出版社2002年版，第201页。
② 哈拉尔德·米勒：《文明的共存》，郦红等译，新华出版社2002年版，第202页。
③ 张振国：《中亚伊斯兰教的历史与现状》，北京大学亚非研究所1996年内部出版，第87页。
④ 兹比格涅夫·布热津斯基：《大棋局——美国的首要地位及其地缘战略》，上海人民出版社1998年版，第196页。

中亚国家独立后,土耳其借助与哈萨克斯坦、吉尔吉斯斯坦、乌兹别克斯坦、土库曼斯坦同属突厥语族的优势,向中亚国家推行其政治经济模式,强化与中亚各国的"天然血缘"关系,并开通对中亚的电视频道,每天用土耳其语播送 7 小时的电视节目,为中亚国家使用拉丁字母取代西里尔字母提供技术和资金支持,兴办土耳其——哈萨克国际大学、土耳其——吉尔吉斯玛纳斯大学,每年为每个国家提供 1000 多个奖学金名额①,目前,中亚大约有 1 万名留学生在土耳其受教育②。

## 第三节　生态安全驱动逻辑

### 一、地区水资源分布不均

中亚地理上东南部海拔高、西北部海拔低,4000—5000 米的高海拔地区主要集中在塔吉克斯坦的帕米尔地区和吉尔吉斯斯坦地势陡峭的天山地区,哈萨克斯坦西部里海附近,低于海平面 132 米的卡拉吉耶洼地。在中亚的中部地区广泛分布着荒漠、绿洲、丘陵、草原,也是该地区人口密度最高的地区。中亚的气候表现为典型的温带沙漠、草原大陆性气候,表现为:一是干燥少雨。在中亚的大部分地区,一般年降水量在 300 毫米以下,极度干燥少雨的地区主要集中在咸海附近和荒漠,在这些地区年降水量仅为 75—100 毫米;二是日照强烈、蒸发量大。中亚每平方厘米地面由于阳光辐射每年可获 10—13 万卡热量,在土库曼斯坦则几乎达到 16 万卡。空气极其干燥和高温引起大量的蒸发,阿姆河三角洲水面的年蒸发量达 1798 毫米,比降水量大 21 倍;三是温度变化剧烈。在中亚的很多地区昼夜温差可达 20 至 30 摄氏度。③

---

① 倪国良:《向西开放——中国西北地区与中亚五国关系研究》,甘肃人民出版社 1995 年版,第 175—176 页。

② 玛莎·布瑞尔·奥卡特:《中亚的第二次机会》,时事出版社 2007 年版,第 242 页。

③ 张瑜:《中亚地区水资源问题》,《中亚信息》2005 年第 10 期。

　　受这一环境的影响,中亚地区跨境水资源分布不均。该地区水资源总蕴藏量尽管很大,约在 1 万亿立方米以上,但大部分是以高山冰川和深层地下水等的形式存在,无法成为该地区实际的用水来源。而真正可以利用的水资源主要以地表水、地下水和回收水的形式存在,是中亚主要的水资源。比如,中亚地区水资源主要集中在里海流域、鄂毕河流域、巴尔喀什湖流域、咸海流域等。这些河流多为跨境河流,流经许多国家(见表 1)。

表 1　中亚地区的主要河流①

| 河　流 | 径流国家 | 河流长度(公里) |
| --- | --- | --- |
| 额尔齐斯河 | 中、哈、俄 | 4248 |
| 乌拉尔河 | 俄、哈 | 2534 |
| 楚　河 | 吉、哈 | 1186 |
| 塔拉斯河 | 吉、哈 | 661 |
| 锡尔河 | 吉、乌、塔、哈 | 3018 |
| 阿姆河 | 哈、吉、乌、塔 | 2540 |
| 泽拉夫山河 | 塔、乌 | 877 |
| 穆尔加布河 | 阿富汗、土 | 978 |
| 阿特列克河 | 伊朗、土 | 669 |

　　锡尔河是中亚的内陆河,发源于天山山脉,分两源,右源纳伦河和左源卡拉达里亚河,纳伦河为正源,发源于吉尔吉斯斯坦。两河在纳曼干附近汇合后向西流入费尔干纳谷地,在塔吉克斯坦苦盏出谷,流至别卡巴德后转而向西北,流经乌兹别克斯坦和哈萨克斯坦后,注入咸海。全长 2212 公里,流域面积 21.9 万平方公里,河口多年平均流量 1060 立方米/秒,年均径流量 336 亿立方米。

　　阿姆河也是中亚的内陆河,其源头瓦罕河出自帕米尔高原东南部和兴都库什山脉海拔的 4900 米的山岳冰川,西流汇合源出帕米尔高原的帕米尔河,称喷赤河,再曲折西流,汇合瓦赫什河后称阿姆河,向西北流入咸海。流经塔吉克、阿富汗、乌兹别克、土库曼四个国家。阿姆河长 1415 公里;从源头起算,全长 2540 公里,流域南北宽 960 公里,东西长 1400 公里,面积 46.5 万平方公里。靠高山冰川和融雪补给,每年有春、夏两次汛期。河水含沙量多,水力资源丰富。中游区年降水量 200 毫米,下游区不到 100 毫米。冬春季融雪为主要水源,每年 6 月后流量增大。河口处年平均流量 1300 立方米/秒,每年注入咸海总水量约 43 亿立方米。

为解决水资源的分布不均矛盾,长期以来,中亚各国通过修建灌溉系统来"开源节流",灌溉农业发达。统计资料显示,吉尔吉斯斯坦有 75% 的耕地、塔吉克斯坦有 84% 的耕地、乌兹别克斯坦有 89% 的耕地、土库曼斯坦有 100% 的耕地是通过灌溉农业完成农业生产的。在苏联时期,庞大的水利基础设施把沿河流的不同灌溉系统连接起来,形成复杂的地区灌溉网络。比如,吉尔吉斯斯坦纳林河沿岸的上游水库和水坝与乌兹别克斯坦和哈萨克斯坦的农场灌溉系统相连,在阿姆河盆地,瓦赫什河上游的水电综合体把塔吉克斯坦的灌溉农业与土库曼斯坦的其他农业相互连接,并与乌兹别克斯坦的霍拉兹姆和卡拉卡尔帕克的下游农业耕地连为一体。土库曼斯坦计划在卡拉库姆沙漠中部建造巨大的人工湖,从源自塔吉克斯坦的帕米尔山脉的阿姆河引水,通过阿富汗、乌兹别克斯坦到土库曼斯坦的人工湖,来灌溉该国的沙漠土地,以便种植棉花和粮食。而阿姆河是灌溉乌兹别克斯坦农业的主要水源,土库曼斯坦引阿姆河建造人工湖,势必减少乌兹别克斯坦的供水量,引起乌兹别克斯坦的强烈反对,造成两国关系的紧张,影响中亚局势稳定。[1]

---

[1] Blua, A, "Desert Gold: Niyazov's Conflicted Approach to Turkmenistan's Water Woes," 2004, http://www.eurasianet.org/departments/environment/articles, 登录时间:2018 年 8 月 8 日.

## 二、重大环境灾难频发

受全球气候变暖的影响,中亚国家的气候灾害呈上升趋势,高温干旱、尘暴肆虐、严寒冰冻等环境灾难屡见不鲜。据不完全统计,自2004年以来,中亚国家每年夏季35℃以上的高温天气多达数周之久。在乌兹别克斯坦,从七月下旬开始,全国就迎来高温热浪,首都塔什干的气温节节攀升,曾连续数天突破44℃,比当地历年平均温度高出12℃。这种异常高温也让哈萨克斯坦饱受烤炙,进入七月中旬后,该国大部分地区气温一直保持在37.8℃以上,克孜勒奥尔达市最高气温还达到43.3℃,如果加上湿度的影响,体感温度甚至超过了48.9℃,高温酷暑可见一斑。中亚气候环境的变暖,导致该地区的冰川消失,飓风、暴雨、泥石流等气候灾变增多。据中亚环境气候专家估计,塔吉克斯坦的冰河在20世纪下半叶已消失1/3,吉尔吉斯斯坦在过去40年也失去超过1000个冰河,许多昔日的冰川河流现在已被干涸的河床所代替。联合国环境规划署与世界冰川监测机构的报告指出,有大量证据表明自2000年以来,冰川消融的年速度比以前增长一倍,世界许多山脉的冰川有可能在21世纪全部消融殆尽,而环境变化正在使地球的许多冰川退缩和变薄,这将影响到数以百万计人的水供应。

在塔吉克斯坦,飓风袭击塔吉克斯坦北部地区,引起持续的暴雨,造成洪水泛滥,山体滑坡、泥石流不断,当地数百公顷农田毁坏,3000多头牲畜死亡,数十座桥梁被冲毁,200座房屋倒塌,近万人无家可归,经济损失1亿多美元。中亚除高温气候所引发的一系列环境灾难外,冰冻气候灾变也频频降临。2000年以来,塔吉克斯坦相继出现数十年来罕见的严寒暴雪天气,各地普降暴雪,气温大幅下降,比什凯克的最低气温降到零下23℃,杜尚别的最低气温也降至零下22℃,不少地区的暖气供应紧张、公路交通瘫痪、大批牲畜被冻死,已有700万人受到影响,其中一半是儿童。近50万人缺乏粮食,至少 26 万人需要立刻获得粮食援助。全国 3800 所小学和 400 所幼儿园缺乏或者仅有非常有限的供暖。急性呼吸道感染病例比去年同期增加了两倍,孕产妇死亡率翻了一番。在可预见的时间内,这种损失将会达到 GDP 的 5%。世界银行专家研究表明,乌兹别克斯坦是世界上受气候变化灾害影响最严重的国家之一,到 2050 年,因灌溉水的减少可耕地面积将会减少 50%。

### 三、咸海流域水危机

咸海流域面积约 151 万平方公里,它东起帕米尔高原和天山山脉,西至广袤的都兰平原。流域包括阿富汗和哈萨克斯坦的部分地区和吉尔吉斯斯坦、塔吉克斯坦、乌兹别克斯坦和土库曼斯坦的大部分地区,为中亚地区 75% 的灌溉土地供给灌溉用水,对于整个中亚地区有着重要的生态和经济意义。

表 2　咸海流域的水与土地资源[①]

| 国　家 | 径流量(立方 KM/年) | | | 灌溉土地(千公顷) | 人口(百万) |
|---|---|---|---|---|---|
| | 锡尔河 | 阿姆河 | 总和 | | |
| 哈萨克斯坦 | 4.5 | | 4.5 | 560.5(仅咸海流域) | 3.1(仅咸海流域) |
| 吉尔吉斯斯坦 | 27.4 | 1.9 | 29.3 | 477.7 | 5.3 |
| 塔吉克斯坦 | 1.1 | 62.9 | 64 | 744 | 7.6 |
| 土库曼斯坦 | | 2.78 | 2.78 | 1752 | 6.7 |
| 乌兹别克斯坦 | 4.14 | 4.7 | 8.84 | 4259 | 29.7 |
| 总和 | 37.14 | 72.28 | 109.42 | 7793.2 | 52.4 |

由于苏联时期的过度利用,咸海面积只有原面积的十分之一,每年的径流也只剩原流量的十分之一。目前,咸海的北部水域因近年来的保护,特别地区水利设施的投入使用,生态环境有所恢复,水位升高。而咸海南部水域的环境则不断恶化,面积逐年萎缩(见表 3)。

---

① Ms. Zhuldyz Zhurumbetova,"The Aral Sea And Its Challenges,"*ECIFAS.*

**表 3　咸海水域面积年份表①**

| 年　份 | 面积(平方 KM) |
|---|---|
| 1960 | 67500 |
| 1977 | 54831 |
| 1986 | 44790 |
| 1999 | 28756 |
| 2006 | 16679 |
| 2009 | 9452 |
| 2013 | 10464 |

咸海面积与水量的变化给中亚地区的环境和社会造成巨大影响：

一是咸海流域危机打乱该地区的气候平衡。从 1981 年至 1988 年，一月的平均气温是 3 摄氏度低于从前统一月份的气温，同样是 1981 年至 1988 年，七月的平均气温是 1—4 摄氏度高于过去七月的气温。在苏联时期出现干燥炙热天气的频率增加 15%，而适于农作物生长的时间下降到每年 170 天，远低于种植棉花所需要的 200 天无霜期的气候要求。炎热天气造成草场生产力下降 50%，地表水蒸发量显著增大，空气中的水分蒸发的速度与 50 年前相比加速 10%。这些剧变导致棉花单产的数量和质量不断下降。

二是咸海干涸导致盐风暴源地的形成和发展，沙风暴的频率和强度不断增加，部分盐粒甚至由湖底被吹到天山和帕米尔高原的冰川上，增加地区冰川上灰尘的数量，而降水的矿物化加速地区冰川的融化。据统计，在 1956—1990 年期间，中亚地区的冰川资源减少三倍以上，且仍以每年 0.1% 的速度持续缩减，每年大约有占总冰川面积 0.6%—0.8% 的冰川消失。② 天山山谷内的冰川平均每年后退

---

① Ms. Zhuldyz Zhurumbetova,"The Aral Sea And Its Challenges,"*ECIFAS*.

② Seversky Tokmagambetov T. G, *Current glaciation deg-radation of mountains of the Southeast Kazakhstan*, Almaty, 2004, p. 154.

7.5—13.1米。冰川的消退与解体将会给地区造成巨大而深远的影响，因为这些冰川地区是中亚地区最重要的水源地。这些冰川的消失将导致更大的水资源短缺，而这种稀缺性将给地区安全造成威胁。

三是咸海流域生态环境的恶化破坏地区生物的多样性。1960年时，阿姆河流域的三角洲地区大约有湖泊2600多个，1985年时降至400多个，[①]由于这一区域拥有前苏联一半以上的生物物种，目前这些物种或已经灭绝或出于濒危状态。比如，在1960年之前，该地区的河流三角洲居住着70种哺乳动物和319种鸟类，如今仅存哺乳动物32种，鸟类160种。地带性湖岸林、芦苇及草地明显退化，鱼类数量急剧减少，栖息环境严重恶化，这种生物多样性的消失对生态系统的活力和健康带来严重的负面影响。

四是咸海危机给流域内的居民生活带来严重影响。该地区拥有大约3—4百万人的当地居民，他们大多以捕鱼为生，由于咸海的萎缩，该地区原有的24种鱼类中已经有20种灭绝，渔业资源大幅下降，许多人被迫改行。[②]另外，咸海流域生态环境的变化还造成含有有毒盐碱成分的沙尘暴数量增加，咸海的大面积干涸造成海底盐漠裸露，成为尘埃和尘粒的发源地，致使盐尘暴肆虐，不断向周边扩展，持续影响中亚并向俄罗斯的奥伦堡、奥尔斯克、伏尔加格勒、萨拉托夫和南乌拉尔地区扩散。统计资料分析，咸海盐尘在空气中的扩散加快帕米尔高原冰川消融的速度，同时还殃及位于欧洲的阿尔卑斯山脉。咸海问题不仅困扰中亚地区，而且已经成为全球性的生态危机。一旦吸入这些由沙尘暴裹挟而来的有毒物质会引起呼吸系统疾病，增加食道癌的发病率，癌症增加30倍，关节炎增加60倍，妇女贫血病局部地区达到80%，婴儿死亡

---

① UNEP,*The future of the Aral Sea lies in transboundary cooperation*,2014.

② Sergei Vinogradov, Vance P. E,"Langford, Managing transboundary water resources in the Aral Sea Basin:in search of a solution,"*Global Environmental Issues*, Vol. 1,No. 3/4,2001.

率达 10‰。

五是咸海流域的过度开发引发水资源供求矛盾凸显。咸海流域地区以灌溉农业为主，一些国家为增加财政收入，一段时期以来一直采取资源掠夺性开发战略，伐树垦荒，增加棉花等作物的种植面积。虽然获得相当可观的经济效益，但盲目发展留下严重的后遗症。由于干旱的气候，所以耕地所需水资源的灌溉量非常大，灌溉用水占地区引用咸海流域水量的 90％，使得该地区的水资源短缺，水资源的供应一度呈现紧张态势。[①] 对此，欧洲安全与合作委员会忧心忡忡地指出，咸海危机所造成的环境压力是中亚的地方、国家或区域冲突的潜在先兆，这些环境挑战可能引起该地区的一个州内、或两个、或两个以上州之间的冲突。由于这种地区冲突从行为者的立场差异到利用暴力、再到武装冲突的连续演绎的过程，因此，各国环境冲突不仅要在该区域范围内得到有效处理，而且还要考虑到跨界的影响，更增加咸海危机的治理难度。[②]

## 四、地区水污染严重

由于各国忽视环境保护，造成水资源污染严重，可利用的水资源越来越少。随着工业化的推进，各国的农业、工业和采矿业的硝酸盐、杀虫剂、重金属和碳氢化合物等污染物泛滥，严重污染了地区地表水。在锡尔河流域地区，河水因受到大量农药、生活污水、及有毒工业废料的污染，已不适宜饮用和灌溉，许多当地居民食用有毒物质含量超标的农作物而患上胃癌等绝症。在塔吉克斯坦北部的索都地区有一个过期农药储存仓库，该仓库邻近一个城镇居民区和供水的

---

① Micklin, Philip P, "The Diversion of Soviet Rivers," *Environment*, Vol. 27 (March), 1985, p. 174.

② OSCE, *Environment and Security: A Framework for cooperation in Europe-Draft Background Paper*, 2002, Vienna.

水渠,由于管理不善,这些农药已对当地居民的健康造成严重危害,也对当地环境构成威胁。[①]

在乌拉尔河和额尔齐斯河的一些支流,水资源污染令人堪忧,这些河水水质已达到6级劣质水。俄罗斯和中亚国家的环保机构统计资料显示,阿姆河的污水排入量已占到其流量的35%,在乌兹别克斯坦境内的阿姆河流域,70%以上的地区水质对健康有害,10%以上的地区水质极差。乌兹别克斯坦和塔吉克斯坦两国境内的河流、湖泊和水库也不同程度受到农业、工业和居民生活污水的威胁,有些河流湖泊的污水排入量已占到其流量的40%以上,使得乌兹别克斯坦的所有水源的水污染指数为Ⅲ级(中度污染),少量水体水质等级为Ⅱ(纯净)。

统计数据显示,乌兹别克斯坦地下水矿化度达 1.0g/L(每天 2582.21 万 m³)的占 40.4%,1.0—1.5g/L(每天 841.16 万 m³)的占 13.1%,1.5—3.0g/L(每天 2209.77 万 m³)的占 34.5%,3.0—5.0g/L(每天 448.69 万 m³)的占 7%,超过 5.0g/L(每天 316.83 万 m³)的占 4.9%。[②] 哈萨克斯坦的伊犁河——巴尔喀什湖流域的生态环境也不容乐观,据报道,每年流入巴尔喀什湖的废水和大量无机肥料、农药和重金属等污染物高达约 7.7 亿立方米,其中污染最严重的别尔迪斯湾水域的水体中铜的浓度达到最高限度的 30—35 倍,锌的浓度为最高限度的 1.2—2.3 倍。

中亚各国忽视环保,水污染严重,可用的水资源减少。乌拉尔河和额尔齐斯河的一些支流受污染最为严重,现排入阿姆河的污水已占到其流量的 35%;每年约 7.7 亿立方米的废水和大量无机肥料等

---

① "Environment & Securityd Transforming Risks into Cooperation: Focal Points," *OSCE-UNDP-UNEP-NATO*, 2005, http://www.envsec.org/focalp.php, 登录时间:2018 年 8 月 2 日。

② 丁超:《乌兹别克斯坦水资源困境及改革的路径选择》,《世界农业》2019 年第 9 期。

污染物流入巴尔喀什湖;别尔迪斯湾水体中铜的浓度达到最高限度的 30—35 倍,锌的浓度为最高限度的 l.2—2.3 倍;咸海因水质变差,已成为"死海",生活在咸海的数十种鱼类濒临灭绝。加之缺水,咸海水量锐减,水位下降 20 多米,被分成了北(小)咸海、东咸海和西(大)咸海三部分。咸海沿岸及周边地区的生态环境恶化,大片土地盐碱化和沙漠化。每年中亚因土地的盐渍化导致损失约 20 亿美元,并呈逐年增长势头。地区 1/3 的居民没有安全的饮用水,生态危机直接影响了周边 3500 万人的生命安全,居民发病率急剧上升,癌症增加 30 倍,关节炎增加 60 倍,妇女贫血病局部地区达到 80%,婴儿死亡率达 10‰,出生率下降。

　　欧洲安全与合作委员会的环境与安全报告显示,在吉尔吉斯斯坦的贾拉拉巴德省,有一片上万亩的核桃林因当地农民冬季砍伐树木取暖,加之放牧牛羊啃食幼树,使得林木迅速消失,而这些树木的消失威胁到当地的生物多样性,还增加该地区遭受侵蚀和山体滑坡的脆弱性。[①] 另外,在吉尔吉斯斯坦的位于锡尔河附近,有一个大型废弃铀矿的放射性废物对当地居民和其牲畜构成明显的环境危害。这些放射性废物受到地震、山体滑坡、土壤侵蚀或洪水引发的泥石流进入锡尔河,将这些放射性废物带入水道,污染当地居民的饮用水,并随河流冲向下游,进入人口稠密的费尔干纳谷地,造成环境污染。[②] 尽管吉、乌两国采取一些临时性的紧急应对措施,但无法根本消除放射性废物污染的蔓延。[③] 欧安委的一个调查组在对该废弃铀

---

① OSCE, *Environment and Security Initiative: Transforming Risks into Cooperation* (*Central Asia: Ferghana/Osh/Khudjand Area*), 2005, Vienna.

② Kyrgyz Republic & OSCE, "Conclusion of Scientific Assessment Meeting on Mailu-Suu Radioactive Waste Problems, Bishkek," OSCE, April 2003, p.18.

③ OSCE-UNDP-UNEP-NATO, "Environment & SecuritydTransforming Risks into Cooperation: Focal Points," 2005, http://www.envsec.org/focalp.php,登录时间:2018 年 8 月 9 日.

矿地区进行放射性废物的风险评估后认为,该地区的生态环境非常脆弱,即使很小的地震也可能造成山体滑坡,并将这些放射性尾矿冲入河流中,造成环境危机事态,加之当地居民对这些危险的认识程度很低,情势更加不容乐观。①

在哈萨克斯坦,每年约 15—20 亿立方米的工业和生活废水未经任何处理就直接排放,全国只有 29% 的居民生活用水在排放前经过二次处理。据不完全统计,在哈萨克斯坦的 88 项水质安全指标中只有 13 项指标达标,合格率为 15%,主要污染源来自矿山、冶金、化工、农业、畜牧、居民用水等。每年因水质污染而致死的居民占居民死亡率的 0.9%,远高于欧美国家,令人堪忧。②

## 五、边界水争端升级

20 世纪 90 年代,吉尔吉斯斯坦人和乌兹别克斯坦人在奥什地区为争夺土地与水发生冲突,导致 300 人伤亡。③ 1992 年,由于乌、吉跨界河流纠纷,乌兹别克斯坦派出空降部队,兵临吉尔吉斯斯坦边界,以武力向吉尔吉斯斯坦施压。2000 年冬季,吉尔吉斯斯坦为应对乌兹别克斯坦单方面停止对其供应天然气所造成的电力短缺不得不加大托克托古尔的放水量,以供应国内的电力需求。结果托克托古尔的大量放水使乌兹别克斯坦大面积的棉田成了沼泽,严重影响其农业收成。乌兹别克斯坦再次调动军队集结在在乌、吉两国边界,甚至进行多次以夺取托克托古尔水库为目标的军事演习。而吉尔吉斯斯坦方面也强硬回应称,如果把堤坝炸毁,水流将会淹没费尔干纳

---

① OSCE-UNDP-UNEP-NATO, *Environment and Security Initiative: Transforming Risks into Cooperation (Central Asia: Ferghana/Osh/Khudjand Area)*, 2005, Vienna.

② 张宁:《哈萨克斯坦跨界水资源合作基本立场分析》,《欧亚经济》2015 年第 4 期。

③ Spoor, Max, "The Aral Sea Basin Crisis: Transition and Environment in Former Soviet Central Asia," *Development and Change*, Vol. 29, 1998, p. 435.

和泽拉夫山盆地使其从地面消失。

中亚的锡克教河作为吉、乌两国的跨界河流,从乌兹别克斯坦流入吉尔吉斯斯坦,然后返回乌兹别克斯坦,乌兹别克别克的农民经常指责领国吉尔吉斯斯坦储存水用于灌溉其稻田,使得该河流减少乌兹别克斯坦农民的果树和棉花的供水,引起当地农民的不满,双方经常聚众互相投掷石块,造成人员伤亡。与此同时,吉尔吉斯斯坦冬季发电泄水也给包括克孜勒奥尔达、南哈萨克斯坦、奇姆肯特等哈萨克斯坦南部诸州造成严重水灾和损失。据不完全统计,由于吉尔吉斯斯坦冬季发电放水,使得哈萨克斯坦有 1.3 万人被迫离开家园,25 万人饱受水灾之苦。对此,哈萨克斯坦前总统纳扎尔巴耶夫总统向吉尔吉斯斯坦警告说:我们又在担心,托克托库尔水库是否在给我们放水? 我们的克孜勒奥尔达和奇姆肯特是否将会被淹没? 我们再也不能这样生活下去。

中亚各国在干旱年份的水冲突时常演变成暴力事件。比如,在吉、塔边界地区,因吉尔吉斯斯坦农民拦截了一条跨界水渠流向塔吉克斯坦的村庄,塔吉克斯坦的农民关闭一条吉尔吉斯斯坦农民扫墓的跨界道路,双方发生暴力冲突。① 在吉尔吉斯斯坦的沃鲁赫地区,当地的农民截断一条通往塔吉克斯坦的水渠,造成塔吉克斯坦的农民用水困难,塔吉克斯坦农民聚众越过边界进入吉尔吉斯斯坦,打开水渠,吉尔吉斯斯坦农民随后殴打越过边界的塔吉克斯坦的农民。由于当地警察和当局的干预,暴力事件没有进一步升级,但紧张局势仍很严重。②

---

① На Кыргызской-Таджикской границе с двух сторон скопилось более 100 человек, Радио Свобода, http://rus. azattyk. org/a/27167202. html, 登录时间:2018 年 8 月 6 日.

② Jamoat Res. Ctr. of Vorukh, "Potential for Peace and Threats of Conflict: Development Analysis of Cross-Border Communities in Isfara District of the Republic of Tajikistan and Batken District of the Kyrgyz Republic," https://perma. cc/J7QA-ZAXA, 登录时间:2018 年 8 月 5 日.

　　另外,在吉、乌边界地区也有类似水暴力事件。帕达沙塔河发源于吉尔吉斯斯坦境内,然后流经乌兹别克斯坦境内后返回吉尔吉斯斯坦的贾拉拉巴德州。苏联时期,吉、乌曾达成一项协议把64%的河水分配给乌兹别克斯坦,使贾拉拉巴德的吉尔吉斯斯坦农民感到不满,因种种原因,实际上他们没有获得应有的36%的用水份额。为此,他们经常组织示威,要求地方当局向其灌溉渠道释放更多的水。迫于压力,当局向他们增加用水额度,这使得乌兹别克斯坦的农民对其未来的用水需求感到更加不安。

　　吉尔吉斯斯坦和塔吉克斯坦之间的水资源纠纷持续升温。在费尔干纳山谷地区,人口持续增长,土地与水资源日益匮乏可能会使地区形势持续恶化,因争夺重要水利设施已造成相关国家数百名士兵在边境冲突中死亡。而吉、塔两国通过控制河流上游的供水量,以水资源作为与乌、哈等中亚大国斡旋的最主要经济外交手段,加深中亚各国矛盾的复杂性。乌兹别克斯坦总统反复强调,"水属于真主",反对上游国家无端操控水资源和改变水的用途。哈萨克斯坦领导人也声称,上游国家控制河流的供水量没有任何法律依据,也无权为下游国家的灌溉用水定价,这对哈萨克斯坦来说是不可接受的。[①]

　　然而,中亚持续不断的水暴力事件,已造成该地区水安全环境恶化,陷入被英国学者梅高让称为"低级边界战争"[②]的困境,加剧中亚的紧张局面。中亚费尔干纳谷地日益严峻水冲突造成该地区不同族际之间紧张关系,而水利灌溉系统因跨越复杂的国家边界,给灌溉设施的协调和维护带来困难,导致跨界族际间的争端,"这些不断升级

---

①　A. Dan Tarlock,"Four Challenges for International Water Law,"*ENVTL*,*2010*,*pp.* 375—378.

②　Nick Megoran, "The Critical Geopolitics of the Uzbekistan-Kyrgyzstan Ferghana Valley Boundary Dispute," *Geography*,2004,pp. 731—734 .

的冲突逐渐演变为暴力事件,在国家内部产生破坏稳定的负面影响,并加剧国家间的紧张关系"[①]。另外,该地区水体的不断恶化,使一些国家的农产品的有毒物质含量超标,产量下降,迫使其他国家纷纷提高准入门槛,限制问题产品的进口,导致农产品出口国家的出口额大幅下降,经济雪上加霜。

## 第四节 禁毒安全驱动逻辑

### 一、阿富汗的毒品问题

阿富汗毒品问题由来已久。早在英国殖民印度时期,阿富汗就通过种植罂粟,开展与英属印度的鸦片贸易。随着印度的独立,印、阿之间的鸦片贸易终止,阿富汗的罂粟产量随之下降。20 世纪 80 年代,苏联入侵阿富汗,阿富汗国内的民族抵抗组织纷纷揭竿而起,抗击苏军。为筹措资金购买武器,阿富汗的各民族抵抗组织在各地大规模种植罂粟、制造海洛因,借助毒品贸易来换取所需的武器。统计资料显示,从 1979—1989 年间,阿富汗的鸦片产量从 200 吨上升到 1000 吨,成为世界毒品的重要产地。苏联撤军后,阿国内局势更加动荡、战乱不止,各地反政府武装派别割据一方,不断扩大罂粟种植面积,大肆从事毒品走私贩运,牟取暴利。1999 年,阿富汗的罂粟种植面积达到 90583 公顷,其产量突破 4565 吨。[②]

"9·11"事件后,美国发动阿富汗战争,成立阿富汗过渡政权。阿过渡政府总统卡尔扎伊刚上任后,为赢得国际社会的支持,卡尔扎伊总统在国内采取一系列的禁毒措施,严禁本国人民种植、收购、买

---

① Skandar Abdullayev,*Water and Geopolitics in Central Asia*, in *Water*,*Environmental Security and Sustainable Development*: *Conflict and Cooperation Incentral Eurasia*,2010,p. 125.

② 宋海啸:《阿富汗毒品经济:历史、作用及成因》,《南亚研究》2010 年第 3 期。

卖毒品等。但由于各地割据势力林立,阿富汗中央政府的政令难以在其控制以外地区推行,广大农民仍把罂粟种植作为其收入的主要来源,因而禁毒效果甚微,阿富汗的罂粟种植面积除了北部地区大幅减少外,其他地区种植面积非但没有减少,反而迅速增加。

据不完全统计,在 2002—2009 年期间,阿罂粟种植面积分别为 74000 公顷、80000 公顷、131000 公顷、104000 公顷、165000 公顷、193000 公顷、157000 公顷、123000 公顷,种植地区主要集中在南部和西部地区,其中,南部赫尔曼德、坎大哈、乌鲁兹甘等省的罂粟种植面积占全国的 72%,22% 在西部的巴德吉斯省、法拉省、赫拉特省、尼姆鲁兹省等地区,且有向中亚邻国蔓延之势。[1] 而阿富汗的鸦片产量也在 2002—2009 年分别达到 3400 吨、3600 吨、4200 吨、4100 吨、6100 吨、8200 吨、7700 吨、6900 吨,占世界鸦片总产量的 79%。[2] 2010—2018 年间,阿富汗的烘干鸦片的潜在产量依然保持高位,分别为 3600 吨、5800 吨、3700 吨、5500 吨、6400 吨、3300 吨、4800 吨、9000 吨、6400 吨,[3] 毒品形势严峻,对中亚等地区安全构成严重威胁。

## 二、中亚毒品日益猖獗

阿富汗与中亚地区山水相连,长期以来,由于阿富汗内战和中亚地区冲突的加剧,助长该地区毒品等非法经济的上升,阿富汗毒品通过中亚国家源源不断流向世界各地,中亚成为阿富汗毒品的主要集散地,加之俄罗斯的开放性市场为毒品提供大批新的消费者,进一步增加阿富汗通过中亚走私贩运毒品。随着中亚地区基础设施和交通

---

[1]　文丰:《阿富汗毒品及其对中亚的影响》,《新疆社会科学》2014 年第 6 期。

[2]　宋海啸:《阿富汗毒品经济:历史、作用与成因》,《南亚研究》2010 年第 3 期。

[3]　《2019 年世界毒品问题报告》,http://www.nncc626.com/2019-06/15/c_1256442126.htm,登录时间:2020 年 6 月 5 日。

条件的改善,毒品走私贩运更加便利化。美国学者奥卡特认为,"9·11"事件后,阿富汗的鸦片种植非但没有减少,反而有所增加,越来越多的毒品走私者来往于阿富汗和中亚之间的陆地边界,把毒品运到欧洲。[①]

阿富汗最初的贩毒路线有两条:一条路线是经由伊朗、巴基斯坦、土耳其等国家将阿富汗生产的毒品运往罗马尼亚等东、南欧国家,再从这些地区将毒品贩运至西欧及北美地区,俗称"南线";另一条路线从伊朗、土库曼斯坦、乌兹别克斯坦等中亚国家把毒品贩运到高加索地区,再由这里运往欧洲各国,并经欧洲通过非洲地区贩运到美洲各国。

由于中亚各国对边境管控较为薄弱,加之国内局势动荡,经济社会混乱,民众生活困顿,"中亚及邻国阿富汗有着大量贫困人口、失业人口,经济社会发展相对滞后,为滋生贩毒、武器走私等非法活动提供土壤"[②],为国际贩毒团伙提供可乘之机。这些贩毒团伙通过与中亚各国的商业伙伴建立牢固的利益同盟,并程度不同地得到各国地方精英的"默许和保护",逐渐把毒品业务的触角从走私贩运扩大到合法和半合法的经济部门。[③] 特别是在塔吉克斯坦,其政府和安全部门的官员,从地方基层到中央高层都有参与毒品贸易的现象,使得塔政府无真正的决心割断政府官员与毒品贸易的联系。[④]

这表明,阿富汗毒品贸易与中亚的哈、吉、塔、土、乌五国是共生关系,阿富汗和中亚国家被一个错综复杂的部落和种族效忠网络所覆盖,该地区种族和部落关系便利了与阿富汗的毒品贸易,而塔吉克

---

① 玛莎·布瑞尔·奥卡特:《中亚的第二次机会》,时事出版社 2007 年版,第 15 页。

② 《中亚国家积极应对安全挑战》,http://www.rmzxb.com.cn/c/2020-02-26/2527775.shtml,登录时间:2020 年 6 月 5 日。

③ Filippo De Danieli,"Beyond the drug-terror nexus: Drug trafficking and state-crime relations in Central Asia,"*International Journal of Drug Policy*,Vol.25,2014,pp.1235—1240.

④ 玛莎·布瑞尔·奥卡特:《中亚的第二次机会》,时事出版社 2007 年版,第 201 页。

族、乌孜别克族、普什图族和巴鲁克族阿富汗人及其在中亚、巴基斯坦和伊朗的跨境民族之间的血缘关系,为阿富汗毒品走私贩运到中亚地区打开方便之门。[①] 在此基础上,阿富汗毒品贸易伴随着中亚各国的犯罪集团、跨国犯罪,以及叛乱和恐怖主义运动的坐大而增长,一直以来成为中亚国家和地区不稳定的重要来源。[②] 由此一来,他们纷纷在该地区开辟新的贩毒路线,逐渐覆盖中亚五国,一跃成为"金新月"毒品贩运的主要路线,被称为"北线"。就像美国学者莉安·瑞阳斯所言,"北线"突出的是一种机会环境,以便让那些曾经不同的集团(特别是跨国犯罪集团和恐怖组织)在整个贩毒路线上建立毒品网络、模仿和融入国际毒品走私贩运的浪潮中。[③]

该贩毒路线从阿富汗的坎大哈、巴达赫尚等北方省份出发,经由中亚五国把毒品贩运到俄罗斯和中国,再由俄罗斯运抵欧洲等地。

中亚国家作为"金新月"贩毒路线的"北线"通道,该地区的贩毒路线十分复杂,学界通常认为,中亚大致存在四条贩毒通道[④]:

一是从阿富汗的坎大哈,经塔吉克斯坦的杜尚别,把毒品贩运到哈萨克斯坦的阿斯塔纳等地,再经俄罗斯远销至欧洲等国。由于塔吉克斯坦与阿富汗边境处地形复杂,塔边防部队缉毒经验和技术水平落后,且其国内战乱不止、经济社会堪忧,为阿富汗鸦片和海洛因走私贩运中亚提供便利,催生中亚毒品贸易的快速增长。该路线主要在塔吉克斯坦的山区穿行,从阿富汗的坎大哈出发,沿帕米尔高原

① Christopher Blanchard,"Afghanistan: Narcotics and U. S. Policy,"*Congressional Research Service* RL32686, 21 April 2009, p. 29, http://www. au. af. mil/au/awc/awc gate/crs/rl32686. pdf,登录时间:2018 年 8 月 16 日。

② Liana Eustacia Reyes & Shlomi Dinar,"The Convergence of Terrorism and Transnational Crime in Central Asia,"*Studies in Conflict & Terrorism*,Vol. 38,2015,pp. 380—393.

③ Liana Eustacia Reyes & Shlomi Dinar,"The Convergence of Terrorism and Transnational Crime in Central Asia,"*Studies in Conflict & Terrorism*,Vol. 38,2015,pp. 380—393.

④ 参见邓浩:《中亚毒品问题:现状与前景》,《国际问题研究》2001 年第 4 期;许勤华:《解析毒品与毒品走私对中亚地区安全的影响》,《俄罗斯中亚东欧研究》2007 年第 2 期。

上海拔较低的地区向北抵达塔吉克斯坦的杜尚别，从杜尚别毒品通过公路和铁路网贩运到哈萨克斯坦的阿拉木图、阿斯塔纳、塔拉斯、彼得罗巴甫洛夫斯克等地，经俄罗斯毒品通道流向欧洲和拉美市场。

二是从阿富汗的白沙瓦进入塔吉克斯坦的戈尔诺——巴达赫尚和苦盏，再经塔吉克斯坦的萨利塔什，经吉尔吉斯斯坦把毒品贩运到俄罗斯、乌兹别克斯坦和中国，在由俄、乌等国运抵欧洲等地。鉴于吉、塔、乌三国交界的费尔干纳地区地形崎岖，民族宗教关系复杂，贫困人口多等情势，从阿富汗的昆都士运送的毒品，沿着帕米尔高原向北，穿过高海拔地区抵达塔吉克斯坦的戈尔诺——巴达赫尚和萨利塔什后，把毒品贩运到吉尔吉斯斯坦的奥什。或者是从昆都士出发，经塔吉克斯坦西北部的苦盏，把毒品运抵吉尔吉斯斯坦的奥什。再从此向北到吉尔吉斯斯坦的比什凯克，或者向西到达乌兹别克斯坦的塔什干，或者沿着奥什——伊尔克什坦公路把毒品走私到中国的新疆。

三是从阿富汗的坎大哈经巴尔赫，把毒品贩运到乌兹别克斯坦及其他独联体国家，再经这里运往欧洲等地。乌兹别克斯坦的苏尔汉河州与阿富汗接壤，毒品走私严重，该贩毒路线借助两国边境地区，从阿富汗的坎大哈把毒品贩运到乌兹别克斯坦的苏尔汉河州，经该州运往乌兹别克斯坦的塔什干，再由塔什干将毒品走私贩运到哈萨克斯坦南部地区，或者利用乌兹别克斯坦卡拉卡尔帕克共和国与土库曼斯坦交界地区把毒品贩运到土库曼斯坦，远销欧洲等地。

四是阿富汗的坎大哈经赫拉特，把毒品贩运到土库曼斯坦及其他独联体国家，最后运抵欧洲等地。土库曼斯坦与阿富汗接壤，跨境民族复杂，毒品走私活跃。该毒品贩运路线主要从阿富汗的坎大哈把毒品从赫拉特、巴德吉斯和法里亚布省等边境地区进入土库曼斯坦。在该国又分成两条路线，一条是通过伊朗边境，经"南线"运抵欧洲等地。另一条是通过马雷——土库曼巴什港，经里海将毒品走私到俄罗斯的阿斯特拉罕或者是阿塞拜疆,在由此地贩运往欧洲等地。

上述中亚毒品走私贩运路线为阿富汗毒品进入该地区打开方便大门,刺激中亚各国罂粟种植、生产和销售。仅在 1999 年,中亚国家的种植罂粟面积高达 50644 平方米,其中,哈萨克斯坦为 18677 平方米、塔吉克斯坦为 17300 平方米、乌兹别克斯坦为 14400 平方米、吉尔吉斯斯坦为 267 平方米。大麻种植面积超过 6000 公顷、野生大麻超过 15 万公顷。这些都为中亚毒品泛滥起到推波助澜的作用。

据不完全统计,在 1993—2007 年的十四年间,中亚各国收缴的毒品(包括鸦片、海洛因、大麻、麻黄等)数量分别为 20011 公斤(1993年)、16572 公斤(1994 年)、16422 公斤(1995 年)、40589 公斤(1996年)、83006 公斤(1997 年)、47456 公斤(1998 年)、47959 公斤(1999年)、13862 公斤(2000 年)、9498 公斤(2001 年)、8076 公斤(2002年)、9727 公斤(2003 年)、10343 公斤(2004 年)、6828 公斤(2005年)、9430 公斤(2006 年)、9494 公斤(2007 年)。[①] 如果以实际收缴毒品占全部毒品的 5%—10% 的比例推算,中亚地区每年实际毒品数量估计则可能分别高达 400.2 吨(1993 年)、331.4 吨(1994 年)、328.4 吨(1995 年)、811.8 吨(1996 年)、1660 吨(1997 年)、949 吨(1998 年)、959.2 吨(1999 年)、277 吨(2000 年)、190 吨(2001 年)、162 吨(2002 年)、195 吨(2003 年)、207 吨(2004 年)、137 吨(2005年)、189 吨(2006 年)、190 吨(2007 年)。

不难发现,这一时期尽管中亚毒品总量从 1660 吨减少至 137 吨,呈现出逐年下降的趋势,但仍就在 100 吨以上的高位徘徊,造成严重的社会问题。俄罗斯学者亚历山大·科尼亚则夫指出,阿富汗部分地区毒品生产活动猖獗,不仅导致邻近国家刑事案件增多,还加

---

① 参见邓浩:《中亚毒品问题:现状与前景》,《国际问题研究》2001 年第 4 期;阿地力江·阿布来提:《中亚毒品问题的国际化及其对我国稳定的影响》,《云南大学学报》法学版 2010 年第 2 期。

剧了贪污腐败现象,在一定程度上弱化了中亚地区国家的治理能力。[①]

## 三、中亚毒品泛滥引发社会问题

随着中亚毒品的肆意蔓延,造成各国的吸毒者人数和毒品犯罪大幅攀升,成为制约该地区经济社会发展的潜在威胁。

一方面,阿富汗毒品的大量涌入致使中亚各国吸毒人数显著增加。一些中亚地区的毒品犯罪组织与阿富汗犯罪组织相互勾结,把毒品低价卖给中亚当地居民,造成该地区吸毒者不断增加。[②] 统计资料显示,1998 年,中亚五国的吸毒人数约 50 万人,其中,哈萨克斯坦的吸毒者为 20 万人,平均每 10 万人占 1230 人,土库曼斯坦有 5 万人,平均每 10 万人占 1000 人,乌兹别克斯坦有 20 万人,平均每 10 万人占 8200 人,吉尔吉斯斯坦有 5 万人,平均每 10 万人占 1100 人。到 2003 年,中亚五国吸毒者已突破 50 万人,其中,哈萨克斯坦每 10 万人占 1251 人,吉尔吉斯斯坦每 10 万人占 2054 人,塔吉克斯坦每 10 万人占 991 人,乌兹别克斯坦每 10 万人占 367 人,除乌兹别克斯坦的吸毒者占比有所下降外,其他各国均呈现增长趋势。2006 年,吉、塔、乌等国的吸毒者更是达到 5387 人、7865 人、19964 人。2017 年,中亚地区的注射吸毒者人数仍高达 40 万人,注射吸毒者感染艾滋病毒人数达 2.8 万人,吸食大麻者人数达 64 万人,吸食类阿片者人数达 48 万人,吸食阿片剂者达 47 万人。[③] 吉尔吉斯斯坦前总理尼古拉·塔纳耶夫就曾警告说:"通过我国贩运毒品的活动增

---

[①]《中亚国家积极应对安全挑战》,http://www.rmzxb.com.cn/c/2020-02-26/2527775.shtml,登录时间:2020 年 6 月 5 日。

[②] 玛莎·布瑞尔·奥卡特:《中亚的第二次机会》,时事出版社 2007 年版,第 258 页。

[③]《2019 年世界毒品问题报告》,http://www.nncc626.com/2019-06/15/c_1256442126.htm,登录时间:2020 年 6 月 5 日。

加,导致通过注射滥用毒品的现象迅速增加,这可能导致艾滋病毒和肝炎病例的灾难性上升"[1]。

不仅如此,中亚国家的吸毒者还表现为低龄化特质。联合国毒品与犯罪问题办公室对中亚国家的药物滥用抽样调查显示,哈、吉、乌三国的青少年(14—15 岁)的吸食大麻等药物滥用率分别达到 4.8%、3.7%和 0.5%,高于东欧国家青少年药物滥用的水平。

其结果,在中亚国家的艾滋病等疾病快速传播和蔓延。在塔吉克斯坦,1997—2006 年间,艾滋病患者分别从 6 人(1997 年)、42 人(2001 年)、110 人(2003 年),增加到 250 人(2005 年)、710 人(2006 年),增幅显著。另据中亚五国公布的官方统计数字,截至 2002 年,中亚五国的艾滋病患者为 1.2 万人,其中,哈、吉两国的艾滋病感染者有 87%和 82%的患者由静脉注射海洛因等毒品所致,塔、乌两国因静脉注射毒品而感染艾滋病的也分别达到 76%和 60%。印度学者莫哈帕彻的研究发现,中亚国家吸毒者的日益增加,助长该地区艾滋病等危及生命的疾病的增长,而非法贩运相对廉价的毒品又扩大静脉注射毒品的泛滥,推升艾滋病等流行疾病在中亚的迅速蔓延。[2]

尽管各国政府采取许多措施来遏制毒品的泛滥,以缓解静脉注射海洛因感染的艾滋病的压力,但收效不明显,2011 年的哈、吉、塔、乌四国的静脉注射吸毒者艾滋病感染率仍高达 61.2%、50.4%、24.9%和 20.9%,引发该地区艾滋病流行趋势的恶化。在哈、吉、乌等国家的一些地区,毒品吸食量的不断增加,艾滋病毒和艾滋病迅速扩散,给中亚地区的医疗制度带来巨大压力。[3] 联合国毒品和犯罪

---

[1]　"Drugs and demons,"www. thelancet. com, Vol. 364,July 31, 2004,登录时间:2018 年 8 月 13 日。

[2]　Tomas Zabransky,"Post-Soviet Central Asia:A summary of the drug situation,"*International Journal of Drug Policy*,Vol. 25,2014,pp. 1186—1194.

[3]　玛莎·布瑞尔·奥卡特:《中亚的第二次机会》,时事出版社 2007 年版,第 259 页。

问题办公室官员苏坦诺夫指出,中亚地区因缺乏治疗吸毒者的康复设施,治疗过程管理非常差,除了少数几家康复诊所具备心理治疗、咨询和其他较新的治疗方法的能力外,绝大部分吸毒者无法获得及时治疗。[①]

另一方面,中亚毒品泛滥加快各国毒品犯罪案件的增多。在中亚,独立以来,由于各国经济社会落后,造成民众生活水平下降,失业率不断上升。况且,中亚经济的过渡性质和各阶层人口之间的巨大差距,各族裔群体之间为分享稀缺的自然资源而进行的激烈竞争,各国政体日益激进化和激进政党的出现等不断恶化。[②] 加之各国政府官员的裙带关系和腐败,执法人员、边防人员、海关官员和警察等直接或间接地参与贩毒活动。[③] 中亚地区的部族首领、贩毒团伙、恐怖分子、农民,甚至妇女儿童等各阶层的人开始从事毒品走私贩运,以牟取"暴利"。印度学者穆哈帕彻则在研究吉尔吉斯斯坦的贩毒群体后指出,由于贫穷和缺乏任何其他生计来源,该地区的妇女和儿童大规模地参与贩毒业务,贩毒者也更愿意雇用她们,希望她们能减少执法机构的怀疑,即便被抓也可能会受到较轻的惩罚,"毒品业正在女性化"[④]。

据不完全统计,1999—2004 年间,吉尔吉斯斯坦的妇女参与毒品贸易的比例已从 5% 增加到 12%,在 1999 年的涉毒犯罪人数中有 344 人是女性,占涉毒犯罪总人数的 12.4%。在哈萨克斯坦,妇女参与毒品贩运的比例也从 3% 上升到 12.2%。有资料显示,中亚五国

---

① "Drugs and demons,"www. thelancet. com, Vol. 364,July 31, 2004,登录时间:2018 年 8 月 13 日。

② Nalin Kumar Mohapatra,"Political and Security Challenges in Central Asia: The Drug Trafficking Dimension,"*International Studies*, Vol. 44, No. 2,2007,pp. 157—174.

③ Filippo De Danieli,"Beyond the drug-terror nexus: Drug trafficking and state-crime relations in Central Asia,"*International Journal of Drug Policy*,Vol. 25,2014,pp. 1235—1240.

④ Nalin Kumar Mohapatra,"Political and Security Challenges in Central Asia: The Drug Trafficking Dimension,"*International Studies*, Vol. 44, No. 2,2007,pp. 157—174.

的海洛因和大麻的黑市价格居高不下,海洛因黑市价格为 11—50 美元/克,大麻黑市价格为 0.5—8.2 美元/克,在毒品暴利的驱使下,贩毒团伙大量涌现,使得毒品犯罪层出不穷。

这表明,中亚五国的涉毒犯罪活动伴随着毒品走私贩运的不断扩大,正日益呈现白热化的态势,加剧该地区的毒品危机。伊朗学者阿兹孜在《毒品贩运对中亚人类安全的影响分析》中对这种危机给予精辟阐释,他指出,中亚毒品犯罪活动的与日俱增,已对地区的经济、社会、人身、健康、环境、政治等诸多安全构成威胁,在经济安全上,由于毒品贩运团伙和政府官员腐败的经济利益链,迫使各国政府增加军费开支,打击贩毒活动,客观上影响其经济发展,而贩毒团伙通过利润非常高的毒品贸易积累财富,又严重阻碍各国经济的正常运行。在社会安全上,中亚毒品贩运活动的扩大,加剧该地区毒品犯罪案件的不断增加,哈、塔、乌等国的毒品犯罪成为该地区的高发国家。在人身安全上,中亚国家的毒品贩运加速各国吸毒率的上升,塔、土两国因邻近阿富汗而成为该地区吸毒者人数最多的国家,影响各国公民的身心健康。在健康安全上,中亚各国吸毒者因通过静脉注射药物滥用而感染的艾滋病数量大幅上升,造成该地区艾滋病的暴发流行,成为公共卫生安全的最大隐患。在环境安全上,中亚毒品泛滥极大刺激各国地下鸦片加工作坊的爆炸式增加,其所产生的废料对当地生态环境构成巨大威胁。在政治安全上,中亚毒品犯罪团伙为牟取毒品暴利,往往通过贿赂政府官员和资助竞选活动,与政界相互勾结,让政府官员对毒品走私"睁一只眼闭一只眼",让毒品贸易"合法化",从而阻碍各国的民主政治进程。倘若这一局势不能得以改观,势必将恶化该区域的安全局势,并对区域稳定产生负面影响。[1]

---

[1]　Hamidreza Azizi,"Analysing the Impacts of Drug Trafficking on Human Security in Central Asia,"*Strategic Analysis*,Vol. 42,No. 1,2018,pp. 42—47.

# 小　　结

　　简言之,中亚非传统安全合作是冷战后该地区特定的经济安全、反恐安全、生态安全、禁毒安全等驱动逻辑影响的结果。中亚的国家转型经济的战略选择、地区经济多元化的内在需要、改变区域经济发展迟缓的紧迫性、应对经济全球化挑战的必然性等的经济安全环境;中亚的地区伊斯兰原教旨主义的威胁和地区宗教极端主义势力渗透的反恐安全;中亚的地区水资源分布不均、重大环境灾难频发、咸海流域水危机、地区水污染严重、边界水争端升级等的生态安全;正是这些驱动逻辑的变化,使得该区域的主权国家围绕经济、反恐、水资源、禁毒等安全诉求展开合作,形成地区本土化的安全合作模式,为中亚区域稳定发挥积极作用。

# 第三章　中亚经济安全合作

中亚国家独立后,为迎接经济全球化的挑战,各国立足本国,大胆探索,在经济安全合作上,通过建构中亚合作组织、欧亚经济共同体、上合组织、中亚区域经济合作组织等一系列区域经济合作组织的制度安排,推动该地区的贸易互惠安排、关税同盟、资本投资、金融合作、共同市场等的一体化发展,由此在中亚的贸易、投资、货币一体化、经济增长等方面产生积极效应。

## 第一节　中亚经济安全合作制度秩序的演绎

按照新制度主义的理性选择制度主义观点,制度理性基于制度概念、制度安排、制度变迁,以及制度过剩四个核心变量展开的。作为实现利益偏好最大化的行为体,制度是一系列被制定出来的规则、守法程序和行为的道德伦理规范的结果,它旨在约束追求主体福利或效用最大化利益的个人行为,并广泛适用于战略性互动的协调机制当中。制度具有规则集合性、行为规则性、决策规则性等诸多特质。学者奥斯特罗姆指出,制度具有规则的集合性,因为参与到公共选择中的行为体都是以追求自身利益最大化偏好内生的理性人,他们在制度的规则组合中,一旦成为制度中的成员,行为体据此同意遵循这些规则,决定信息的提供方式,决定应该采取何种行动的具体情境,决定个体行动被聚合为集体决策的方式等。[①] 学者林毅夫和舒尔茨从行为规则认知上认为制度具有行为规则性。林毅夫指出,制度就是社会中个人所遵循的行为规则[②]。舒尔茨也强调,作为一种行为规则,制度"涉及社会、政治及经济行为,主要包括用于降低交易费用的制度,用于影响生产要素的所有者之间配置风险的制度,用于提供职能与个人收入流之间的联系的制度,用于确立公共品和服务的生产与分配的框架的制度等"[③]。学者盖伊·彼得斯则主张制度的决策规则性,强调制度是避免出现集体行动的困境的手段,它提供一套一致同意的规则,将偏好导入决策过程中,其价值是规则得到实现认可,并提供一种做选择的稳定方式。[④]

对理性选择制度主义而言,制度安排是个人、组织、国家等制度主体之间进行合作与竞争的方式或手段。诺斯把制度安排视为支配经济单位之间可能合作与竞争的方式的一种安排[⑤]。林毅也认为,制度安排是管束特定行动模型和关系的一套行为规则和获取集体行动收益的手段[⑥]。他指出,制度"作为人类对付不确定性和增加个人效用的手段,无论它是市场的还是非市场的都可以提供有用的服务。与其他服务一样,制度性服务的获得要支付一定的费用。在技术条件给定的前提下,交易费用是社会竞争性制度安排选择中的核心。用最少费用提供给定量服务的制度安排,将是合乎理想的制度安排"[⑦]。制度安排在结构上一般通过正式制度安排和非正式制度安

---

[①] E. Ostrom, *Strategies of Political Inquiry*, Beverly Hills: Sage, 1982, p. 146.

[②] 科斯等:《财产权利与制度变迁》,上海人民出版社 1994 年版,第 375 页。

[③] 科斯等:《财产权利与制度变迁》,上海人民出版社 1994 年版,第 255 页。

[④] 盖伊·彼得斯:《政治科学中的制度理论:"新制度主义"》,上海人民出版社 2011 年版,第52 页。

[⑤] 科斯等:《财产权利与制度变迁》,上海人民出版社 1994 年版,第 271 页。

[⑥] 科斯等:《财产权利与制度变迁》,上海人民出版社 1994 年版,第 378 页。

[⑦] 科斯等:《财产权利与制度变迁》,上海人民出版社 1994 年版,第 373 页。

排支配着行为体间的竞争与合作。不过,它必须提供一种结构使其成员的合作获得一些在结构外不可能获得的追加收入,或提供一种能影响法律或产权变迁的机制,以改变个人(或团体)可以合法竞争的方式。① 而诺斯则对制度安排结构给出更为宽泛的解释,认为在正式制度安排和非正式制度安排间可能包含许多"亚结构"形态,"从纯粹自愿的形式到完全由政府控制和经营的形式都有可能。在这两个极端之间存在着广泛的半自愿半政府结构。自愿的安排就是相互同意的个人之间的合作性安排,任何人都可以合法地退出"②。

　　作为制度安排行为规则的变化,制度变迁是对现行的需求与供给制度安排进行变更和替代的回应。也就是说,制度变迁是伴随着制度安排的外部环境变化而作出相应调整的渐进过程,它可以通过诱致性变迁和强制性变迁的路径达到制度均衡的理想境界。从经济学角度看,诱致性变迁是"从某种现行制度安排转变到另一种不同制度安排的过程,是一种费用昂贵的过程,除非转变到新制度安排的个人净收益超过制度变迁的费用,否则就不会发生自发的制度变迁"。因为制度变迁通常需要集体行动,在制度安排中规则的变动或修改需要得到其行为受这一制度安排管束的一群人的准许③,所以"由自发过程提供的新制度安排的供给将少于最佳供给"。加之社会的相互作用,"社会中各种制度安排是彼此关联的,不参照社会中其他相关的制度安排,就无法估价某个特定制度安排的效率,在一个社会有效的制度安排在另一个社会未必有效"④。而强制性变迁则突出国家的作用,强调采用国家干预手段可以弥补制度供给不足的缺憾。林毅夫指出:"在社会所有制度安排中,政府是最重要的一个,政府可

---

① 科斯等:《财产权利与制度变迁》,上海人民出版社 1994 年版,第 271 页。
② 科斯等:《财产权利与制度变迁》,上海人民出版社 1994 年版,第 275 页。
③ 科斯等:《财产权利与制度变迁》,上海人民出版社 1994 年版,第 390 页。
④ 科斯等:《财产权利与制度变迁》,上海人民出版社 1994 年版,第 374 页。

以采取行动来矫正制度供给不足。所以制度变迁在发展过程中是不可避免的"①。事实上,国家作为制度变迁的最大推动者,其决策过程通常由政府来完成,政府为实现自身利益的最大化,也有能力用既定规则来降低治理国家的交易费用,以达到供需平衡。

然而,在现实国家政治生活中,由于制度变迁存在着搭便车和政策失败及行为体偏好不稳定和缺乏高度策略性的行为等因素的局限,所以,制度安排在制度变迁中会出现不同情境的制度不均衡现象,主要包括内生性制度不均衡和外生性制度不均衡,内生性制度不均衡易发生制度停滞,而外生性制度不均衡易导致制度过剩。在一个复杂多变的制度变迁中,如果制度安排的变迁因集体行动困境引发外部效果和搭便车问题、或者国家在制度变迁过程中发生政策失败现象等内生性问题,从而造成制度变迁的内生性制度不均衡,那么这种制度不均衡就会导致制度停滞。如果制度安排的变迁因行为体偏好不稳定引发的片面追求效用最大化、或因缺乏高度策略性行为而带来行为体之间合作与竞争方式的无序性等外生性问题,造成制度变迁的外生性制度不均衡,那么这种制度不均衡就会导致制度过剩。显然,作为制度变迁的负外部性表征,尽管外生性制度不均衡不像内生性制度不均衡那样引发制度安排的停滞或中断,但它会带来制度安排的低层次重复的过剩问题,影响制度变迁的效率。

随着全球化的衍进,理性选择制度主义的制度变迁从经济领域扩展到国际关系的不同领域,并形成具有不同程度效力的协定,构成一系列明确或隐含的原则、模式规则与决策程序,从而降低行为者的交易成本,增强彼此的期待与互信,构建具有共同身份与共同利益的共同体。在理性选择制度主义者看来,作为一种结构性安排,制度变迁通过建立构成一种经济秩序的合作与竞争关系,来推动地区主义。

---

① 科斯等:《财产权利与制度变迁》,上海人民出版社 1994 年版,第 374 页。

而制度变迁本身具有两面性，一则制度合作有利于区域经济整合，二来制度性竞争更多是带来制度过剩，对区域经济一体化进程产生消极影响。国际关系的制度过剩最直接表现就是数量众多和层次低下，大大超越区域经济合作的正常需要。其后果不仅增加行为体之间的博弈成本和难度，带来行为体共同身份和利益的模糊性，而且导致行为体区域经济政策偏好的分散化，影响区域经济整合的效率。中亚的制度过剩，就是冷战后该地区长期以来大规模制度建设的必然结果。

中亚国家政府层次的经济安全合作在中亚五国独立后，伴随着全球兴起的"新地区主义"或"地区主义新一波"的大势全面展开。从政治经济学理论出发，地区主义是在特定区域内创造安全和财富。换言之，它是为体现维持秩序的具体目的、思想、价值体系，是在国家间的主导下，形成一个具有相对独立性的实体的"地区"的意图，以及这种政策协调与合作的实际执行状态。地区主义不仅是经济一体化，而且更倾向于在政治和安全对话，在区域经济和社会问题以及这些相关领域进行对话与合作，地区主义的核心在于存在朝着建立一个被称为"区域"的独立单位的意图。[①] 基于此，中亚地区主义不仅是通过地区安排来实现国家利益最大化的有效方式，而且还直接反映地区内各行为体之间及为增进地区利益的地区间国际交往与合作的增加。作为一种实践过程，中亚地区主义是地区内各行为体通过区域一体化的过程，形成具有可持续性的稳定的地区集合体，从而反映国际和地区的国家行为体间、国家行为体与地区间、地区与地区间关系的相互变化的过程。在这一过程中，中亚地区内各行为体间往往通过合作与相互妥协来处理国家间关系，由此一来，许多一般性的规则等被各行为体所认可和接受，形成区域性的制度安排和法律框

---

① Gamble Andrew, "*Regionalism and World Order*," London: Macmillan, 1996, p. 2.

架,进而转化为地区国家普遍认同的共同价值和规范的"软性法则"①制度化,以维护地区安全。

作为区域经济合作,中亚经济安全合作一般通过签订区域贸易协议等,从低到高形成贸易互惠安排、自由贸易区、关税同盟、共同市场、经济同盟等多种形式。二十多年来,由于中亚区域制度的成员资格门槛低,大多数成员国在不需要向其他制度作出过度承诺的前提下,就能加入许多区域性组织,因而该地区经济整合过程中出现以中亚合作组织为代表的内生性一体化模式、独联体欧亚经济共同体为代表的兼容性一体化模式、上海合作组织多边协商为代表的派生性一体化模式、中亚区域经济合作组织为代表的辅助性一体化模式等不同形态的制度结构模式,成为中亚经济安全合作模式(ECGC)的重要里程碑,改变该地区长期以来制度稀缺的局面。

## 一、内生性一体化:以中亚合作组织为代表

内生性一体化(Endogenous integration)是中亚经济安全合作的开端,以中亚合作组织的建立为标志。冷战结束后,中亚五国独立。为迅速摆脱困境,中亚国家大胆探索,提出一系列旨在振兴中亚的一体化构想,打造中亚合作组织的框架。在此期间,它经历由地区经济合作组织到中亚经济共同体、再到中亚合作组织的转变,从无到有、从小到大地发展起来,逐步形成具有中亚特色的经济地区主义模式,推动中亚经济一体化的成长。

（一）地区经济合作组织:中亚合作组织的启动

地区经济合作组织作为中亚合作组织的启动,最早是由哈萨克斯坦提出的,旨在解决独立后的中亚各国在地区产业、贸易、投资等

---

① Michael Schulz,"*Regionalization in a Globalizing World : A Comparative Perspective on Forms , Actors and Processes* ,"London:Zed Books, 2001, p. 5.

领域的便捷化问题。1990 年,根据哈萨克斯坦前总统纳扎尔巴耶夫的倡议,哈萨克斯坦、吉尔吉斯斯坦、乌兹别克斯坦、塔吉克斯坦、土库曼斯坦的领导人在阿拉木图筹划组建五国间的经济合作组织,并签署《经济、科技与文化合作协议》,以加强相互间的经贸往来。1993 年初,在哈萨克斯坦前总统纳扎尔巴耶夫的主持下,五国领导人在塔什干就地区经济合作事宜原则同意建立多部门跨国委员会,分别把粮食和石油委员会设在阿拉木图,棉花委员会设在塔什干,天然气委员会设在阿什哈巴德,电力委员会设在比什凯克,水资源委员会设在杜尚别,来协调各国在粮食、石油、棉花、天然气、电力、水资源等重点行业的产出。同年 9 月,哈萨克斯坦、吉尔吉斯斯坦、乌兹别克斯坦三国签署《建立多边伙伴关系协定》[①],率先就地区多部门跨国经济合作达成制度安排,正式启动地区经济合作组织的建设。

　　身为中亚的次地区大国,哈萨克斯坦与乌兹别克斯坦在地区经济合作中发挥着关键作用。尽管乌兹别克斯坦对哈萨克斯坦主导的地区经济合作组织倡议持怀疑态度,但其国内外严峻的经济形势迫使乌兹别克斯坦只能选择合作来共度难关。1994 年 1 月,哈、乌两国围绕地区经济合作组织关于建立统一的地区经济空间议题在塔什干首开谈判。会谈期间,双方本着求真务实的精神,签署《建立统一经济空间条约》,为地区经济合作组织谋定著名的"塔什干目标"。该目标主要包括:一是在关税上取消成员国的关税壁垒和双重征税,简化相互间的经贸手续,筹建共同市场,商品、资本、劳动力等的自由流通;二是在双向投资上兴建合资企业和优先方向的生产集团;三是在金融货币一体化上保持对信贷结算、投资、预算、税收、价格、货币政策,以及交通和通讯领域政策的进一步磋商,成员国允诺各出资 300 万美元作为银行的本金,成立中亚合作与开发银行,解决各国间相互

①　季芳桐等:《冷战后中亚的非传统安全合作》,《世界经济与政治论坛》2004 年第 5 期。

结算中的困难；四是在经济合作协调机制上设立跨国联合委员会，包括由各国总统组成的跨国委员会，在跨国委员会下设解决经济问题的各国总理会议、外长会议、国防部长会议，加强共同体内部可能出现的相关经济利益问题的协调能力等；从而实现中亚地区自由与开放的贸易与投资。

可以说，中亚地区经济合作组织的建立开创该地区经济地区主义制度建设的先河。美国学者戈里森把该合作组织誉为是被哈萨克斯坦设计成渐进式的政策协调运动下的一个合乎逻辑的步骤，它代表哈萨克斯坦前总统纳扎尔巴耶夫对中亚国家紧密经济一体化的长期愿景。[①] 哈萨克斯坦的托卡耶夫也予以肯定，他说，中亚地区经济合作组织的"战略远见与政治意愿、相互理解与信任、合理的实用主义及各种符合国家民族利益与态度的折中对接——都是加强平等信任伙伴关系，进一步发展哈萨克斯坦与中亚国家合作的必要条件"[②]。

而作为对中亚各国的承诺，该组织基于睦邻友好、平等互利、互不干涉内政的旨规，倡导开放、渐进和自愿的原则，打造商品、资金、技术、劳动力四位一体的地区经济一体化格局，曾一度被誉为一种颇具中亚特质的经济地区主义模式，深受各国的青睐。为落实"塔什干目标"的各项指标，该组织先后制定更为具体的行动方案。比如，1994 年 4 月，哈、吉、乌三国订立《中亚同盟》[③]，承诺三国承担发展交通运输和邮电通讯等公共基础设施、建立合资企业、发展生产和其他合作、为相互投资提供条件等方面的义务、简化和协调三国海关法等；确定中亚货币信贷区的范围，要求三国的国家银行首先建立清算

①   Gregory Gleason,"Inter-State Cooperation in Central Asia from the CIS to the Shanghai Forum,"*Europe-Asia Studies*, Vol. 53, No. 7, 2001, pp. 1077—1095.

②   托卡耶夫：《哈萨克斯坦：从中亚到世界》，新华出版社 2001 年版，第 138 页。

③   托卡耶夫：《哈萨克斯坦：从中亚到世界》，新华出版社 2001 年版，第 128 页。

机构;建立跨国的协调和执行机构,其中包括国家元首委员会、政府
首脑委员会、外交部长委员会和国防部长委员会等。与此同时,三国
还签署建立中亚合作银行协议,该银行的主要任务是筹建协调三国
之间商业和财政联系机构,建立三方货币兑换体制,确立合作与信贷
地区方案等。这些举措为地区经济合作组织的区域机制向纵深发展
发挥重要作用。

　　不仅如此,地区经济合作组织还在中亚经济一体化建设中取得
许多阶段性的成果。比如,1995 年 2 月,哈、吉、乌三国在《加强三国
经济合作和巩固新建立共同经济合作区协议》中草拟一项长期经济
一体化纲要,共同拟订三国生产合作计划、合资企业计划、交通合作
计划等 50 多项文件,内容涉及各国国民经济所有重要部门间的合
作。其中较为重要的合作计划有:卡拉套流域原料基地的稳定化与
发展;天然气和水资源消耗登记设备生产能力的发展;用于家用设备
和一般工业设备的发电机的生产等。同年 4 月,三国审议通过中亚
经济一体化纲要,强调三国共同开发最优先的部门,如燃料动力综合
体、建筑材料工业、地质综合体、轻工业和农业综合体、交通运输和邮
电通讯等。三国还制订诸如共同使用燃料动力资源和水资源、天然
气过境运输以及在交通部门实行协调一致的相关政策。

　　另外,地区经济合作组织也取得一些成效。比如,开通德詹经谢
尔哈斯至麦什德的铁路干线,将中亚国家与伊朗的港口相连接,畅通
中亚和波斯湾的联系;中亚合作与开发银行开始向吉、乌两国的股份
公司发放贷款,合作开发农业等领域资源;哈、吉两国企业界合资兴
建大型汽车配件企业联合体等等。这一切表明,地区经济合作组织
倡导的开放、渐进与自愿的经济地区主义模式符合预期,得到中亚国
家的高度认同。哈萨克斯坦前总统纳扎尔巴耶夫在《哈萨克斯
坦——2030》国情咨文中指出,"保障我国近期和长远的国际利益和
力量平衡的最好武器,应该是一体化政策,首先是巩固哈萨克斯坦、

吉尔吉斯斯坦和乌兹别克斯坦之间的中亚同盟、不干涉他国内部事务、协商行动而不是对抗"①。

（二）中亚经济共同体：中亚合作组织的深度整合

自中亚的地区经济合作组织提出建立统一经济空间以来，伴随着地区经济合作的实践，经济地区主义得以丰富。而原有的合作组织因"某种程度的孤立决定该组织框架内工作的新形式"②，已远远不能满足地区发展的需要，特别是塔吉克斯坦的申请加入地区经济合作组织，该组织开始扩大范围。

1997 年 7 月，哈、吉、乌三国领导人举行工作会晤，强调采取实际措施深化三国经济一体化，充分合理地开发使用各国的原料资源和自然潜力。12 月，三国领导人还签署一项旨在动力、水资源、食品供应、管线、矿产资源的开发和加工等领域建立国际财团问题上相互协作的议定书。此外，还制定三国居民迁移合作纲要和为劳动力自由流动创造法律、经济和组织条件的协议，以及在经济技术合作、反垄断、规范统计资料、交换地震和地质情报、禁毒等方面加强合作的文件。1998 年 1 月，三国首脑就加强相互间联系与合作以及在独立自主原则下坚持参加独联体的方式问题发表联合声明，并同意接纳塔吉克斯坦为地区经济合作组织的成员。

鉴于塔吉克斯坦的入盟，1998 年 3 月，经哈萨克斯坦的提议，哈、吉、塔、乌四国在原有地区经济合作组织的基础上，新组建中亚经济共同体组织，并签署加深地区一体化的声明，以及有关建立国际水利资源财团、成立有价证券市场、起草关于联合国发展中亚国家经济特别计划的宣言等。以此为契机，中亚四国针对该共同体内部经济与安全合作问题（如共同体章程、关税、货币、劳动力等），积极加强交

---

①　托卡耶夫：《中亚之鹰的外交战略》，新华出版社 2002 年版，第 52 页。

②　托卡耶夫：《中亚之鹰的外交战略》，新华出版社 2002 年版，第 52 页。

流与合作,达成广泛共识。土库曼斯坦也获得观察员身份。

1999 年 6 月,中亚经济共同体组织的领导人在比什凯克就各国共同关心的经济共同体组织的章程、职能、效率等问题展开建设性的讨论,"迫切希望集中力量解决当务之急——经济问题,加快实施那些能激活中亚经济共同体成员国经济现状的合作项目"①。并一致决定制定该组织近期和远期经济发展战略规划,修改关于中亚经济共同体组织的跨国理事会协议章程,加强该机构的监督执行职能,提高经济合作效率;敦促该组织的相关机构就消除贸易、技术和关税壁垒,加快建立中亚自由贸易区问题进行磋商;吸收塔吉克斯坦为中亚合作与开发银行成员国等;进一步完善经济共同体组织的功能结构。

为推动中亚经济共同体组织的地区经济一体化进程,这一时期该组织所做最重要的工作,就是制定并通过《中亚经济共同体国家一体化发展战略》和关于《建立统一经济空间首要行动纲领》(2000 年 6 月)等文件,规范统一海关立法的措施,加强在打击非法金融交易、经济犯罪等领域的合作。同时,规划 2005 年前的中亚经济共同体一体化发展战略,即积极发展经济联系;联合、合理使用水资源动力资源;在交通通讯体系领域中,实施相互协商的政策;完善业已形成的经济联系,发展进口替代生产等。可以说,这些发展战略和行动纲领即是对"塔什干目标"的具体回应,也是对地区经济一体化的法律规制的有益探索,从而为经济地区主义的机制建设扫清制度障碍,确保该组织在地区的水资源动力资源、交通通讯体系等领域的有效合作。2001—2002 年,该组织成员国又多次举行经济合作会议,继续商讨地区经济一体化面临的问题和未来发展前景,并在诸多领域取得进展。

显然,中亚经济合作组织向中亚经济共同体的转变,是中亚经济

---

① 托卡耶夫:《哈萨克斯坦:从中亚到世界》,新华出版社 2001 年版,第 138 页。

地区主义的必然产物。它不仅在于成员国数量的增加和组织形式的日臻完善,更重要的,它拓宽各国经济合作范围,更益于地区经济的优势互补和协调发展。

(三) 中亚合作组织的确立

为将经济一体化纳入整个地区发展的轨道,2001 年 12 月,中亚经济共同体更名为中亚合作组织。2002 年 2 月,哈、吉、塔、乌四国领导人在阿拉木图签署中亚合作组织成立条约。该组织的任务是加强成员国在政治、经济、科技、环保和人文领域的合作,在各成员国独立、主权和领土完整的重大问题上相互提供支持和帮助,协调各成员国间边防和海关政策与措施,分阶段实现建立统一经济空间的计划等。

在中亚合作组织的影响下,2002 年 11 月,中亚各国的议会领导人汇聚塔什干,探讨并建立中亚议会会议机制,为成员国议会间扩大合作及本地区国家立法合作提供新契机。期间还举行"中亚合作——加深经济一体化进程"的成员国经济论坛,探讨开展新的经济合作模式,为加强成员国间互利合作奠定坚实的基础。2002 年 12 月,中亚合作组织的元首在阿斯塔纳对地区安全和区域经济一体化存在的相关问题进行深入讨论,主张消除贸易壁垒,建立统一的经济空间,积极推动区域经济一体化进程。会后发表联合公报,表示四国将在中亚合作组织的框架内加强全方位合作,维护该地区的和平与稳定。

随着中亚合作组织的不断深入,地区经济合作中的问题日益突显,让该组织的区域经济一体化陷入举步维艰的尴尬境地。一方面,由于该组织成员国国内均处于政治经济的转型期,各国政府治理能力赢弱,不能采取连贯一致的区域经济战略[①],妨碍该地区经济的深

---

① Natasha Hamilton-Hart,"Asia's New Regionalism:Government Capacity and Cooperation in the Western Pacific,"*Review of International Political Economy*,Vol. 10,No. 2,2003,pp. 225—240.

入合作,使得其履约意识淡薄,"中亚各国的领导人没有多大兴趣增进彼此之间的合作,利用金融的力量改变他们的想法,作用也是有限的。实际上,每个国家都在违反各自的领导人曾经签订的贸易或边界协定,这些协定主要是通过中亚合作组织签订的"①。这就使得中亚合作组织无法将制度成果转化为各国的自觉行动。另一方面,该组织在践行经济地区主义中,也存在着许多地区经济合作的具体议题领域内的谈判障碍和不作为现象,文件多于行动,"口惠而实不至",导致诸如取消关税、货币统一等许多重大的制度安排仍停留在纸面上,议而不决。

尽管上述区域制度化建设不像一些学者所说的"中亚合作组织从来没有采取过协调一致的行动发展各国之间的协作机制"②那样过于悲观,但也折射出该地区国内政治过程的复杂性在区域经济一体化建设上的制度设计缺陷和经济合作困难,"即使中亚合作组织在未来几年中能够证明它能发挥更大的作用,也不可能弥补它曾经错过的机会。近年来,中亚合作组织本来可以改善地区贸易条件,为中亚国家创造一个经济协调机制。然而,中亚国家仍然存在大量的地区贸易基础"③。对此,各国的经济界人士深表忧虑,他们指出,货币不统一、贸易壁垒等问题是影响本地区经济一体化进程的主要障碍,如果不能根本解决地区的关税和货币问题,很难实现中亚统一市场经济。而各国政界也积极谋划应对之策,2003 年 11 月,在中亚合作组织第二次部长会议上,各国强调加强合作,促进地区的商品、人员等自由交流的愿景,以扭转该组织的经济一体化进程停滞不前的困局。

2004 年 2 月,哈萨克斯坦前总统纳扎尔巴耶夫在向该国人民

---

① 玛莎·布瑞尔·奥卡特:《中亚的第二次机会》,时事出版社 2007 年版,第 272 页。
② 玛莎·布瑞尔·奥卡特:《中亚的第二次机会》,时事出版社 2007 年版,第 272 页。
③ 玛莎·布瑞尔·奥卡特:《中亚的第二次机会》,时事出版社 2007 年版,第 272—273 页。

发表国情咨文时,首次提出建立中亚国家联盟构想,在国际社会引起很大反响。在哈萨克斯坦看来,为了打开中亚地区政治和经济发展的新局面,建立中亚国家联盟不失为一种积极的方式。该倡议的提出具有广泛的客观基础和条件。一是中亚各国具有经济和文化的同一性,体现在同一语族各民族间的归属感、各国经济间的互补性,以及相当便利的交通网络;二是各国具备和平相处的法律基础,比如,乌、吉两国已签署永久和平、合作和互助协议,哈、吉两国签署了关于确定联盟关系的和约等;三是各国间已具有初步的区域一体化法律基础,比如,哈、乌两国在一系列合作互助协议的基础上,已形成统一经济区。在哈、吉、乌三国之间,关于建立统一经济区的文件也开始生效,为保证同一区域中资本、劳动力的自由转移提供政策保障。

当然,建立中亚国家联盟,不意味着要削弱各国的国家主权。相反,它通过在尊重各国的主权下,建立共同的自由贸易区和关税联盟,建立统一的服务、商品、资本和劳动力市场,并以货币联盟形式协调各国的经济和金融改革,进一步规范中亚合作组织的结构,以便整合各国的发展潜力,不断增强该地区和各国的竞争力,最终实现各国真正意义上的国家利益最大化。

受此影响,2004 年 9 月,中亚合作组织成员国领导人决定分阶段组建中亚共同市场。在此框架内,第一步是建立中亚四国海关联盟、运输联盟、水力能源财团、自由贸易区,之后还将组建交通运输和粮食财团,决定在中亚各国境内相互播放各国电视和广播节目,讨论地区安全问题,以及对参加别的国际组织的相互理解问题。同年 10 月中旬,中亚合作组织高峰会在塔吉克斯坦首都杜尚别召开,吉尔吉斯斯坦、塔吉克斯坦、哈萨克斯坦、乌兹别克斯坦以及俄罗斯的国家元首与会,阿富汗总统作为观察员出席会议。会议重点讨论俄罗斯加入中亚合作组织等问题,各方还讨论建立一个促进各国交通、水利和食品领域合作的联合机构等问题。2005 年 10 月,中亚合作组织因自身"经营管理不善",与欧亚经济共同体组织合并,成为欧亚经济共同体的组成部分,共同发挥地区组织的作用。

（四）中亚五国的区域内经济一体化重新升温

"9·11"事件后,尽管中亚地区安全形势受到 2005 年和 2010 年的吉尔吉斯斯坦的两次非正常的政权更迭,以及乌兹别克斯坦的"安集延事件"的影响,出现较大的动荡和危机,但总体上保持稳定。2015 年后,中亚各国先后进行议会换届和总统选举,塔吉克斯坦的由总统拉赫蒙领导的人民民主党获得议会多数,吉尔吉斯斯坦的总统所在的社会民主党成为议会第一大党,乌兹别克斯坦总统卡里莫夫和哈萨克斯坦总统纳扎尔巴耶夫也获得连任,顺利实现政权的平稳过渡。[1] 2017 年,吉尔吉斯斯坦举行总统选举,索隆拜·热恩别科夫当选,吉尔吉斯斯坦政权平稳交接。卡里莫夫逝世后,由米尔济约耶夫接管乌兹别克斯坦总统大权。纳扎尔巴耶夫辞职后,托卡耶夫继任并成功当选哈萨克斯坦总统。

中亚国家新一代政治精英的崛起,在维护国家利益的方式上与老一辈领导人迥异,他们尝试通过对内外政策的适度调整,来加强各国间的关系。一方面,在双边关系上,哈、乌两国在地区主导权竞争上有所缓和,双边经济合作进一步加强;乌兹别克斯坦与塔、吉两国的边界争端、跨境河流的水资源利用、天然气供应等敏感问题有望通过谈判得以解决;土库曼斯坦开始推行开放政策,参与地区安全事务。正如乌兹别克斯坦总统米尔济约耶夫所指出的,中亚地区的稳定、睦邻友好和可持续发展与乌兹别克斯坦直接相关。建设和平、繁荣的中亚是乌兹别克斯坦最重要的目标和中心任务,乌将通过对话、建设性的互利合作和加强睦邻友好,发展与地区其

---

[1]　吴宏伟:《中亚地区形势新探》,《新疆师范大学学报》2016 年第 4 期。

他国家间的关系,乌准备采取合理妥协的方式与中亚国家解决所有地区问题。① 另一方面,在外交上,各国继续执行多元外交政策,保持与俄罗斯和西方国家的友好关系,在地区问题上维持中立立场;在中亚地区安全上发挥中国与俄罗斯的作用,使独联体集体安全条约组织和上合组织成为地区安全的重要屏障;在地区经济发展上深化与中国和俄罗斯的合作关系,积极参与中国的"一带一路"建设,改善民生。

为此,2018 年 3 月,中亚五国元首(土库曼斯坦总统因外访由议长代替出席)在阿斯塔纳会晤,共同表达对未来的合作意愿和信心,重新升温中亚一体化进程,商讨和制定符合本地区各国长远利益的新方案和新项目,并决定今后每年 3 月份的纳乌鲁兹节前夕举行五国元首峰会,一致认为未来区域合作将着力于政治对话、历史文化、经济发展和安全合作等领域。这表明,这种非正式会议机制"更适合中亚领导人,而不是寻求建立超国家结构的一体化方案",且在一定程度上"防止出现以前那种相互仇视的局面,更重要的是,各国领导人有会晤的意愿并愿意发表看法"②。正如哈萨克斯坦前总统纳扎尔巴耶夫所言,"既然我们有共同的历史、宗教、文化和心态,我们都必须在一起,互相帮助,共同确保该地区的安全"③。有学者认为,这次会晤标志着中断十三年之久的中亚地区内部一体化进程的重新升温④。

总之,中亚合作组织作为该地区最具本土化的经济地区主义,经

① 吴宏伟:《中亚形势新特点与新趋势》,《俄罗斯学刊》2018 年第 2 期。

② Slavomír Horák, "Central Asia After Astana: From Integration to Cooperation," https://www. cacianalyst. org/publications/analytical-articles/item/13509-central-asia-after-astana-from-integration-to-cooperation. html,登录时间:2018 年 8 月 9 日。

③ Timur Toktonaliev, "Could Uzbekistan Lead Central Asia?," https://iwpr. net/global-voices/could-uzbekistan-lead-central-asia,登录时间:2018 年 8 月 9 日。

④ 张宁:《中亚一体化新趋势及其对上海合作组织的影响》,《国际问题研究》2018 年第 3 期。

历由地区经济合作组织到中亚经济共同体、再到中亚合作组织的演变过程,最后并入欧亚经济共同体。该组织"本意是建立一个相对权威的超国家机构,在该机构框架下,设立一系列相关合作领域的协调机构"①。然而,作为"内生"区域制度安排,中亚合作组织从最初备受各国期待到如今销声匿迹,十多年来,它的区域经济治理效果遭遇直线下滑的惨淡结局,所谓的超国家机构没有如期而至。除贸易互惠安排在该组织的所有成员国之间都存在外,"塔什干目标"所确立的阶段性目标诸如自由贸易区、关税同盟、共同市场,实现中亚地区自由与开放的贸易与投资等落空,哈萨克斯坦极力倡导的经济技术合作也进展甚微。而对建立中亚的自由贸易区、关税同盟、共同市场等的反应迟缓和行动不力,执行机构权威性低下,更直接导致中亚合作组织的制度吸引力下降,就连当初极力推动该组织的哈萨克斯坦也对其失去耐心,最终被欧亚经济共同体"接管"。近年来,有关中亚经济一体化的议题有所升温,但其影响力已不能同日而语。正如一些学者所言,中亚一体化的传统架构在实现中亚次地区一体化的生存和发展方面并不十分有利,地区结构的"一强多弱"赋予单一的地区主导国家"收编"次地区一体化的能力,一旦单一的地区主导国家有意愿限制次地区一体化,那么次地区一体化的生存空间和发展前景就将严重受限。②

## 二、兼容性一体化:以独联体的欧亚经济共同体为代表

兼容性一体化(Compatibility integration)是在独联体的欧亚经济共同体基础上形成的,是该区域继中亚合作组织之后的又一种区域制度安排。苏联解体后,独联体国家先后进行市场化经济改革,使

① 高志刚等:《中亚国家区域经济合作模式、机制及其启示》,《新疆社会科学》2014 年第 4 期。
② 顾炜:《中亚一体化的架构变化与发展前景》,《国际关系研究》2020 年第 2 期,第 9—30 页。

得其经济陷入混乱状态。为迅速摆脱各国经济不景气的局面,独联体国家采取集体行动,创建欧亚经济共同体,来共同应对地区经济衰退的挑战。在此背景下,独联体经济联盟框架、欧亚经济共同体等一系列地区经济一体化机制相继成立,它不仅标志着中亚经济合作和区域治理迈出关键一步,更重要的是,作为一种独联体经济地区主义的崭新制度安排,欧亚经济共同体与中亚合作组织形成更加平等的竞争关系,为中亚经济合作,尤其是该地区的金融、货币、关税等合作发挥积极作用。

（一）独联体经济联盟框架

1993 年,中亚国家与独联体其他六国签署《独联体建立经济联盟的条约》,其主要目标是:为缔约方经济的稳定发展创造条件,分阶段在市场关系基础上建立共同经济空间,对所有经济主体创造平等的可能性和保证,合作解决生态问题及消除自然灾害后果等。[①] 独联体经济联盟的建立,使各国能够相互协调其经济改革战略,更好在独联体框架内运用市场机制管理经济,保证独联体经济与安全合作的正常运行。同年 12 月,独联体国家通过《阿什哈巴德宣言》,正式将独联体国家一体化以联合宣言形式确立下来。

为推动独联体经济一体化,各国首先启动关税和金融方面的合作进程。比如,1994 年 4 月,独联体国家通过签署《关于建立自由贸易区协议》,一致同意取消关税,建立独联体的关税同盟。同年 10 月,各国又通过签署独联体各国银行之间的经济合作协议,建立统一的独联体内部国家经济贸易结算规制,完善专业化银行制度,成立支付联盟中心等。除土库曼斯坦、阿塞拜疆外,各国同意建立独联体跨国经济委员会和支付联盟,并签订《关于成立独联体成员国支付同盟及有效支付系统的决议》,在承认国家货币主权及各成员国央行作为

---

① 托卡耶夫:《中亚之鹰的外交战略》,新华出版社 2002 年版,第 32 页。

发行中心及信贷与货币调节机构的主导作用,不允许任一成员国对接受、使用其他成员国货币作为贸易及非贸易合同中规定货币的支付手段有任何限制。它有力促进每个成员国货币市场交易的发展,同时还确定一些在货币、支付、信贷关系领域内开展多边合作的有效措施,完善各国的货币法则,使协调信贷、货币政策的形式与方式有很大改观。[①] 可以说,独联体自由贸易区的建立,使得各成员国之间取消货物的关税和非关税壁垒,取消服务部门的市场准入限制,开放投资,从而促进其商品、服务和资本、技术、劳动力的自由流通和统一大市场的建立。

1995 年 1 月,哈、俄、白俄三国达成《三国关税同盟协定》,确定三国落实继续深化合作共识的分阶段纲要。吉、塔两国后来加入。该协定是对《关于建立自由贸易区协议》(1994 年)的具体落实,"是政治经济一体化进程的重要步骤"、"符合经济管理系统与经济法规的客观要求"[②],为独联体建立商品、服务、资本及劳动力的共同市场及统一关税区迈出重要一步。该协定规定,关税同盟应当分两步走,第一阶段是取消关税同盟成员国间贸易中的关税及数量限制,制定统一贸易制度、统一税率及三国关系中的非关税调节措施。第二阶段是建立三国统一关税区,实现从它们内部到外部的关税监督。[③]各国同意推行相互协调的经济改革政策,以及建立基于市场经营原则的同一类型的经济协调机制,实行统一的经济法规,制定统一的浮动汇率政策,建立有效的收支差额,制定适用于第三国的统一的外贸政策等。

为给独联体国家发展相互贸易创造条件,关税同盟成员国在关税同盟框架内还签订一系列有关税法、运输及其他方面的协议,主要

---

① 托卡耶夫:《哈萨克斯坦:从中亚到世界》,新华出版社 2001 年版,第 128 页。
② 托卡耶夫:《哈萨克斯坦:从中亚到世界》,新华出版社 2001 年版,第 129 页。
③ 托卡耶夫:《哈萨克斯坦:从中亚到世界》,新华出版社 2001 年版,第 129 页。

包括:《关税同盟成员国间进出口贸易间接税征收原则协议》,《成立运输同盟协议》,《关税同盟成员国过境运输统一条件协议》,《简化用于非生产及非商业活动产品、及自然人携带货币经过某关税同盟成员国海关时的报关手续协定》等,积极开展建立统一经济区的工作。1996 年 3 月,哈、吉、俄、白俄四国签署《关于加深经济及人文领域内一体化进程的条约》,条约强调为各国商品、服务、资本及劳动力的自由流动,加强经营主体间的直接联系,建立共同的信息、教育和人文空间等创造条件。

独联体上述两个协议的正式生效,一方面预示着中亚经济顺利转入独联体共同市场之中,实现双方经济合作的历史性跨越。另一方面它们的具体实现必然能够将独联体共同市场带入一个更高水平。哈萨克斯坦前总统纳扎尔巴耶夫称,这是"世界所有一体化集团客观而理所当然的发展结果"①。1999 年 9 月底,俄、白、哈、吉、塔五国首脑会议签署关于关税同盟的宣言,实现独联体的统一关税。

随着独联体的统一关税机制的确立,独联体共同市场进展明显加快。2000 年 6 月,独联体国家通过《独联体至 2005 年的发展行动计划》,提出要在 2005 年前分阶段完成独联体自由贸易区建设,即在 2003 年以前完成为商品和劳务自由流动,保证自由过境创造条件的具体措施;在 2002—2004 年完成为资本自由流动创造条件的工作并解决一系列拖欠问题;在 2001—2002 年期间创造条件使自由贸易区所必需的运输走廊、通讯和信息保障体系有效发挥功能等。显然,独联体国家的上述经济合作成果的取得,为独联体经济合作的制度建设奠定坚实基础。

(二) 欧亚经济共同体

欧亚经济共同体是独联体经济合作的一种制度安排。2000 年

---

① 托卡耶夫:《哈萨克斯坦:从中亚到世界》,新华出版社 2001 年版,第 132 页。

10月，由俄罗斯倡议，哈、吉、塔、俄、白俄五国共同签署成立欧亚经济共同体条约，取代原来的独联体经济联盟框架。该共同体的首要任务是在成员国之间建立自由贸易制度，建立统一的关税税率和统一的非关税调节体系。该条约规定：落实各项共识的组织法律工具，同步落实国际条约的机制，以及落实决定的监督机制，成立跨国家理事会、一体化委员会、跨议会大会和一体化法院等一体化管理机构，组建一个超国家机构来统一成员国的行动，使独联体一体化在体制、组织机构、职责权限、法律规制建设等方面更趋完善。同时，欧亚经济共同体成员国还就统一关税区内 60% 的商品税率问题达成一致，实行统一的增值税，并设立"共同体"法庭，负责审理各成员国之间的经济纠纷。此外，各成员国同意统一协调铁路运价，相互之间执行零关税制度和自由边境制度等，确保关税区内各国商品的自由流通。

2003 年 9 月，独联体各国在乌克兰的雅尔塔举行的独联体国家元首峰会上，俄罗斯、乌克兰、白俄罗斯和哈萨克斯坦四国正式签署建立"经济一体化空间"的协议（即统一经济空间协议）。根据协议规定，四国将联合各国的海关机构，实行统一的经济机制，以保障商品、服务、资本和劳动力可以自由流通。同时，四国将实行统一的对外经济、关税、贷款和财政货币政策，以保障在达成共识的原则和国际法准则的基础上坚定地发展经济。该协议加快独联体国家一体化的步伐，为建立欧亚经济共同体迈出坚实的第一步。

此后，欧亚经济共同体经历多边化的过程，2004 年 6 月，该共同体成员国决定在 2004 年年底前实行统一关税，并签署一系列的相关协议，为成员国间合作创造必要的法律空间。2005 年，中亚合作组织并入欧亚经济共同体后，欧亚经济共同体取代中亚合作组织，成为中亚一体化制度安排的主导力量。2007 年 10 月，俄、白、哈三国率先签署建立共同体关税同盟的基础文件和行动计划，根据行动计划，在 2007—2010 年间建立条约法律基础，关税同盟从 2011 年 1 月 1

日起正式生效。2008 年 1 月，三国又签署建立关税同盟的相关协议，包括关税调节、对第三国征收关税、反倾销特别保护措施、对关税同盟成员国的外贸和相互贸易的海关统计等。

2009 年 11 月，三国签署关于从 2010 年起建立关税同盟的一揽子文件，实施统一的关税，关税同盟《海关法》从 2010 年 7 月 1 日起生效，取消俄、白、哈三国间的关境，并在商品税率上达成一致。三国同意给予哈萨克斯坦分阶段与统一税率接轨的待遇，对包括药品、塑料及其制品、医疗器械、铁路机车、客货车等在内的 400 多种商品实行 1—4 年的"过渡期"，对哈萨克斯坦用于租赁业务进口的机械设备和外商投资项下进口的机械设备及原、辅料实行免关税，俄哈铁路运输费率 5 年内维持基本不变等。[①] 显然，欧亚经济共同体的"经济一体化空间"协议及其关税同盟的一揽子基础文件和行动计划的生效，包括关税调节、对第三国征收关税、反倾销特别保护措施、对关税同盟成员国的外贸和相互贸易的海关统计等方面的中亚经济合作变得愈发紧密。经过独联体有关国家的共同努力，2014 年 5 月，俄、白俄、哈三国签署《欧亚经济联盟条约》，承诺推行协调一致的经济政策，使商品、服务、资本和劳动力在三国境内自由流通。亚美尼亚和吉尔吉斯斯坦先后加入该联盟。

欧亚经济联盟关税同盟的建立，不仅促进三国引进投资不断增加，而且刺激相互间投资的活跃，尤其是正在实施的能源、运输、采矿领域的一系列投资项目，其中包括欧亚经济联盟所属机构协助促成的一些项目，有助于其经济发展。正如白俄罗斯总统卢卡申科所预言的那样，"我们拥有一切未来强劲发展所必需的条件：政治意志、日益发展壮大的工业和能源原料综合体、正在恢复的农业、我们这些国

---

① 俄白哈关税同盟网站：http://www.tsouz.ru/Pages/Default.aspx，28.12.2009，登录时间：2018 年 8 月 3 日。

家建立的国防力量、最强大的科学潜能,最主要的是人才潜能。在复杂的全球化进程中,欧亚经济联盟应该成为其他国家最强有力的和可靠的伙伴"①。据学者估计,建立欧亚经济联盟可使三国到 2015年 GDP 增长 15％以上,给俄罗斯带来高达 4000 亿美元的利益,白、哈两国获益超过 160 亿美元。② 欧亚经济委员会理事会的农业发展趋势分析报告显示,2016—2017 年间,共同体农业生产量增长至8％,出口增至 19％,成员国相互贸易额增至 15％。③ 因而,欧亚经济联盟吸引包括吉、塔、乌等国的极大兴趣,先后申请加入该组织。乌兹别克斯坦因种种原因后来又退出该组织。

（三）独联体的欧亚经济联盟稳步推进

在此基础上,俄罗斯提出建立大欧亚伙伴关系倡议,意在该地区一体化中占据主导地位。2015 年中俄签署"丝绸之路经济带"与欧亚经济联盟对接声明,明确将上合组织作为"一带一盟"的对接平台。2016 年 12 月,欧亚经济联盟经济委员会最高理事会签署欧亚经济联盟新海关法典,简化欧亚经济联盟成员国内部关税程序。该法典2017 年 7 月起生效。2017 年 3 月,欧亚经济联盟成员国总理会议又讨论欧亚经济联盟一体化进程及成员国间经贸和投资合作问题,并签署多份合作文件。同年,中俄达成《关于欧亚经济伙伴关系协定联合可行性研究的联合声明》,2018 年中国与欧亚经济联盟正式签署经贸合作协定,为上合组织参与独联体欧亚经济共同体提供强大助力。现阶段,欧亚经济联盟已形成较为稳定的关税同盟,为构建中亚统一的经济空间,尤其是该地区的金融、货币、关税等合作发挥作用。

---

① ［俄］罗伊·麦德维杰夫:《无可替代的总统纳扎尔巴耶夫:哈萨克斯坦腾飞的组织者和欧亚方案的倡导人》,王敏俭等译,社会科学文献出版社 2009 年版,第 132—133 页。
② 潘广云:《俄罗斯的独联体劳动移民及相关问题分析》,《东北亚论坛》2008 年第 6 期。
③ 《欧亚经济共同体成员国间相互贸易规模 2017 将达 15％》,http://www.scobc.cn/news/newsdetail_2656.html,登录时间:2018 年 8 月 9 日。

应该承认,欧亚经济共同体在其形成和发展过程中确实存在着多种贸易安排和协议相互重叠、错综复杂的现象,[①]造成诸如统一关税税率制订过于缓慢、统一铁路运输费率还未得到解决的困境。而该组织本身经济基础脆弱,难以通过政策改进、产业升级和技术溢出,来改变贸易转移的短期效应。[②] 中国学者王维然等人认为是两方面原因造成的,一是"欧亚经济共同体的一体化更多是由于各国政府担心本国被排除在一体化范围外的政治'多米诺'效应,因此不断地成立或加入各种一体化组织以避免可能出现的被歧视问题,从而引发一体化的传染"[③]。二是该组织"各国却未采取切实措施去推动一体化水平的深化,或者说各国间的一体化是政府推动的结果,而并不是基于市场化分工基础上形成的一体化,难以形成大市场效应,也导致各国并未从一体化的进程中获取更多的利益"[④]。换言之,该经济共同体与欧盟有很大的相似性,它们都是"在很大程度上是政治力量的产物"[⑤],且在金融和货币领域取得的成就比贸易和投资领域要多。

欧亚经济共同体在制度安排(包括加权投票和融资计划)上还过分倚重俄罗斯。比如,俄罗斯占有40%的加权表决权,白俄罗斯和哈萨克斯坦各有20%,吉尔吉斯斯坦和塔吉克斯坦各有10%,这意味着俄罗斯在重大政策问题上可以通过行使否决权来左右共同体。[⑥] 正

---

[①] Asian Development Bank, *Development through Cooperation*, *Central Asia Regional Cooperation Strategy and Program Update*(2006—2008), www. Adb. org/statistics, 登录时间: 2018 年 8 月 8 日.

[②] Weiran Wang, "The Effects of Regional Integration in Central Asia," *Emerging Markets Finance & Trade*, Vol. 50, No. 1, 2014, pp. 219—232.

[③] 王维然等:《欧亚经济共同体对中亚区域一体化影响的研究》,《国际经贸探索》2012 年第 10 期.

[④] 王维然等:《欧亚经济共同体对中亚区域一体化影响的研究》,《国际经贸探索》2012 年第 10 期.

[⑤] Barry Eichengreen, "Is Europe an Optimum Currency Area?," in Silvio Borner and Herbert G rubel, eds. The European Community after 1992: Perspective from the Outside, Macmillan, 1992, p. 149.

[⑥] Gregory Gleason, "Inter-State Cooperation in Central Asia from the CIS to the Shanghai Forum," *Europe-Asia Studies*, Vol. 53, No. 7, 2001, pp. 1077—1095.

是这些制度设计的缺陷,带来该共同体目标在不断提升的大好形势下,其一体化实际水平反而下降的悖论,无法成功推进其经济同盟建设,欧亚经济共同体日益徘徊不前。

### 三、派生性一体化:以上海合作组织多边协商为代表

派生性一体化(Generative integration)是 21 世纪初以上海合作组织为代表形成的地区经济合作模式。其主要成果就是"上海五国机制"向上海合作组织的成功转型,以及由此引发的上合组织成员国多边协商机制的建立。与独联体的欧亚经济共同体组织专注于地区经济议题不同,上合组织"不是军事同盟和国家政治联盟,而是旨在扩大合作领域的灵活的区域安全框架"[①],其内部一般不设置单独经济议题的专门性地区组织结构,而是通过成员国间不同层次的多边会议协商,来体现地区经济合作的身份认同。上合组织讨论的议题众多,除本地区的经济议题外,还涉及反恐、反毒品、卫生、水资源和气候环境、人文教育、旅游、信息安全等诸多领域议题。从这个意义上说,该组织是一个讨论议题更为宽泛的区域性治理机制。

作为中亚经济地区主义的治理机制,上合组织与地区经济合作密不可分,该组织的区域安全合作可以给经济合作创造有利的环境,为处理多边安全合作和区域内外问题提供权力。[②] 上合组织成立当初,就在成立宣言中提出各成员国展开区域经济合作,启动地区多边协商的制度安排。从 2001—2008 年,上合组织通过《上海合作组织宪章》和《上海合作组织成员国长期睦邻友好合作条约》等,确立"互

---

① Kuralai I. Baizakova,"The Shanghai Cooperation Organization's Role in Countering Threats and Challenges to Central Asian Regional Security,"*Russian Politics and Law*,Vol. 51,No. 1,2013,pp. 59—79.

② Yeongmi Yun and Kicheol Park,"An Analysis of the Multilateral Cooperation and Competition between Russia and China in the Shanghai Cooperation Organization:Issues and Prospects,"*Pacific Focus*,Vol. XXVII,No. 1,2012,pp. 62—85.

信、互利、平等、协商、尊重多样文明、谋求共同发展"的"上海精神",为地区经济合作贡献"上合智慧"①。2008—2017 年间,在中国"一带一路"倡议的推动下,上合组织签署一系列协议,从法理保障、金融创新、交通运输便利化、项目合作措施、货物商品流通手续等入手,对中亚经济合作规范进行整合,以推动地区经济一体化进程。比如,2013年,中国先后提出建设"丝绸之路经济带"和"21 世纪海上丝绸之路"的倡议,2015 年,中国提出"一带一路"愿景和行动方案,筹建"亚洲基础设施投资银行",与世界各国共商共建共享"一带一路"事业。

2017 年,中共"十九大"报告进一步提出,要以"一带一路"建设为重点,坚持引进来与走出去并重,遵循共商共建共享原则,加强创新能力开放合作,形成陆海内外联动、东西双向互济的开放格局。随着"一带一路"倡议的不断推进,中国在"一带一路"沿线的中亚的经济利益增量会快速积聚,中国的资本、贸易与市场规模都会在这一区域大幅增长,使得中亚区域经济安全合作出现新变化。2017 年至今,随着印、巴两国的加入,上合组织的成员国扩容,在其区域经济合作中更加注重开放、融通、互利、共赢的合作观,积极打造上合组织命运共同体,并通过《青岛宣言》(2018 年)和《比什凯克宣言》(2019 年)的制度化安排,构建开放型的地区经济和世界经济体系,强化区域与世界贸易便利化和自由化。经过十多年的整合,该组织基本构建起以首脑峰会机制为主导、辅之以总理理事会机制和部长级协调机制等三位一体的多边协商机制,为中亚经济合作提供一种可供选择的制度理性。

(一) 上合组织成员国首脑峰会机制

上合组织成员国首脑峰会在理念上确立区域贸易互惠和投资便利化的优先发展方向。2001 年 6 月,上合组织成员国首脑在上海合

---

① 邓浩:《新时期上海合作组织与全球治理》,《国际问题研究》2020 年第 3 期。

作组织成立宣言中,提出要利用成员国之间在经贸领域互利合作的巨大潜力和广泛机遇,在该组织框架内开展区域经济合作并启动贸易和投资便利化的进程,为上合组织的区域经济合作奠定基础。此后,上合组织在历次成员国首脑峰会上主要围绕贸易互惠和投资便利化优先原则为主题,在区域投资、贸易商品流通、金融服务、基础设施建设等方面形成具有中亚特质的"经贸互惠＋"的经济合作理念。具体表现为:

一是在区域投资上建立以政府为主导的融资支持机制。通过搭建上合组织实业家委员会平台[1],营造开放、非歧视、透明的和可预见的区域投资环境。二是在贸易商品流通上优化区域贸易商品结构,推进电子商务的发展,提升区域整体贸易发展的水平。三是在金融服务上建立区域银行联合体系,建立成员国的财经政策、投资环境、法律法规及其他重要项目等信息的定期交流机制,保证双方进行长期、高效、务实的合作,促进该组织经济目标的实现,并为各成员国企业的发展和为调动资金实施示范项目和汇总该组织投资创造先决条件。

上合组织成员国首脑峰会区域经济合作的理念,对于中亚区域"经贸互惠＋"的有效推进具有里程碑意义。它不仅为成员国的融资支持、贸易商品结构优化、银行联合体系建设、互联互通合作等诸多制度层面确立贸易互惠安排和自由贸易区的目标指向,打造成员国间多边经贸互利合作理念的共识,而且也从法理上为中亚区域贸易和投资便利化扫清制度性障碍。

尽管上合组织成员国首脑峰会试图通过建立该组织自由贸易区的举措,来逐步完成《上合组织宪章》规定的商品、资本、服务和技术

---

[1] 《上海合作组织中期发展战略规划》(2012 年),http://www.360doc.com/content/13/0104/17/68666_258185133.shtml,登录时间:2018 年 8 月 3 日。

自由流通的夙愿,就像俄罗斯学者特洛菲姆丘克所期待的,"形成由多个成员国共同组成的一个'内部'市场"①,以巩固各成员国的共同安全。同时也加强成员国海关与标准一致化主管部门的合作,积极推动《上合组织成员国政府间海关合作与互助协定》(2007 年)、《2016—2021 年上合组织成员国海关合作计划》及其他上合组织框架内推动贸易便利化及经济发展的海关领域文件的落实,②尤其是在推动上合组织信息高速公路和利用电子签名进行跨境电子合作示范性项目上达成共识③。但至今迟迟未能就这些自由贸易区和关税同盟等经济一体化的制度安排设想,在各成员国之间达成一致行动,因而造成该组织经济一体化进程长期滞留在贸易互惠安排这种低层次的区域经济合作状态。

(二) 上合组织成员国总理理事会机制

上合组织成员国总理理事会在规制上为中亚区域经济合作构建制度框架和路线图。自 2001 年 9 月上合组织成员国总理签署《上海合作组织成员国政府关于区域经济合作的基本目标和方向及启动贸易和投资便利化进程的备忘录》以来,该理事会先后制订和颁行一系列诸如《上海合作组织成员国多边经贸合作纲要》(2003 年)、《多边经贸合作纲要实施措施计划》(2004 年)、《上合组织银联体 2017—2021 年中期发展战略》(2011 年)、《上合组织成员国政府间国际道路运输便利化协定》(2014 年)、《2017—2021 年上海合作组织进一步推动项目合作的措施清单》(2016 年)等法律文件,从法理保障、金融创新、交通运输便利化、项目合作措施、货物商品流通手续等入手,对中

---

① 《上合组织未来应着力推进区域合作 访俄罗斯政论家特洛菲姆丘克》,http://www. scobc. cn/news/newsdetail_2470. html,登录时间:2018 年 8 月 3 日。

② 《上合组织阿斯塔纳宣言》(2017 年),http://scochina. mfa. gov. cn/chn/zywj/t1492477. htm,登录时间:2018 年 8 月 3 日。

③ 《上海合作组织区域经济合作成绩单(2001—2017)》,http://www. sohu. com/a/234498705_115495,登录时间:2018 年 8 月 3 日。

亚地区主义经济合作规范进行整合,以推动地区经济一体化进程。

一是在法理保障上,加强成员国在投资政策、投资保护、投资争端解决、投资风险防范等对外经济活动方面的政策与机制的协调,根据成员国现行法律鼓励和支持各国行政区域间建立多种形式的直接联系,扩大法律法规信息交流,提高贸易和投资政策的透明度,吸引和保护成员国的相互投资。[①]

二是在金融创新上,支持深化成员国银行间合作潜力,充分利用上合组织现有及在建的融资机制平台,发展各国间金融信贷关系,[②]为地区贸易投资合作创造良好条件;推动各国金融机构和金融服务网络化布局,加强金融监管交流,制定上合组织开发银行和发展基金(专门账户)的共同方案,促进该地区投资等优先领域经济合作;鼓励成员国在贸易投资中增加使用本币,以减少交易费用和时间,提升各国货币在国际资本市场上的地位。[③]

三是在交通运输便利化上,规范成员国间的交通运输行为,以正规、便捷、有秩序的方式进行跨国公路运输的运作,[④]并通过组建联合委员会统筹协调运输便利化执行过程中的各类问题,来简化和加快通关手续、破除不规则税费,降低贸易成本,提升成员国贸易便利化合作水平。

四是在项目合作措施上,实施成员国项目合作措施清单制,规定将贸易和投资、金融、海关、农业、科技和信息、环保、交通基础设施等七个领域共三十八项合作措施和项目,作为上合组织的优先方向,以

---

[①] 《上海合作组织成员国多边经贸合作纲要》(2003年),http://scochina. mfa. gov. cn/chn/zy-wj/t1492503. htm,登录时间:2018年8月3日。

[②] 《上海合作组织成员国多边经贸合作纲要》(2003年),http://scochina. mfa. gov. cn/zy-wj/t1492503. htm,登录时间:2018年8月3日。

[③] 《上合组织成员国政府首脑(总理)理事会联合公报》(2006年),http://scochina. mfa. gov. cn/chn/zywj/t1516261. htm,登录时间:2018年8月3日。

[④] 《上合组织成员国政府间国际道路运输便利化协定》(2014年),http://world. people. com. cn/n1/2017/0215/c1002-29083260. html,登录时间:2018年8月3日。

指导该组织区域经济合作的发展趋势。

五是在货物商品流通手续上，完善海关程序，简化货物商品流通手续，在实现法律法规共融、电子文件流转、货物追踪的基础上，建立统一高效的过境运输系统；以公认的国际标准和规则为基础，在商品标准和合格评定方面开展合作，并在各方国际义务框架内逐步消除相互贸易中的关税和非关税壁垒等。[①] 正如哈萨克斯坦前总统纳扎尔巴耶夫所言，"通过提高服务水平及消除行政壁垒来逐渐使货物流通更加简易化"[②]。

（三）上合组织成员国部长级协调机制

上合组织成员国部长级协调在执行力上展开区域经济合作的多头联动。为落实上合组织成员国总理理事会制定的区域经济合作和启动贸易投资便利化谈判，上合组织成员国部长级协调机制围绕区域贸易投资便利化的制度安排，从部长级多边会议机制、法律法规机制、制度操作化等方面，积极开展经济合作的一致行动。

一是在部长级多边会议机制上，通过建立经贸、交通、财政、央行、农业及科技等多个部长级协调机制，在经贸部长会议下设立高官委员会和包括海关、质检、电子商务、投资促进、贸易便利化、发展过境潜力、能源、信息、电信等九个专业工作组，[③]构建以成员国的经贸部长为核心、以高官委员会和专业工作组相配合的多边会议机制，开展贸易投资便利化的谈判进程，并成立联合工作组制定区域经济合作的研究报告和区域经济合作五年发展规划，为区域经济合作提出措施和政策建议。比如，2011 年，中、俄、塔、吉等国的能源部长在西

① 《上海合作组织成员国多边经贸合作纲要》(2003 年)，http://scochina.mfa.gov.cn/chn/zy-wj/t1492503.htm，登录时间：2018 年 8 月 3 日。

② 纳扎尔巴耶夫：《丝绸之路经济带可连接上合组织、欧亚经济联盟和欧盟》，http://www.scobc.cn/news/newsdetail_5756.html，登录时间：2018 年 8 月 3 日。

③ 刘华芹：《深化上海合作组织区域经济合作构想》，《俄罗斯东欧中亚研究》2014 年第 1 期。

安通过西安倡议,启动上合组织能源俱乐部,开展该区域的能源合作。通过优化能源政策,协调上合组织成员国和观察员国的长期能源战略;制定执行成员能源政策的共同机制;制定和执行集体能源安全措施;在世界能源市场上提出共识立场和行动(形成共同能源外交);建立过境、运输和通信基础设施;追求创新和协调投资政策等。

二是在法律法规上,通过建立法律法规交流机制,推动成员国间的项目合作措施清单制,共同寻求符合成员国各方利益的投资项目,进一步提升区域投资便利化的水平。

三是在制度操作化上,积极开展跨境电商合作,探讨建立"上合组织电子商务平台";加强成员国间投资合作,产能合作,优势互补;开展区域物流枢纽和出海港口建设,促进区域内互联互通;加强资金融通,开展货币互换和本币结算;深化海关合作,切实开展商品估价、价格监管方面的信息交换,加大海关执法合作,营造贸易健康发展环境等。①

上述部长级协调机制的互动,可以说是该组织对区域经济合作规制落实的一种执行力方式。它从实践层面直接把上合组织区域经济一体化的行动指南转化为可操作性的制度安排,践行该组织区域经济合作理念的前瞻性和和规制的科学性。作为该组织经济合作的创新实践,成员国的项目合作措施清单制,激发各国在包括经贸、海关、质检、交通基础设施等合作项目的投资热情,推进该组织成员国之间的自由贸易区谈判,为上合组织的区域经济从贸易互惠安排向建立中亚自由贸易区谈判转变迈出重要的一步。

(四)"一带一路"倡议下上合组织的经济安全合作机制不断完善

在中国"一带一路"倡议的影响下,加之俄罗斯受欧美经济制裁

---

① 《上合组织经贸部长第十四次会议在西安举行》,http://www.xinhuanet.com/fortune/2015-09/16/c_1116581817.htm,登录时间:2018 年 8 月 3 日。

的冲击,对上合作组织经济合作的态度发生积极转变,推动该组织经济功能的有效发挥,上合组织成员国经济安全合作机制的不断完善。一是上合组织以能源、交通、信息和电信技术等优先合作项目为突破口①,推动成员国在产能合作、农业以及高新技术领域的投资,大力发展服务业和服务贸易②;二是通过《上合组织成员国政府间海关合作与互助协定》《2016—2021 年上合组织成员国海关合作计划》及其他上合组织框架内推动贸易便利化及经济发展的海关领域文件,不断完善贸易商品的多元化,丰富贸易商品目录、运输及出口高附加值商品,以及成员国市场需要的其他产品具有重要意义③;三是通过在贸易往来和投资活动中增加使用本币,以减少交易费用和时间,提升成员国货币在国际资本市场上的地位④,并组建上合组织开发银行和上合组织发展基金(专门账户),发挥上合组织银联体在金融服务市场、吸引投资、完善支付结算及其他金融业务等方面的作用⑤;四是在基础设施建设上深化区域互联互通合作。通过构建地区跨境交通和运输走廊,发展交通运输领域多边合作,新建和改造国际交通线路中的路段,扩大地区互联互通潜能,发展包括高铁在内的铁路交通,建设多式联运物流中心,应用先进创新技术,落实基础设施合作项目等。⑥

---

① 《上海合作组织至 2025 年发展战略》(2015 年),http://scochina.mfa.gov.cn/chn/zywj/t1492476.htm,登录时间:2018 年 8 月 9 日。
② 《上合成员国元首关于贸易便利化的联合声明》(2018 年),https://www.yicai.com/news/5430494.html,登录时间:2019 年 1 月 4 日。
③ 《上合组织阿斯塔纳宣言》(2017 年),http://scochina.mfa.gov.cn/chn/zywj/t1492477.htm,登录时间:2018 年 8 月 3 日。
④ 《上海合作组织成员国政府首脑(总理)理事会会议联合公报》(2017 年),http://scochina.mfa.gov.cn/chn/zywj/t1516261.htm,登录时间:2018 年 8 月 3 日。
⑤ 《上海合作组织至 2025 年发展战略》(2015 年),http://scochina.mfa.gov.cn/chn/zywj/t1492476.htm,登录时间:2018 年 8 月 3 日。
⑥ 《上合组织阿斯塔纳宣言》(2017 年),http://scochina.mfa.gov.cn/chn/zywj/t1492477.htm,登录时间:2018 年 8 月 3 日。

近年来,上合组织的经济合作成效显著。比如,2013 年,中国向乌兹别克斯坦和吉尔吉斯斯坦分别投融资 77 亿美元和 30 亿美元。2014 年,中、哈两国开发银行在上合银联体框架下签署 5 亿美元的授信总协议,中国进出口银行为哈开发银行提供 10 亿美元上合框架内优惠贷款,中、哈双方还签署 140 亿美元的商业大单和 180 亿美元的基建合作框架。仅《2017—2021 年推动项目合作措施清单》所涉及的合作项目的资金就高达近千亿美元。[①] 上合组织成员国还初步达成一致,组建上合组织开发银行,为本地区建立长期稳定的融资平台作出贡献,从而有效推进上合框架下的"欧洲西部—中国西部"公路、中国—中亚天然气工程、中吉公路和中塔公路等上百个经济合作项目的顺利实施。据不完全统计,中国对成员国各类投资总额超 700 亿美元,向各成员国累计提供贷款逾 220 亿美元,在基建、石化、电力、农业等领域支持项目超过 50 个。而通过贸易便利化人员培训、海关物资和质检实验室等贸易便利化能力建设,提高海关通关、检验检疫、物流运输、支付结算等全方位的便利化水平。

总之,上合组织区域经济合作多边机制(首脑峰会机制＋总理理事会机制＋部长级协调机制)的不断升级,是中亚的中、俄、哈等区域性大国在经济地区主义中合作共赢、发挥主导作用的标志。在这一过程中,上合组织成员国的首脑峰会机制为该机制成功运作发挥关键作用,它倡导的共识、承认主权、不干涉别国事务,相互尊重文化和国内政治选择,信任、平等、双赢合作等合作精神,以及区域贸易和投资便利化等的贸易互惠合作理念,成为中亚经济合作的指导原则和优先发展方向。[②] 而该组织成员国的总理理事会机制则是根据首脑

---

① 《上合组织经贸部长会议推 9 项措施对接"一带一路"建设》,http://news.cnstock.com/news.bwkx-201509-3566846.htm,登录时间:2018 年 8 月 3 日。

② Jean-Pierre Cabestan,"The Shanghai Cooperation Organization, Central Asia, and the Great Powers, an Introduction,"*Asian Survey*, Vol. 53, No. 3, 2013, pp. 423—435.

峰会的合作精神,制定中亚经济合作的制度框架和技术路线图,其功能是把首脑峰会的理念转化为成员国行动的规制,在法理上保障成员国间经济合作的合法性。上合组织成员国的部长级协调机制主要是落实该组织合作机制的执行力情况,确保各项政策的实施。可见,上合组织不是单纯由成员国组成的区域经济联盟体,而是通过成员国间经济合作保持其伙伴关系。它"与东盟有着惊人相似之处,都是通过建立共同的和较宽松的政府间组织、国际合作和区域一体化平台,促使成员国在一系列共同问题上进行合作,促进各国的沟通,在一定程度上提高了信任,保持地区的和平与稳定"①。

然而,由于中亚经济体的规模有限②,在市场、技术、资本、货币等方面对中国和俄罗斯的依存度高,中亚经济体与区外国家的贸易和投资,要远超其区内的贸易和投资。③ 这就客观上造成上合组织对该区域经济整合的动力不足,在制度建设上遭遇实质性突破的瓶颈障碍,因而该组织现阶段只能停留在建立区域经济一体化的理念、规制,以及一些具体的功能性机制上发挥作用。"上合组织要真正成为全面的区域安全和冲突解决机构,推动成员国在经济等领域中的合作效果,绝不是一件很轻松的事情,仍需各国不懈努力"④。

---

① Jean-Pierre Cabestan,"The Shanghai Cooperation Organization, Central Asia, and the Great Powers, an Introduction,"*Asian Survey*, Vol. 53, No. 3, 2013, pp. 423—435.
② 据中亚五国的经济统计数据显示,2012 年,五国的 GDP 总计为 3043 亿美元,其中,哈萨克斯坦为 2026.7 亿美元,吉尔吉斯斯坦为 64.7 亿美元,塔吉克斯坦为 76.2 亿美元,土库曼斯坦为 366.7 亿美元,乌兹别克斯坦为 509 亿美元。数据来源:www. adb. org /statistics,登录时间:2018 年 8 月 3 日。
③ 相关统计数据参见吴宏伟:《中国与中亚五国的贸易关系》,《俄罗斯中亚东欧市场》2011 年第 6 期;《上海合作组织区域经济合作成绩单(2001—2017)》,http://www. sohu. com/a/234498705_115495,登录时间:2018 年 8 月 3 日。
④ Kuralai I. Baizakova,"The Shanghai Cooperation Organization's Role in Countering Threats and Challenges to Central Asian Regional Security,"*Russian Politics and Law*, Vol. 51, No. 1, 2013, pp. 59—79.

## 四、辅助性一体化:以中亚区域经济合作组织为代表

辅助性一体化(Complementary integration)作为中亚经济安全合作的一种制度模式,是由亚洲银行牵头、中亚各国与周边国家共同参与成立的中亚区域经济合作组织。该组织每年召开一次部长级会议,讨论区域内经济合作事宜。该组织可大致分为三个阶段:第一阶段(1997—1998 年):亚行提供技术援助资金,并牵头研究中国、哈萨克斯坦、乌兹别克斯坦和吉尔吉斯斯坦四国在基础设施方面(侧重于能源、交通以及贸易三个领域)的建设需求,讨论确定重点合作领域与项目。第二阶段(1999—2001 年):亚行在上述研究的基础上开始建立中亚区域经济合作框架。2001 年在菲律宾的马尼拉亚行总部举行的中亚区域经济合作高官会上,提出中亚五国区域经济合作的总体框架的设想。第三阶段(2002—2004 年):中亚区域经济合作开始进入实质发展阶段。2002 年 3 月在菲律宾的马尼拉召开中亚区域经济合作第一次部长级会议,确定中亚区域经济合作机制与重点领域。

2004 年 11 月,在哈萨克斯坦的阿斯塔纳的中亚区域经济合作组织第三次部长会议上,讨论该组织的区域经济合作纲要,纲要所涉及的合作领域包括能源、交通、通讯和贸易政策,含 14 个项目,需近 3 亿美元,另有 33 个总计为 1850 万美元的技术援助项目。

2006 年 10 月,在中国的乌鲁木齐的中亚区域经济合作组织第五次部长会议上发表《乌鲁木齐宣言》,批准该组织的中期发展规划——《综合行动计划》。根据这一规划,自 2006 年起的三年内,中亚区域经济合作组织的六个多边机构伙伴,对该组织计划提供的资金和技术支持将增加一倍多,总额达 23 亿美元。用于支持区域交通、能源和贸易基础设施投资计划。这些贷款将用于公路建设、铁路和机场升级,输气管线安装、促进能源可持续发展和贸易便利化。这

些资金是对其他多边和双边发展伙伴强大支持的一个补充。随着各参加国中期发展计划的确立,将有更多的资金到位。其中来自亚洲开发银行的直接贷款额达 14 亿美元。这些多边机构包括亚洲开发银行、欧洲复兴开发银行、国际货币基金组织、伊斯兰开发银行、联合国开发计划署和世界银行。该规划强调,在目前交通、贸易和能源重点领域的基础上,增加人力资源开发、环境、农业和旅游等新领域的特别倡议。计划采取其他区域合作政策和措施,包括能力建设、知识转移、经济走廊的创建,使区域一体化的实现不仅通过交通网络和其他基础设施,还通过经济活动网络。规划承诺,在 2007 年完成制定每个中亚区域经济合作组织参加国的重点行业(交通、能源、海关合作和贸易政策)的区域发展战略等。

该规划提出明确该组织未来发展的任务和具体目标,并勾勒出行动计划的四大支柱,包括:第一个支柱是区域基础设施网络将把对交通走廊、能源市场以及与贸易相关的基础设施建设项目的支持,纳入各参加国及各多边机构的战略规划中。第二个支柱是知识和能力建设将综合各国和多边机构合作伙伴的研究能力,从而增强彼此进行政策对话,以及设计并执行各种区域互利合作倡议的能力。第三个支柱是贸易、投资和工商发展支柱将为吸引投资,中亚地区需改善投资环境,为工商企业与本地区和全球市场对接提供综合框架。中亚区域经济合作组织工商发展论坛将有助于扩大中亚区域经济合作组织的包容性,并对其加强支持力度。第四个支柱是区域公共产品将以具体项目为基础,扩宽中亚区域经济合作组织,解决环境保护、自然资源管理、自然灾害预防等跨国界问题。

为推动中亚区域经济合作的进程,2011 年 11 月,该组织在阿塞拜疆的巴库召开的第十次部长会议上通过《中亚区域经济合作 2020战略》,该战略框架将在未来十年内帮助进一步发展区域交通网络,推动区域贸易,并帮助获取可靠、高效的能源,充分挖掘二级合作领域潜力,促进本地区经济的一体化和可持续发展。预计这一区域计划在以上领域开展超过150亿美元的中亚区域经济合作相关投资,包括新建和改造3600公里公路和2000公里铁路,以及港口和重点口岸。中亚区域经济合作计划改善区域内能源的保障、效率和分配等。

2012年10月,该组织在中国武汉的第十一次部长会议上通过"武汉行动计划",明确在交通、能源、贸易便利化、贸易政策等重点领域今后拟开展的主要合作及优先项目清单,提出到2014年在本地区建立中亚区域经济合作组织实体学院,为该组织机制发展提供智力支持。同时制定交通便利化的行动计划,继续致力于构筑一体化的交通基础设施、促进货物和人员跨境流动、推动贸易开放和能源贸易。而为实现提高竞争力目标,该机制将把交通走廊变为物流走廊,之后把物流走廊变成经济走廊。为了建设经济走廊,该计划将促进交通走廊沿线货物和人员的跨境流动,对沿线城市和主要居民点进行基础设施建设投资。

2015年9月,中亚区域经济合作组织在蒙古乌兰巴托的第十四次部长级会议上通过关于促进该组织道路安全的行动计划、中亚区域经济合作组织卫生与植物检疫(SPS)措施合作计划、中亚区域经济合作组织能源战略及工作计划(2016—2020年)等。2016年10月,该组织在巴基斯坦的伊斯兰堡的第十五次部长级会议上通过中亚区域经济合作组织2030铁路发展战略和道路安全战略等。

中亚区域经济合作组织的顺利建成,不仅使中亚区域经济合作向前迈进一大步,而且也增强中亚国家的凝聚力,有利于中亚合作组织在更大范围的区域经济整合中发挥积极作用。正是因为中亚区域经济合作组织建成较为完善的基础设施和投资环境,它才能得益于各国间经济合作的顺利推进,从而在区域经济合作的制度建设中获得更大优势。

概言之,在短短二十多年时间里,中亚区域经济合作在国家行为体和非国家行为体等各种"政治力量"的推动下,形成四种地区主义的区域一体化制度结构,涵盖从地区国家(中亚五国),到区域组织(独联体、上合组织),再到区域外组织(亚洲银行)等诸多层级。这期间,各种经济合作的制度倡议和制度安排层出不穷,纷纷在中亚这块"试验田"里孕育成长,在涉及中亚的地缘范围内,出现中亚合作组织等多重区域经济合作的模式,先后在不同的经济议题领域和次区域内发挥主导作用,形成复杂多变且相互竞争的区域经济安全制度格局,推动中亚区域经济整合。

当然,在这一过程中,由于该地区参与制度建设的行为体众多,不同行为体间存在着差异化的制度设计偏好,它们在地缘经济的较量中,往往以推动其所偏好的区域机制在制度竞争中胜出为己任,相互间缺乏信任感和合作意识,"貌合神离"、"明争暗斗",加之该地区本来就面临着复杂的利益组合和权力分配的变化格局,各种区域机制彼此相互制衡和掣肘,任何一种区域机制都无法占据主导地位。中亚"各国离心的经济和政治倾向,以及悬而未决的领土要求,对中亚区域经济空间的维护构成严重威胁,使得区域经济整合的政治和经济利益互动进程更加复杂化"[①]。这就导致它们在许多重大制度安排的议题上"虽然拥有广泛的合作议程,并倾向采用框架文件、声明和概念,但真正具有多边性质的实际成果很少,缔结的协议也缺乏可执行性"[②],这就使得地区合作机制不仅在数量上超越推动区域合作的需要,而且在发展水平上只能维持较低水准,延缓其制度建设的进程。

---

[①] Zaure Chulanova,"Integration of Central Asian Republics into Global Economy,"*Himalayan and Central Asian Studies*, Vol. 12, No. 3—4, 2008.

[②] A. Atamanov,"Regional Cooperation in Central Asia,"*Problems of Economic Transition*, Vol. 48, No. 8, 2005, pp. 5—61.

## 第二节　多向度制度结构对中亚经济一体化的效应

自中亚国家独立以来,区域经济一体化作为各国经济合作的重头戏,在推动区域经济整合的进程、加速改变该地区碎片化的经济格局方面发挥重要作用,对于促进中亚地区的市场规模扩大、提升生产和贸易的经济收益、对接国际经济一体化等具有深远影响。早在20世纪90年代,刚独立的中亚各国就开始启动中亚合作组织的区域经济合作尝试。经过二十多年的努力,中亚国家通过签订区域贸易协议等,从低到高形成贸易互惠安排、自由贸易区、关税同盟、共同市场、经济同盟等一系列的制度安排,逐步建立起中亚合作组织、欧亚经济共同体、上海合作组织等众多且类型各异的经济一体化组织,先后在不同的经济议题领域和次区域内发挥主导作用。

从中亚区域一体化的实践看,由于中亚区域经济一体化与该地区的贸易、投资、货币、经济发展及国民收入之间存在相互依存和相互促进的关系,因而其效应不是一蹴而就的,而是随着区域一体化的成长逐渐显现的动态过程。作为区域经济一体化组织,中亚合作组织、欧亚经济共同体、上海合作组织等均属于中亚区域内外开展的贸易、投资、金融等经济合作的贸易互惠安排、自由贸易区、关税同盟、共同市场、经济同盟等诸多类型,它们在经济效应上具有静态和动态的双重性,静态效应包括贸易效应和投资效应,动态效应涵盖货币一体化效应、促进经济增长效应、提高国民收入效应等。

### 一、中亚区域一体化贸易效益

按照国际政治经济学有关区域经济一体化的观点,推动经济一体化进程的核心要素是贸易。美国学者瓦伊纳认为,在区域经济一体化中,关税同盟可以直接导致"贸易创造"和"贸易转移"。[1] 对贸易创造而言,由于成员国间相互取消关税和非关税壁垒,实行自由贸易后,成员国国内成本高的产品被其他成员国成本低的产品所替代,使得相互贸易更加便利,贸易规模明显扩大。而贸易转移则是成员国之间取消关税后,把原来从非成员国低成本生产的商品进口,转为从成员国高成本生产的商品进口,成员国间相互贸易取代原先的成员国与非成员国间的贸易,引起贸易方向的转移,从而避免由非成员方向成员方的转移所造成的福利损失。区域经济一体化不仅让非成员国的出口价格出现下降,而且也使成员国的贸易条件得以改善。[2]

从这个意义上说,区域经济一体化对成员国的贸易效应,取决于贸易创造与贸易转移的正负效应相互作用的结果,即取决于贸易创造效应所带来的收益和贸易转移效应发生的损失。如果贸易创造效应大于贸易转移效应,该经济一体化对成员国就有利,反之则不利。[3] 英国学者李普瑟等人的研究表明,区域经济一体化建立前,国内商品所占的份额越大而从非成员国进口的商品份额越小,建立经济一体化后福利增加的可能性越大。而经济一体化前对潜在成员国的关税高会增加贸易创造的可能性,而对非成员国的低关税将减少贸易转移的机会。作为成员国都有的某一产业而言,单位生产成本差异越大,贸易创造效应越可能占上风。[4]

当然,区域经济一体化还受到成员国的贸易流向、贸易条件、贸易商品结构等变化的影响。英国学者马丁·曼特指出,在区域一体

---

[1] Viner, *The Customs Union Issue*, New York: Carnegie Endowment for International Peace, 1950, pp. 23—57.

[2] Chang, "How regional blocs affect excluded countries: the price effects of MERCOSUR," *World Bank Working Paper*, No. 2157, 2002.

[3] Viner, *The Customs Union Issue*, New York: Carnegie Endowment for International Peace, 1950, p. 154.

[4] Lipsey, "The theory of Customs Union: A general survey," *Economic Journal*, Vol. 70, No. 279, 1960, pp. 496—513.

化中,尽管区域经济体的初级商品出口一般收入不稳定且收入相对较低,而技术先进和品牌产品的出口一般会带来较高的收入水平。然而,区域经济体可以通过加入设在高收入经济体的跨国公司控制的产业链来谋求自身发展,这在服装和鞋类制造等劳动密集型产业非常普遍,本国企业只要遵循跨国公司规定的规格进行生产即可。另外,区域经济体还可以通过国际一体化的"生产者驱动"产业链进行生产,跨国公司在本国设立子公司,承担零部件制造或组装任务,也可以提供不断增长的收入水平。两者都为区域经济体的企业开发能够在国际市场上竞争的产品提供基础。[①] 当然,区域经济体在通过自由贸易带来有益出口机会的同时,如果本国企业不能适应这一变化,自由贸易也会导致其生产能力的丧失。

中亚国家独立初期,受苏联计划经济体制下经济结构破裂的影响,各国之间的资源配置和支付体系解体,企业与原先的市场和原料来源彻底断裂,地区经济陷入萧条。为此,中亚启动区域一体化建设,地区经济整体复苏,除吉、塔两国外,土、哈、乌三国的国内生产总值均超过独立前的 201%、156%、148% 的水平。伴随区域一体化的推进,中亚国家先后采取不同的贸易政策,"从吉尔吉斯斯坦的非常自由的贸易制度,到哈萨克斯坦和塔吉克斯坦相当自由的贸易制度,再到乌兹别克斯坦相当严格的贸易制度"[②],在独联体单一市场的基础上不断拓展新市场,参与国际贸易体系分工,中亚区域贸易的国际化程度显著提高。英国学者斯皮彻勒的研究发现,中亚对俄罗斯的出口贸易出现明显下降,俄罗斯仅占土库曼斯坦出口的 47%、乌兹别克斯坦的 22%、吉尔吉斯斯坦的 19%、哈萨克斯坦的 15%、塔吉

① Martin Myant,"International Integration and the Structure of Exports in Central Asian Republics,"*Eurasian Geography and Economics*, Vol. 49, No. 5,2008,pp. 604—622.

② Nawal K. Paswan,"Investment Cooperation in Central Asia: Prospects and Challenges,"*India Quarterly*, Vol. 69,No. 1,2013,pp. 13—33.

克斯坦的 7%,而中亚对欧洲、中国、美国等出口则快速增长,成为该地区出口贸易的亮点。①

（一）一体化改善地区出口贸易创造

1. 中亚国家的进出口贸易量不断增大

随着中亚一体化进程的深入,其贸易国际化水平不断提升,为各国带来新的市场和出口机会,刺激各经济体出口贸易量的进一步扩大。从中亚五国的国际收支占其国内生产总值比重看（见表4）,一方面,各国贸易经常性账户溢出效应明显。比如,欧洲银行和世界银行对 2007 年中亚五国国际收支流动性的统计分析表明,中亚区域一体化贸易的经常性账户在国际收支的流动性上呈现不同程度的溢出效应。2007 年,除哈、吉、塔三国的经常性账户略有赤字外（占比分别为 -6.6%、-6.5%、-10.2%）,乌、土两国均有较大盈余（占比分别为 23.7% 和 36.1%）,说明各经济体的货物和服务贸易十分活跃。

另一方面,各国贸易总体维持顺差状态。比如,在 2007 年,吉、塔两国存在不同程度的贸易逆差（占比分别为 -30.2% 和 -47.3%）,哈、土、乌三国的进出口贸易量则保持稳健的顺差态势（占比分别为 13.6%、41.6%、16.3%）,完全能够弥补吉、塔两国有限的贸易逆差所造成的区域贸易量不平衡。而到 2016 年,除了哈、土两国的进出口贸易量维持顺差态势（占比分别为 8.3%、11.1%）外,吉、塔、乌三国的进出口贸易量出现逆差（占比分别为 -37.6%、-47.8%、-2.2%）,但由于哈、土两国的进出口贸易总量在中亚的占比较大（出口贸易量为 477.4 亿美元,占比 79.2%;进口贸易量为 323.8 亿美元,占比 62.1%）,因而五国进出口贸易依然有 80.8 亿美

---

① Spechler, *The Political Economy of Reform in Central Asia：Uzbekistan under Authoritarianism*, London：Routledge, 2008, pp. 120—125.

元的顺差(五国的出口贸易量为 602.2 亿美元、进口贸易量为 521.4 亿美元)。[①]有统计数据显示,2017 年中亚五国进出口贸易额将普遍高于 2016 年[②],表明区域一体化的优势使得中亚整体进出口贸易趋向良性发展。

表 4　中亚五国的国际收支占其国内生产总值的比重(2007—2016 年)[③]

| 指　标 | 年份 | 哈萨克斯坦 | 乌兹别克斯坦 | 吉尔吉斯斯坦 | 塔吉克斯坦 | 土库曼斯坦 |
|---|---|---|---|---|---|---|
| 经常性账户 | 2007 | −6.6 | 23.7 | −6.5 | −10.2 | 36.1 |
| 商品出口 | 2007 | 45.4 | 35.8 | 40.4 | 11.2 | 71.2 |
| | 2016 | 26.8 | 14.9 | 22.9 | 14.1 | 30.4 |
| 商品进口 | 2007 | 31.8 | 19.5 | 70.6 | 58.5 | 29.6 |
| | 2016 | 18.5 | 17.1 | 60.5 | 61.9 | 19.3 |

另据世界银行对中亚五国进出口贸易(2009—2013 年)的统计数据,2009 年五国的进出口贸易总额约 1127.62 亿美元(其中出口为 629.74 亿美元,进口为 497.88 亿美元,进出口贸易顺差为 131.86 亿美元);2010 年五国的进出口贸易总额约 1324.93 亿美元(其中出口为 811.17 亿美元,进口为 513.76 亿美元,进出口贸易顺差为 297.41 亿美元;2011 年五国的进出口贸易总额约 1762.71 亿美元(其中出口为 1138.26 亿美元,进口为 624.45 亿美元,进出口贸易顺差为 513.81 亿美元);2012 年五国的进出口贸易总额约 1948.57 亿美元(其中出口为 1174.12 亿美元,进口为 774.45 亿美元,进出口贸易顺差为 399.67 亿

---

① 数据资料来源:根据 World Bank,*World Development Report*(*2017*)(http://web.worldbank.org/WBSITE/ EXTERNAL/DATASTATISTICS,登录时间:2018 年 8 月 3 日)的统计资料进行整理后统计形成数据。

② 张栋等:《中亚五国经济和金融发展情况的比较研究(2009—2016 年)》,《俄罗斯研究》2017 年第 3 期。

③ 数据资料来源:根据 European Bank for Reconstruction and Development,Transition Report, 2008. London, UK:EBRD〔http://www.ebrd.com/country/sector/econo/stats/index.htm〕,selected economic indicators 和 World Bank,"*World Development Report*", 2017〔http://web.worldbank.org/WBSITE/ EXTERNAL/DATASTATISTICS/,登录时间:2018 年 8 月 3 日〕发布的统计资料进行整理后统计形成数据。

美元);2013 年五国的进出口贸易总额约 1993. 19 亿美元(其中出口为
1172. 95 亿美元,进口为 820. 24 亿美元,进出口贸易顺差为 352. 71 亿
美元);①彻底改变独立初期五国进出口贸易逆差的局面,显示区域一
体化优势使得中亚整体进出口贸易趋向良性发展(见图 1)。

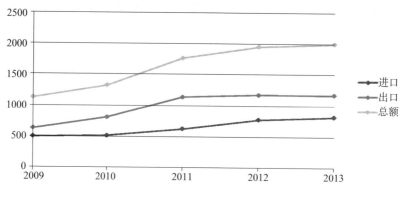

图 1　中亚五国进出口贸易示意图(2009—2013 年)

2. 中亚一体化激发中亚各国与区域外国家的相互贸易

一是中亚国家与中国的贸易持续增长。1992 年,中亚国家与中
国的贸易总额仅为 4. 6 亿美元,到 2007 年已经达到 196. 6 亿美元,
15 年中增长 41 倍。进入 2009 年代后,中亚国家与中国的贸易额继
续保持增长。据世界银行对中亚五国对中国的进出口贸易(2009—
2018 年)的不完全统计数据显示,从 2009—2018 年间,中亚国家与
中国的贸易总额分别达到 235. 47 亿美元(2009 年)、300. 73 亿美元
(2010 年)、459. 44 亿美元(2012 年)、326. 03 亿美元(2015 年)、
300. 46 亿美元(2016 年)、272. 1 亿美元(2017 年)、416. 63 亿美元
(2018 年),②呈现出可持续的增长态势(见图 2)。具体如下:

---

① 　数据资料来源:根据 World Bank,*World Development Report*（*2016*）(Washington, DC)的
　　统计资料进行整理后统计形成数据。
② 　数据资料来源:根据 World Bank,*World Development Report*（*2010—2019*）(Washington,
　　DC)的统计资料进行整理后统计形成数据。

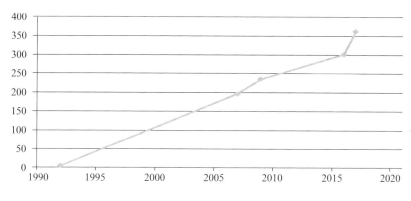

图 2　中亚五国与中国的进出口贸易示意图(1992—2018 年)

2009 年,中亚国家与中国的贸易额总计更是达到 235.47 亿美元,其中,中、哈贸易额为 140.04 亿美元(其中中国出口 77.48 亿美元,进口 62.56 亿美元),中、吉贸易额 52.76 亿美元(其中中国出口 52.28 亿美元,进口 0.48 亿美元),中、塔贸易额 14.03 亿美元(其中中国出口 12.18 亿美元,进口 1.85 亿美元),中、乌贸易额 19.1 亿美元(其中中国出口 15.6 亿美元,进口 3.5 亿美元),中、土贸易额 9.54 亿美元(其中中国出口 9.16 亿美元,进口 0.38 亿美元)。[①]

2010 年,中亚国家与中国的贸易总额 300.73 亿美元,其中,中、哈贸易额 204.29 亿美元(其中中国出口 93.2 亿美元,进口 111.09 亿美元),中、吉贸易额 42 亿美元(其中中国出口 41.28 亿美元、进口 0.72 亿美元),中、塔贸易额 14.33 亿美元(其中中国出口 13.77 亿美元、进口 0.56 亿美元),中、土贸易额 15.29 亿美元(其中中国出口 5.24 亿美元、进口 10.05 亿美元),中、乌贸易额 24.92 亿美元(其中中国出口 11.81 亿美元、进口 13.01 亿美元)。[②]

---

① 数据资料来源:根据 World Bank,*World Development Report*(*2010*)(Washington, DC)的统计资料进行整理后统计形成数据。

② 数据资料来源:根据 World Bank,*World Development Report*(*2011*)(Washington, DC)的统计资料进行整理后统计形成数据。

2012 年,中亚国家与中国的贸易总额 459.44 亿美元,其中,中、哈贸易额 256.75 亿美元(其中中国出口 110.01 亿美元,进口 146.76 亿美元),中、吉贸易额 51.63 亿美元(其中中国出口 50.74 亿美元、进口 0.89 亿美元),中、塔贸易额 18.57 亿美元(其中中国出口 17.48 亿美元、进口 1.09 亿美元),中、土贸易额 103.72 亿美元(其中中国出口 16.99 亿美元、进口 86.73 亿美元),中、乌贸易额 28.75 亿美元(其中中国出口 17.83 亿美元、进口 10.92 亿美元)。①

2015 年,中亚国家与中国的贸易总额 326.03 亿美元,其中,中、哈贸易额 142.9 亿美元(其中中国出口 84.41 亿美元,进口 58.49 亿美元),中、吉贸易额 43.42 亿美元(其中中国出口 42.85 亿美元、进口 0.57 亿美元),中、塔贸易额 18.47 亿美元(其中中国出口 17.97 亿美元、进口 0.5 亿美元),中、土贸易额 86.45 亿美元(其中中国出口 8.17 亿美元、进口 78.28 亿美元),中、乌贸易额 35.02 亿美元(其中中国出口 22.36 亿美元、进口 12.66 亿美元)。②

2016 年,中亚国家与中国的贸易总额 300.46 亿美元,其中,中、哈贸易额 130.97 亿美元(其中中国出口 82.92 亿美元,进口 48.05 亿美元),中、吉贸易额 56.76 亿美元(其中中国出口 56.05 亿美元、进口 0.71 亿美元),中、塔贸易额 17.56 亿美元(其中中国出口 17.25 亿美元、进口 0.31 亿美元),中、土贸易额 59.02 亿美元(其中中国出口 3.39 亿美元、进口 55.63 亿美元),中、乌贸易额 36.15 亿美元(其中中国出口 20.08 亿美元、进口 16.07 亿美元)。③

---

① 数据资料来源:根据 World Bank,*World Development Report* (*2013*)(Washington, DC)的统计资料进行整理后统计形成数据。
② 数据资料来源:根据 World Bank,*World Development Report* (*2016*)(Washington, DC)的统计资料进行整理后统计形成数据。
③ 数据资料来源:根据 World Bank,*World Development Report* (*2017*)(Washington, DC)的统计资料进行整理后统计形成数据。

2017 年，中亚国家与中国的贸易总额 272.1 亿美元，其中，中、哈贸易额 179.43 亿美元（其中中国出口 115.64 亿美元，进口 63.79 亿美元），中、吉贸易额 54.24 亿美元（其中中国出口 53.37 亿美元、进口 0.87 亿美元），中、塔贸易额 13.48 亿美元（其中中国出口 13.01 亿美元、进口 0.47 亿美元），中、土贸易额 69.43 亿美元（其中中国出口 3.68 亿美元、进口 65.75 亿美元），中、乌贸易额 42.21 亿美元（其中中国出口 27.49 亿美元、进口 14.72 亿美元）。①

2018 年，中亚国家与中国的贸易总额 416.63 亿美元，其中，中、哈贸易额 198.57 亿美元（其中中国出口 113.27 亿美元，进口 85.3 亿美元），中、吉贸易额 56.01 亿美元（其中中国出口 55.47 亿美元、进口 0.54 亿美元），中、塔贸易额 15.03 亿美元（其中中国出口 14.26 亿美元、进口 0.77 亿美元），中、土贸易额 84.36 亿美元（其中中国出口 3.17 亿美元、进口 81.19 亿美元），中、乌贸易额 62.66 亿美元（其中中国出口 39.42 亿美元、进口 23.24 亿美元）。②

二是中亚国家与俄罗斯的贸易也较五国独立初期显著增长。比如，从俄罗斯联邦的联邦海关署的统计数据看（见表 5），2005—2009 年间，俄罗斯对中亚五国的出口贸易额分别达到 82.48 亿美元、112.22 亿美元、155.19 亿美元、183.44 亿美元、37.78 亿美元，从五国进口贸易额分别为 45.52 亿美元、55.32 亿美元、66.16 亿美元、84.63 亿美元、12.33 亿美元，除 2009 年的统计数据略有不全外，其他年份均呈现上升态势，俄罗斯对五国的出口贸易额远大于从五国的进口额，进出口贸易大幅盈余，并呈现持续增长的态势。

---

① 数据资料来源：根据 World Bank, *World Development Report*（2018）（Washington, DC）的统计资料进行整理后统计形成数据。
② 数据资料来源：根据 World Bank, *World Development Report*（2019）（Washington, DC）的统计资料进行整理后统计形成数据。

表 5  俄罗斯对中亚五国的进出口贸易额(2005—2009 年)①(美元:亿元)

| 年 份 | 2005 | | 2006 | | 2007 | | 2008 | | 2009 | |
|---|---|---|---|---|---|---|---|---|---|---|
| 进出口额 | 出口 | 进口 | 出口 | 进口 | 出口 | 进口 | 出口 | 进口 | 出口 | 进口 |
| 哈萨克斯坦 | 65.26 | 32.09 | 89.67 | 38.4 | 119.2 | 46.23 | 133.61 | 63.7 | 25.67 | 9.36 |
| 乌兹别克斯坦 | 8.61 | 9.04 | 10.87 | 12.92 | 17.29 | 14.71 | 20.68 | 12.92 | 4.7 | 1.74 |
| 吉尔吉斯斯坦 | 3.97 | 1.45 | 5.61 | 1.94 | 8.79 | 2.91 | 13.11 | 4.92 | 2.56 | 0.52 |
| 塔吉克斯坦 | 2.4 | 0.95 | 3.78 | 1.26 | 6.07 | 1.62 | 7.94 | 2.09 | 1.8 | 0.61 |
| 土库曼斯坦 | 2.24 | 1.99 | 2.29 | 0.8 | 3.84 | 0.69 | 8.1 | 1.0 | 3.05 | 0.1 |
| 合计 | 82.48 | 45.52 | 112.22 | 55.32 | 155.19 | 66.16 | 183.44 | 84.63 | 37.78 | 12.33 |

三是中亚国家与美国的贸易比独立初也有所增加。随着中亚一体化的进程,双边贸易日趋活跃。据不完全统计(见表 6),2013 年,美国对中亚五国的贸易额为 34.1 亿美元,对五国出口额为 19.2 亿美元,从五国进口额 14.8 亿美元,盈余 4.3 亿美元。2014 年,美国对五国贸易总体有所下降,进出口额为 25.1 亿美元,其中,对五国出口额 14.5 亿美元,从五国进口额 10.6 亿美元,贸易盈余为 3.9 亿美元。哈萨克斯坦是美国的主要贸易伙伴,双边贸易额占整个中亚贸易的 70% 以上,哈对美贸易呈现盈余,是美国对五国贸易中唯一出现逆差的国家。

表 6  美国对中亚五国的进出口货物贸易(2013—2014 年)

(美元:亿元)

| 年 份 | 2013 | | | | 2014 | | | |
|---|---|---|---|---|---|---|---|---|
| 指 标 | 进出口贸易额 | 出口额 | 进口额 | 盈余 | 进出口贸易额 | 出口额 | 进口额 | 盈余 |
| 哈萨克斯坦 | 25.7 | 11.5 | 14.2 | −2.7 | 18.1 | 7.9 | 10.2 | −2.3 |
| 乌兹别克斯坦 | 3.8 | 3.6 | 0.2 | 3.4 | 1.8 | 1.7 | 0.1 | 1.6 |
| 吉尔吉斯斯坦 | 1.1 | 1 | 0.1 | 0.9 | 0.5 | 0.4 | 0.1 | 0.3 |
| 塔吉克斯坦 | 0.5 | 0.4 | 0.1 | 0.3 | 0.3 | 0.2 | 0.1 | 0.1 |
| 土库曼斯坦 | 3 | 2.7 | 0.3 | 2.4 | 4.4 | 4.3 | 0.1 | 4.2 |
| 合计 | 34.1 | 19.2 | 14.8 | 4.3 | 25.1 | 14.5 | 10.6 | 3.9 |

---

① 数据资料来源:根据 Federal Customs Service of the Russian Federation 公布的统计资料进行整理后统计形成数据。

（二）中亚出口结构的非均衡国际分工格局

在出口贸易结构上，区域一体化使中亚各国出口结构形成非均衡的国际分工格局。据国际贸易中心的《市场分析大全》和联合国的《国际贸易统计黄皮书》等有关中亚各国出口统计数据显示（见表7和表8），从1995—2016年间，五国的石油等燃料品、棉花等原材料品、塑料等初级制成品、机动车等工业制成品、针织服装等轻工业制成品等五大类产品的出口结构比重均发生较大变动，在贸易创造上表现出向燃料、原材料和初级制成品三大类出口产品结构集中的非均衡效应，基本反映各国参与区域一体化的竞争力水平，以及提高这一水平的潜力。

表7　中亚五国出口产品结构的比重对比（1995—2016）[①]

| 年　份 | 燃料<br>（石油等） | 原材料<br>（棉花、铜等） | 初级制成品<br>（塑料等） | 工业制成品<br>（机动车等） | 轻工业制成品<br>（服装等） |
|---|---|---|---|---|---|
| 1995 | 24.86 | 36.7 | 30.54 | 5.06 | 1.36 |
| 2007 | 38.86 | 13.14 | 26.24 | 6.26 | 2.68 |
| 2016 | 52 | 5 | 15 | 2.7 | 1.4 |

表8　中亚各国出口产品结构的比重对比（1995—2016）[②]

| 国家 | 年份 | 燃料<br>（石油等） | 原材料<br>（棉花、铜等） | 初级制成品<br>（塑料等） | 工业制成品<br>（机动车等） | 轻工业制成品<br>（服装等） |
|---|---|---|---|---|---|---|
| 哈萨克斯坦 | 1995 | 25 | 17.3 | 50.4 | 6.3 | 0.9 |
| | 2007 | 66 | 10.4 | 20.7 | 2 | 0.1 |
| | 2016 | 71 | 6.4 | 16.3 | 0.6 | 0.2 |

[①]　数据资料来源：根据 International Trade Centre, "Market Analysis Tools," n. d.〔http://www.intracen.org/mat/〕、UN COMTRADE, "United Nations Commodity Trade Statistics Database," n. d.〔http://comtrade.un.org/db/〕、UN International, United Nations International Trade Statistics Yearbook, 1995—2017〔http://comtrade.un.org/pb/，登录时间：2018年8月3日〕等发布的统计资料进行整理后统计形成数据。

[②]　数据资料来源：根据 International Trade Centre, "Market Analysis Tools," n. d.〔http://www.intracen.org/mat/〕、UN COMTRADE, "United Nations Commodity Trade Statistics Database," n. d.〔http://comtrade.un.org/db/〕、UN International, United Nations International Trade Statistics Yearbook, 1995—2017〔http://comtrade.un.org/pb/，登录时间：2018年8月3日〕等发布的统计资料进行整理后统计形成数据。

（续表）

| 国家 | 年份 | 燃料<br>（石油等） | 原材料<br>（棉花、铜等） | 初级制成品<br>（塑料等） | 工业制成品<br>（机动车等） | 轻工业制成品<br>（服装等） |
|---|---|---|---|---|---|---|
| 乌兹别克斯坦 | 1995 | 11.7 | 67 | 8 | 2.7 | 0.4 |
| | 2006 | 16.8 | 28.2 | 24.8 | 12 | 1.2 |
| | 2016 | 17.7 | 26.8 | 26.7 | 12.2 | 0.8 |
| 吉尔吉斯斯坦 | 1995 | 11.1 | 39.6 | 33.6 | 10.1 | 5 |
| | 2007 | 24.7 | 20.8 | 13.3 | 10.3 | 9.2 |
| | 2016 | 25.8 | 18.9 | 10.4 | 11.4 | 7.8 |
| 塔吉克斯坦 | 1995 | — | 45.2 | 52.2 | 0.9 | — |
| | 2006 | 0.2 | 25 | 69 | 1.7 | 2.2 |
| | 2016 | 0.3 | 19.4 | 70.1 | 1.5 | 1.5 |
| 土库曼斯坦 | 1997 | 76.5 | 14.4 | 8.5 | 0.1 | 0.5 |
| | 2006 | 86.6 | 2.1 | 3.4 | 5.3 | 0.7 |
| | 2016 | 87.3 | 1.5 | 2.3 | 4.8 | 0.4 |

　　比如，在石油等燃料品的出口结构上，五国的出口份额占比从1995年的24.86％上升到2007年的38.86％和2016年的52％，2018年，仅五国出口到中国的石油等燃料品仍就高达52.83％[1]，其中，哈、乌、吉、土四国的出口份额占比分别从1995年的25％、11.7％、11.1％、76.5％上升到2007年的66％、16.8％、24.7％、86.6％和2016年的71％、17.7％、25.8％、87.3％，成为区域出口贸易的"领头羊"，其产品主要出口到俄罗斯、中国、乌克兰、土耳其、东欧等国。

　　在棉花等原材料品的出口结构上，虽然五国从1995年所占出口份额的36.7％下降到2007年的13.14％、2016年的5％、2018年的2％，但仍位居中亚出口贸易的前列，其中，哈、乌、吉、塔、土五国分别从1995年的17.3％、67％、39.6％、45.2％、14.4％下降到2007年

---

[1]　数据资料来源：根据 Ссылка на статью：file:///Users/a1/Downloads/ekonomicheskoe-sotrudnichestv-kitaya-i-gosudarstv-tsentralnoy-azii.pdf 的统计资料进行整理后统计形成数据。

的 10.4%、28.2%、20.8%、25%、2.1%和 2016 年的 6.4%、26.8%、18.9%、19.4%、1.5%,其产品主要销往中国、美国、荷兰、俄罗斯、伊朗、阿富汗等国。

在塑料等初级制成品的出口结构上,五国从 1995 年所占出口份额的 30.547%下降到 2007 年的 26.24%和 2016 年的 15%,2018 年五国出口到中国的塑料等产品仅有 0.43%[①],其中,各国涨跌互现,哈、吉、土三国从 1995 年的 50.4%、33.6%、8.5%分别下降到 2007 年的 20.7%、13.3%、3.4%和 2016 年的 16.3%、10.4%、2.3%,乌、塔两国则分别从 1995 年 8%、52.2%上涨到 2007 年的 24.8%、69%和 2016 年的 26.7%、70.1%,体现各国出口结构的差异化,其产品主要向美国、俄罗斯、乌克兰、哈萨克斯坦等国出口。

在机动车等工业制成品和针织服装等轻工业制成品的出口结构上,五国所占出口份额体量小、无明显变化。其中,除吉、乌两国的工业制成品份额分别从 1995 年的 10.1%、2.7%上涨到 2007 年的 10.3%、12%和 2016 年的 11.4%、12.2%之外,其他国家两类产品的出口份额均在 9.2%—0.1%的低位徘徊,其产品也主要销往美国和欧盟国家。

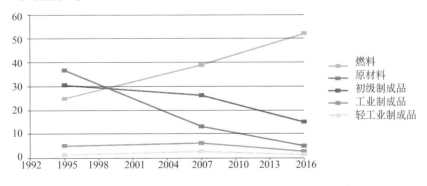

图 3　中亚五国出口产品结构比重示意图(1995—2016 年)

① 数据资料来源:根据 Ссылка на статью:file:///Users/a1/Downloads/ekonomicheskoe-sotrud-nichestvo-kitaya-i-gosudarstv-tsentralnoy-azii. pdf 的统计资料进行整理后统计形成数据。

显而易见，从图 3 不难看出，在中亚区域一体化过程中，各国主要通过区域经济整合来对接国际市场，充分发挥以燃料、原材料和初级制成品等为主导产业的单位生产成本和价格优势，在国际一体化中拥有更高水平的竞争力，因而形成这些产业的出口贸易创造效应逐渐占上风、而机动车等工业制成品和服装等轻工业制成品产业出口份额普遍走低的非均衡局面。不可否认，这种以技术含量不高、无需与客户直接接触的简单产品（如石油、天然气和金属）为主的出口结构，易受国际商品价格波动的影响，极大限制该区域高技术产品的出口规模。比如，哈萨克斯坦的高技术产品出口只占其全部出口贸易份额的 8.7%，吉尔吉斯斯坦则更少，只有 1.9%。[①] 这与中亚的制造业缺乏面向出口的区域内向投资，以及跨国公司的投资多倾向于为区内市场生产消费品等投资偏好不无关系，加之中亚的区域内贸易水平低、区域内出口和进口贸易份额差别大及不同国家的区域内进出口差异大等的局限[②]，进而加大各国经济融入国际分工的难度。时至今日，这一格局仍未发生根本改观。

## 二、中亚区域一体化投资效益

经济学家科登认为，区域经济一体化的成员国贸易流向直接影响着国际上的对外直接投资的流向和规模，形成经济一体化的投资创造和投资转移的双重效应。[③] 一方面，贸易转移引发投资创造。在经济一体化中，由于区域内的自由贸易吸引贸易从低成本的域外国家向域内成员国的转移，域外国家的跨国公司为抢占因贸易转移

① Zaure Chulanova,"Integration of Central Asian Republics into Global Economy,"*Himalayan and Central Asian Studies*, Vol. 12, No. 3—4,2008.

② Annageldy Arazmuradov,"Can Development Aid Help Promote Foreign Direct Investment? Evidence From Central Asia,"*Economic Affairs*,Vol. 35,No. 1,2015,pp. 123—136.

③ Karras,"Economic integration and convergence：lessons from Asia, Europe and Latin America,"*Journal of Economic Integration*, Vol. 12,No. 4,1997,pp. 419—432.

失去的市场份额而绕开关税贸易壁垒的限制,纷纷转到区域内投资设厂,客观上导致区域内的对外直接投资流入量大幅增加,形成区域投资聚集和规模经济的效应。另一方面,贸易创造又是投资转移的结果。随着区域经济一体化相关协定的生效,贸易创造不断显现,区域内成员国在市场容量扩大的形势下,为了生存发展不断增加直接投资,导致更大固定投入项目的投产,刺激区域内直接投资布局的调整,进而带动区域外国家直接投资的增加,形成投资转移和竞争优势的效应。就像英国学者杜宁所说的那样,经济一体化不仅改变区域内成员国与非成员国跨国公司的生产选址优势,引起区域内外来直接投资的增加;而且还改变区域内成员国间的相对竞争,从而影响外来直接投资在区内的生产布局,以及成员国间相互直接投资的流向。[①]

独立以来,中亚国家在市场经济改革的引领下,一则通过区域经济整合和一体化,强化地区经济功能专门化和市场规模经济,促进更有效的生产,企业生产效率普遍提高,为产品销售提供更多的机会。二来积极制定和完善投资政策,先后与世界各国签署 177 项双边投资条约,解决各国间的商业旅客签证计划、机动车协议、非关税壁垒等问题。同时还达成 125 项避免双重征税条约,承诺按照国际惯例,用利息、特许权使用费或技术服务费的方式收取收入,按净额征税,使得从支付给非居民的款项中从源头上扣除可能超过最终纳税责任的税款。这种用法律手段保护投资者在东道国的投资行为,保证投资者的合法权益不受损害,从而减少对外国企业双重征税的可能性,为外国直接投资流入创造良好的投资环境。这些投资政策措施的实施,改变中亚各国间经济联系的性质,强化多边和双边投资的流动

---

① Dunning,"The theory of international production,"*The International Trade Journal*,Vol. 3,No. 1,1988,pp. 21—66.

性,调动区外非成员国家直接投资和区内成员国间相互投资的热情。外国直接投资规模的大幅增加,带来资本、技术、技能、就业和市场准入,形成该地区投资聚集和规模经济的效应。中亚"各国对外国直接投资政策的改革,取消对外国直接投资者的审查制的歧视做法,不仅改善外国直接投资政策框架,而且发展更有针对性的投资促进能力,为进一步吸引更多的外国直接投资发挥至关重要的作用"①。

（一）一体化增强区域投资的活跃度

在中亚区域外非成员国直接投资上,由于区域一体化促进区域产业链更有效的生产,在功能专业化和经济性的基础上提高生产效率,并提供更多的销售机会,加之中亚的自然资源禀赋、高增长率、廉价和生产性劳动力等区域优势,因此,中亚正日益成为外国直接投资日益具有吸引力的目的地。

比如,联合国开发计划署《世界投资报告》发布的统计数据显示(见表9),从1992—2016年的二十四年里,区域外的美国、英国、中国、俄罗斯、荷兰、意大利、日本、德国、土耳其、塞浦路斯、马来西亚、丹麦等国家对中亚投资总额约为2163.57亿美元,远超同期外国投资者对东欧国家的直接投资规模。其中,对哈萨克斯坦直接投资流入量为1615.78亿美元,约占整个中亚直接投资流入量的74.5%,成为该地区外国直接投资最活跃的国家,对土、乌、吉、塔四国的直接投资流入也表现不俗,分别达到324.12亿、135.93亿、58.38亿、29.67亿美元。这些外国投资主要流向各国的诸如能源、房地产、矿业、基础设施、建筑材料、通信、天然气管道、银行和金融、纺织业、酒店、水电站、农业、食品加工和包装、化学品、电子技术、旅游、汽车生产、媒体、运输、零售业等部门和领域,展现区域一体化对各国直接投

---

① Nawal K. Paswan,"Investment Cooperation in Central Asia: Prospects and Challenges,"*India Quarterly*, Vol. 69, No. 1, 2013, pp. 13—33.

资流入的强大驱动力。

随着"一带一路"倡议的推进,2017 年,中国国家开发银行也专门设立"一带一路"的基础设施专项贷款(1000 亿元等值人民币)、产能合作专项贷款(1000 亿元等值人民币)和金融合作专项贷款(500亿元等值人民币),中国进出口银行也设立"一带一路"的专项贷款额度(1000 亿元等值人民币)和基础设施专项贷款额度(300 亿元等值人民币),支持"一带一路"沿线国家的基础设施建设、产能、金融合作等,由此带来中亚新的对外直接投资增长点。

表9 中亚五国流入的外国直接投资(1992—2016 年)[①]

(美元:亿)

| 年份 | 中亚五国 | 哈萨克斯坦 | 乌兹别克斯坦 | 吉尔吉斯斯坦 | 塔吉克斯坦 | 土库曼斯坦 |
|------|----------|------------|--------------|--------------|------------|------------|
| 1992 | 1.18 | 1.0 | 0.09 | 0.0 | 0.09 | 0.0 |
| 1993 | 14.174 | 12.714 | 0.48 | 0.1 | 0.09 | 0.79 |
| 1994 | 8.859 | 6.597 | 0.73 | 0.382 | 0.12 | 1.03 |
| 1995 | 12.794 | 9.643 | −0.24 | 0.961 | 0.1 | 2.33 |
| 1996 | 13.998 | 11.369 | 0.9 | 0.468 | 0.18 | 1.081 |
| 1997 | 16.976 | 13.219 | 1.668 | 0.83 | 0.18 | 1.079 |
| 1998 | 14.949 | 11.609 | 1.396 | 1.092 | 0.299 | 0.623 |
| 1999 | 17.35 | 14.377 | 1.212 | 0.444 | 0.067 | 1.25 |
| 2000 | 15.093 | 12.825 | 0.747 | −0.024 | 0.235 | 1.31 |
| 2001 | 31.023 | 28.35 | 0.828 | 0.05 | 0.095 | 1.7 |
| 2002 | 29.723 | 25.902 | 0.653 | 0.047 | 0.361 | 2.76 |
| 2003 | 25.104 | 20.92 | 0.653 | 0.455 | 0.316 | 2.76 |
| 2004 | 50.91 | 41.572 | 1.766 | 1.315 | 2.72 | 3.537 |
| 2005 | 26.781 | 19.712 | 1.916 | 0.426 | 0.545 | 4.182 |
| 2006 | 77.035 | 62.782 | 1.738 | 1.82 | 3.386 | 7.309 |

---

① 数据资料来源:根据联合国开发计划署:《世界投资报告》(1992—2016)的统计资料进行整理后统计形成数据。

（续表）

| 年份 | 中亚五国 | 哈萨克斯坦 | 乌兹别克斯坦 | 吉尔吉斯斯坦 | 塔吉克斯坦 | 土库曼斯坦 |
|---|---|---|---|---|---|---|
| 2007 | 132.491 | 111.19 | 7.052 | 2.089 | 3.6 | 8.56 |
| 2008 | 170.630 | 143.218 | 7.113 | 3.771 | 3.758 | 12.77 |
| 2009 | 185.548 | 137.714 | 7.11 | 1.896 | 0.158 | 38.67 |
| 2010 | 131.444 | 99.61 | 8.22 | 2.336 | 0.448 | 20.83 |
| 2011 | 195.71 | 137.6 | 16.51 | 6.94 | 0.67 | 33.99 |
| 2012 | 180.67 | 137.85 | 6.74 | 2.93 | 1.98 | 31.17 |
| 2013 | 145.80 | 97.39 | 10.77 | 7.58 | −0.54 | 30.61 |
| 2014 | 162.07 | 104.35 | 10.23 | 7.69 | 1.64 | 38.16 |
| 2015 | 212.02 | 148.29 | 10.68 | 8.19 | 2.27 | 42.59 |
| 2016 | 291.5 | 206 | 37 | 6.55 | 6.95 | 35 |

不仅如此,外国对中亚直接投资还呈现出持续性增长的态势。比如,1992 年,外国对中亚直接投资仅为 1.18 亿美元,但从 1993 年开始,外国对中亚直接投资显著放大,在 1993—2006 年的十四年间由 14.174 亿美元增长到 77.035 亿美元,涨幅达 5.5 倍。2007 年以后,外国直接投资量更是以年均超过 100 亿美元的速度增长,2016 年甚至达到 291.5 亿美元的峰值(见图 4)。这期间,尽管外国投资者因对该地区市场缺乏信心,无法确保法治、执行合同和维持有利于透明经济体系等的干扰,使得外国投资流入量出现较大波动,但始终

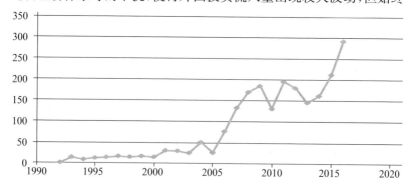

图 4　外国对中亚五国直接投资示意图(1992—2016 年)

未改变外国投资者对该地区投资净流入的格局。

中国作为中亚重要的地缘国家,已在中亚地区投入数百亿美元的资金,仅 2005 年就向中亚五国投资近 80 亿美元,2012 年也有 34.5 亿美元[①],参与土库曼斯坦实施的 37 个投资计划,总投资额约 3.8 亿美元和 3.6 亿元人民币。最为关注的是,近十几年来,中国对哈萨克斯坦的投资规模扩大,成为中亚国家双边经济合作的亮点(见表 10)。

表 10　1993—2010 年中国对哈萨克斯坦直接投资额与累计值(亿美元)[②]

| 年份 | 当年投资额 | 比上年(%) | 累积额 |
| --- | --- | --- | --- |
| 1993 | 0.05 | — | 0.05 |
| 1994 | 0.05 | 0 | — |
| 1995 | 0.02 | −60 | 0.12 |
| 1996 | — | 0 | 0.12 |
| 1997 | 3.13 | — | 3.25 |
| 1998 | 0.867 | −72.3 | 4.117 |
| 1999 | 0.496 | −42.8 | 4.463 |
| 2000 | 0.901 | 81.7 | 5.514 |
| 2001 | 2.119 | 135.2 | 7.633 |
| 2002 | 0.647 | −69.5 | 8.28 |
| 2003 | 2.486 | 281.5 | 10.748 |
| 2004 | 3.878 | 57.1 | 14.626 |
| 2005 | 2.161 | −44.3 | 16.787 |
| 2006 | 3.629 | 67.9 | 20.416 |
| 2007 | 2.582 | −1.3 | 23.998 |
| 2008 | 6.925 | 93.9 | 30.923 |
| 2009 | 7.087 | 2.3 | 38.01 |
| 2010 | 12.22 | 72.4 | 50.245 |

从 1993 年开始,中国就开始对哈国进行直接投资,总投资额为

---

① 许云霞:《中国对中亚五国直接投资的比较分析》,《新疆财经》2016 年第 4 期。

② 数据来源:中国驻哈萨克斯坦使馆经商参处。

500 万美元。1994 年对哈直接投资为 500 万美元,1995 年为 200 万美元。尽管这一时期中国对哈直接投资总额较小,但为中国资本进入哈国市场打下基础。1997 年,由于受到东南亚金融危机的影响,中国对东南亚投资受挫,中国加大对中亚地区的投资力度,使得中国对哈国的直接投资迅速增长,达到 3.13 亿美元。随后对哈国投资有所回落,1998—2000 年间一直保持在 1 亿美元之内。2001—2007 年间,中国对哈国投资逐步回升,基本维持在 2 亿—3.8 亿美元之间。2008 年后,中国对哈国直接投资大幅增长,每年的投资额均超过 6 亿美元。截至 2010 年,中国对哈国直接投资总数达到 50.24 亿美元,2014 年更是突破 70 亿美元[①],中国成为投资中亚国家最多的国家(见图 5)。

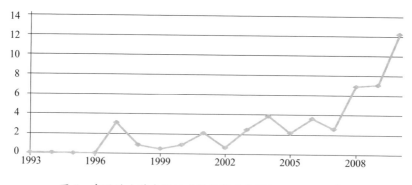

图 5 中国对哈萨克斯坦直接投资示意图(1993—2010 年)

日本通过向中亚国家贷款的方式对中亚进行投资。比如,1993 年,日本向吉尔吉斯斯坦提供价值 66 亿日元的"复兴计划"贷款。1994 年 4 月,日本向哈萨克斯坦提供 2.2 亿美元的援助和 1.28 亿美元的贷款。同年,日本的国际发展基金会又向哈萨克斯坦提供 73 亿日元用于修建其铁路设施。1995 年,日本向乌兹别克斯坦提供 127 亿日元的"电信通讯网络扩展项目"贷款。同年,日本向吉尔吉斯斯坦提供 9000 万美元的贷款和 100 万日元的无偿贷款。1996 年,日本向

---

① 许云霞:《中国对中亚五国直接投资的比较分析》,《新疆财经》2016 年第 4 期。

哈萨克斯坦提供 215.3 亿日元贷款,用于修建大型桥梁工程。

截止 2004 年,日本已向中亚国家提供政府开发援助 20 多亿美元,用于当地的经济发展和社会进步。据报道,日本与乌兹别克斯坦签署《关于日本向乌兹别克斯坦塔日古扎尔——拜松——库姆库尔干铁路建设项目提供 1.5 亿美元低息优惠贷款(还贷期 40 年,年利息 0.4%)的协议》,用于修建一条 200 公里的铁路干线,以连接阿富汗铁路网。[①] 在此推动下,日本伊藤忠石油勘探公司和 Inpex 集团公司分别拥有里海南部三个油田 10% 和 3.92% 的股份。伊藤忠石油勘探公司和 Inpex 集团公司还是巴杰输油管道财团的股东,分别拥有该管道 3.4% 和 2.5% 的股份。

2006 年,日本三井集团和关西电力公司与哈萨克斯坦国家原子能工业公司签署合同,成立合资公司"阿巴克"公司,两家日本公司分别占 25% 和 10% 的股份。2007 年,日本银行还向哈萨克斯坦的 SKZ-U 有限责任公司(日本丸红株式会社、东京电力公司、东芝公司与哈萨克斯坦国家原子能公司建立的合资公司)提供 13 亿美元贷款,主要用于在哈萨克斯坦南部克孜奥尔达建立硫酸厂(生产的硫酸主要用于从铀矿石中浸出铀)。

美国对中亚的投资主要以跨国企业的入股方式进行投资。比如,美国的谢夫隆公司与哈萨克斯坦达成协议,合办田吉兹——谢夫隆公司,利用美资开发田吉兹油田,该公司为此将分期分批注入 200 亿美元的开发资金,产品由双方分享。美国已获得哈萨克斯坦已探明储量近 70 亿桶的田吉兹油田的开采权。美国通过这种方式,成功地控制包括田吉兹油田在内的哈萨克斯坦绝大多数基础行业的企业。截止 1999 年底,哈萨克斯坦 30 多家冶金、能源和钢铁等大型和特大型骨干企业均控制在以美国为首的西方财团手中,其占哈萨克

---

① 《看上石油储备寻求政治支持,日本想法接近中亚》,《环球时报》2004 年 9 月 1 日第 16 版。

斯坦这类企业的百分之六十以上。美国对乌兹别克斯坦的投资额也已高达 80 亿美元。

俄罗斯对中亚的投资主要以参股形式展开。比如，俄罗斯的 Лукойл 石油公司拥有哈萨克斯坦 Карачаганак 公司的 15％股份、俄罗斯 Лукойл 公司在哈萨克斯坦 Бузачи 公司有 20 亿的投资、俄罗斯 Лукойл 公司拥有哈萨克斯坦 Албекмола 公司和 Кожасай 公司的 50％股份、俄罗斯 Лукойл 的子公司拥有哈萨克斯坦 Каракудук 公司开采权、俄罗斯 Лукойл 公司与哈萨克斯坦公司共同拥有 Тюб-Караган Аташская 油田、俄罗斯 Роснефть 公司拥有 Курмангазы 油田开采权。俄罗斯的 Газпром 公司和乌兹别克斯坦石油公司共同开发 Шахпахты、俄罗斯 Лукойл 石油公司和乌兹别克斯坦石油公司共同开发 Кандым 和 Кунград 的油田。俄罗斯参与土库曼斯坦的天然气生产系统进行改造、扩建俄罗斯中亚——中央天然气管道容量等。

土耳其通过向中亚国家提供贷款和直接投资的方式，先后在该地区投资数十美元的资金，建立数百家独资和合资企业。比如，土耳其国家石油公司在沙赫杰尼兹气田拥有 9％的股份，在古尔达什油田拥有 5％的股份，在阿拉兹——阿劳夫——沙尔克油田拥有 10％的股份。另外，土耳其还积极参与修建巴库——杰伊汉石油管道，加强对中亚、里海、地中海的石油输出的影响。

（二）哈萨克斯坦成为中亚投资的重要力量

在中亚区域内成员国投资上，中亚一体化让哈萨克斯坦等区内经济大国的投资势头迅猛，成为中亚重商主义的重要力量。随着中亚区域内相关投资协定的生效，区域内成员国间的资本和贸易壁垒相继取消，带动哈萨克斯坦等国相互投资的积极性。比如，从联合国开发计划署《世界投资报告》中有关中亚区域内投资的统计数据看，在 1997—2010 年间，中亚五国间相互投资总额约为

158.07 亿美元,哈萨克斯坦对中亚地区的直接投资最多,达到 157.23 亿美元,紧随其后的是吉尔吉斯斯坦,约为 0.84 亿美元,其他三国(乌、塔、土)在区域内直接投资则寥寥无几。[①] 乌、塔、土三国的经济虽然有较大增长,但主要是靠流入投资拉动的,很少参与区域内的直接投资。

哈萨克斯坦的对外直接投资主要流向吉尔吉斯斯坦的银行和金融业,约占吉尔吉斯斯坦银行系统资本的 30%,其次是旅游业,开发了伊斯克库里地区的四个娱乐设施,此外还涉足采矿、建筑材料、食品加工、媒体、房地产等行业,包括控股康德水泥和石板厂、玉米糖浆厂、两个混凝土厂、吐马克砖厂和羊毛加工厂、塔迪布拉克金矿等;哈直接投资流向塔吉克斯坦的银行、采矿、天然气管道、纺织业、食品加工、电力设施等,包括控股阿达斯曼采矿综合体、比什凯克纺织厂,参股罗贡发电厂等;哈直接投资流向乌兹别克斯坦的贸易、建筑、轻工业、金属和食品工业,包括联合建立食品加工厂等。相比而言,中亚其他国家对哈萨克斯坦直接投资的领域稀少,吉尔吉斯斯坦的直接投资主要流向塔吉克斯坦的电站、食品加工等;乌兹别克斯坦的直接投资主要流向哈萨克斯坦的贸易、制造业、食品工业、建筑材料、玻璃、服务业和房地产业等。[②] 近年来,中亚区域内的投资环境虽有所改善,一体化进程对推动成员国相互投资也起到一定促进作用,但各国在区域内直接投资的规模和领域上仍十分有限,且呈现出较大差异性。

尽管中亚一体化进程对推动成员国相互投资有促进作用,但各

---

① 数据资料来源:根据联合国开发计划署:《世界投资报告》(1998—2011)的统计资料进行整理后统计形成数据。

② Libman, "Regional integration in Central Asia: A firm-centered view," CDSE Mannheim, IE RAS Moscow and ECNU Shanghai. Munich Personal RePEc Archive (MPRA) Paper No. 10939, posted 7 October. Retrieved 28 August 2012, from http://mpra. ub. uni-muenchen. de/10939/1/Regional_Integration_in_Central_ Asia 4,登录时间:2018 年 8 月 3 日。

国对外直接投资的规模和领域具有很大差异性。哈萨克斯坦作为地区对外投资的主要输出国,在各国对外直接投资中占据主导地位,彰显哈萨克斯坦地区经济大国的风范,而塔、乌两国的投资活跃程度远比哈萨克斯坦逊色得多,吉尔吉斯斯坦在区域化进程中主要是外国直接投资的接受国,土库曼斯坦基本不参与区域投资,其作用微不足道,从而形成哈萨克斯坦一国独大的区域投资格局。对此,印度学者帕斯万给予高度评价,指出为更好吸引外资,促进中亚一体化的纵深发展,可优先做强做大哈萨克斯坦,使其成为该区域的经济中心。鉴于哈萨克斯坦的区位优势、稳定和相对较好的投资环境,把它作为区域经济枢纽具有明显的潜质,可为中亚其他国家提供经济支撑,成为亚洲和欧洲之间的重要经济桥梁。[①]

## 三、中亚区域一体化货币效益

中亚五国独立后,中亚各国国家先后发行本国的货币,实施"汇率目标制、货币供应量目标制和通货膨胀目标制"[②]的三大货币政策,来稳定其国内的通胀。并根据国际货币基金组织的协定条款,把美元作为其对外贸易的主要"显性锚货币"。比如,哈萨克斯坦一直奉行以能源出口为目标的经济发展战略,石油等资源型商品在对外贸易中的体量巨大,对优先提高资本流动性和货币政策自主权极为重视,倾向于引入固定形式的汇率安排,利用国家银行的金融杠杆操纵汇率,维持坚戈(哈萨克斯坦货币)对美元汇率的基本稳定,以改善哈萨克斯坦的经常账户余额和贸易竞争力。[③] 而乌兹别克斯坦则倡

---

① Nawal K. Paswan,"Investment Cooperation in Central Asia: Prospects and Challenges,"*India Quarterly*, Vol. 69, No. 1, 2013.

② 南楠等:《中亚国家货币政策的演变特征及其影响探究》,《甘肃金融》2018年第12期。

③ NBK (2000—2012),"Main directions of monetary policy of the National Bank of Kazakhstan," National Bank of Kazakhstan, http://www.nationalbank.kz/,登录时间:2018年8月3日。

导以出口推动国家工业化的发展战略,强调有限资本流动和汇率稳定,更愿意采取主动让苏姆(乌兹别克斯坦货币)对美元汇率渐进贬值的方式,来提高乌兹别克斯坦出口的竞争力。[1] 吉尔吉斯斯坦和塔吉克斯坦两国因经济总量偏低、地区贸易份额偏小,在金融体系和宏观经济上实行全方位开放战略,通过采取灵活的汇率机制,刺激其经济发展。土库曼斯坦偏重"计划经济"的国家战略,是中亚唯一实施外汇管制的国家,其汇率的市场化程度最低。中亚五国的上述汇率安排一定程度上反映各国融入国际货币体系的制度设计,深刻影响中亚经济体的区域化货币进程。

(一) 一体化加快区域货币国际化进程

在对美元平均汇率上,各国汇率与国际货币体系接轨。从中亚的哈萨克斯坦国家银行等公布的对美元平均汇率估值数据看(见表11),在2001—2011年间,五国货币对美元汇率,除吉尔吉斯斯坦的索姆(货币单位)略有升值(从2001年的0.0206升至2011年的0.0217)、哈萨克斯坦的坚戈维持不变(0.0068)之外,塔、土、乌三国的货币均呈现不同程度贬值趋势(分别从2001年的0.4206、0.0002、0.0023贬至2011年的0.2163、0.0001、0.0006)。2011年后,各国货币汇率均发生深度贬值,哈、吉、塔、乌的汇率波动率分别从2012年1.07、0.4、0.03、56.45扩大到2015年的52.16、5.31、0.46、102.74,达到峰值。

2015年后,随着哈萨克斯坦实施坚戈自由浮动政策,各国汇率波动才有所放缓。国际货币基金的统计数据显示,2015—2018年间,哈萨克斯坦波动率从2015年的52.16缩小为2018年的15.51),吉尔吉斯斯坦因实行盯住目标不明确的有管理的汇率政策,

---

[1] CBU (2006—2014),"Current state of affairs and main directions of monetary policy,"Central Bank of Uzbekistan,http://www.cbu.uz登录时间:2018年8月3日。

其索姆波动率从 2015 年的 5.31 缩小为 2018 年的 0.33。塔吉克斯坦也采取盯住本国货币总量的汇率稳定政策,其索莫尼波动率从 2015 年的 0.46 缩小为 2018 年的 0.25。乌兹别克斯坦采取盯住本国货币总量的爬行盯住汇率政策,其苏姆波动率从 2015 年的 102.74 扩大为 2018 年的 137.95)。[1] 未来各国汇率受外需萎缩和资本大幅外流的影响仍有下跌压力。

**表 11　中亚五国基准利率估值(2001—2011 年)[2]**

| 指标 | 年份 | 哈萨克斯坦 | 吉尔吉斯斯坦 | 塔吉克斯坦 | 土库曼斯坦 | 乌兹别克斯坦 |
|---|---|---|---|---|---|---|
| 算术股价 | 2001 | 0.5649 | 0.0341 | 0.0347 | 0.1829 | 0.1834 |
| 对美元的平均汇率 | | 0.0068 | 0.0206 | 0.4206 | 0.0002 | 0.0023 |
| 中亚货币单位权重 | | 0.8277 | 0.0165 | 0.0008 | 9.5089 | 0.7847 |
| 基准汇率(中亚货币单位/中亚国家货币) | | 2.7035 | 0.8949 | 0.0438 | 96 | 7.7009 |
| 算术股价 | 2011 | 0.6258 | 0.0335 | 0.0290 | 0.1302 | 0.1815 |
| 对美元的平均汇率 | | 0.0068 | 0.0217 | 0.2163 | 0.0001 | 0.0006 |
| 中亚货币单位权重 | | 0.9170 | 0.0154 | 0.0013 | 18.5553 | 3.1234 |
| 基准汇率(中亚货币单位/中亚国家货币) | | 1.4656 | 0.4608 | 0.0462 | 143 | 17.2089 |

而在货币单位权重和基准汇率上,一体化无论是在中亚货币单

---

① 　根据 International Monetary Fund(http://www.imf.org/,登录时间:2019 年 8 月 3 日)的 IFS2019 年统计数据整理得出。

② 　数据资料来源:根据 Central Bank of Uzbekistan(http:// www.cbu.uz/), Central Bank of Turkmenistan(http://www.cbt.tm/), National Bank of Kazakhstan(http://www.nationalbank.kz/), National Bank of Kyrgyz Republic(http://www.nbkr.kg/),National Bank of Tajikistan(http://www.nbt.tj/,登录时间:2019 年 1 月 3 日)的统计资料进行整理后统计形成数据。

位权重还是在基准汇率(中亚货币单位/中亚国家货币)上都给各国的货币机制带来较大调整。据中亚各国银行公布的基准汇率数据显示(见表11),自2001年始,在中亚货币汇率接轨国际货币体系后,除吉尔吉斯斯坦从2001年的0.0165下至2011年的0.0154外,哈、塔、土、乌四国均从2001年的0.8277、0.0008、9.5089、0.7847升到2011年的0.9170、0.0013、18.5553、3.1234,尤其是土库曼斯坦的马纳特(货币单位)权重最为突出,高居各国的榜首。而在基准汇率(中亚货币单位/中亚国家货币)上(见表11),哈、吉两国也分别从2001年的2.7035和0.8949降至2011年的1.4656和0.4608,而塔、土、乌三国分别从2001年的0.0438、96、7.7009升到2011年的0.0462、143、17.2089。2015年哈萨克斯坦汇改后,各国汇率贬值的趋缓,其货币单位权重和基准汇率也逐步回升。由此可见,中亚五国货币单位对美元汇率变化与各国货币单位权重和基准汇率的波动呈现负相关性,即当中亚经济体的货币单位对美元汇率出现贬值时,该经济体的货币单位权重和基准汇率往往会形成上升趋势,反之则下降。这一变化规律不仅反映中亚五国货币整合的必然要求,而且也是中亚货币机制融入国际一体化进程的使然。

(二) 哈萨克斯坦坚戈的区域货币功能日益凸显

作为中亚经济体的大国,哈萨克斯坦在市场经济的推动下,经过十多年的持续增长,经济规模进入"中等强国"行列,货币权重(坚戈)在地区的贸易量、名义国内总产值、按实际购买力水平计价的国内总产值等主要经济指标在中亚首屈一指,且有进一步走强的趋势。据世界银行等的不完全统计,在2001—2011年间,哈萨克斯坦坚戈在地区贸易量的权重从2001年的0.53上升到2011年的0.64,远超同期的土库曼斯坦马纳特(权重从2001年的0.27下降为2011年的0.16)和乌兹别克斯坦苏姆货币单位(权重2001年和2011年均为

0.13)①;在地区名义国内总产值上,坚戈的权重(从 2001 年的 0.56 上升为 2011 年的 0.68)也比苏姆(权重从 2001 年的 0.29 降为 2011 年的 0.16)和马纳特(权重从 2001 年的 0.09 升为 2011 年的 0.11)高出很多②;在按实际购买力水平计价的国内总产值上,坚戈的权重(从 2001 年的 0.6042 升为 2011 年的 0.6089)要比同期的苏姆(权重从 2001 年的 0.2339 降为 2011 年的 0.2292)和马纳特(权重从 2001 年的 0.0926 升为 2011 年的 0.1027)优势明显。③

从 2012—2016 年,受世界经济形势的影响,哈萨克斯坦的贸易量和名义国内总产值分别从 1327 亿美元和 2004.8 亿美元下降到 621.2 亿美元和 1336.6 亿美元④,但其坚戈权重依然在该区域的各项经济指标中占据"半壁江山",最明显的表现就是,在 2014 年哈萨克斯坦坚戈的突然贬值导致中亚其他国家的货币的大幅波动,而随着 2015 年哈萨克斯坦的汇改,中亚各国的货币贬值趋势才得以缓解,哈萨克斯坦学者卡什波夫认为,"其根本原因在于坚戈在区域货币篮子中的权重过大所致"⑤。这一定程度上体现坚戈作为中亚"隐性货币锚"⑥的巨大潜力,为区域货币国际化铺平道路。

## 四、中亚区域一体化的经济发展效益

英国学者亨克松等人认为,区域经济一体化对于促进成员国、

---

① 数据资料来源:根据 UNCTAD statistics(http://unctadstat. unctad. org/,登录时间:2019 年 1 月 3 日)的统计数据整理得出。

② 数据资料来源:根据 World Bank Dataset(http://data. worldbank. org/,登录时间:2019 年 1 月 3 日)的统计数据整理得出。

③ 数据资料来源:根据 World Bank Dataset(http://data. worldbank. org/,登录时间:2019 年 1 月 3 日)的统计数据整理得出。

④ 数据资料来源:根据 World Bank,*World Development Report* (2017)(http://web. world-bank. org/WBSITE/ EXTERNAL/DATASTATISTICS,登录时间:2019 年 1 月 3 日)的统计资料进行整理后统计形成数据。

⑤ Jasur Karshibaev,"Monetary cooperation perspective in Central Asia,"*Procedia Economics and Finance*,Vol. 30,2015,pp. 388—400.

⑥ 郭建伟:《贸易依存度与中亚五国货币锚》,《国际经贸探索》2018 年第 8 期。

尤其是发达国家的经济增长具有积极作用,因为区域经济一体化是在更为开放和自由的前提下展开的,容易获得成员国的溢出效应,推动该区域经济的增长。[①] 从规模经济效应上看,区域经济一体化打破单一制国内市场的局限,将原来分散的国内市场整合成统一的区域大市场,扩大市场容量,使成员国可通过专业化的分工协作开展大规模生产,降低生产成本,获得规模经济的递增效益,实现规模经济的稳定市场和"经济滚雪球式的扩张"[②]。从劳动力市场效应上看,经济一体化贯通成员国劳动力的自由流动,使各国劳动力呈现从不发达经济体向发达经济体转移的趋势,这对发达经济体来说,大量外来劳动力的涌入直接拉低其薪酬水平,而不发达经济体劳动力的流出也间接抬高这些国家的薪酬水平,有利于成员国的整体国民收入提升。成员国劳动力在区域内的自由流动,可以将劳动力的价格在一体化内趋于或者完全达成一致,并引起不同行业收入分配的变化。

作为区域一体化的主要指标,资本、劳动力、技术、产业结构等对中亚区域经济增长影响深远。在中亚区域一体化的影响下,中亚各国通过市场一体化、贸易创造和贸易转移、国民收入增长的传导、技术创新与竞争的传导等,不断增加资本积累、优化产业结构、整合劳动力资源、推广技术进步,来推动区域经济的发展,从而使中亚国家的国内生产总值(GDP)、国民收入(PPP)等强劲增长。

(一) 一体化促进区域经济的量性增长

从国内生产总值(GDP)看,一体化有利于中亚地区经济的整体向好。比如,自 2000 年以来,中亚经济开始进入快车道,区域 GDP

---

[①] Henrekson,"Growth effects of European integration,"*European Economic Review*,Vol. 41,No. 8,1997,pp. 15—43.

[②] Scitovsky,*Economic Theory and Western European Integration*,London:Allen&Unwin,1958,p. 143.

达到平均每年 8.3% 的加速增长。土库曼斯坦的年均增速为 13.1%,是五国中增速最高的国家,塔、哈、乌三国也不可小觑,其年均增速分别为 8.6%、8.3%、7.1%,吉尔吉斯斯坦的年均增速也有 4.4%。世界银行的统计数据分析,五国 2006 年的 GDP 总量为 1104.17 亿美元,2007 为 1512.3 亿美元,2010 年为 2132.99 亿美元,[①]已迈入世界经济增长较快的地区之一。2010 年后,受国际大宗商品(原油、金属和矿物等)工业品的拖累,五国经济增速虽显著放缓,但 GDP 总量还是稳步增加。据世界银行统计,2011—2018 年间,五国 GDP 总量分别达到 2725.3 亿、2987.3 亿、3219.6 亿、3396.08 亿、3028.52 亿、2510.02 亿美元、2796.59 亿美元,2365.63 亿美元(不包括土库曼斯坦)(见图 6)。[②] 2019 年,哈、吉、塔、土、乌的 GDP 增速有望分别达到 4%、4.9%、4.5%、7%、7.4%。

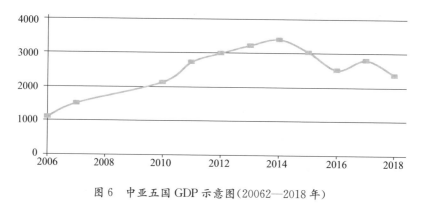

图 6　中亚五国 GDP 示意图(20062—2018 年)

另一方面还使区域产业结构得以优化。从世界银行 2010 年对中亚五国的农业、工业和服务业占 GDP 的比重分析,该地区的农业、工业和服务业三大产业分别占 GDP 的 17.8%、34%、47.8%,其中,

① 　数据资料来源:根据 World Bank,*World Development Report* (*2012*)(Washington, DC)的统计资料进行整理后统计形成数据。
② 　数据资料来源:根据 World Bank,*World Development Report* (*2017*)(Washington, DC)的统计资料进行整理后统计形成数据。

哈的占比分别为 6％、40％、53％,吉为 29％、19％、51％,塔为 22％、24％、54％,土为 12％、54％、34％,乌为 20％、33％、47％,[①]五国的农业对 GDP 的贡献率降幅较大,服务业对 GDP 的贡献率显著上升,表明中亚的三大产业结构已呈现从农业为主导的产业格局向工业化过渡的趋势。2011 年至今,随着中亚经济逐步企稳回升,区域产业结构优化将进一步趋于合理。

（二）一体化拓宽五国的国民收入福利

从国民收入（PPP）看,中亚一体化拓宽五国的国民收入福利。世界银行 2010 年对中亚五国 PPP 数据进行统计后发现,该年度五国的 PPP 总量已达 3236 亿美元,其中,哈萨克斯坦的 PPP 最高,达到 1731 亿美元,超过其他四国的总和,一跃成为该地区经济实力最强的国家,吉、塔、土、乌四国的 PPP 分别为 117 亿美元、146 亿美元、371 亿美元、871 亿美元,都比独立初期有明显增长。[②] 2010 年后,受五国 GDP 不断增大的推动,各国的 PPP 和人均国民收入（GNI）都显著增长。据世界银行不完全统计,2011—2016 年的六年间,除哈、土两国的 GNI 保持在 10000 美元左右的中高收入国家外,吉、塔两国的 GNI 从 2011 年的不足 1000 美元的低收入国家,上升到 2016 年的 2000—3000 美元的中低收入国家,涨幅较大。只有乌兹别克斯坦的 GNI 增长缓慢,一直保持在 2000—3000 美元的中低收入国家的水平。[③]

另外,一体化还加快五国间劳动力资源的自由流动。据不完全统计,1989—2004 年的十五年间,从中亚各国向俄罗斯的劳动力迁

---

① 数据资料来源:根据 World Bank,*World Development Report*（2012）（Washington, DC）的统计资料进行整理后统计形成数据。

② 数据资料来源:根据 World Bank,*World Development Report*（2012）（Washington, DC）的统计资料进行整理后统计形成数据。

③ 数据资料来源:根据 World Bank,*World Development Report*（2017）（Washington, DC）的统计资料进行整理后统计形成数据。

移超过 100 万人,其中,塔吉克族向俄罗斯迁移的人数为 35.5 万,乌兹别克族向俄罗斯迁移 19.1 万人。[1] 中亚大量劳动力的流动增加了国外劳工的汇款,仅 2003 年,吉尔吉斯斯坦的国外劳工汇回本国的汇款为 4 亿美元,占该国 GDP 的 22.5%,塔吉克斯坦的国外劳工的汇款为 5 亿美元,占该国 GDP 的 31.5%,乌兹别克斯坦的国外劳工汇款为 6 亿美元,占该国 GDP 的 6.9%。[2] 另据欧洲银行和世界银行对 2007 年的中亚五国国际收支统计数据分析,中亚国家的国外劳工汇回本国的汇款占 GDP 比重大幅递增,塔吉克斯坦的国外劳工汇回本国的汇款已占到该国 GDP 的 36.3%,吉尔吉斯斯坦的国外劳工汇回本国的汇款占本国 GDP 的 19.2%,哈萨克斯坦的国外劳工汇回本国的汇款占本国 GDP 的 0.2%,成为这些国家国民收入的重要来源。[3] 对此,美国学者安卓·卫指出,中亚劳动力的自由流动,成为各国经济发展的主要外汇来源,其规模可与货物和服务出口相当,也远远超过外国直接投资和官方发展援助。[4]

现阶段,在"一带一路"的推动下,中亚国家间劳动力的流动更加频繁,劳工汇款迅速增长,2018 年,中亚国家的国外劳工汇回本国汇款已达 91 亿美元。这表明,中亚的塔、吉、乌等国大量劳动力向周边国家的转移,在弥补流入国劳动力短缺、降低其薪酬水平的同时,也间接增加塔、吉、乌等国的国民收入、提升其薪酬水平,促进区域经济

---

[1]　Vishnevskii, *Naseleniie Rossii 2003—2004*: *Odinnadtsatyi-dvenadtsatyi ezhegodnyi demograficheskii doklad*, Nauka, Moscow, 2006, pp. 322—323.

[2]　Korobkov A. Palei L, *The Socio-Economic Impact of Migrant Remittances in the CIS. In*: *International Migration Trends*, Vol. 15, MAX Press, Moscow, 2005, pp. 130—147.

[3]　数据资料来源:根据 European Bank for Reconstruction and Development, Transition Report, 2007. London, UK: EBRD [http://www. ebrd. com/country/sector/econo/stats/index. htm], selected economic indicators 和 World Bank, "Key Development Data & Statistics", 2007 [http://web. worldbank. org/WBSITE/ EXTERNAL/DATASTATISTICS/, 登录时间:2018 年 8 月 3 日]发布的统计资料进行整理后统计形成数据。

[4]　Andrei V, "Migration trends in Central Eurasia: Politics versus economic," *Communist and Post-Communist Studies*, Vol. 40, 2007, pp. 169—189.

的综合发展和国民收入的整体提高。

总体而言,中亚区域经济一体化作为地区经济整合的理性选择,通过中亚合作组织、欧亚经济共同体、上海合作组织等区域一体化组织的联动,正日益在中亚的贸易、投资、货币一体化、经济增长等静态和动态两方面产生双重效应。它集中表现在:一方面,中亚一体化改善地区出口贸易的规模和结构,扩大各经济体的出口贸易创造,形成出口结构的非均衡国际分工格局,提高区域一体化的国际竞争力水平;增强区域投资的活跃度,外国直接投资规模的大幅增加和持续增长;加快区域货币的国际化进程,逐步实现五国货币单位的汇率安排与美元汇率的对接;促进区域经济的国内生产总值和国民收入的量性增长,推进区域经济的综合发展和整体实力的提高。另一方面,中亚一体化还调动哈萨克斯坦等区内经济大国的投资欲望,加速对区域内的投资扩张;提升哈萨克斯坦坚戈的区域货币功能,彰显其承担该地区交易货币和储备货币角色的巨大潜力,一举成为中亚重商主义的重要力量。

## 第三节　中亚竞争性制度过剩的风险

中亚国家经济安全合作的制度化安排尽管取得举世瞩目的成效,对推动贸易互惠安排、关税同盟、资本投资、金融合作、共同市场等方面发挥积极作用,但这些竞争性制度结构并没有从根本上改变该地区经济"积贫积弱"的困扰,反而使其经济合作陷入低层次的简单扩张和相互重叠,高层次的经济一体化几无实质性的进展,集中体现在中亚的区域金融合作、对外直接投资、货币体系、自由贸易区建设等诸多领域当中。

### 一、中亚区域金融合作的滞后性

（一）区域金融合作的短板

与地区贸易、投资、技术等合作相比,冷战后,中亚金融合作始终是该地区的短板,除欧亚经济共同体因沿袭前苏联的金融体制而保持较高的金融一体化水平外,其他区域性组织均不同程度存在金融合作的障碍。比如,为解决中亚国家间的银行结算等一揽子问题,中亚合作组织成员国曾在1994年共同出资成立中亚合作与开发银行,并依托该银行与各国的银行体系相对接,协调各国间相互的信贷结算、投资、货币政策等事宜,以"解决银行系统中共同的系统性风险,防止金融传染"①。但在随后十多年的实际运行中,各国的银行系统未能真正实现与中亚合作与开发银行的接轨,没有按国际货币基金组织的巴塞尔协议中的资本流动性标准来稳健执行其货币政策,导致各国金融机构市场竞争力偏弱,普遍缺乏金融监管和资本风险防控的意识,各国的"银行中短期贷款比重大,长期贷款比重极小,投机性投资大大高于生产性投资,长期贷款占比低,技术改造、发展生产、采购设备的贷款金额不大,实力强、信誉高的贷款对象和贷款项目数量有限,贷款风险高,贷款保障机制滞后"②。

现如今,各国金融体系仍是以银行为主,金融市场发展不完善,加之各国金融体系发展不平衡,缺少发达的区域金融中心等,很难提供较成熟的资金融通机制,③使其央行"不仅依靠超发货币维持本国的经济增长,而且还通过贷款组合的扩张侵蚀资本的安全空间,把资金集中用于支持建筑业等少数非贸易型行业的发展。这种过分依赖外部融资和银行杠杆率来提供资金的做法,本身就隐含着极大的资本风险。一旦外资枯竭,银行只能被动去杠杆化,导致不良贷款率和信贷风险的攀升,从而加剧中亚的金融动荡"④。

---

① Werner Liepach,"How regional cooperation could benefit Central Asian countries,"https://www. devex. com/news/opinion-how-regional-cooperation-could-benefit-central-asian-countries-92667,登录时间:2018年8月8日。

② 周丽华:《中国与中亚五国金融机构体系比较》,《合作经济与科技》2010年第8期。

③ 张栋等:《中亚五国经济和金融发展情况的比较研究(2009—2016年)》,《俄罗斯研究》2017年第6期。

④ Graeme Baber,"Central Asia and global financial regulatory reform,"*Current Politics and Economics of South , Southeastern, and Central Asia*,Vol. 25,No. 1,2016,pp. 1—16.

（二）俄罗斯和中亚国家对中国金融参与的博弈

在上合组织内部，由于其参与主体之间关系出现极为复杂的局面，各成员国出于对本国利益及安全的维护，而在区域机制构建问题上展开的博弈与制衡，形成多边金融合作的掣肘因素，反对依凭国家实力来推动成员国间的金融合作进程，淡化政府的主导作用。以至于上合组织自 2001 年成立以来，在组织功能演进上一直是借助上合组织银行联合体委员会（非官方机构）的名义，组织开展成员国相互间的金融合作。这一缺乏权威性的非政府制度安排，无论是在区域合作力度还是合作成效上，都不足以推动该组织在诸如人民币自由兑换等直接报价、清算平盘、结算业务上有实质性突破，融资渠道有待进一步拓宽。截至 2017 年底，仅有三家中资银行在中亚设有分支机构，金融体系不完善，缺乏面对金融危机的自救机制。

为此，"中国只能通过资本项目输出及回流人民币，降低中亚国家经济主体使用人民币结算、投资乃至储备的意愿"[①]，造成"人民币在该地区有流量、无存量，流量小、无池子及留不住"[②]的尴尬局面。2018年，中国还为此在上合组织银行联合体框架内设立 300 亿元人民币等值专项贷款，来解决该地区资金短缺的燃眉之急。可见，要想短期内解决区域金融合作的制度建设，实现中亚金融自由化和一体化尚待时日。

## 二、对外直接投资存在地方保护主义症结

（一）各国投资保护主义盛行

在对外直接投资上，由于中亚现有制度结构中对于区域投资便利化存在相互叠加的非正式制度安排，且与各国国内投资政策不接轨，因而造成中亚对外直接投资布局不合理。为推动中亚投资便利

---

① 李翠萍等：《论'一带'视阈下中国与中亚货币合作》，《理论月刊》2017 年第 1 期。

② 王琼等：《中国与中亚跨境贸易人民币结算潜力、障碍与对策研究》，《江汉大学学报》（社会科学版）2019 年第 4 期。

化,中亚各类区域性组织都不同程度地嵌入投资便利化议程,比如,中亚合作组织注重域内国家兴建合资企业和优先方向的生产集团的双向投资,上合组织倾向于建立以政府为主导的融资支持机制的区域投资偏好,中亚区域经济合作组织更多强调发挥域外国际和区域金融组织多边投资合作的作用等。但这些议程设置因与中亚各国政府对外直接投资政策偏好存在偏差,无法形成一致行动的相互支持。使得中亚国家潜藏着大量的投资保护主义现象,且资本的流动性受制于国家内外环境的阻碍,无法正常发挥其投资的作用。

应该承认,在对外直接投资规模上,中亚的对外直接投资总量还是相当可观的。据联合国开发计划署的《世界投资报告》统计数据显示,从1992—2010年的十八年里,中亚五国吸收区域外资本总额约为975.8亿美元,对外直接投资(主要是哈萨克斯坦和吉尔吉斯斯坦对中亚其他国家的投资)总额约为158.1亿美元。[1] 而从2011年起,中亚国家的对外直接投资更是以年均超百亿美元的增速领跑独联体国家。据世界银行的统计数据,在2011—2016年间,外国对中亚的直接投资分别达到195.71亿、180.67亿、145.8亿、184.7亿、212.02亿、291.5亿美元,投资总额达1210.4亿美元。[2] 外资呈现持续增长态势。

随着"一带一路"倡议的推进,2017年,中国国家开发银行也专门设立"一带一路"的基础设施专项贷款(1000亿元等值人民币)、产能合作专项贷款(1000亿元等值人民币)和金融合作专项贷款(500亿元等值人民币),中国进出口银行也设立"一带一路"的专项贷款额度(1000亿元等值人民币)和基础设施专项贷款额度(300亿元等值人民币),支持"一带一路"沿线国家的基础设施建设、产能、金融合作

---

[1] 根据 UNCTAD (2011), *World investment report*; *United Nations Conference on Trade and Development*(New York and Geneva)的统计数据整理得出。

[2] 根据 World Bank, *World Development Report* (2017)(Washington, DC)的统计资料进行整理后统计形成数据。

等,由此带来中亚新的对外直接投资增长点。

但从投资领域看,各国主要集中在能源、采矿、化学、房地产开发、金融保险、制造业、商贸批零等传统行业,面向国内市场的消费品生产。[①] 这与中亚各国政府对外直接投资政策的偏好关系密切。比如,哈萨克斯坦的对外直接投资政策偏好于为其国内市场生产、出口原材料和半制成品、与石油工业结盟等,以寻求扩大和加快生产,并通过大规模的私有化把国有企业廉价出售给外国投资者,由此导致外国直接投资集中流向哈萨克斯坦国有企业私有化后的一些出口导向型股份制企业和为当地经济服务的股份制企业。这些被外国资本控股的资源型企业往往只关注其产品的出口销量,缺少其国内产业进一步发展的长远战略,使该国容易受到资源价格波动的影响,并过度受到全球商品市场发展的影响。

而乌兹别克斯坦虽不像哈萨克斯坦那样采取激进的私有化政策,但在对外直接投资上倡导多元化政策,吸引包括韩国、中国等许多国家的对外直接投资,在电气设备、汽车、机动车等成品的组装上云集大量的外国投资,造成其产品技术含量低、对外依赖程度高,在国际一体化中处于不稳定的平衡。中亚其他国家的对外直接投资则偏好于区域内和独联体内的相互投资,其产品多为资源型和服装加工等制成品贸易。与此同时,中亚各国在农业种植加工、供水供气、医疗卫生、电力,军工、航空以及通讯、信息等新兴产业则鲜有外资进入。表明各国对外资的投资领域还是非常保守的[②],对外国投资者拥有国内资产具有敏感性[③]。

---

① Charman K,"Kazakhstan: A State-Led Liberalized Market Economy,"in D. Lane and M. Myant,eds. Varieties of Capitalism in Post-Communist Countries. Basingstoke, UK: Palgrave, 2007,pp. 165—182.

② 张栋等:《后危机时代中亚五国贸易和外商直接投资发展:回顾、比较和展望》,《金融发展评论》2017 年第 8 期。

③ Martin C. Spechler,"How Can Central Asian Countries and Azerbaijan Become Emerging Market Economies?,"*Eastern European Economics*, Vol. 49,No. 4,2011.

即便在开放的外资投资行业,各国也设定高准入门槛。除吉尔吉斯斯坦承诺向外国投资者全面开放所有经济部门、保证其在所投资项目中拥有 100% 的股权、并有权自由返还资本、股息和其他形式的收入等诸多优惠政策之外,[1]中亚其他国家都制定越来越严格的投资政策[2],采取限制外资所占比例以及实行许可证制度等[3],通过合资参股、股权馈赠、股权有偿转让等方式,直接或间接控制资本流动,限制外资进入,防范外资企业肆意垄断本国行业。这些投资保护主义潜规则的泛滥,限制外资在该地区的规模和流向,特别是在农业、卫生和环保等领域没有展开任何具有实质意义的投资合作,呈现出非均衡的投资分布格局,不利于中亚区域经济的整合和优化。

对此,一些学者评价指出,中亚国家"迫切需要建立有竞争力的经济,以充分释放外国投资者在该区域所有经济领域的投资机会。同时还必须进一步改善各国的投资政策框架,发展更有针对性的投资促进能力,减少对外国资本流动的控制,取消缓慢而繁琐的监管程序。并积极开展有针对性的投资促进活动,吸引支持创造就业、收入增长、技术传播、创新和企业发展的高质量投资,以提高各国更广泛的竞争力,对于进一步吸引外国直接投资至关重要"[4]。

(二) 区域投资环境不乐观

中亚投资环境不尽如人意。在投资"硬件"上,中亚不具备资本流动的基本条件。按照世界银行的对外直接投资风险等级划分,中亚一直以来被列为对外直接投资的高风险区域。在世界银行统计的

---

① IID (2002). Information for Investment Decision Inc. attracting FDI to Kyrgyzstan, current status. Final report relating to UNDP Reimbursable Loan Agreement (RLA) No. 02-001, 16 May.

② 高洋:《中亚五国投资政策对"一带一路"建设的影响》,《国际商务财会》2018 年第 6 期。

③ 张栋等:《后危机时代中亚五国贸易和外商直接投资发展:回顾、比较和展望》,《金融发展评论》2017 年第 8 期。

④ Nawal K. Paswan, "Investment Cooperation in Central Asia: Prospects and Challenges," *India Quarterly*, Vol. 69, No. 1, 2013, pp. 13—33.

183 个国家的"营商便利"名单中,除了吉尔吉斯斯坦(排名第 47 位)和哈萨克斯坦(排名第 59 位)排名靠前外,塔吉克斯坦(排名第 139 位)和乌兹别克斯坦(排名第 150 位)的排名均处于落后状态。地区内的基础设施薄弱、铁路和公路交通网不发达、供水短缺。加之该区域地处内陆,其本身的市场规模狭小,商品贸易的交易成本高。这些都不利于区外投资者投资风险偏好的形成。"中亚地区低水平的贸易和资本流动直接或间接与高额交易费用相关联,这种高额成本往往受到其所处的内陆地区地理位置和高度的行政壁垒的影响"①。

在投资"软环境"上,中亚还受制于各国制度化改革进程延迟的负外部性制约。由于中亚国家经济发展水平的差异性,许多国家没有制定出符合自身特点的长期经济发展战略,制度改革难以推进。②欧洲复兴开发银行在中亚五国转型期的制度改革指标进度值研究中指出,中亚国家在制度化改革中的许多指标进度值都低于东欧国家。比如,各国私营部门占国内总产值的比重为 50%,大规模私有化(进度值为 2.5③)慢于小规模私有化(进度值为 3.2);国家制度化改革进度值为 1.9(进展迟缓);管理和企业重组进度值为 1.7(滞后);政府竞争性政策进度值为 1.7(缺乏指引);银行的利率自由化程度进度值为 2(偏低);非银行类金融机构进度值为 1.7(偏少)等。④ 其结果带来政府行政效率低下、法制不健全、贪污腐败严重,企业创业能力不足,资本市场缺乏活力,金融体系过于单一化等一系列经济社会流弊的丛生,并呈现进一步恶化的趋势。

---

① Nawal K. Paswan, "Investment Cooperation in Central Asia: Prospects and Challenges", *India Quarterly*, Vol. 69, No. 1, 2013, pp. 13—33.

② Шанхайская организация сотрудничества: от становления к всестороннему развитию (материалы Третьего заседания Форума ШОС, Китай, г. Пекин, 19—21 мая 2008 г.).

③ 从最低 1(没有或很少进步)到 4(最大进步),同下。

④ 数据来源:EBRD transition indicators of Central Asian Countries (2008), http://journals.sagepub.com.ezproxy.lib.purdue.edu/doi/pdf/10.1177/0974928412472101,登录时间:2018 年 8 月 5 日。

意大利学者艾扎姆多夫在对中亚五国投资环境的研究后也发现，该地区在投资风险高，机构改革进展缓慢，基础设施不发达，不利的法律环境和严重的腐败，区域合作薄弱，国内市场规模相对偏小等方面的投资环境问题，严重阻碍外国直接投资的流入。[①] 如果这种局面不能得以根本扭转，势必会对该地区资本流动带来巨大冲击，不利于中亚对外直接投资的可持续性。

### 三、区域货币一体化机制发育不全

#### （一）各国间缺乏基本的汇率协调机制

独立后的中亚五国先后发行本国的货币，并根据各自的经济发展战略来安排汇率。这些差异性汇率安排，受货币主权国家性的限制，无论是中亚合作组织的"中亚货币信贷区"构想，还是独联体欧亚经济共同体的"支付同盟"设计、上合组织的"鼓励使用本币"政策，都难以形成区域性的汇率协调机制，不能有效整合各国的汇率资源，反而易受区域外汇率市场、特别是美元汇率波动的影响，增加核心区汇率协调和抵御金融风险的难度。比如，统计资料显示，从 2001—2014 年的十多年间，中亚五国的汇率均呈现出不同程度的贬值趋势，即便是哈萨克斯坦的国家银行出手干预汇率、土库曼斯坦的外汇管控措施，都无法阻止 2007—2008 年全球金融危机各国所带来的汇率断崖式急速下跌的贬值风险。[②]

国际货币基金的统计数据分析表明，2014—2018 年间，哈萨克斯坦汇率因实施坚戈自由浮动政策后造成巨幅波动。受其影响，中亚其他国家纷纷调整其汇率政策，吉尔吉斯斯坦实行盯住目标不明

---

① Annageldy Arazmuradov,"Can Development Aid Help Promote Foreign Direct Investment? Evidence From Central Asia,"*Economic Affairs*,Vol. 35,No. 1,2015,pp. 123—136.

② Jasur Karshibaev,"Monetary cooperation perspective in Central Asia,"*Procedia Economics and Finance*,Vol. 30,2015,pp. 388—400.

确的有管理的汇率政策,其索姆快速贬值。塔吉克斯坦也采取盯住
本国货币总量的汇率稳定政策,其索莫尼也难逃连续贬值的厄运。
乌兹别克斯坦采取盯住本国货币总量的爬行盯住汇率政策,其苏姆
更是大幅贬值。这些变化都与该地区缺少汇率协调机制有直接
关系。

(二) 中亚缺少具有区域性功能的国际货币

与欧盟经济体的单一货币"欧元"相比,中亚经济体未能形成有
影响力的区域化国际货币。作为区域经济大国,哈萨克斯坦的货币
权重(坚戈)在地区的贸易量、名义国内总产值、按实际购买力水平计
价的国内总产值等主要经济指标在中亚首屈一指。哈萨克斯坦国家
银行等的统计数据显示,2001—2014 年间,在美元对中亚国家货币
汇率上,坚戈的权重(2001 年和 2014 年均为 0.0068)虽高于同期的
苏姆(权重从 2001 年的 0.0023 降为 2014 年的 0.0007)和马纳特
(权重从 2001 年的 0.0002 降为 2014 年的 0.0001),但远逊色于塔
吉克斯坦的索莫尼(权重从 2001 年的 0.4206 降为 2014 年的
0.2164)和吉尔吉斯斯坦的索姆(权重从 2001 年的 0.0206 升为
2014 年的 0.0218)。[①]

2015 年,受欧美对俄罗斯经济制裁的影响,俄罗斯的卢布对美
元和欧元等主要货币大幅贬值,并引发中亚各国货币对欧美主要
货币的相继贬值,迫使哈萨克斯坦等国的央行实行汇改。汇改后
的三年里(2015—2017 年),虽然美元对包括坚戈在内的中亚国家
货币的隐性锚货币地位得到强化[②],但坚戈权重并没有因其在中亚
五国的重要影响地位而发生改观。况且,哈萨克斯坦央行在汇率

---

[①]　根据 National Bank of Kazakhstan(http://www.nationalbank.kz/)、OANDA currency da-
tabase(http://www.oanda.com/)、International Monetary Fund( http://www.imf.org/,
登录时间:2019 年 1 月 9 日)的统计数据整理得出。

[②]　郭建伟:《贸易依存度与中亚五国货币锚》,《国际经贸探索》2018 年第 8 期。

市场化上还频繁干预汇率,阻碍坚戈国际化程度的提高,且经常遭遇来自国际货币基金组织的质疑和非难,迟迟不让哈萨克斯坦进入国际货币基金组织的亚洲理事会,以至无法赋予坚戈在中亚金融体系"显性锚货币"的身份地位。[①] 现阶段,中亚各国央行仍就把美元作为其货币锚篮子中的显性锚货币和国家间贸易的隐性货币锚的角色,"各国在对外贸易中大量使用美元作为计价结算货币的惯性在短期内难以改变[②],中亚货币体系中的"美元本位"格局未发生动摇,因而建立"去美元化"的"坚戈本位"货币体系任重而道远。

## 四、中亚尚未建立区域性自贸区

在自由贸易区建设上,中亚远未建立统一的区域性自贸区框架格局。作为最早开启中亚一体化进程的区域组织,1990 年代初,中亚合作组织就把贸易互惠安排、自由贸易区、共同市场等"塔什干目标"确立为其优先发展方向,尝试打造中亚本土化的自贸区体系。而发展较成熟的欧亚经济共同体,也试图在 2009 年通过签署统一经济空间协议和共同体关税同盟,来构建起涵盖中亚国家在内的跨区域自由贸易区框架。中国甚至利用与哈萨克斯坦接壤之便,2010 年在其边境地区设立自贸区,并汲取双边自贸区的成功经验,逐步从次区域自贸区向辐射整个中亚的区域自贸区过渡。2017 年,中国商务部与欧亚经济委员会发表《关于实质性结束中国与欧亚经济联盟经贸合作协议谈判的联合声明》,着力推动"一带一路"建设与欧亚经济联盟对接合作,促进与欧亚经济联盟的自贸区建设。

---

① Graeme Baber,"Central Asia and global financial regulatory reform",*Current Politics and Economics of South*,*Southeastern*,*and Central Asia*,2016,Vol. 25(1),pp. 1—16 .

② 王琼等:《中国与中亚跨境贸易人民币结算潜力、障碍与对策研究》,《江汉大学学报》(社会科学版)2019 年第 4 期。

但这些努力因各国间处于相对封闭状态且有着各自不同的经济利益取向，存在着大量的排他性例外保护规制，"不发达的参与决策机制、过分强调短期决策及缺乏相关合作，使得许多一体化问题均可以在国家政策层面解决，而不必上升到区域政策的执行层面"[①]。加之它们在经济合作程度上的参差不齐、发展水平普遍不高等，没有形成一个商品、服务、资本、劳务等经济要素能自由流动的统一市场。中亚在基础设施互联互通方面较为薄弱、区域产业结构不健全、关税壁垒严重等。[②] 所有这一切在很大程度上限制中亚实现区域共同市场的一体化。

## 五、中亚地区多元经济模式对区域经济整合的消解

在中亚一体化进程中，各国实行差异化的经济增长方式，直接影响各国向市场经济体制过渡的节奏，制约它们在工业中的原料生产、贸易等领域统一政策的形成。这种离心经济对该地区经济空间的维护构成严重威胁，导致各国政治和经济互动进程的复杂化。[③] 无论是哈萨克斯坦和土库曼斯坦的能源出口型经济模式、吉尔吉斯斯坦的新自由主义经济模式，还是乌兹别克斯坦的改良主义经济模式，都无法解决中亚经济体在全球经济一体化中被边缘化的困局，更不用说在国际生产分工中升级其层级水平了。[④]

英国学者迈安特等用大量的出口数据来说明中亚经济整合力的

---

① A. Atamanov, "Regional Cooperation in Central Asia," *Problems of Economic Transition*, Vol. 48, No. 8, 2005, pp. 5—61.

② 刘志中等：《'一带一路'背景下中国中亚自由贸易区效应》，《俄罗斯东欧中亚研究》2018 年第 2 期。

③ Zaure Chulanova, "Integration of Central Asian Republics into Global Economy," *Himalayan and Central Asian Studies*, Vol. 12 No. 3—4, 2008.

④ Martin Myant & Jan Drahokoupil, "International Integration and the Structure of Exports in Central Asian Republics," *Eurasia Geography and Economics*, Vol. 49, No. 5, 2008, pp. 604—622.

不足。他们强调,中亚国家不同的经济模式,不仅在其出口商品结构上没有形成差序格局,反而造成严重的同质化,导致中亚出口商品缺乏国际竞争力和区域内同类产品价格上的恶性竞争,阻碍地区经济的深度合作。而部分国家的现行经济体制,既不能对国内企业走出去提供有效支持,也无法保障国外企业通过跨国贸易来保持中亚与全球经济的密切联系。① 其结果势必造成中亚难以融入国际一体化、实现区域经济的跨越式发展。如果中亚不采取有效措施,调整区域宏观经济政策和经济法规,夯实国家间经济联系的共同基础,并及时提出各国普遍接受的贸易自由化准则和规范,加快推动区域贸易便利化、联合经济项目、货物自由流动、统一技术规范和标准、服务、资本和劳动力的自由流动,那么实现经济一体化就是空谈。②

## 六、中亚国家政治对中亚一体化的影响

中亚计划经济的惯性思维,让各国在推动新兴市场经济体上更倾向与区域外的西方主流国家的银行投资者及由国家担保支持的东方国家的国有银行投资者打交道,而忽略对区域内经济整合的关注,这种国家利益的期望限制该地区更加深入和长远的经济一体化进程。③ 况且,中亚经济一体化是在该地区一体化经济基础尚未真正形成的背景下、依靠各国政治领导人的推动压力完成的,无法在制度改进、产业升级、技术溢出方面对其有促进作用,从长远来看是一种落后基础上的一体化。④

---

① Martin Myant & Jan Drahokoupil,"International Integration and the Structure of Exports in Central Asian Republics,"*Eurasian Geography and Economics*, Vol. 49, No. 5, 2008, pp. 604—622.

② Abduimajid Bobokhonov, "Economic Cooperation in Central Asia," *Studenckie Prace Prawnicze*, *Administratywistyczne i Ekonomiczne*, March, 2008, p. 8—9.

③ Martin C. Spechler,"How Can Central Asian Countries and Azerbaijan Become Emerging Market Economies?,"*Eastern European Economics*,Vol. 49,No. 4,2011,pp. 61—87.

④ 王维然:《欧亚经济共同体对中亚区域一体化影响的研究》,《国际经贸探索》2012 年第 10 期。

国家政治所强调的中亚区域经济合作的微观基础,对于地区经济合作中的一些议题有较好的解释力,比如,它造成区域内的各种合作组织相互重叠、合作成本加大、合作过程的不稳定性和不可预计性;[①]易形成对成员国的保护伞,且保护时间越长,企业会失去营销意识和竞争动机,面对全球竞争的机会成本就会飙升;[②]以及在贸易对象和贸易结构上存在认识误区[③],经济一体化效应存在局限性的障碍等等[④]。

## 七、中亚国家对域外大国的依附

中亚经济体与区域外经济体(独联体、中国、美国、欧盟等)在市场、资本、技术等方面存在高度依附关系,且完全游离于全球和区域贸易的供应链之外,是制约中亚经济地区主义取得实质性突破的关键所在。[⑤] 中亚经济体的内贸水平低、进出口贸易份额差别大,导致该区域的内贸远逊色于外贸,挫伤各国对区域经济整合的信心。[⑥]另外,中亚经济一体化中的中国因素,随着中国通过吉尔吉斯斯坦转口贸易的"巴扎贸易"(Bazaar)增大变得日益紧密,"中国＋4"(哈、吉、塔、乌)正在成为中亚经济地区主义的重要力量。[⑦]

不仅如此,俄罗斯因素对中亚经济一体化的构成影响,由于"中亚没有一个国家能单独作为主导国家提供合理的发展模式和相应的

① 高志刚:《中亚国家区域经济合作模式、机制及其启示》,《新疆社会科学》2014 年第 4 期。
② Weiran Wang,"The Effects of Regional Integration in Central Asia",*Emerging Markets Finance & Trade* / March-April 2014,Vol. 50,Supplement 2,pp. 219—232.
③ 吴宏伟:《中国与中亚国家政治经济关系:回顾与展望》,《新疆师范大学》2011 年第 3 期。
④ 潘广云:《欧亚经济共同体经济一体化及其效应分析》,《东北亚论坛》2010 年第 4 期。
⑤ Werner Liepach,"How regional cooperation could benefit Central Asian countries,"https://www. devex. com/news/opinion-how-regional-cooperation-could-benefit-central-asian-countries-92667,登录时间:2018 年 8 月 7 日。
⑥ Nawal K. Paswan,"Investment Cooperation in Central Asia:Prospects and Challenges,"*India Quarterly*,Vol. 69,No. 1,2013,pp. 13—33.
⑦ Alexander Libman & Evgeny Vinokurov,"Is it really different? Patterns of regionalisation in post-Soviet Central Asia,"*Post-Communist Economies*,Vol. 23,No. 4,2011,pp. 469—492.

资金支持,该地区一体化仍需要一个强有力的政治和经济中心来提供政治安全保障和经济发展的动力[①],加之俄罗斯也不希望中亚脱离自己的"势力范围",俄罗斯通过参与中亚一体化可以继续与中亚国家保持千丝万缕的联系。[②] 所以,俄罗斯在制订其政策时是从这样一些明显预期出发的:它与中亚在后帝国时期的关系网络将逐渐削弱每个势单力薄的新国家的主权实质,并将它们置于一种从属于"一体化"独联体的指挥中心的地位。[③]

此外,美国也加紧对中亚的地缘渗透。2005 年,美国提出"大中亚计划",以阿富汗为基础,对中亚进行经济渗透,旨在遏制俄罗斯和中国在该地区的经济和政治扩张。2011 年,美国又提出"新丝绸之路计划",通过扩大与中亚和南亚国家的联系,建立一个以阿富汗为中心的涵盖中亚和南亚的单一区域经济体,来促进阿富汗的经济发展,维护阿富汗的安全。同时可以从中亚以南促进该地区经济发展,以削弱俄罗斯在该地区经济的主导地位。

可见,中亚在政治经济上对域外大国高度依附性,"使各国无法彰显其经济增长潜力,在内部和外部资源上简单分配,没有发挥这些资源增长空间的优势"[④],一定程度上分化和瓦解中亚经济地区主义,延缓该地区经济一体化的进程。

## 第四节　中亚经济安全合作主导权的博弈

国际关系的新制度主义主张,制度是一系列被制定出来的规则、

---

① 赵华胜:《上海合作组织的机遇和挑战》,《国际问题研究》2007 年第 6 期,第 39—47 页。

② 孙霞:《中亚新地区主义与上海合作组织》,《俄罗斯研究》2009 年第 6 期。

③ [美]布热津斯基:《大棋局:美国的首要地位及其地缘战略》,中国国际问题研究所译,上海人民出版社 2007 年版,第 117 页。

④ V. Amirov,"Prospects for Cooperation Between Russia and the Countries of Central Asia After the Global Crisis,"*Problems of Economic Transition*, Vol. 53, No. 5, 2010, pp. 70—85.

守法程序和行为的道德伦理规范的结果,它旨在约束追求主体福利或效用最大化利益的个人行为。随着全球化的衍进,制度化的规制扩展到不同领域并具有不同程度效力的协定,构成一系列明确或隐含的原则、模式规则与决策程序,从而降低行为者的交易成本,增强彼此的期待与互信,形成具有共同身份与共同利益的共同体。

在新制度主义者看来,作为一种结构性安排,制度通过建立构成一种经济秩序的合作与竞争关系,来推动经济地区主义。从这个意义说,制度化本身具有两面性,一方面制度合作有利于区域经济整合,另一方面制度性竞争更多是带来制度过剩,对区域经济一体化进程产生消极影响。而国际关系的制度过剩最直接表现就是数量众多和层次低下,大大超越区域经济合作的正常需要。其后果不仅增加行为体之间的博弈成本和难度,造成行为体共同身份和利益的模糊性,而且导致行为体区域经济政策偏好的分散化,严重影响区域经济整合的效率。中亚的制度过剩,就是冷战后该地区长期以来大规模机制建设的产物。

不言而喻,中亚经济安全合作自中亚五国独立以来在促进中亚地区经济一体化的发展、改变该地区经济合作的制度稀缺等方面取得成效的同时,也带来各国间对主导权激烈争夺的困惑。其实早在中亚合作组织成立伊始,各国就围绕主导权展开较量。伴随时间的推移和地区参与主体的不断增多,争夺地区主义主导权愈演愈烈,进而演变为这一时期该区域经济合作的常态化。在这一过程中,一些国家和区域组织等行为体诸如俄罗斯、哈萨克斯坦、亚行等区域主要行为体在其中扮演着重要角色。它们通常以制度竞争的方式,通过主导国争夺对国家行为规则的控制权,提升自身的权力、利益和尊严,[①]体现中亚地区主义的领导权。

---

① 李巍:《国际秩序转型与现实制度主义理论的生成》,《外交评论》2016 年第 1 期。

当然,在区域经济合作初期,由于各类行为体在区域机制选择上多以非正式性、且存在不同功能的利益偏好和战略诉求,比如,俄罗斯希望通过欧亚经济共同体和上合组织,在欧亚建立以俄罗斯西伯利亚、中国西部省份、哈萨克斯坦、中亚其他国家等为独立的增长极,维持对中亚经济整合的主导地位,推动其地缘经济和地缘战略的进程。[①] 而哈萨克斯坦打算利用中亚合作组织、欧亚经济共同体、中亚区域经济合作组织的平台保持其地区"次大国"地位。因此,各国在地区制度竞争中极力推崇自己偏好的区域机制,必然造成区域经济合作机制之间普遍存在相互制衡的乱象,任何一种制度框架和合作进程要在经济合作中胜出都变得十分困难,各国只能依靠低层次的数量扩张来维持一种竞争优势。显然,制度过剩是制约中亚经济地区主义顺利实现的关键所在。

## 一、俄罗斯对区域主导权的偏好

俄罗斯作为中亚经济合作的主要参与者,一直把中亚视为自己的传统"后院"。苏联解体后,俄罗斯一方面通过建立独联体的经济联盟、集体安全条约组织等,打造独联体国家的一体化,控制包括中亚在内的独联体经济和安全框架;[②]另一方面借助中亚的欧亚经济共同体、亚信会议等多边经济合作机制,参与该地区经济整合,防止区域内其他游离于俄罗斯之外的经济合作机制的坐大,最典型的就是 2005 年哈萨克斯坦倡议把中亚合作组织并入欧亚经济共同体组织和 2014 年在欧亚经济共同体基础上成立欧亚经济联盟。

---

① Бордачев Т. В,"Новое Евразийство,"*Россия в глобальной политике*,№ 5,URL:http://www.globalaffairs.ru / number / Novoe-evraziistvo -17754,登录时间:2018 年 8 月 7 日.

② V. Kirichenko,"The Status and Problems of Economic Relations in the CIS,"*Problems of Economic Transition*,Vol. 39,No. 3,1996,pp. 6—18.

　　就俄罗斯而言,保持在中亚市场的领先地位和便利从这一地区进口货物,是俄罗斯一以贯之对中亚进行经济整合的战略目标。而作为欧亚经济共同体的核心成员,俄罗斯不仅要利用这些机制来"确定独联体在世界经济关系中的地位,维持与其他区域经济联合体的相互联系,防止地缘经济竞争中的歧视、不诚实、法律和经济集体保护第三国的威胁"①,而且还要维护俄罗斯在中亚的主导地位,"积极重建旧联盟解体所造成的关系,并以有利于俄罗斯主导下的双边关系或合作为手段,制定经济一体化政策"②,遏制哈、乌"次区域大国"野心的膨胀,维持其"盟友"稳定的经济环境,实现俄罗斯在中亚地区经济格局中的一劳永逸。

　　正是出于上述考虑,俄罗斯自始至终都无意把欧亚经济共同体转化为真正的地区多边机制③,也没有赋予其超国家的身份和使命,所以经过十多年的建设,俄罗斯主导的欧亚经济共同体除了更名为欧亚经济联盟(2014 年)外,几无实质性进展,挫伤中亚国家对该机制的积极性,就连当初积极申请加入欧亚经济共同体的乌兹别克斯坦也宣布推出该组织。随着吉尔吉斯斯坦、塔吉克斯坦等国先后加入欧亚经济共同体,共同体成员国数量增多,各国在关税、贷款和财政货币等政策上的分歧更加明显,区域机制议而不决的制度缺陷逐渐显现,致使该共同体的关税同盟等经济整合目标遥遥无期,制度权威性一落千丈,消解俄罗斯在地区制度话语权上的控制力。加之上合组织、中亚区域经济合作组织、"古阿姆"共同体等竞争对手在中亚不断走强,也对欧亚经济共同体的制度建设构成巨大冲击。

---

① 　V. Kirichenko,"The Status and Problems of Economic Relations in the CIS,"*Problems of Economic Transition*, Vol. 39,*No. 3, 1996,pp. 6—18.*

② 　Paul Kubicek,"Regionalism, Nationalism and Realpolitik in Central Asia,"*Europe-Asia Studies*, Vol. 49, No. 4,1997,pp. 637—655.

③ 　Martha Brill Olcott,"Sovereignty and the Near Abroad,"*Orbis*, Vol. 39, No. 3,1995,pp. 353—367.

## 二、中国在区域制度框架中的角色

中国从 21 世纪初就参与中亚区域制度建设。中国加入中亚地区治理的初衷，一则在安全上确定中国与中亚国家的边界，打击地区恐怖主义和极端主义的威胁，维护中亚地区稳定和中国西部安全；二来在经济上促进地区贸易与合作，为中国打开广阔的中亚市场空间。哈萨克斯坦学者穆科巴娃认为，中国参与中亚事务与中国的新欧亚地缘政治战略密切相关，中国试图通过地缘政治努力成为中亚各国的特殊伙伴。① 自上合组织成立以来，中国通过成员国的首脑峰会、总理理事会、部长级协调等多边会议协商机制开展合作，使上合组织成为该地区"一个相当全面、包容性和结构化的区域机构"②，其合作覆盖政府间的安全、外交、经济和贸易、文化和教育等诸多领域，并向越来越多的观察员和对话伙伴开放，在中亚地区主义中发挥着举足轻重的作用。2018 年 6 月，中国在上合组织成员国元首理事会第十八次会议上提出构建上合命运共同体理念，把中亚地区主义又推升到一个新高度。③

为推动中亚自由贸易区建设，中国还从 2001 年始向中亚国家进行大规模的投资，目前的投资总额超过 700 亿美元，在基建、石化、电力、农业等领域支持项目超过 50 个，仅《2017—2021 年推动项目合作措施清单》所涉及的合作项目的资金就高达近千亿美元。④ 同时

---

① Galiia A. Movkebaeva,"Energy Cooperation Among Kazakhstan, Russia, and China Within the Shanghai Cooperation Organization,"*Russian Politics and Law*, Vol. 51, No. 1, 2013, pp. 80—87.

② Jean-Pierre Cabestan,"The Shanghai Cooperation Organization, Central Asia, and the Great Powers, an Introduction,"*Asian Survey*, Vol. 53, No. 3, 2013, pp. 423—435.

③ 《习近平对构建上合命运共同体提出五点建议》，http://world. people. com. cn/n1/2018/0610/c1002—30048288. html，登录时间：2019 年 1 月 9 日。

④ 《上合组织经贸部长会议推 9 项措施对接"一带一路"建设》，http://news. cnstock. com/news, bwkx-201509-3566846. htm，登录时间：2019 年 1 月 8 日。

还在 2010 年中哈边境地区设立自贸区，增进彼此互信，强化对地区合作的战略支持。

应该指出，鉴于中亚地区的文化、战略和政治环境的复杂性，中国在参与地区合作机制建设的过程中始终处于谨慎和保守姿态。[1] 比如，在上合组织的制度建设上，中国一方面坚决主张机制整合而非制度扩张，特别是反对在阿富汗等问题上采取任何军事干预行动的做法；[2]另一方面又默认俄罗斯借助该组织来提高对美国和西方讨价还价的能力，遏制西方势力向中亚的渗透。这种"以退为进"的"防御"性地区主义战略确实可以让中国有效避免卷入地区纷争的风险，但同时也极大限制中国在中亚地区主义中所发挥的作用，使得该组织无法成为"真正的战略区域行动者"[3]，也不利于中国参与地区合作。

## 三、中亚国家的制度抉择

独立后的中亚国家在地缘政治的影响下，一直处于大国政治的包围中，缺乏安全归属感。为打破僵局，自 1993 年始，各国努力寻找出路，积极参与区域一体化的制度建设，保持与中俄等大国的经济合作关系，实现自身利益的最大化。从这个意义说，中亚区域一体化的制度建设，既是各国对区域外地缘政治压力的回应，也是他们在中亚内部建构起新的地缘政治地位的方式。[4] 中亚合作组织的实践表

---

① Marlene Laruelle and Sebastien Peyrouse, *The Chinese Question in Central Asia*：*Domestic Order*，*Social Change*，*and the Chinese Factor*，New York：Columbia University Press，2012，pp. 6—18.

② Andrew Small，"China's Afghan Moment：As the United States Draws Down from Afghanistan，China is finally moving in，"*Foreign Policy*，October 3，2012，http://www. foreignpolicy. com/articles/2012/10/03/chinas_afghan_moment, accessed March 28, 2013，登录时间：2018 年 8 月 9 日.

③ Jean-Pierre Cabestan，"The Shanghai Cooperation Organization，Central Asia，and the Great Powers，an Introduction"，*Asian Survey*，2013，Vol. 53，No. 3，pp. 423—435.

④ Farkhod Tolipov，"Geopolitical Stipulation of Central Asian Integration，"*Strategic Analysis*，Vol. 34，No. 1，2010，pp. 104—113.

明，各国从独立后的那天起，就希望通过建立属于自己的区域经济制度安排，树立地区主义的领导权威，在中亚地区合作中发挥主导作用。在他们看来，用"塔什干目标"（自由贸易区、关税同盟、共同市场，实现中亚地区自由与开放的贸易与投资）来确立中亚区域经济合作框架，充分发挥各国的合作潜能，是中亚地区主义战略的优先抉择。

而身为中亚的"次区域大国"，哈、乌在中亚合作组织的建设过程中，虽都公开表示支持该组织在区域合作中的领导地位，但鉴于双方缺乏信任感和相互猜疑，在该组织的制度建设上"口惠而实不至"，且都自诩是中亚的"真正领导者"和"事实上的主导力量"[1]，渴望成为地区"霸主"，因而他们对制度框架的话语权和领导权争夺激烈，中亚区域一体化进程出现严重分化，最终以哈萨克斯坦"投奔"由俄罗斯主导的欧亚经济共同体和乌兹别克斯坦加入由格鲁吉亚等主导的"古阿姆"共同体为标志宣告区域一体化的瓦解。近年来，尽管一些中亚国家呼吁重启中亚一体化建设，但对一体化的制度框架设计已今非昔比。哈萨克斯坦学者胡扎克认为，中亚地区主义的制度建设已从原先"寻求建立超国家结构的一体化方案"，逐步向地区的政治对话、历史文化、经济发展和安全合作等领域的对话平台蜕变，以便"各国领导人可以利用该对话平台有会晤的意愿并愿意发表看法"[2]。

不仅如此，长期以来，中亚国家对俄罗斯主导的欧亚经济共同体也存在矛盾心理。一方面中亚国家希望借助欧亚经济共同体获取独联体更多的经济承诺，并在安全等广泛领域打开与俄罗斯的合作空间；[3]

---

[1]　"Riadom s nami—nikogo," *Novoe pokolenie*, 6 Dec 2002.

[2]　Slavomír Horák, "Central Asia After Astana: From Integration to Cooperation," https://www. cacianalyst. org/publications/analytical-articles/item/13509-central-asia-after-astana-from-integration-to-cooperation. html, 登录时间：2018 年 8 月 18 日。

[3]　Paul Kubicek, "Regionalism, Nationalism and Realpolitik in Central Asia," *Europe-Asia Studies*, Vol. 49, No. 4, 1997, pp. 637—655.

另一方面他们也担心俄罗斯在中亚各种利益上所发挥的"特殊"作用[①],恐惧与俄罗斯的"非对等"合作会带来其在区域经济整合中优势的弱化,甚至担心"重蹈回到帝国或制度化宗主国时代"[②]的覆辙。在他们心目中,期望能与俄罗斯保持一种平等伙伴关系,倾向把中亚地区主义的中心从阿斯塔纳——塔什干轴线,向更稳定的阿斯塔纳——莫斯科轴线的转移,以便形成更紧密地欧亚地区主义格局。[③]显然,这种一厢情愿与俄罗斯的"单边主义"背道而驰,必然引起俄罗斯的警觉,由此激化该地区新一轮争夺地区主义领导权的较量。

出于担忧被俄罗斯地区主义边缘化的考虑,上合组织成立后,中亚国家就试图通过参与上合组织制度建设,寻求在中、俄之间的平衡。按照芬兰学者纳贾维"区域结构论"的解释逻辑,上合组织成员国在区域结构上存在着三种结构形态,即中、俄主导的核心区域、乌、哈的中间区域和吉塔的外围区域。他认为,核心区域在政治上是稳定的,经济上是动态的;中间区域是紧密联系的,是等待接受的核心;外围区域则是政治动荡和经济停滞。这就意味着属于不同的区域通常对区域合作有不同的诉求:核心区域寻求权力控制其所在区域以外的世界,而外围区域则需要"安全区域主义"。[④] 俄罗斯学者库纳诺夫斯基指出,上合组织内部已在中亚形成一种非正式的责任分配:俄罗斯通过集体安全条约组织机制为该地区提供安全保障,中国负责发展该地区的经济合作,使得中亚国家有机会根据自己的国家利益在俄、中两国之间进行调整,更倾向支持地区主导性大国间的这种

① Zviagelskaia,*The Russian Policy Debate on Central Asia*,London:1995, p. 160.

② Rosemarie Forsythe,*The Politics of Oil in The Caucasus and Central Asia*,Oxford:1996, pp. 367.

③ Annette Bohr,"Regionalism in Central Asia: new geopolitics, old regional order,"*International Affairs*,Vol. 80,No. 3,2004,pp. 485—502.

④ Naarajärvi,"China,Russia and the Shanghai Cooperation Organisation: blessing or curse for new regionalism in Central Asia?,"*Asia Europe Journal*, Vol. 10,No. 2,2012,pp. 113—126.

权力分配。

　　虽然说中、俄作为上合组织的参与者,两国的战略选择对该组织有影响,但两国旨在借助该组织获得外部世界更大的发展空间,不仅要遏制北约的西进和美国的影响,而且还要维护阿富汗和平,帮助解决恐怖主义等全球问题。[1] 这就给居于中间区域支配力量的乌、哈"做强做大"提供机会。在上合组织的建设过程中,乌、哈通过参与上合组织的机制建设,不仅可以向外围区域的吉、塔等国施压,获取更大的区域支配权;而且亦可"保持其外交灵活性,加大与俄罗斯的博弈筹码"[2],并通过"多元化外交政策"在中、俄之间发挥作用。至于外围区域的吉、塔,只要对制度采取支持态度,就能在地区"安全服务市场"上牟取安全红利。这种制度整合短期内似乎是一剂解决中亚国家"有所作为"的良药,"通过签署由不同大国赞助的多个制度,参与者可以获得更大的战略灵活性"[3],长期来看可能会加剧各种区域结构在地区整合中的不断内耗,从而加大区域一致性制度建设的难度。

　　可见,中亚经济安全合作的制度格局,是在俄罗斯、中国、哈萨克斯坦、乌兹别克斯坦等多种行为体不断进行地区主导权的较量中形成的,制度的非正式性以及各行为体间的区域主义致使中亚容易出现制度过剩和制度重叠。而功能分化的非正式性允许各国发展不同类型的组织,由此形成该区域明显的"碎片化"特质。中亚合作组织作为中亚唯一的区域多边经济合作机制,因哈、乌两国无休止的领导

---

① Yeongmi Yun and Kicheol Park,"An Analysis of the Multilateral Cooperation and Competition between Russia and China in the Shanghai Cooperation Organization:Issues and Prospects,"*Pacific Focus*, Vol. XXVII, No. 1,2012,pp. 62—85.

② Ian Bremmer and Alyson Bailes,"Subregionalism in the newly independent states,"*International Affairs*,Vol. 74,No. 1,1998,p. 141.

③ Andrew I. Yeo, "Overlapping regionalism in East Asia:determinants and potential effects," *International Relations of the Asia-Pacific*,Vol. 18,2018,pp. 161—191.

权之争而半途而废,只得借助欧亚经济共同体和上合组织等区域外合作机制,以防止该区域出现制度化真空。而中亚外部力量的频繁介入,又将行为体之间原本就已复杂多变的身份认同和利益取向更加扑朔迷离,促使其区域经济政策偏好的分散化,从而加剧中亚经济整合中对领导权的激烈争夺。鉴于中亚多边经济合作机制的无所事事,各国在制度选择上更倾向于双边经济合作的制度安排,来弥补中亚地区主义的短板。由此一来,整个中亚经济整合进程不可避免深陷"麦田怪圈"的泥沼。

# 小 结

综上所述,中亚区域经济安全合作是在各国经济发展战略转型、区域经济多元化、经济全球化等共同作用的产物,它先后经历四次制度建设过程,构建以中亚合作组织为代表的内生性一体化模式、独联体欧亚经济共同体为代表的兼容性一体化模式、上海合作组织多边协商为代表的派生性一体化模式、中亚区域经济合作组织为代表的辅助性一体化模式等不同形态的制度结构模式,形成复杂多变且相互竞争的区域经济安全制度格局,推动中亚区域经济一体化的整合。其一体化效应不仅改善地区出口贸易的规模和结构、形成出口结构的非均衡国际分工格局、增强区域投资的活跃度、加快区域货币的国际化进程、促进区域经济的国内生产总值和国民收入的量性增长,而且还调动哈萨克斯坦等区内经济大国的投资欲望、提升哈萨克斯坦坚戈的区域货币功能,一举成为中亚重商主义的重要力量。

应该看到,中亚区域经济安全合作经过二十多年的探索与实践,正日益陷入困境,集中体现地区金融合作滞后、对外直接投资的区域保护主义盛行、缺乏区域性货币体系、尚未建立区域性自贸区、地区多元经济模式对区域经济整合的消解、中亚国家对域外大国的依附等。其根本原因在于中亚区域制度化的竞争性选择，在市场经济尚不成熟的中亚，该区域的中亚国家、俄罗斯、中国等主要行为体，通过构建中亚合作组织、欧亚经济共同体、上合组织等一系列的制度框架，以制度竞争的方式，对中亚经济合作机制的主导权进行激烈博弈，其在数量上的爆发式增长超越了推动区域合作的需要。发展水平上用低层次扩张来维系区域经济整合的竞争优势，远未形成制度化程度高、治理能力强的区域机制，导致该地区存在严重的制度过剩。而中亚过剩的制度竞争，又造成区域经济合作机制之间相互制衡的乱象，加大经济地区主义的制度框架和合作进程胜出的成本和难度，进一步遏制该地区开展深度的多边经济合作。

伴随着中国"一带一路"倡议在中亚的逐步落实，中国对该地区权力结构的影响力得以彰显，提升中国在中亚地缘政治中的地位和作用，有助于中亚经济地区主义的成长。出于该地区权力结构转变的需要，中、俄适时调整其在中亚经济格局中的战略定位，围绕区域经济合作的主导权竞争展开抉择，使之成为地区制度安排的核心因素，而哈、乌等"次区域大国"在中亚经济整合中的地缘优势将随之被大大削弱。但从总体上看，中亚地区主义的环境未发生根本改观，中亚地区的权力结构，因俄罗斯在中亚的"特殊利益"和中亚国家"亲俄"的选择偏好，加之域外的美国、亚行、"古阿姆"共同体等多种行为体的牵制，始终处在不稳定的变动状态之中，非但没有减弱、反而加剧各种制度安排之间的无休止竞争。

对此，中国在中亚地区主义制度安排上应遵守"一带一路"倡导的共商共建共享原则，建立以上合组织为核心的多边一体协同治理机制，限制区域制度性竞争造成的制度过剩。同时，照顾地区国家的利益关切，协商构建新的区域经济一体化规制，充分发挥亚投行在中亚区域经济整合中的融资、基建、货币一体化、自贸区建设等主导作用，确保中亚地区主义的稳步推进。

# 第四章　中亚反恐安全合作

　　中亚国家独立后,受地区伊斯兰原教旨主义的威胁、周边宗教极端主义势力的渗透等内外环境的共同影响,加之中亚各国主体民族与非主体民族之间矛盾的催化作用,恐怖主义等"三股势力"在该地区蔓生,引起各国的高度关注。中亚各国在反恐安全合作偏好的选择上往往倾向非正式的制度安排,通过独联体和上海合作组织等地区性组织及美国等行为体,构建独联体主导下的内生型(Endogenous)反恐安全合作,上海合作组织主导下的介入型(Interventional)反恐安全合作,以及美国等主导下的竞争型(Competitive)反恐安全合作,并探索具有不同程度的精确性、合作深度与授权程度的反恐安全合作特征。

## 第一节　中亚各国的反恐政策

　　通俗讲,由于国际社会处于无政府状态,国家和地区间的矛盾和冲突在所难免,只有通过制度安排才能够限制或者改善这种无政府状态,促进国际安全。因此,作为制度安排最重要的载体,国际法和国际契约成为维持国际安全(秩序)的必要条件,这就要求任何国家间的安全合作设置,诸如安全合作议程的制订和执行,都需要国家内部相关配套法律的对接方能有序进行。中亚地区的反恐安全合作也不例外。作为中亚恐怖主义势力的共同威胁,反恐对维护各国国家利益的重要性,在打击恐怖主义的政策上,各国深知恐怖主义的严重程度和国家物质能力影响各国政府对恐怖主义的反应①,尽量减少对国家安全造成威胁,并根据各国的实情来制定相应的反恐政策。正如英国学者萨尔赫·莱恩所言,恐怖主义和极端主义作为中亚五国最大的国家安全威胁,各国对极端主义和恐怖主义的法律界定和实践都比较宽泛,其目的旨在保护各国的政治和社会现状。②

随着中亚地区反恐形势的日益严峻,加强各国间的反恐安全合作越来越成为中亚国家安全合作的共识。为彻底根除中亚恐怖主义的影响,保证中亚地区反恐安全合作的顺利展开,各国政府在反恐问题上坚持立场,制订和调整各国反恐的相关法律法规,以适应中亚地区反恐安全合作的现实需要。它们普遍认为,"三股势力"已成为各国的不稳定因素,"阻碍着社会经济发展,严重损害爱好和平的伊斯兰宗教",必须采取措施与任何形式的恐怖主义、极端主义、民族分裂主义进行"不可调和的斗争"③。一再声称不支持本国内的各种旨在推翻、颠覆、分裂他国的非法组织,在政策法规和措施上禁止它们在其境内从事各种恐怖活动。

## 一、各国反恐法及其相关法律的颁行

### (一)哈萨克斯坦

哈萨克斯坦认为宗教极端主义是对哈萨克斯坦国家安全的主要

---

① Mariya Y,"Combating Terrorism in Central Asia: Explaining Differences in States' Responses to Terror,"*Studies in Conflict & Terrorism*,Vol. 42,No. 1,2019,pp. 1021—1043.

② Sarah Lain,"Strategies for Countering Terrorism and Extremism in Central Asia,"*Asian Affairs*,No. 3,2016,pp. 386—405.

③ 托卡耶夫:《中亚之鹰的外交战略》,新华出版社 2002 年版,第 187 页。

威胁,在政策上把胁迫和征服政治自由与共同选择、控制和同化伊斯兰势力及姑息公众的政策结合起来。比如,哈萨克斯坦的宪法在承认和尊重公民信仰自由的同时,禁止宣传或鼓动宗教的优越感,并禁止外国宗教性质的政党活动,强调外国宗教组织在该国境内的活动以及外国宗教中心对共和国内宗教组织领导人的任命,需经国家有关国家机关同意。在打击恐怖主义势力上,哈萨克斯坦的内务部联合其他国家机关起草对现行打击恐怖犯罪的相关法律进行修改的建议。根据该草拟的建议,哈萨克斯坦政府将剥夺那些到境外参与极端主义团体和从事恐怖活动的哈萨克斯坦人的国籍,并将阻止这些人重返哈萨克斯坦。内务部还计划向议会提交有关对哈萨克斯坦人的基因信息和指纹信息进行系统性登记的法案草案。哈萨克斯坦国家安全委员会为修改现行法律专门成立的工作小组,已草拟对现行的 24 部相关法律进行修改的法案,建议通过延长监禁年限、没收财产等手段,对从事恐怖活动的人加大惩戒力度,对容易遭到恐怖袭击的设施加强安保。并建议国家对枪支买卖加强监管,授权内卫部队对藏有枪支弹药的设施进行专门检查。

与此同时,哈萨克斯坦议会通过关于禁止与恐怖主义和极端组织有关联宗教团体在哈萨克斯坦境内活动的法案。该法案规定反对任何形式的恐怖活动,严厉惩罚极端主义活动,禁止向极端主义和恐怖主义团体提供财政帮助,防止为实施恐怖主义活动创造条件,执法当局对全国各地的宗教组织进行检查,暂停一些宗教团体的活动。同时将进一步加强对武器弹药销售和使用的管控,其中政府机关和民众对枪支、弹药的存储、流通等,将得到专门监控和管理。而对于与境外恐怖主义和极端组织有涉的个人和团体,将进一步加强处罚力度,有关联的宗教团体将被禁止在哈萨克斯坦境内活动,培养公民的政治和法律素质,优先保障国家安全,国家与社会团体、其他组织和公民个人在反恐怖方面的合作等。该法案还针对忽视反恐安保的相关责任团体和法人,制定相应的处罚措施等。哈萨克斯坦文化和体育部官员还建议修改有关法律,以强化对宗教的监管。该建议指出,政府应禁止没有登记注册的传教士从事宗教宣传活动,对非法传教活动加大处罚力度,尤其是对宣传极端宗教的人加强打击力度等。上述法律法规的制定和颁行,健全该国的反恐法律体系,从根本上保障该国反恐行动的顺利开展。为此,2004 年,哈萨克斯坦最高法院还发布一项裁决,把基地组织、东突厥斯坦伊斯兰党、乌兹别克斯坦伊斯兰运动列为恐怖组织,禁止它们加入任何组织。

2013 年,哈萨克斯坦通过一系列与反恐有关的法律文件,比如,《哈萨克斯坦反恐活动组织原则》《恐怖事件造成自然人和法人财产损失赔偿原则》《进行反恐的国家机构负责人在处置恐怖事件中因合法行动造成自然人和法人损失的赔偿原则》《实施恐怖事件死亡人员以及处置其实施的恐怖事件时死亡人员丧葬原则》《恐怖事件受害人员社会康复原则》等。2016 年,哈萨克斯坦颁布《对哈萨克斯坦一些反恐问题法律进行修订和补充》,进一步强化对恐怖活动的惩罚力度,加强对非法宗教活动、个别种类武器流通、居民移居的监管,并增加由政府宣布进行紧急状态,对参与恐怖活动者剥夺国籍等。同时还颁布《批准对提供有助于预防和阻止恐怖事件情报的确认和奖金支付规则》,规定如果有人提供的情报有助于预防或阻止恐怖事件,主管机构须向其支付奖金。

（二）吉尔吉斯斯坦

吉尔吉斯斯坦宪法作为该国的根本大法,对宗教的性质与功能、权利与义务等给予明确的限定。宪法规定,宗教及各类祭祀应与国家分离;不允许按照宗教派别建立政党;宗教组织不得谋求政治目的和任务;宗教组织的神职人员和宗教仪式不得妨碍国家机关的活动;外国政党、社会组织和宗教组织及其代办处和分支机构不得谋求政治目的和活动;不得建立损害宪法建设、国家和社会安全的政党、社会联合会、宗教组织及其他组织,并进行相关的活动等。

在打击恐怖主义势力上,吉尔吉斯斯坦颁行一系列相关法律。比如,《吉尔吉斯斯坦共和国反恐怖主义法》(2006 年)把恐怖主义界定为,进行危害人类甚至造成人员伤亡,后果十分严重,社会危害性巨大的爆炸、纵火或其他类似活动;企图破坏社会稳定、削弱或推翻现政权,进而恐吓或逼迫居民、国家机关、国际组织和其他组织为或不为某种行为,或为实现上述目的而采取的各种威胁手段。为此,反恐法规定,内务部、国防部、司法部、紧急情况部、边防部、国家卫队等作为反恐主体,拥有预防、查明和制止恐怖主义活动,实施反恐怖主义行动,将恐怖活动造成的后果降到最低,并负责由政府确定的特别重要设施的保护及安全等的责任与义务。还明确规定了国际反恐合作的法律基础、基本原则、主要目标和任务、合作形式等,指出在公认的国际法原则和准则、加入的国际条约、联合国安理会决议等构成其法律基础的前提下开展国际反恐合作。其合作原则包括:认识联合各国力量战胜恐怖主义威胁的必要性、遵守国际法公认的准则和原则、维护个人权利和基本自由、对他国国家利益持尊重态度等。其合作目标在于保护个人、社会、国家和国际社会的安全,查明和消除恐怖主义威胁扩散的原因及有助于实施恐怖主义活动的条件,预防、查明和制止针对一国或多国的恐怖主义活动,最大限度降低恐怖主义袭击造成的后果。其合作形式有情报信息交换,查明冻结或查封用于实施具有恐怖主义性质犯罪的任何资金及征收因实施此类犯罪而获得的财产,已实施或有证据怀疑实施具有恐怖主义性质犯罪人员的引渡,犯有恐怖主义性质罪的罪犯的服刑移交、实施联合侦查、移交刑事诉讼程序,法律、行动、方法和技术及其他互助,联合行动、侦查及其他措施的实施,国际规范和标准文件确定的一系列相互关联的任务等。[①] 2017 年,吉议

---

① 赵秉志等:《俄罗斯与中亚诸国反恐怖主义法述评》,《法学评论》2007 年第 1 期。

会通过反恐法修正案,规定国家安全委员会每年更新在吉国内被禁止活动的恐怖主义名单,以促使国内涉及反恐工作的部门跟踪其恐怖主义活动的发展动态,并将其消灭在萌芽状态。

同时,吉尔吉斯斯坦的《吉尔吉斯斯坦共和国反对政治极端主义法草案》也规定,政治极端主义是政党、宗教组织、非商业组织和国家权力机构的代表和公民,企图通过暴力改变吉尔吉斯斯坦共和国的宪法,篡取政权和侵犯国家主权、领土完整,组织非法武装部队,煽动民族、种族和宗教仇恨,鼓动群众从事有政治目的的非法活动。吉尔吉斯斯坦总统还签署法案,规定将剥夺参与恐怖组织和极端主义团体的吉尔吉斯斯坦公民所具有的公民权和国籍。该法案旨在强化对恐怖主义的打击力度,凡参与恐怖组织和极端主义团体的吉国公民,将被剥夺吉尔吉斯斯坦公民权和国籍。这些法律文件奠定该国反恐行动的法律基础。2015年,吉尔吉斯斯坦国家安全委员会还通过修正案,允许对境内含有恐怖主义内容的网站进行屏蔽。

(三)乌兹别克斯坦

乌兹别克斯坦的宪法规定,禁止成立以暴力改变宪法制度为目标、反对共和国主权、完整和安全以及公民的宪法权利和自由,宣扬战争以及社会、民族、种族和宗教敌视,侵害人民的健康和道德的政党和社会团体。以及按民族和宗教特征建立起来的军事化团体和政党,禁止其活动。不仅如此,1998年,该国还颁布《宗教信仰自由和宗教组织法》,将禁止建立宗教政党组织及其活动列入法律条文,全面限制未经批准的宗教活动,并规定,除了向乌兹别克政府登记的宗教神职人员外,禁止乌兹别克斯坦公民穿着宗教文化服饰出现在公众场合等。禁止传播宗教思想,禁止私人宗教教育,要求宗教组织向政府登记并提供成员名单等。

另外,乌兹别克斯坦颁布《反恐怖主义法》,将恐怖主义分子绳之以法,打压其嚣张气焰。该规定,反恐怖行动是为避免恐怖活动的发生和消除恐怖活动造成的后果以及保障人身安全、使恐怖分子不能为害而采取的专门的配套协调行动和措施。并将反恐怖行动区确定为实施反恐怖行动的地面、水域的单独区域、空间、交通工具、楼房、建筑物、设施场地及所属地域等。该法还规定反恐怖主义的原则：法制，人身权利，自由及合法利益的优先性，预防恐怖主义措施的优先性、惩罚的不可避免性，打击恐怖主义公开和非公开方法的结合，反恐怖行动使用力量和手段的统一领导等。并明确打击恐怖主义的乌兹别克斯坦国家机关及其责任：国家安全总局，内务部、国家边界保卫委员会、国家海关委员会、国防部、紧急情况部等。此外，该法要求乌兹别克斯坦的新闻媒体活动应与反恐怖行动负责人在反恐怖行动区域相互协作，禁止传播暴露反恐怖行动的专用技术方法和策略的，加大反恐怖行动难度、对公民的人身健康和生命安全构成威胁的，有助于恐怖主义宣传或为恐怖主义开脱的，关于参加反恐怖行动工作人员及为反恐怖行动提供协助人员的有关信息等。[①] 乌兹别克斯坦的刑法也明确将组织极端教派、利用互联网传播宗教思想、散发极端宗教传单等活动列为危害国家安全、妨碍公民信仰自由罪。这在一定程度上为该国打击恐怖主义势力提供法律保障。

（四）塔吉克斯坦

塔吉克斯坦独立后，受国内各种政治、宗教、地方利益集团斗争日趋激烈的影响，政局持续动荡。在塔吉克斯坦总统拉赫莫诺夫的领导下，塔吉克斯坦政府团结国内各阶层民众，依靠独联体国家和国际社会积极帮助，经过八年不懈努力，最终与反对派达成和解，实现国家的和平。针对该国境内的恐怖主义势力，塔吉克斯坦宪法规定，塔吉克斯坦禁止把宗教规定为国家的意识形态；宗教组织与国家分离，不得干预国家事务；禁止以挑起宗教冲突为目的，或者煽动暴力

---

① 赵秉志等：《俄罗斯与中亚诸国反恐怖主义法述评》，《法学评论》2007 年第 1 期。

推翻宪法制度和组织武装集团的社会团体建立及活动等。塔吉克斯坦刑法也明确规定与恐怖主义犯罪有关的"组织犯罪集团罪"、"煽动种族仇恨罪、祖护犯罪亲属和宗教仇恨罪"、"使用暴力夺取和维持权力罪"等罪名，并对其配置不同级别的刑罚，实现罪有其罚。并规定如果其他犯罪形式是为达到恐怖主义目的而实行的，也属于恐怖主义犯罪等。

　　塔吉克斯坦还通过《塔吉克斯坦共和国反恐怖主义法》，完善打击恐怖主义势力的法律框架体系。该法把恐怖主义活动界定为直接实施恐怖主义性质的犯罪，包括爆炸、纵火、使用或威胁使用核爆炸装置、放射性物质，以及化学的、生物的、易爆的、有毒的、剧毒的、有害的物质；消灭或毁坏或夺取交通工具或其他设施；危害国务活动或社会活动家、民族代表、部落、宗教和其他社会团体代表的生命；扣押人质或抢劫人口；通过为制造车祸和技术性灾难创造条件或是造成这种危险的现实威胁，以损害非特定人群的生命、健康或财产；以任何形式和手段扩散威胁；通过其他行为制造人员死亡的危险；导致重大财产损失或导致其他社会危险后果等。并规定塔吉克斯坦反恐怖斗争由塔政府负责，反恐怖直接主体包括安全总局、内务部、国防部、紧急情况部、边防委员会、总统卫队，直接主体的名单只能通过法律加以改变或补充。而参与主体包括司法部、外交部、海关和其他行政机构，其名单由政府确定。塔吉克斯坦检察机构和法院则依照宪法、法律和刑事诉讼法规定的有关条件和程序参加反恐怖斗争。为预防恐怖活动，该法规定，禁止建立、登记及运作以恐怖活动为目的的组织；禁止宣传与恐怖主义相关的活动；禁止允许参与恐怖活动的人出入境或过境；禁止为参与恐怖活动的人提供居留证；禁止允许参与恐怖活动的人取得国籍；禁止公共汽车站、铁路、航空工作人员代为旅客保存行李及随身行李（特别授权的除外）；禁止在非指定地点举行群众性集会、游行、示威或实施纠察警戒。为防止恐怖活动，该法还明确规定,在塔吉克斯坦境内许可下列行为:在举行政治性活动时,动用直接主体;对重点目标加强警卫和保密措施;根据国际法准则,要求外国主管机关对在这些国家领土上参与恐怖活动的人员进行查问;收集分析和综合有关正在参与恐怖活动的组织和个人的资料,并报告资料库;在直接实施反恐怖斗争的主体建立特别反恐怖分队;对恐怖活动的预防也包括依据法律和国际条约采取的其他措施。[①] 此外,该法明确要求新闻媒体在反恐怖实施区域禁止泄露实施行动的战术和方法的,助长恐怖主义宣传、为其辩解的,泄露参与行动者情况及构成国家机密的,泄露有辱人质尊严和人格的有关信息等。

为遏制与消除极端主义,塔吉克斯坦的《打击极端主义法》对极端主义明确规定为法人和自然人表现出的极端行为,致力于动乱,改变国家宪法秩序,夺取和窃取政权,煽动种族、民族、社会和宗教敌视。对极端主义组织的规定是被法院判处取消或禁止活动的、从事极端主义活动的社会团体、宗教组织或其他非营利组织。对于极端主义活动,该法认为,法人和自然人策划、组织、准备和实施的行为,包括暴力改变宪法体制和损害塔吉克斯坦完整;破坏塔吉克斯坦安全;夺取或窃取政权;建立非法武装;从事恐怖主义活动;以暴力或号召使用暴力,煽动种族、民族或宗教矛盾以及社会矛盾;侮辱民族尊严;借口意识形态、政治、种族、民族或宗教仇恨,以及对任何社会集团的仇恨或敌视,实施群众骚乱、流氓行为和破坏活动;根据公民的宗教态度、社会、种族、民族、宗教或语言属性,宣传公民的特殊性、优越性或缺陷;公开号召实施上述活动或完成上述行为;资助或以其他方式支持实施上述活动或完成上述行为,通过提供不动产、培训、印刷品和技术资料库、电话、传真和其他通信方式、信息服务、其他物资技术设备。[②]

---

[①]　赵秉志等:《俄罗斯与中亚诸国反恐怖主义法述评》,《法学评论》2007年第1期。
[②]　李瑞生:《塔吉克斯坦恐怖主义犯罪及其预防研究》,《犯罪研究》2016年第3期。

（五）土库曼斯坦

土库曼斯坦的宪法也对宗教的权利、义务与责任作明确规定，强调宗教组织同国家相分离，且不得行使国家职权；国家教育系统同宗教组织相分离，并具有世俗性；禁止建立以宣传鼓动宗教仇视情绪的政党和社会团体，并禁止它们开展活动；禁止按照民族或宗教特征建立军事团体和政党。这在一定意义上为打击恐怖主义势力提供法律保障。2002年，政府通过反恐立法，设立打击恐怖主义国家委员会和内政部打击恐怖主义和有组织犯罪司等，遏制宗教反对派，禁止政治多元化和宗教的多样性。

（六）中亚国家参与的相关反恐国际公约

为打击恐怖主义向中亚渗透，中亚各国签署区域反恐合作协议，加入各种反恐国际公约，不断加强自身的反恐能力。比如，2000年4月，哈萨克斯坦、吉尔吉斯斯坦、塔吉克斯坦和乌兹别克斯坦四国签署《中亚联合打击恐怖主义、政治和宗教极端主义、跨国有组织犯罪和其他威胁》协议。各国宣布，恐怖主义不能在中亚以政治、意识形态、种族、族裔、宗教或任何其他理由存在，一致同意不向恐怖分子提供庇护。各国同意在打击区域的毒品、武器走私、非法移民、经济犯罪、非法金融转移行动、伪造证件的制造和某些与车辆有关的犯罪等方面加强合作，并为各种形式的合作提供法律基础，包括交流信息、联合调查、援助请求的程序要求、有控制的违禁品交付和保护受害者、证人和专家等方面的法律支持。各方在刑事事项和引渡方面进行法律援助合作，力求协调打击恐怖主义、极端主义和跨国有组织犯罪的国家立法等。2000年8月，乌、吉、塔三国在巴特肯拟定共同打击国际恐怖主义的具体措施。2001年，哈、乌、吉、塔四国在阿拉木图一致主张采取积极措施，共同防止国际恐怖分子再度危害中亚。

不仅如此，中亚国家先后签署加入《关于在航空器内的犯罪和犯有某些其他行为的公约》、《关于制止非法劫持航空器的公约》、《关于制止危害民用航空安全的非法行为的公约》《关于防止和惩处侵害应受国际保护人员包括外交代表的罪行的公约》《反对劫持人质国际公约》《核材料实物保护公约》《制止危及大陆架固定平台安全非法行为议定书》《制止危及海上航行安全非法行为公约》《关于制止危害民用航空安全非法行为、制止国际民用航空服务的机场上的非法暴力行为的补充议定书》《关于在可塑炸药中添加识别剂以便侦测的公约》《制止恐怖主义爆炸的国际公约》《制止向恐怖主义提供资助的国际公约》《制止核恐怖主义行为国际公约》等多部国际公约,实现中亚各国的国内反恐法律与国际反恐公约的对接。

简言之,中亚各国通过出台宪法、《反恐怖主义法》《宗教信仰自由和宗教组织法》《反对政治极端主义法》等相关反恐法律法规,加入各种反恐国际公约,完善中亚反恐合作的法律基础,这对维护各国的国家主权和领土完整、确保该地区社会稳定、推动中亚地区反恐合作发挥重要作用。

## 二、各国执法机关反恐执行力的成效

### (一)哈萨克斯坦

哈萨克斯坦在制定反恐法律的同时,也加大反恐力度,以遏制该地区恐怖主义势力的嚣张气焰。1992 年,哈萨克斯坦政府取缔伊斯兰组织"阿拉什",逮捕和判刑该组织的许多成员,其领导人也被迫逃往国外,1993 年夏该组织总部也被迫迁往境外。2003 年 7 月,哈萨克斯坦国家安全部门在搜查该国境内"东突伊斯兰党"组织成员时,发现他们藏有爆炸物品、武器和军用装备。随后对其展开调查,调查结果证实"东突伊斯兰党"哈萨克斯坦支部同阿富汗、伊朗、吉尔吉斯斯坦和乌兹别克斯坦的恐怖组织有密切联系。按照哈萨克斯坦的相关法律,哈萨克斯坦政府对这些恐怖组织予以取缔。

哈萨克斯坦通过司法程序明显抑制境内极端势力的蔓延。2006

年 4 月,哈萨克斯坦安全委员会宣布破获一起在国外策划的针对国家基础设施进行恐怖活动的阴谋,抓捕 10 名嫌犯。2007 年 11 月,哈萨克斯坦开庭审理 30 名"伊扎布特"成员。2008 年,哈萨克斯坦警方连续打掉多个传播宗教极端思想的地下组织,抓获"伊扎布特"成员 13 人,缴获宣传宗教极端思想的传单 2 万多张。2012 年 3 月,哈萨克斯坦当局破获阿拉木图恐怖袭击事件。5 月 31 日中国和哈萨克斯坦边境发生哨所枪击案,犯罪嫌疑人切拉赫供认自己杀害 14 名战友和 1 名护林员,并放火烧该哨所。9 月阿特劳州发生民宅爆炸事件,警方打死 5 名恐怖分子。

近年来,哈萨克斯坦的反恐行动不断升级,成效显著。比如,2014 年,哈萨克斯坦打掉 703 家涉嫌传播恐怖主义极端思想的非法网站,对 10 万多家网站进行监控,其中 600 家网站因包含恐怖主义的内容而被屏蔽。2016 年 4 月,哈萨克斯坦特种部队的 150 名军人在阿拉木图州举行反恐演习,主要模拟抓捕和消灭劫持人质的恐怖分子的过程。6 月,哈萨克斯坦反恐中心阿克托别紧急指挥部称,有 5 名潜逃的恐怖分子在该市被反恐部队击毙。同月,在哈萨克斯坦西部发生的恐怖袭击事件中,哈萨克斯坦警方共击毙 13 名暴徒,逮捕 4 人,有 7 人被通牒,还逮捕 8 名涉嫌参与此次袭击的嫌疑人。7 月,哈萨克斯坦政府称,有 12 名企图前往叙利亚参加伊斯兰国恐怖主义组织的犯罪嫌疑犯被判处 6—8 年的有期徒刑。8 月,哈萨克斯坦政府表示,已逮捕涉嫌策划在公共场所发动恐怖攻击的 21 名激进团体成员。哈萨克斯坦安全部队称,有关部门在西部毗邻俄罗斯的两处地区,逮捕隶属于 3 个团体的 21 名成员,并没收武器、弹药、炸药、极端分子的文件及标志等。8 月,哈萨克斯坦国家安全委员会称,该委员会在近期逮捕 4 名计划实施系列恐怖袭击的激进组织成员。10 月,哈萨克斯坦安全机构表示,3 名涉嫌策划袭击该国安全服务机构的嫌犯在阿拉木图被逮捕,并缴获自制炸药、雷管等。12 月,哈萨克斯坦国家安全委员会称,该委员会联合哈萨克斯坦内卫部队逮捕因涉嫌煽动宗教仇恨以及参与极端组织的"赎罪与迁徙组织"33名成员,其中包括7名该组织的头目和骨干成员,缴获大量非法宣传品等。哈萨克斯坦国家安全委员会反恐中心负责人库阿托娃称,2016年哈强力部门的反恐行动成功阻止12起正在策划的恐袭案,逮捕182名恐怖组织成员。

（二）乌兹别克斯坦

乌兹别克斯坦是伊斯兰原教旨主义势力的重灾区,其政府对伊斯兰原教旨主义者非常警惕,希望国家政权保持世俗性质,希望阻止虔诚的穆斯林强迫所有穆斯林在公共场所严格遵守伊斯兰教法,对各种伊斯兰极端组织采取重拳出击。[①] 在1992年镇压一批公开批评政府的激进伊斯兰组织领导人,取缔乌兹别克斯坦伊斯兰复兴党,抓捕并监禁约20名该组织的高级成员,包括主席阿卜杜拉·维塔耶夫。1999年2月,乌兹别克斯坦极端宗教势力在塔什干市制造恐怖爆炸事件,乌兹别克斯坦政府采取强力措施予以打击,22名罪犯中6人被判处死刑,16人被判处10—20年徒刑,制止事件的进一步蔓延。2000年至2001年期间,乌兹别克斯坦政府对其境内的宗教极端组织进行大规模的清除,以实施恐怖活动罪对"乌伊运"头目尤尔达什夫和纳曼加尼缺席判处死刑,有超过7000人的宗教极端主义者被逮捕,这些被关押的人包括与危害社会治安集团有联系的人、著名的宗教人士,还有那些貌似虔诚的人士,如蓄胡子的男人和穿传统宗教服装的女人。

2005年5月,乌兹别克斯坦的安集延地区爆发大规模反政府骚乱事件。为捍卫国家统一,防止事态进一步蔓延,事件发生后,乌政府将该事件定性为恐怖主义暴力事件,迅速采取果断行动,总统卡里

---

① 玛莎·布瑞尔·奥卡特:《中亚的第二次机会》,时事出版社2007年版,第181页。

莫夫亲临骚乱现场坐镇,指挥乌政府军和警察部队向盘踞安集延州政府大楼内的 100 多名武装叛乱分子发动攻击,并对在市中心广场进行示威的抗议者采取驱赶措施,很快就平息骚乱,恢复国家的社会秩序。2007 年上半年,乌兹别克斯坦当局逮捕一批"伊扎布特"成员,并缴获大量传播宗教极端主义思想的传单、书籍等。2011 年,乌兹别克斯坦政府以"攻击法律"和"企图建立政教合一国家"的指控,剥夺约 10 万名穆斯林的自由。2015 年,乌兹别克斯坦在国内实施积极的清除恐怖组织政策,乌内务部组织"清洁"行动,对 700 万个目标进行检查。乌兹别克政府的这些严厉措施尽管遭到一些西方国家的质疑,指责这是乌政府借机通过夸大恐怖主义极端势力的"威胁",图谋为暂停宗教自由和政治多元化、限制媒体和建立独裁国家辩护等,①但有效遏制了该国的恐怖主义泛滥。

(三)塔吉克斯坦

在塔吉克斯坦,2001—2002 年先后对其国内"伊扎布特"成员 14人分别判处 8—18 年徒刑,2003 年初抓捕 2 名涉嫌参与"伊扎布特"极端宗教思想传播活动的成员,2006 年 6 月判处 2 名"伊扎布特"成员徒刑。2006 年塔最高法院把"基地"、"东伊运"、"塔利班"等组织宣布为恐怖组织,2007 年又依法取缔 10 个极端主义组织("基地"组织、"突厥斯坦伊斯兰党"、"哈拉卡蒂·塔布里格特"组织、"贾米亚蒂·塔布里格特"组织、"苏兹莫尼·塔布拉伊"组织和"自由塔吉克斯坦运动"等),禁止其在塔吉克斯坦境内活动。2006 年 6 月,塔吉克斯坦判处两名"伊扎布特"成员入狱,处理有关"伊扎布特"的案件有 60 起,涉及有关人员 61 人。2007 年 8 月,塔吉克斯坦在塔阿边境地区逮捕两名"乌伊运"成员。9 月粉碎一起由"乌伊运"策划的恐

① Reuel R. Hanks,"Dynamics of Islam, identity, and institutional rule in Uzbekistan: Constructing a paradigm for conflict resolution,"*Communist and Post-Communist Studies*, Vol. 40, No. 1,2007,pp. 209—221.

怖活动,逮捕 7 名乌兹别克斯坦人,查获 50 枚雷管和 650 克炸药。2008 年 3 月,塔吉克斯坦最高法院宣布"伊扎布特"为极端组织,列为打击对象。2010 年,塔吉克斯坦对 158 名宗教极端分子判刑,对 135 名"伊斯兰解放党"成员判刑,对 23 名"赛莱菲耶派"组织成员处以 5—6 年的徒刑。2011,塔吉克斯坦抓获 200 余名各类恐怖和极端组织成员,其中 168 名被起诉和获刑。

　　2012 年 7 月 21 日,塔吉克斯坦国家安全委员会戈尔诺——巴达赫尚自治州管理局局长纳扎罗夫在霍罗格市郊遇害。24 日,当局宣布开始清剿该地区有组织犯罪团伙的特别行动。塔吉克斯坦执法机关认为,纳扎罗夫遇害事件是由艾耶姆别科夫所领导的非法武装所为,他们长期从事毒品、烟草及宝石的走私活动,并组织参与多起犯罪事件。塔吉克斯坦强力部门人员在此次行动中打死 30 名非法武装犯罪团伙成员,抓获 40 名武装分子,收缴 100 支各式枪械,彻底剿灭该恐怖组织,该组织头目艾耶姆别科夫流亡国外。2016 年 3 月,塔吉克斯坦国家安全委员会称,塔吉克斯坦边防军在塔阿边境抓捕 3 名从事走私活动的阿富汗武装人员。5 月,塔吉克斯坦内务部消息,塔吉克斯坦护法机关挫败一起在首都杜尚别实施的恐怖主义行动,逮捕 4 名恐怖主义组织伊斯兰国的成员,缴获指南针、光盘、音视频设备、卫星电话、手枪、军用服装等。同月,塔吉克斯坦的哈特隆州法院对 5 名萨拉菲信徒进行宣判,以散布宗教极端主义和企图推翻现政权的罪名判处他们 5—6 年监禁等。2016 年 7—8 月间,塔吉克斯坦强力部门对国内的极端势力进行大规模的清剿,共打掉 8 个恐怖主义团伙,逮捕 90 多名与"伊斯兰国"有关联的恐怖分子。所有这些举措从根本上动摇该国恐怖主义势力企图利用塔吉克斯坦国内的不稳局势、趁势作乱的图谋,维护塔吉克斯坦的社会稳定。

　　(四)土库曼斯坦

　　在土库曼斯坦,政府在独立初期就消灭所有争夺其权力的团体,驱逐不是土库曼斯坦公民的宗教活动者,加强对宗教和习俗的监管,对宗教印刷材料和音频制作实行审查,并对阿什哈巴德大学的神学系进行严格的监管,将伊斯兰教置于政府的严格控制之下,取缔非传统宗教等。还下令把居住在土、乌边境地区的所有"不值得信赖的人"重新安置到偏远的沙漠地区。[①] 这些措施有效遏制了激进伊斯兰团体在土库曼斯坦的活动。应该承认,在土库曼斯坦社会,由于土库曼斯坦人传统上更多地认同他们的部落文化而不是宗教或国籍,土库曼斯坦社会的宗教和社会制度保留对部落和族裔的忠诚,这在一定程度上冲淡了激进伊斯兰的影响。

中亚国家的上述反恐政策表明,尽管伊斯兰信仰在中亚社会中的作用不断发展,各国对恐怖主义威胁性质的理解也在变化。英国学者艾玛·尚特的研究表明,在中亚,由于恐怖主义和有组织犯罪集团在动机、方法和与国家关系上的差异性,不能简单用以安全为导向的执法方法来对付恐怖主义和有组织犯罪集团,两者应区别对待。[②] 英国学者大卫·李维斯也指出,现阶段还没有发现恐怖主义组织与当地的有组织犯罪网络结盟的迹象,各地的叛乱集团或恐怖主义网络未有空间进行大规模的犯罪活动。[③] 因此,各国在反恐政策上有所不同,乌兹别克斯坦对伊斯兰活动分子采取最严厉的反恐措施,塔吉克斯坦对激进的伊斯兰主义也表明其非常强硬的立场,土库曼斯坦加强对宗教和政治活动的控制,哈萨克斯坦则采取较为"温和"的反恐措施。各国不管采取何种措施,在反恐立场上它们还是一致的,

---

① Mariya Omelicheva, "Combating Terrorism in Central Asia: Explaining Differences in States' Responses to Terror," *Terrorism and Political Violence*, Vol. 19, No. 1, 2007, pp. 369—393.

② Emma van Santen, "Combatting organised crime and terrorism in Central Asia," *Journal of Financial Crime*, Vol. 25, No. 2, 2018, pp. 309—319.

③ David Lewis, "Crime, terror and the state in Central Asia," *Global Crime*, Vol. 15, No. 3—4, 2014, pp. 337—356.

都严格把有组织的犯罪集团网络与恐怖主义网络区分开来,赞同用强有力的反恐措施打击恐怖主义,以确保中亚的稳定。就像美国学者欧梅李奇韦所指出的那样,中亚国家的反恐措施,引起该地区反对派运动的强烈反响,对中亚极端恐怖主义势力具有立竿见影的威慑作用,迫使他们放弃暴力行为。①

## 第二节　不平衡的区域反恐安全合作模式

国际机制指的是在国际关系的一些特定领域里,一套被一组国家所接受的、共同期望的秩序和规则、计划、义务等。它分为正式国际机制和非正式国际机制。非正式国际机制是不具有正式的国际法律地位,只具有政治或道德上的约束力,其成员国之间建立的是保证型的合作关系。国家选择非正式国际机制是国内层次和国际层次的激励因素共同作用的结果,其包括:国内偏好、承诺可信性需求和国家间相互依赖的结构特征。这表明,该机制在精确性上只存在保证型的政治或道德承诺关系,不具备国际法意义上的权力与义务关系,因而对相互的要求或禁止行为的规定较模糊;在合作深度上要求各方做出轻微的行为调整或不改变初始状态的行为即可;在授权程度上对授权第三方解释、解决机制规定、接受和发布遵守行为声明以及进一步制定规则等的程度亦较弱,制度的约束力仅来自于政治或道德。基于这种制度安排的逻辑,中亚国家通过独联体和上海合作组织的地区外组织以及美国等行为体,构建独联体主导下的内生型(Endogenous)反恐合作,上海合作组织主导下的介入型(Interventional)反恐合作,以及美国等主导下的竞争型(Competitive)反恐合作。

---

① Mariya Omelicheva, "Combating Terrorism in Central Asia: Explaining Differences in States' Responses to Terror," *Terrorism and Political Violence*, Vol. 19, No. 1, 2007, pp. 369—393.

## 一、内生型：独联体主导下的反恐合作

内生型（Endogenous）反恐安全合作是区域性组织在原有特定功能不变的前提下，基于打击本地区恐怖主义势力的需要，在该组织内部设置的一种反恐安全合作形态。换言之，它是区域性组织内部反恐安全合作的一种派生形态，有正式的国际法律地位保障。这种安全合作因各成员国属地区国家，相互依存度高，彼此信任感强，反恐合作关系的排他性小，且有国际体系中最主要军事大国的合作支持，对各方参与集体惩罚任何恐怖主义势力挑衅的意愿给予优先考虑等，所以各国在无需对恐怖主义威胁进行先验认同的前提下，承诺用集体物质能力惩罚恐怖分子的挑衅行为，具有结果式反恐合作的特质。

独联体是苏联解体后、原苏联部分加盟共和国组成的一个地区性组织，在合作形态上属典型的内生型反恐安全合作。作为反恐行为体的主体，独联体成员国均来自原苏联的各加盟共和国，有地缘相邻、制度相近、语言文化相通的诸多优势，各行为体的地区国家身份明显，与俄罗斯保持密切的合作关系，注重惩罚恐怖主义行为，反恐合作的基础牢固。无论是反恐理念还是思维方式，各国之间都不存在显著的排他性，因而它们对地区反恐合作的组织、规制、执行力等核心要素能够保持高度认同，也愿意承诺倾国家之全力合作打击恐怖主义势力，且不附带任何受恐怖主义威胁的预先条件，更倾向于结果式反恐合作。由此，各国的反恐欲望被有效激活，并催生地区合作反恐聚合力的全面释放，迅速生成地区反恐的"热岛效应"，在合作组织的专业化程度、反恐规范化的整合能力、反恐军演等都表现出强大且赋有成效的进取活力。

（一）合作组织的专业化程度高

独联体集体安全组织是独联体的派生组织或次生组织，在反恐合作中主要起组织和协调的作用，专门负责起草该组织的各种声明

和宣言、组织动员成员国间的一致行动、协调成员国的武装力量配置、统一指挥和调动武装力量的部署等。自独联体成立以来，中亚各国先后加入独联体集体安全组织，成为该组织的成员国。1992 年 5 月，出于中亚地区安全考虑，独联体国家签署《集体安全条约》，同意在独联体内部设置独联体集体安全组织。条约指出，各国应在尊重主权和领土完整、和平解决争端、不干涉内政、裁军与武器控制等前提下，积极参与独联体框架内的集体安全合作，依靠独联体集体力量，成立由俄罗斯军队为主体的联合军事特遣队，弥补各自的军力不足，遏制阿富汗战乱和塔吉克斯坦内战给该地区造成的军事威胁，确保中亚各国边界的稳定等。[①]

显而易见，独联体设立集体安全组织的意图，是想借助国际法手段完成俄罗斯驻中亚军事力量的合法化，确保俄罗斯在该地区军事存在的绝对优势，保持俄罗斯对独联体边界和军事设施的控制。更重要的是打算依托地区国家的集体力量，在中亚建立一个"以俄罗斯军事力量为核心的准军事同盟的多边安全体系"[②]，增强彼此间军事互信，形成地区军事力量的聚合效益，从而为地区准军事同盟内部惩罚任何入侵行为威胁的方式来制止战争、解决地区冲突与争端等铺平道路。正如塔吉克斯坦总统塔赫莫诺夫指出的，阿富汗问题的解决是保障和巩固独联体空间集体安全的关键因素之一。从这个意义上说，独联体集体安全组织显然非同于一般的地区性组织，它是以军事为目的专业化程度很高的地区安全组织。该组织专注于地区安全事务，通过正式的制度安排明确其功能定位，并采用准军事同盟方式打造该组织的合作平台，为中亚国家开展反恐合作搭建坚实的对话

---

① 《集体安全条约组织》，http://www.baike.com/wiki/%E9%9B%86%E5%AE%89%E7%BB%84%E7%BB%87，登录时间：2018 年 8 月 3 日。

② Paul Kubicek, "Regionalism, Nationalism and Realpolitik in Central Asia," *Europe-Asia Studies*, Vol. 49, No. 4, 1997.

和协商场所,提高各国惩罚恐怖主义势力的可靠性。

(二) 反恐安全规制的整合能力强

规范反恐就是制定反恐权利和义务的行为标准,这不仅有助于各国区分常规和非常规的反恐行为,协调相互间的期望以及减少反恐的不确定性,而且也有助于影响决策,让本国的反恐行为与他国行为合法化。在独联体,作为地区主义的反恐规范,既要包括法律理性的属性,也涵盖军事合作的属性,以便让所有成员国普遍受惠。基于此,独联体集体安全组织在《集体安全条约》框架内,从法理保障、武装力量统合、准军事同盟构建等入手,对中亚地区主义反恐规范进行整合,为合作安排和相互利益行为创造条件,促进地区反恐秩序的形成。

一是在法理保障上确立不干涉内政、协商、共同一致的合作原则。1995 年,独联体集体安全组织签署《关于创建反恐统一协调体系的协议》,正式把不干涉内政、协商、共同一致的原则,作为集体安全组织反恐合作的规范标准固定下来,避免成员国间的摩擦与误解。在此基础上,通过《独立国家联合体成员国打击恐怖主义合作条约》(1999 年),对集体安全组织成员国反恐合作的权利与义务、组织原则、运作程序等作出明确规定,[①]承诺从地区反恐大局出发,统一协调相互间的反恐立场,以不干涉和协商一致为旨规,合力惩治恐怖主义行为。

二是在武装力量统合上组建地区反恐维和军队。该组织以《关于集体安全体系武装力量组建和设施地位的协议》(2000 年)和《集体安全条约成员国集体安全体系武装力量和设施组建及功能程序议定书》(2001 年)为载体,在充分利用原苏联在中亚地区的武装力量建制和军事设施的基础上,成立以俄罗斯军队为主体的地区多国快

---

① 赵永琛:《区域反恐约章汇编》,中国人民公安大学出版社 2009 年版,第 73 页。

速反应部队,由集体安全组织统一指挥和管辖,提高反恐作战能力,以便精准打击境内外的国际恐怖主义、宗教极端主义、外来军事侵略等。

三是在准军事同盟上打造"独联体方式"。该组织在 2003 年出台的独联体集体安全条约组织文件(2003 年)中,强调在原有准军事同盟安全体系的构想上,用"独联体方式"在中亚建立具有正式的、组织最大化及广泛性的准军事同盟,包括缔结承诺相互间进行军事援助的盟约,将任何针对其成员国的侵略认定为针对集体安全组织全体成员的侵略,正式许诺与其他成员国一到共同对付恐怖主义势力等。2017 年 11 月,独联体集体安全条约组织峰会通过一项声明,反对借助"颜色革命"和"混合战争"解决国际争端,宣布将共同采取措施加强成员国的国防实力以应对外来势力的威胁。这种"独联体方式"的准军事同盟因其成员国的有限性、外部威胁的明确性、共同利益的精确性、权利义务的选择性、国家行为的必然性等的偏好①,在中亚重新创造独联体的集体安全体系,成功解决独联体从地区安全规范向反恐安全合作规范的转换,从而巩固中亚地区的反恐阵营。②

鉴于独联体反恐合作影响力的扩大,乌兹别克斯坦在 2005 年10 月 6 日召开的中亚合作组织峰会上,就表示可能加入独联体集体安全条约组织。次日,乌兹别克斯坦前总统卡里莫夫向普京建议:"俄罗斯和乌兹别克斯坦不仅应该达到战略伙伴关系的水平,两国还有可能建立联盟关系"。另外,一些成员国则对该组织的准军事同盟寄予厚望。塔吉克斯坦前总统拉赫莫诺夫表示要深化与俄罗斯的同盟关系,并决定划拨其首都杜尚别郊外 229.3 公顷的土地供俄罗斯建立空军基地。吉尔吉斯斯坦也强调,吉尔吉斯斯坦将继续加强与

---

① 赵可金:《军事同盟及其生命力问题》,《太平洋学报》2005 年第 4 期。

② Roy Allison,"Regionalism, regional structures and security management in Central Asia," *International Affairs*, Vol. 80, No. 3, 2004, pp. 463—483.

俄罗斯的战略伙伴和盟友关系等。这对于独联体反恐合作规范化建设起到助推作用。

（三）军事反恐一体化的可操作性

军事反恐一体化是规范独联体反恐合作的必然要求，也是检验其反恐合作能否成功的关键。早在 1993 年 3 月，独联体为防止阿富汗战火蔓延到中亚地区，曾组建一支由俄罗斯军队为主体的维持和平部队进驻塔吉克斯坦，部署在塔吉克斯坦的戈尔诺——巴达赫尚自治州与阿富汗交界的伊斯卡希边境地区，负责保卫塔阿边界的塔吉克斯坦领土免遭塔利班势力的入侵，维持塔吉克斯坦边境地区的安全秩序。这是中亚首支以反恐名义组建的维和部队，它的出现不但有效阻止阿富汗恐怖主义势力进入中亚兴风作浪，而且开创独联体联合军事反恐的先河。

此后，独联体不断强化中亚军事反恐一体化。2005 年，独联体集体安全组织的俄、哈、吉、塔四国共同倡议组建集体安全组织联合反恐军队，由俄罗斯统一指挥，负责维护中亚的反恐安全。[①] 乌兹别克斯坦也表示在美军撤出该国的军事基地后将加入该反恐联军，愿意参与联军在中亚的联合反恐行动。反恐联军的主要任务是，当中亚出现军事冲突或恐怖主义威胁时，各国军队应相互支持共同捍卫成员国的安全。在危急事态下，各国可直接将其军队交由联军统一指挥，倾其全力打击恐怖主义势力。为此，俄罗斯要求中亚国家在反恐政策上与其保持一致，给予成员国以军事保护、经济援助及技术支持等方面的补偿。2014 年，俄罗斯向塔吉克斯坦、吉尔吉斯斯坦援助价值数十亿卢布的军事物资，并宣称将增加在两国的驻军，以抵御恐怖势力的侵蚀。同时，为配合中亚反恐形势的变化，独联体还通过不断修订集体安全条约，完善集体安全组织的军事反恐功能，将该组

---

① 王宏渊：《中亚国家的安全战略》，《新疆社会科学》2005 年第 4 期。

织从一个以紧张的军事协调为特征、减轻每个成员国对组织内其他成员国表现出来威胁恐惧的军事和政治集团,改造为一个向互主性过程和集体认同的认知转化的多功能、全方位的安全体系,更好适应从军事威胁向恐怖主义、极端主义等各种挑战和威胁的转变。这一转变"让莫斯科重新燃起俄罗斯和中亚武装部队在联合总部下的集体安全条约组织快速反应部队为核心的军事融合的希望"①,推进地区反恐安全合作步入常态化的轨道。

（四）反恐军演的多边和双边并举

独联体国家对地区反恐合作高度重视,从 1997 年起,为加强地区安全,独联体成立地区军事安全协调机构,联合进行军事行动,先后举行诸如代号为"99 独联体南部盾牌"联合指挥作战军事演习、"独联体——2000 南方盾牌"首长司令部演习和防空部队司令部演习、"南方——反恐怖"联合军事演习等一系列地区联合军演,密切各国反恐合作关系,维护中亚和平稳定。

"9·11"事件后,独联体的军事演习有增无减,仅 2002 年就在中亚及其周边地区举行两次较大规模的联合军事演习。2002 年 4 月,独联体集体安全条约成员国快速反应部队在中亚地区举行代号为"南方·反恐怖——2002"的联合军事演习,演练搜索、包围、抓捕恐怖分子,以协调各国军队合作打击恐怖主义势力的能力。同年 8 月间,独联体在里海地区举行大规模联合反恐军事演习,据报道,这次军演主要由俄罗斯的里海军区舰队和北高加索军区的 67 艘军舰、30 多架战机和直升机、上万名海陆空官兵组成,演习涉及俄罗斯军队的各个部门,除俄武装力量部队外,还有俄铁路部队、联邦边防部队、紧急情况部、联邦安全局、内务部内卫部队和交通部,这种由如此多的

---

① 　Roy Allison,"Regionalism,regional structures and security management in Central Asia," *International Affairs*,Vol. 80,No. 32004,pp. 463—483.

军兵种参加的反恐军演在中亚及其周边地区尚属首次。里海地区的哈萨克斯坦和阿塞拜疆两国的空军参加这次反恐军演,伊朗和土库曼斯坦则以观察员身份参加演习,反恐军演取得圆满成功。

此外,独联体还举行一些小规模的联合反恐军演,比如,2016 年 4 月,独联体集体安全条约成员国以"伊斯兰国"为假想敌,在塔吉克斯坦罗米特峡谷进行联合军事侦察演习。2016 年 10 月,独联体集体安全条约成员国在吉尔吉斯斯坦境内的"火绒草"靶场举行代号为"边界——2016"的军事演习,除军事人员外,还有吉尔吉斯斯坦内务部、紧急情况部等护法机关参演,演练打击试图袭击政府部门的国际恐怖主义组织。该联合反恐军演通过采取军事行动,侦查、抓捕恐怖分子,缴获恐怖分子的武器和弹药等。2017 年 3 月,俄罗斯和塔吉克斯塔两国的军队在塔吉克斯坦国防部的 3 个靶场和俄驻塔第 201 军事基地的 2 个靶场举行联合反恐军演等。[①] 所有这些多边和双边反恐军演,尽管在规模、参加人数、持续时间、针对目标和手段等方面各有侧重,但对于打击地区恐怖主义势力、稳定地区局势发挥重大作用。

## 二、介入型:上海合作组织主导下的反恐合作

介入型(Interventional)反恐安全合作是区域性组织在履行完成即有传统安全的合作事务后,根据本地区的现实需要而改变该组织原有合作性质,整体转向反恐等非传统安全的合作事务,从而形成一种转制的反恐安全合作形态。该安全合作因存在地区国家与地缘国家的身份差异,彼此依存度低,信任关系相对偏弱等的局限,在反恐安全合作中表现出明显的妥协色彩,倾向于过程式反恐合作。

上海合作组织是一个以中、俄为主导、中亚国家共同参与的地区

① 《美俄将分别与塔吉克斯坦举行联合反恐军演》,http://www.81.cn/wjsm/2017-03/27/content_7539288.htm,登录时间:2018 年 8 月 9 日.

组织。该组织成员国的国家身份复杂,既包括俄、哈、吉、塔等地区国家身份,也有中国等地缘国家身份,这意味各国在国家利益和地区安全的诉求上有着不同偏好,国家间的相互依存度比单纯地区国家身份略微逊色,安全合作具有较大不确定性。况且,上合组织的反恐主导权完全掌握在中、俄两国的手里,在反恐问题上,中、俄的反恐话语优势明显高于中亚各国。比如,中国在区域反恐合作中,倡导的新安全观成为多边反恐安全合作的重要指导原则,其实质是超越单方面安全范畴,以互利合作寻求共同安全,反对单纯使用武力打击恐怖主义,主张通过促进地区的经济发展,消除恐怖主义产生的土壤等。[①]这些认知对成员国的立场影响很大,双方会根据各自相互冲突的利益开展地区安全合作与竞争,[②]客观上压制中亚国家反恐安全合作意愿,易造成它们对反恐合作的敏感性和脆弱性。

尽管各国都做好应对反恐的各种预案和寻求合作的替代方案,试图消解这种敏感性,然而严峻的地区反恐形势又让各国的反恐捉襟见肘,在反恐合作上更显脆弱。受其影响,上合组织只能以各方在反恐的理念、规制、组织、执行力等方面相互妥协为条件,用时间换空间,在相当长的合作进程中,通过彼此反复磨合来确立该组织非正式反恐合作的制度安排。

众所周知,上合组织的前身是上海五国机制。上海五国成立初期,主要是解决中国与俄、哈、吉、塔的边境划界问题。随着中亚恐怖主义势力的蔓延,上合组织的功能定位从边界谈判等传统地区安全问题,向经济等非传统安全问题转变,反恐问题遂成为该组织关注的重要议题,由此开启上合组织主导下的地区反恐合作进程。作为一种介

---

① 孙壮志:《上海合作组织反恐安全合作:进程与前景》,《当代世界》2008 年第 11 期。

② Yeongmi Yun and Kicheol Park,"An Analysis of the Multilateral Cooperation and Competition between Russia and China in the Shanghai Cooperation Organization:Issues and Prospects,"*Pacific Focus*,Vol. XXVII,No. 1,2012,pp. 62—85.

入型反恐合作,尽管上合组织努力借助成员国之间的各类元首和总理级的声明和宣言、部长级的公报、成员国之间签署的各种公约,以及各类联合军演等各种形式,来显示出团结,开展和强化越来越多的地区反恐合作。[①] 然而,这些碎片化的"权宜之计"未必能扭转该组织反恐合作整体性滞后的窘境。正如一些学者所指出的,尽管上合组织业已发布不少涉及安全合作的宣言和法律文件,但具体落实却较为缓慢,许多仍停留在书面或起步阶段,其安全合作机制建设有待完善,这就使得上合组织以反恐为重心的安全合作仍处于较低层次。[②]

由此可见,反恐合作作为上合组织众多合作(如经济、环境、人文、反毒品、信息等)中的一种形态,其在合作理念培育、规制倾向、组织结构、执行力等方面,都远不及独联体反恐合作来得迅速和有效,妥协自然成为上合组织反恐合作的主基调。这注定上合组织的反恐合作从一开始就是一个过程式合作而非结果式合作,在这一过程中,成员国的反恐认知的养成曲折而漫长,反恐规制渐进发展,反恐合作组织的建构一波三折,反恐合作执行力多头并举等,由此构筑起地区安全合作的图景。

（一）反恐安全认知养成的曲折性

中亚恐怖主义等三股势力由来已久。由于对恐怖主义理解不同,各国的政治代理人往往在对待恐怖主义的具体问题上经常采取双重或者多重标准,在试图"拥有"叙述时提供不同的解释逻辑,把恐怖主义的恐怖暴力行为作为单独的恐怖主义事件来对待,并与民族分裂主义和宗教极端主义严格区分开来。[③] 由此一来,各国基于不同的政治立场来界定恐怖主义,把恐怖主义定义为一个充满政治性

① Jean-Pierre Cabestan,"The Shanghai Cooperation Organization, Central Asia,and the Great Powers, an Introduction,"*Asian Survey*, 2013,Vol. 53,No. 3,2013,pp. 423—435.

② 曾向红等:《上海合作组织的安全合作及发展前景》,《外交评论》2018 年第 1 期。

③ Alexandra Homolar and Pablo A. Rodríguez-Merino,"Making sense of terrorism: a narrative approach to the study of violent events,"*Critical Studies on Terrorism*, Vol. 12, No. 4, 2019,pp. 561—581.

的概念，一个被政治优先权、观点和利益的争论搞得混乱不堪的概念，这就意味着是否把某个事件视为恐怖主义完全取决各国的政治观点。[①] 因而造成该地区长期以来三股势力暗流涌动，暴乱频仍。在塔吉克斯坦甚至引发内战，严重影响各国政治社会的稳定。而要铲除三股势力的毒瘤，关键在于能否准确界定恐怖主义，正确处理恐怖主义与民族分裂、宗教极端主义的关系，不断培育地区反恐共识，在这方面上合组织做了大量工作。

反对"三股势力"作为上合组织反恐合作的重要原则，经历一个长期演变过程。早在上合组织成立前，"上海五国"利用成员国本土的社会文化和政治传统，界定本地区的反恐原则，《上海五国阿拉木图联合声明》（1997 年）第一次就本地区的民族分裂和宗教极端主义势力表明立场，指出该组织对"任何形式的民族分裂、民族排斥和宗教极端主义都是不能接受的"，把一切旨在分裂国家和民族的敌对势力坚决予以打击，反对任何国家以"人权高于主权"或"不干涉内政"原则等为借口，庇护民族分裂和宗教极端势力的做法。1999 年 8 月，"上海五国"第四次元首会议再次就民族分裂和宗教极端势力发表看法，重申遏制民族分裂主义和宗教极端主义对地区安全具有重大意义，提议各国"采取联合行动"打击两股势力的非法活动，维护地区稳定。[②] 这些原则立场，为中亚国家反对民族分裂主义和宗教极端主义的认知共识、消除旨在煽动民族和宗教间敌意的破坏性力量的激进和极端主义行动，提供一种显性的"自我意识方式"[③]，成为该

---

① Grosscup B, *The Newest Explosions of Terrorism*, New Jersey: New Horizon Press, 1998, p. 6.

② 《上海五国元首会晤》, http://www. cnr. cn/wq/fivecountry/index6-000. htm, 登录时间：2018 年 8 月 13 日.

③ Kuralai I. Baizakova, "The Shanghai Cooperation Organization's Role in Countering Threats and Challenges to Central Asian Regional Security," *Russian Politics and Law*, Vol. 51, No. 1, 2013, pp. 59—79.

组织反恐安全合作的思想基础。

"9·11"事件后,国际恐怖主义势力喧嚣尘上,搅动中亚国家内部"三股势力"趁势作乱。而对带有"弱势"国家结构特征的中亚各国及同样处在尚未"立足"的上合组织反恐机制合法性缺失状态来说,它们所面临的恐怖主义威胁并非只来自国际恐怖主义势力,更多源于中亚各国内部的"三股势力"。中亚的恐怖主义等"不仅是中亚国家所要面对的问题,而且也对中国和俄罗斯构成挑战,维护本地区稳定是上合组织所有成员的共同目标"①。为此,在《上海合作组织成员国外长联合声明》(2002 年)中,上合组织开宗明义地把反对恐怖主义列为该组织的首要任务,突出强调打击三股势力的必要性和紧迫性,呼吁各国在地区反恐问题上转换思路、凝聚共识、加强合作,共同打击恐怖主义等"三股势力"。② 同时还针对中亚"三股势力"相互联系和叠加渗透的特点,把中亚一些臭名昭著的"三股势力",诸如"东突"、"乌兹别克斯坦伊斯兰运动"、"伊斯兰复兴党"、"正义党"、"伊斯兰解放党"、"中亚圣战者组织"、"忠诚党"等列为恐怖主义组织和团伙予以重点打击,将其作为维护地区安全的重要手段。上合组织这一系列反恐原则的确立,标志着该组织在反恐认知上完成从片面的反民族分裂主义和宗教极端主义倾向,向以反恐怖主义等"三股势力"为核心的综合反恐观的转变,为地区反恐安全合作指明方向。

应该指出,恐怖主义向来以辐射面广、危害大等著称,因此仅靠地区反恐合作是难以为继的,只有依靠世界各国的共同努力,才能根

---

① Naarajärvi,"China,Russia and the Shanghai Cooperation Organisation: blessing or curse for new regionalism in Central Asia?,"*Asia Europe Journal*,Vol. 10,No. 2,2012,pp. 113—126.

② 《上海合作组织成员国外长非例行会议举行》,http://www. people. com. cn/GB/paper39/5153/543047. html,登录时间:2018 年 8 月 12 日。

本遏制其泛滥之势。上合组织在培育地区综合反恐意识的同时，也积极倡导跨地区的国际反恐合作理念，以实现反恐的多元共治。比如，《上海合作组织成员国元首杜尚别宣言》（2014 年）进一步深化在打击恐怖主义领域的合作有助于维护地区安全和稳定。《上海合作组织成员国元首乌法宣言》（2015 年）指出，国际恐怖主义和极端主义的蔓延，各种恐怖组织趋向合流之势，恐怖主义的国际化趋势愈加明显，积极支持国际社会根据联合国安理会决议加强打击恐怖主义刻不容缓。上合组织提出要充分认识国际恐怖主义的危害性，在反恐认知上保持与国际社会的统一，通过树立国际化的反恐理念，加强与国际社会的对话合作，维护综合安全，打击"三股势力"、遏制跨国有组织犯罪，巩固国际信息安全，提高应对各种恐怖主义紧急事态的能力。①

　　不难看出，上合组织反恐认知的形成不是一蹴而就的，而是伴随地区恐怖主义威胁不断加剧的情势下逐渐形成和发展起来的。在这一过程中，该组织成员国的反恐认知发生潜移默化的转变，集中表现为：在反恐态度上从"事不关己高高挂起"转向"天下兴亡匹夫有责"，在反恐意愿上从被动应战转向主动出击，在反恐层级上从简单反恐转向综合反恐，在反恐程度上从局部反恐转向全方位反恐等，从而演变成高度一致的地区反恐共识。"上合组织为全世界展示不同种族、民族、宗教、文明和文化和平共处的典范，对该区域各国共同打击恐怖主义和极端主义的威胁，消除中亚激进和极端主义的破坏性力量的行动，维护地区稳定与安全意义重大"②。

---

① 《上海合作组织成员国元首乌法宣言》，http://www.xinhuanet.com/world/2015-07/11/c_1115889128.htm，登录时间：2018 年 8 月 3 日。

② Kuralai I. Baizakova，"The Shanghai Cooperation Organization's Role in Countering Threats and Challenges to Central Asian Regional Security，"*Russian Politics and Law*，Vol. 51，No. 1，2013，pp. 59—79.

（二）反恐安全规制的渐进性

上合组织在推动中亚反恐合作的进程中注重法制化建设。1999年12月,该组织在召开的中、俄、哈、吉、塔五国执法和安全部门领导人合作会议上,宣布成立协调各国在打击民族分裂主义和宗教极端主义势力等方面进行情报交流、司法协助的"比什凯克小组",探讨反恐法制建设的可能性,为反恐法制化做前期准备工作。2002年5月,在五国国防部长签署《联合公报》上,又共同表达要用法律手段解决该地区的各种非传统安全问题的意愿,强调绝不容忍民族分裂主义和宗教极端主义,坚决反对这些势力在本国领土上从事针对别国的任何活动,并将采取有效措施打击。①

以此为契机,上合组织在2001年就打击地区恐怖主义等"三股势力"发表《打击恐怖主义、分裂主义和极端主义的上海公约》,对恐怖主义等相关概念进行界定。② 公约规定,任何通过非法手段致使平民或武装冲突情况下未积极参与军事行动的任何其他人员死亡或对其造成重大人身伤害、对物质目标造成重大损失的任何其他行为,以及组织、策划、共谋、教唆上述活动的行为,而此类行为因其性质或背景可认定为恐吓居民、破坏公共安全或强制政权机关或国际组织以实施或不实施某种行为,并且是依各方国内法应追究刑事责任的任何行为的自然人和组织,都将视为恐怖主义。换言之,公约从实施者的对象、目的、手段、结果等方面,把任何自然人和组织对非武装人员有组织、有预谋地使用非法手段相威胁,对一定的对象造成伤害的行为,都纳入恐怖主义行为的范畴,以此作为对恐怖主义的原则性认定标准。这种对恐怖主义认定既是国际法意义上的恐怖主义行为,也是各成员国的国内法所规定的相关行为,它在涵盖公约附件所列

---

① 《哈、中、吉、俄、塔五国国防部长发表联合公报》,http://www.china.com.cn/policy/txt/2002-05/16/content_9233967.htm,登录时间:2018年8月4日.

② 刘远山:《略论反恐多边条约的国内实施》,《河北法学》2004年第8期.

的十个国际公约所确定的恐怖主义行为的同时，也包括造成严重危害的国内法意义上的恐怖主义行为。正如一些学者所指出的那样，界定上合组织反恐法律机制中的恐怖主义行为，必须将其手段的暴力性、犯罪目的的政治性以及犯罪效果的恐怖性作为必备的构成要素。[①] 在此基础上，该公约要求各成员国从维护本地区安全利益出发，适当制定各成员国国内反恐的相关立法，加强各国在涉恐交流信息，定期交换法律法规及其实施情况的材料，就预防、查明和惩治恐怖主义行为交流经验等，以推动地区反恐合作法制化的有序开展。

鉴于中亚反恐形势发展的需要，2009 年，上合组织又在 2001 年反恐公约的基础上，重新修订并颁布《上海合作组织反恐怖主义公约》。[②] 该公约较 2001 年的反恐公约相比呈现诸多变化：其一是对恐怖主义和恐怖主义组织概念准确界定。公约把恐怖主义定义为"通过实施或威胁实施暴力和（或）其他犯罪活动，危害国家、社会与个人利益，形象政权机关或国际组织决策，实现政治、宗教、意识形态和实践"。而把恐怖主义组织定义为本公约所涵盖的犯罪团伙、非法武装、匪帮及黑社会组织，及以上组织名义下的对其实施利益输送的组织及法人等等。其二是强调成员国须承担国际司法领域的相互协助义务，明确引渡和起诉恐怖分子的相关法律规定，以达到惩治恐怖分子的目的，防止其借法律漏洞而得到他国的政治庇护等。其三是对预防国际恐怖主义势力的跨国犯罪行为提出更高要求，规定成员国许诺将履行本公约向国内法转换的义务。

可见，该公约作为上合组织反恐合作最具法律效力的文本，它基于中亚国家独特的社会与文化规范，明确规定恐怖主义、恐怖主义组

---

① 吴何奇：《上合组织反恐法律机制建设研究》，《北京科技大学学报》（社会科学版）2018 年第 4 期。

② 《上海合作组织反恐怖主义公约》，http://www.npc.gov.cn/wxzl/gongbao/2015-02/27/content_1932688.htm，登录时间：2018 年 8 月 3 日.

织等相关概念的内涵和范围,在防范和惩治恐怖主义行为上亦提出明确的义务和责任。尽管一些学者对这一说法持怀疑态度,认为仅通过其法律地位和使用某些暴力手段来界定恐怖主义组织、而忽视其对空间和地方政府的态度以及与社会和国家关系上的重大差异,不能从根本上厘清有组织犯罪与恐怖活动之间的关系。[1] 但公约在一定程度上修正恐怖主义行为主体界定过于笼统、覆盖面过于宽泛的缺陷,突出强调"对恐怖主义行为主体施以严惩的同时,警惕反恐刑事立法的过分前置,避免因追求积极的一般预防而破坏刑事法在治理社会问题中所应保持的谦抑性,从而引起社会不安"[2]。这为该组织处理内部相互间的反恐行为规范可操作的工具理性,奠定中亚反恐安全合作法制化的基石。

上合组织反恐公约的颁行,使该组织内部的相互作用变得越来越规范,已经有一种向法制化发展的趋势。比如,2008 年的《上合组织成员国政府间合作打击非法贩运武器、弹药和爆炸物品的协定》和《上合组织成员国组织和举行联合反恐演习的程序协定》,2009 年的《上合组织成员国保障国际信息安全政府间合作协定》、《上合组织关于应对威胁本地区和平、安全与稳定事态的政治外交措施及机制条例》、《上合组织成员国反恐专业人员培训协定》和《上合组织成员国打击恐怖主义、分裂主义和极端主义 2010 年至 2012 年合作纲要》,2010 年的《上合组织成员国政府间合作打击犯罪协定》,2011 年的《2011—2016 年上合组织成员国禁毒战略》及其《落实行动计划》等。这些反恐法律文本涵盖信息安全、联合执法、打击恐怖分子犯罪等诸多方面,丰富上合组织反恐合作的法律体系。

---

[1]　David Lewis,"Crime,terror and the state in Central Asia,"*Global Crime*,Vol. 15,No. 3—4,2014,pp. 337—356.

[2]　吴何奇:《上合组织反恐法律机制建设研究》,《北京科技大学学报》(社会科学版)2018 年第 4 期。

（三）组建反恐合作组织专门机构一波三折

为确保地区反恐合作事务的正常运行，上合组织成员国根据该组织《关于地区反恐怖机构的协定》（2002 年）的精神①，在吉尔吉斯斯坦的比什凯克成立中亚地区反恐安全合作专门机构，把地区反恐合作从成员国口头承诺阶段升级为反恐行动落实阶段，以加快反恐合作成果的转化。作为中亚反恐合作的官方机构，该机构目标是促进各方主管机关在打击公约确定的恐怖主义、分裂主义和极端主义行为中进行协调，其基本任务是在上合组织框架下为加强打击"三股势力"提供对策建议，其职能是协助各成员国打击"三股势力"和收集分析本地区反恐机构提供的有关打击"三股势力"的信息和情报，建立反恐怖机构资料库，收集整理包括恐怖组织人员、恐怖组织利益结构、发展态势以及支持恐怖主义的人员组织信息等。该机构还负责准备打击"三股势力"的相关国际法律文件，协助准备举行跨国反恐演习，协助进行反恐侦查活动等。该机构的总部设在吉尔吉斯斯坦首都比什凯克，各成员国根据需要可设立反恐怖机构的分部。② 中亚反恐合作专门机构的成立，为协调该地区各国间反恐安全合作关系发挥桥梁和纽带作用。

随着上合组织反恐合作的推进，成员国间对话磋商和多边谈判日趋频繁，原先的专门机构建制难以适应形势发展的需要，改革机构建制势在必行。为此，该组织对其组织结构进行改革。一方面是成立上合组织反恐理事会。2004 年，上合组织在乌兹别克斯坦的塔什干成立地区反恐理事会，选举任命该理事会的会长、副会长、常务理事、秘书长等职务，制定理事会章程，赋予其相应的权利与义务、职能

① 《上海合作组织成员国关于地区反恐怖机构的协定》，http://www.npc.gov.cn/wxzl/gong-bao/2003-02/24/content_5307526.htm，登录时间：2018 年 8 月 3 日。

② 《上海合作组织成员国关于地区反恐怖机构的协定》，http://www.npc.gov.cn/wxzl/gong-bao/2003-02/24/content_5307526.htm，登录时间：2018 年 8 月 3 日。

和权限等,以健全该机构的组织功能,发挥组织、动员、协调、保障等的作用。另一方面是实行上合组织成员国常驻机构代表制。上合组织按照《上海合作组织成员国合作打击恐怖主义、分裂主义和极端主义构想》(2005 年)的总体要求[①],在该组织原有常驻秘书处代表机制的基础上,增设成员国常驻反恐机构代表机制,强化反恐合作的协调功能。经过上述机构整合,该反恐专门机构的功能明显改善,使其组织运作逐渐步入正常化的轨道。

(四)反恐安全合作执行力的多元性

上合组织在地区反恐合作的执行力上,围绕三股势力的变化特点及其活动规律,通过培训、侦察、预防三位一体,反恐信息交流与安全协作,军事反恐合作磋商机制,反恐合作社会动员等措施,积极开展反恐合作的一致行动。

一是在反恐安全合作的培训上,综合运用培训、侦察、预防三位一体的手段,全方位、多层次惩治恐怖主义势力。上合组织在反恐合作的培训上采取灵活多样的形式,对各国反恐专家进行不断的培训和再培训,提高他们在反恐合作中的专业技能和综合素质,为各成员国开展跨国反恐行动的合作提供统一的接口、标准和理念。在反恐合作的侦察上通过执行反恐快速侦查行动,及时掌握恐怖分子的地区分布和活动规律,为各国联合反恐行动提供情报支持。在反恐合作的预防上通过制定并采取协商一致的措施,预防、查明和惩治本国或针对其他各方实施的恐怖主义行为,预防、查明和阻止向任何人员和组织提供用于实施恐怖主义行为的资金、武器、弹药和其他协助,并禁止或取缔训练从事恐怖主义行为人员的活动等,精准打击恐怖

---

① 《上海合作组织成员国组织和举行联合反恐演习的程序协定》,http://www.pkulaw.cn/fulltext _ form. aspx? Db = eagn&EncodingName =,% E5% A9% B5? &Gid = d5524ed671245bb21187b958a0dc9487bdfb&Search_IsTitle=0&Search_Mode&keyword,登录时间:2018 年 8 月 3 日。

主义势力。同时,该组织还转变工作方式,通过强化反恐合作的针对性,有效应对国际"三股势力"、跨国有组织犯罪、走私武器弹药及爆炸物、信息安全威胁等的挑战,并加强其相关法律的制定,构建和平、安全、公正和开放的信息空间,阻止利用国际互联网宣传恐怖主义、分裂主义和极端主义思想等,①渐次提高各国反恐一致行动的效率。

二是在反恐安全合作的信息交流上,由于"全球化促进跨越国家边界的战术、方法和动机的分享,参与叛乱和恐怖主义的团体越来越交织在一起"②,因此必须制定和实施各国反恐信息交流和协作的一致行动路线图,通过反恐信息的共享机制,建立地区反恐信息安全综合保障体系。主要包括:扩大各国间反恐合作的信息交流,加强司法鉴定领域的协作,采取包括预防、发现、消除三股势力的联合应急行动在内的协调措施,深化在追查、逮捕、引渡与移管从事恐怖主义、分裂主义、极端主义的犯罪嫌疑人、被告人及被判刑人员方面的协作;实施有效边境管控,交换涉恐人员情报、伪造及被窃身份证件信息,对跨国恐怖犯罪开展联合调查等方式,共同防范外国恐怖分子或恐怖组织活动和潜入潜出;主张在合作、尊重主权和领土完整、不干涉内政原则基础上,积极构建和平、安全、开放、合作的网络空间;加强各国信息安全综合保障体系的合作,打击利用信息通信网络传播恐怖主义、分裂主义、极端主义等极端思想等,③逐步提升该组织反恐合作一致行动的水平。

三是在反恐安全合作的磋商上,建立地区军事反恐合作的磋商

---

① 《上海合作组织成员国关于地区反恐怖机构的协定》,http://www.npc.gov.cn/wxzl/gong-bao/2003-02/24/content_5307526.htm,登录时间:2018 年 8 月 3 日。

② Liana Eustacia Reyes & Shlomi Dinar,"The Convergence of Terrorism and Transnational Crime in Central Asia,"*Studies in Conflict & Terrorism*, Vol. 38, No. 1, 2015, pp. 380—393.

③ 《上海合作组织成员国元首乌法宣言》,http://www.xinhuanet.com/world/2015-07/11/c_1115889128.htm,登录时间:2018 年 8 月 3 日。

机制。为密切地区国家间的军事反恐联系,探索地区军事反恐合作之路,上合组织启动军事反恐合作磋商机制。一方面组建地区军事部门领导人定期会议机制。比如,2006 年 4 月,在上合组织成员国的国防部长会议上,各国就该地区军事反恐合作的可能性进行沟通,强调扩大该组织成员国防务部门对话与交流的重要性,提出成员国国防部长、军队总参谋部代表和国防部负责国际军事合作部门领导的定期会议机制,加强该地区军事反恐合作的沟通与对话,保障该地区安全。[1] 另一方面启动各国军队反恐合作协调机制。比如,2016 年 8 月,中国、塔吉克斯坦、阿富汗、巴基斯坦四国宣布启动四国军队反恐合作协调机制。该机制的主要功能是就反恐形势研判、线索核查、情报共享、反恐能力建设、反恐联合训练、人员培训等方面开展协调并提供相互支持,[2]合作应对地区恐怖主义等"三股势力"的威胁,维护地区和平与稳定。

四是在反恐安全合作的社会动员上,开展地区反恐合作的社会动员。为调动社会力量的反恐积极性,上合组织动员各国民间组织和社会团体等社会力量,打击非法传播和宣传恐怖主义思想的社会组织及个人,包括公开招募、训练、使用恐怖分子,并为恐怖主义辩解和教唆实施恐怖袭击的个人与法人;广泛吸纳依法从事活动的传统宗教组织、教育、科学、媒体、社会和非政府机构参与反恐,夯实地区反恐合作的社会基础;注重加强公民教育,抵御导致恐怖主义等各种极端主义激进表现形式的社会极端化,特别是青年人极端化,预防宗教、种族、意识形态和政治极端主义及民族和种族歧视行为、仇外思想等;[3]以

---

[1] 新华网北京 2006 年 4 月 26 日电。

[2] 《首届"阿中巴塔"四国军队反恐合作协调机制高级领导人会议举行》,http://www.gywb. cn/content/2016-08/03/content_5154884.htm,登录时间:2018 年 8 月 3 日。

[3] 《上海合作组织成员国元首阿斯塔纳宣言》,https://baike.baidu.com/item/上海合作组织成员国元首阿斯塔纳宣言/20855121,登录时间:2018 年 8 月 3 日。

便"更好促进整个区域的社会交流和价值观的趋同,打造以社会信任为特征的民间社会"①,为上合组织反恐安全合作营造良好的社会氛围。

（五）　多边和双边联合反恐军演的常态化

2003 年 8 月,俄、中、哈、吉、塔五国在中哈边境地区首次举行的代号为"联合——2003"联合军演。这次军演的参与演习的各国军队有千余人,并配有先进的武器装备,②表明上合组织的反恐军演得到各国的高度关注和大力支持,多边联合反恐正在成为上合组织打击恐怖主义势力的一种制度化选择。受此影响,2006 年 3 月初,上合组织成员国在乌兹别克斯坦的塔什干州举行代号为"东方——反恐2006"的联合演习,其目的是完善该组织成员国有关部门在搜索和打击恐怖分子方面的合作,以防止恐怖分子通过对重要国家基础设施发动大规模袭击来破坏中亚国家政治和社会稳定。此次演习的发起和筹备工作由上合组织地区反恐机构完成,参加演习的有该组织成员国特种部队和各强力部门的武装部队。中国、吉尔吉斯斯坦、俄罗斯、塔吉克斯坦等国的驻乌兹别克斯坦大使,以及哈萨克斯坦驻乌兹别克斯坦大使馆代表、上合组织成员国有关部门代表观看演习。

为强化各国的反恐军演合作,有效打击地区恐怖主义势力,2007年 8 月间,上合组织成员国在俄罗斯境内举行"和平使命——2007"反恐军演,参演的五国军队约 4000 余人,其规模之大被受世人关注。2009 年 4 月,上合组织成员国在塔吉克斯坦的法赫拉巴德高山靶场举行代号"诺拉克·反恐——2009"联合军演,来自俄罗斯、中国、吉尔吉斯斯坦、哈萨克斯坦和塔吉克斯坦的作战小组和特种部队参加

---

① Naarajärvi,"China,Russia and the Shanghai Cooperation Organisation：blessing or curse for new regionalism in Central Asia？,"*Asia Europe Journal*,Vol. 10,No. 2,2012,pp. 113—126.

② 新华社 2003 年 8 月 6 日电。

本次军演,增进上合组织成员国武装部队反恐的协调与配合,提高其战斗水平和专业技能。2011 年 5 月,中国、吉尔吉斯斯坦、塔吉克斯坦三国在中国的喀什举行代号为"天山——2 号(2011)"的联合反恐军演,旨在通过上合组织地区反恐机构的决策指挥,执法安全机关快速展开工作,武装解救被劫持人质,实施定点清剿,展示三国反劫持和清剿恐怖分子营地的能力和水平。

针对恐怖分子的藏匿特点,提高军事反恐能力,上合组织成员国武装力量 2012 年 6 月在塔吉克斯坦胡占德附近的"乔鲁赫·代龙"靶场,举行代号为"和平使命——2012"的联合反恐军演。该演习以应对恐怖主义引发的地区危机为背景,以"山地联合反恐战役准备与实施"为演习课题。整个演习分为战略磋商、战役准备与战役实施三个阶段,其中,战役实施阶段包含空地立体打击、联合围歼清剿、纵深突入追歼、垂直截击歼敌等 4 个演练课目,航空兵、炮兵、联合反恐武装部队等多兵种协同作战打击恐怖分子。这次演习提高成员国武装力量的训练和协同水平,是成员国军队高水准、高质量的互信与合作的具体体现,展示上合组织为加强国际与地区安全稳定,确保长治久安的不懈努力。2013 年 6 月,上合组织成员国在哈萨克斯坦的南哈萨克斯州举行代号为"卡兹古尔特——2013"的联合反恐军演,参演国为哈、吉、塔,中、俄、乌等国派代表观摩演习,演习的重点是演练人员密集场所消灭恐怖团伙、制止恐怖行为以及解救人质等科目。

为提升反恐军演的综合作战水平,2014 年,上合组织成员国在中国内蒙古的朱日和训练基地举行"和平使命——2014"联合反恐演习,参演的中、俄、哈、吉、塔五国军队有 7000 多士兵,五个观察员国和三个对话伙伴国以及 60 多个国家的驻华武官团观摩演习,陆军、空军、特战、空降、电子对抗、战略侦察、测绘导航、气象水文等各类部队参演,堪称上合组织史上最大规模军演。2016 年 9 月,上海合作组织成员国又在吉尔吉斯斯坦境内举行代号为"和平使命——2016"联合反恐军事演习,中、哈、吉、俄、塔分别派出陆军、空军力量参加此次联合演习,参演总兵力共 1100 人,中方派出参演兵力约 270 人。该联合军演是上合组织成员国举行的一次例行性多边反恐军事演习。

2017 年 6 月,上合组织成员国在新疆克孜勒苏柯尔克孜自治州阿图什市库依鲁克区域举行,来自哈、中、吉、俄、塔、乌六个上海合作组织成员国的边防部门代表,上合组织地区反恐怖机构执委会代表,中国公安部、新疆维吾尔自治区相关领导以及中国驻相关国家和机构警务联络官和常驻代表现场观摩演习。演习设置反袭击行动、联合指挥部行动、恐怖营地清剿行动,口岸和山口通道查缉、边防派出所或执勤点反袭击、山地捕歼战斗等 15 个实兵演习科目。此次演习中吉边防部门采取"实地、实兵、实装、实弹、实爆"方式进行,双方参演部队共投入 700 名兵力。[①] 这对共同提高成员国武装力量的训练水平和合作水平,震慑恐怖主义势力,维护地区和平与稳定具有重要意义。

上述反恐军演,无论从联合反恐军演的规模和军种、还是联合反恐军演持续时间看,都呈现出规模大、军种齐备、持续时间长的特点,且参与联合反恐军演的军队更加专业化,中国在该组织联合反恐军演的主导作用也日益增大。这对共同提高成员国武装力量的训练水平和合作水平,维护地区和平与稳定具有重要意义。

与此同时,上合组织还开展一系列双边反恐军演。2002 年 10 月,中国和吉尔吉斯斯坦首次在边境地区举行双边反恐军事演习。两国军队合作演练了侦查、搜索、抓捕恐怖分子的整个过程,取得圆满成功,为地区反恐合作开辟一条新路子。2006 年,中国和哈萨克斯坦在其边境地区举行大规模的反恐军事演习活动。2006 年 9 月,中、塔两国军队在塔吉克斯坦的哈特隆州举行代号为"协作——

---

① 《上合组织成员国主管机关举行天山—3 号(2017)联合反恐演习》,http://www.scobc.cn/news/newsdetail_5831.html,登录时间:2018 年 8 月 3 日。

2006"的联合反恐军演,共同演练打击国际恐怖主义,应对危机的组织与协同,提高共同应对新挑战、新威胁的能力。同月,中、塔两国的特种反恐部队还在塔吉克斯坦的杜尚别的穆米拉克训练场举行反恐演习,参演部队包括500名塔吉克斯坦特种兵和一个连的中国特种兵,配有重炮、空中力量和空降支援。演习旨在"搜索并摧毁山地里的恐怖团体",取得较好的收效。

为强化国际执法安全合作,共同应对跨国犯罪、维护地区安全稳定,中国和塔吉克斯坦的公安特警2015年6月在杜尚别举行特警反恐演习,参演特警队伍完成模拟反恐、精度射击、越野综合体技能等课目。2016年10月,中、塔两国在塔吉克斯坦的戈尔诺-巴达赫尚自治州的伊什卡什姆区举行反恐军演,约1万名中塔两国士兵和强力部门人员参演,出动自行火炮、战斗机和运输直升机等近200门(架),旨在邻国阿富汗当前安全形势趋于复杂化的情况下,巩固塔阿边界安全,使塔吉克斯坦避免受到来自外部的威胁,对恐怖分子起到很大的震慑作用。此外,中国还加强与土库曼斯坦的反恐军事合作,向土库曼斯坦出售导弹系统,负责土库曼斯坦与阿富汗的边境安全。[1] 显然,这些军事行动对恐怖分子起到很大的震慑作用。确保中亚的和平与稳定。

### 三、竞争型:美国等主导下的反恐合作

竞争型(Competitive)反恐安全合作是地区外的大国或国际组织出于国家战略需要或全球利益考量,参与地区国家的各类反恐行动,而形成一种地区反恐安全合作形态。这种安全合作的利益相关者基本来自地区外国家或国际组织,在国家身份上属于"泛地缘国

---

[1]　Raffaello Pantucci,"China and Russia's Soft Competition in Central Asia,"*Current History*,No. 4, 2015,pp. 272—277.

家"，它们与地区国家既无直接的"地缘"联系，也不存在实质的相互依存关系，彼此间缺乏信任感，其合作表现出显著的冲突性和不确定性，多倾向于间歇式反恐合作。

由于美国、北约、联合国等行为体在理论上属于"泛地缘国家"性质的身份，它们在中亚地区合作方面较少表现出永久的利益，其反恐理念与"中国在该地区的影响力和利益不包括促进民主截然相反，意图传播民主，并打击伊斯兰极端主义"[①]，在地区安全诉求上与哈萨克斯坦、乌兹别克斯坦、吉尔吉斯斯坦、塔吉克斯坦等地区国家身份相距甚远，在相互依存关系或彼此信任度上，双方均处于松散的背离状态，缺乏安全合作的基础。美国等行为体之所以频繁参与中亚反恐合作，主要是看中该地区的战略地位，借此发挥"离岸平衡手"的作用，利用美国等"强大的外部力量与软弱的地区团体之间的双边关系能够增强外部行为体控制这一地区的能力"[②]，以防止中亚的哈、乌等次地区大国的独大。

鉴于美国、北约和联合国与哈萨克斯坦等地区国家的反恐理念不同，缺少合作的制度化支撑，反恐合作的组织功能不健全、执行力不到位等诸多障碍，客观上也限制美国、北约和联合国等行为体深度且持续地介入中亚反恐合作，只能通过零散的高层互访、双边或多边对话、伙伴关系、军事援助等传统方式，直接或间接向中亚进行反恐渗透，在潜藏着冲突风险的状态下，与中亚国家维持一种间歇式的反恐合作关系。

（一）美国等多元主体的共同参与

中亚作为世界大国的必争之地，一直以来是美国等"泛地缘国家"关注的焦点。中亚国家独立后，美国、北约等就通过高层互访、

---

① James MacHaffie, "China's Role in Central Asia: Security Implications for Russia and the United States," *Comparative Strategy*, Vol. 29, No. 4, 2010, pp. 368—380.
② ［美］麦克法兰尼:《美国和中亚的地区主义》，《当代世界社会主义问题》2005 年第 4 期。

双边和多边对话、伙伴关系等常规方式,展开与各国的反恐合作。一方面,美国先后与中亚各国组建反恐工作组,设立区域安全联盟与恐怖主义斗争地区代表处、建立情报信息中心等,开通卫星保密热线,交换反恐情报,切断恐怖主义财源。另一方面,美国向中亚各国提供技术、设备、人员培训等支持,为哈萨克斯坦的地区负责人、边境安全人员、执法人员提供培训,提供检查点和巡逻工作所需设备和技术援助,打击恐怖主义融资;支持乌兹别克斯坦军队现代化,以提高其反恐和维护边境安全的能力;帮助塔吉克斯坦改善边境安全,防止极端主义、激进主义、恐怖主义的威胁;为吉尔吉斯斯坦安全部队提供设备和培训,改善该国安全系统的操作和战术能力来监测和阻止恐怖主义威胁等。此外,美国还定期举行双边和多边反恐怖会议,加强区域安全合作。2012 年,美国和乌兹别克斯坦通过签署《联合行动计划》,加强两国在预防、检测和应对核走私和放射性材料走私方面的联合行动能力,防止恐怖分子获取核材料。为强化美国在中亚反恐事务上的话语权,2015 年 11 月,美国与中亚五国达成六国外交部间定期对话"C5＋1"机制的框架协议,①尝试与中亚国家建构反恐合作的制度安排,以平衡中俄在地区反恐合作中的主导权。

北约和欧盟与中亚国家的反恐合作主要体现在建立伙伴关系和多边对话等"软机制"上。比如,1994 年,哈、吉、乌、土等国先后加入北约的"和平伙伴关系计划",并通过该计划,中亚各国与北约建立长期军事反恐互助关系。为进一步加强与北约的反恐合作,哈、乌两国还在北约总部所在地布鲁塞尔正式设立代表处,定期与北约进行反恐合作对话等。与此同时,欧盟在哈、吉、塔通过开展中亚边界管理

---

① 《美国宣布对中亚国家援助新计划》,http://news. takungpao. com/world/roll/2015-11/3229805. html,登录时间:2018 年 8 月 3 日。

倡议和中亚毒品行动方案等项目,涉及边境管制、打击贩毒、洗钱和非法移民,打击该地区的恐怖主义、贩毒和洗钱。

联合国参与中亚反恐合作更多是采取指导和协调方式间接完成的。比如,联合国的国际反恐中心在制定综合、统一的区域反恐战略时,出台中亚地区反恐计划,对受到恐怖主义威胁同时在区域协调行动方面仍面临挑战的地区,开展工作,促进联合国不同实体之间的协调与合作、遏制恐怖主义融资、促进在反恐的同时,保护人权、支持恐怖主义受害者等许多方面为会员国提供支持。① 而联合国的中亚地区预防性外交中心的主要功能是在预防本地区危机和冲突,促进中亚各国在反恐等领域的合作,并在支持中亚国家开展反恐合作等方面发挥重要作用。② 另外,联合国还通过制定中亚费尔干纳河谷发展方案,在费尔干纳河谷提供经济、环境、文化和教育项目,建立信息资源中心和文化活动的项目,以帮助该地区遏制恐怖主义的蔓延。此外,联合国毒品和犯罪问题办事处(毒品和犯罪问题办公室)协助在乌、吉、哈、塔起草打击资助恐怖主义的立法,加强成员国之间的合作,还建立一个称为欧亚集团的区域网络,打击该地区的洗钱和资助恐怖主义的行为。③

2000 年,联合国的药物管制和预防犯罪办事处和欧安组织在乌

---

① 《联合国国际反恐中心》,http://xueshu. baidu. com/s? wd = paperuri% 3A% 28b33952b259e152331a1a44ac591bfb46%29&filter=sc_long_sign&tn=SE_xueshusource_ 2kduw22v&sc_vurl = http% 3A% 2F% 2Fwww. un. org% 2Fchinese% 2FNews% 2Fstory. asp%3FNewsID%3D17869&ie=utf-8&sc_us=14223739608298822037,登录时间:2018 年 8 月 3 日。

② 《联合国的中亚地区预防性外交中心》,http://xueshu. baidu. com/s? wd=paperuri%3A% 28a6309cfc9473a799682decd71b240b61%29&filter=sc_long_sign&tn=SE_xueshusource_ 2kduw22v&sc_vurl = http% 3A% 2F% 2Fwww. un. org% 2Fchinese% 2FNews% 2Fstory. asp%3FNewsID%3D20147&ie=utf-8&sc_us=12432341599994587675,登录时间:2018 年 8 月 3 日。

③ Aida Amanbayeva,"The Collision of Islam and Terrorism in Central Asia,"*Asian Criminology*, No. 4,2009,pp. 165—186.

兹别克斯坦塔什干联合发表《打击毒品、有组织犯罪和恐怖主义的综合办法》的宣言，强调要用不同的政治和法律途径，共同打击毒品犯罪和恐怖主义。2001年，联合国的毒品和犯罪问题办公室和欧安组织在吉尔吉斯斯坦比什凯克发表《加强中亚安全与稳定：加强打击恐怖主义的全面努力》宣言，也指出恐怖主义与跨国恐怖主义之间的联系，并通过有组织犯罪、毒品犯罪、贩运人口、洗钱、武器贩运、计算机和其他高科技犯罪，以及大规模毁灭性武器的扩散，严重威胁中亚的地区安全。正如联合国的威胁、挑战和变革高级别小组在题为《更安全的世界：我们共同的责任》报告中所指出的，"今天的恐怖主义威胁比以往任何时候都更加相互关联，安全理事会第1373(2001)号决议特别强调有组织犯罪与恐怖主义之间的联系，认为国际恐怖主义与跨国有组织犯罪、非法药物、洗钱、非法武器贩运以及核、化学、生物和其他可能致命的材料的非法流动之间存在密切联系"①。显然，从上述反恐合作看，美国、北约和联合国无论在反恐规模效益还是影响力上都未能在中亚占有压倒性优势，但它们对于中亚多元反恐格局的形成仍发挥关键作用。

（二）反恐合作倾向于军事援助

美国依凭强大军事实力，借助军事援助和联合军演等向中亚进行渗透。冷战结束后，美国不断向中亚国家出售军火，提供军事技术装备，为其培训军事人员，积极支持他国的反恐行动。据不完全统计，在2000—2006年间，美国向吉尔吉斯斯坦提供2000万美元的援助，用于加强吉尔吉斯斯坦的边境安全。2003—2011年间，美国向塔吉克斯坦提供4100多万美元的援助，用于加强塔吉克斯坦边防守卫和改善其国内安全状况。2002—2005年间，美国向哈萨

---

① Aida Amanbayeva,"The Collision of Islam and Terrorism in Central Asia,"*Asian Criminology*, No. 4,2009,pp. 165—186.

克斯坦提供 755 万美元的军事援助，用于军队改良武器装备和军官培训等。① 2007 年，美国向乌兹别克斯坦的边防卫队提供 18 艘巡逻艇用于在阿姆河的巡逻。2008 年，美国又向乌兹别克斯坦的国家海关委员会提供 10 个放射性同位素识别装置等。2011 年，美国还援助 160 万美元为塔吉克斯坦修建一批边防哨卡等②。2012 年，美国对中亚五国的援助额达 3318.4 万美元，其中，美对哈的援助为 624.5 万美元、对乌的援助为 712.9 万美元、对吉的援助为 587.7 万美元、对塔的援助为 1167.3 万美元、对土的援助为 226 万美元。2013 年，美国对中亚五国的援助有所减少，援助额降为 2930.2 万美元（美对哈的援助为 547.2 万美元、对乌的援助为 332.5 万美元、对吉的援助为 807.1 万美元、对塔的援助为 1110.6 万美元、对土的援助为 132.8 万美元），其中对乌和土两国的援助降幅明显，削减了一半左右。③

美国特朗普政府执政以来，调整美国对中亚国家的援助额。根据相关计划，2018 年美国将完全停止对哈萨克斯坦（610 万美元）和土库曼斯坦（390 万美元）的援助，对吉尔吉斯斯坦援助从 4480 万美元减少至 1800 万美元，缩水 59.9%；对塔吉克斯坦援助从 3300 万美元减少至 1730 万美元，缩水 47.6%；对乌兹别克斯坦援助从 939 万美元增加至 980 万美元，增长 4.4%。④

（三）联合反恐军演常态化

美国等国早在 1995 年，在美军中央司令部在解决冲突和维护和

---

① Maj. Gen,"International Military Cooperation of Central Asian States,"*Military Though*，Vol. 58,No. 3,2011，pp30—50.

② 《美国将继续帮助塔吉克斯坦加强塔阿边境守卫》，http://world. people. com. cn/GB/1029/42354/15464643. html,登录时间：2018 年 8 月 3 日。

③ 数据资料来源：根据 Office of the Coordinator of U. S. Assistance to Europe and Eurasia, http://www. state. gov/p/eur/rls/fs/2014/index. htm；http://www. state. gov/p/eur/rls/fs/2013/index. htm［登录时间：2018 年 8 月 3 日］的统计资料进行整理后统计形成数据。

④ 《乌兹别克斯坦成为独联体地区唯一一个没有被美国削减财政援助的国家》，http://www. scobc. cn/news/newsdetail_5728. html,登录时间：2018 年 8 月 3 日。

平方面提供支持的状况下,哈萨克斯坦、吉尔吉斯斯坦和乌兹别克斯坦三国军队组成中亚军队,每年与美国一起进行联合军演活动。①"9·11"事件后,美国等西方势力借发动阿富汗战争进驻中亚地区,在乌兹别克斯坦驻军 1500 人,在吉尔吉斯斯坦驻军 3000 人,在塔吉克斯坦驻军 450 人,并租用吉尔吉斯斯坦的玛纳斯机场等,②成为中亚重要的地缘战略国家。频繁在该地区举行各类联合反恐军演,以扩大在中亚的影响力。2002 年 5—6 月间,以美国为首的北约在俄罗斯周边地区举行大规模的军事演习,许多独联体国家应邀参加了这次演习活动。

2006 年,在北约"和平伙伴"合作计划框架下,与哈萨克斯坦举行过代号为"草原之鹰——2006"的反恐军演,演练各指挥机构在消灭非法武装组织中的协同行动,并提高盟军作战人员在山地、沙漠地形条件下的野战技能等。2012 年 6 月,美国与吉、哈、阿富汗、塔五国在吉尔吉斯斯坦境内举行代号为"区域合作——2012"的联合反恐军演。据悉,五国派出约 300 名官兵参加演习,反恐军演官兵研究"在破坏性力量存在条件下合作筹办联合行动处理自然灾害后果的问题"。美国五角大楼专家还向演习参加者培训电脑演练的筹办方法和电子地图的使用方法等。

美国、哈萨克斯坦、英国、立陶宛、瑞士、意大利、吉尔吉斯斯坦、塔吉克斯坦等 8 国的武装部队 1680 人,于 2013 年 10 月在哈萨克斯坦的阿拉木图州举行代号为"草原之鹰——2013"的联合反恐维和战术演习。其中,哈萨克斯坦维和营、维和旅、空中机动部队以及陆军、空军部队悉数参加。演习期间,北约和哈萨克斯坦的专家对哈萨克斯坦维和营进行评估,鉴定其在军事行动中能否与北

---

① [美]麦克法兰尼:《美国和中亚的地区主义》,《当代世界社会主义问题》2005 年第 4 期。
② 余学会等:《美国军事力量进入中亚及其影响》,《俄罗斯中亚东欧研究》2002 年第 3 期。

约标准实现兼容。据了解，这次演习的主要目的在于，演练多国军队在参与反恐维和行动中的相互协作与战术协同能力，完善各国军队的实际技能，制定执行反恐维和行动时的解决方案等。通过演习，既有助于哈萨克斯坦军队，也有助于"草原之鹰"联合反恐演习的其他参演国家获得更多的反恐合作经验。2017 年 3 月，美国和塔吉克斯坦两国军队在杜尚别附近地区举行联合反恐军演，150 名美军和 100 名塔军参演，以便双方在该地区出现恐怖主义威胁时能够协调应对。

随着美国特朗普政府反恐政策的调整，美国加大在阿富汗的反恐力度，2017 年 8 月推出新的阿富汗战略，向阿富汗增兵 3000 人，同时扩大驻阿富汗美军的任务和活动范围，并在 2018 年春季再次向阿富汗增兵 6000 人，以图改变美国在阿富汗的僵局。[①] 这一政策的变化也在一定程度上影响美国对中亚的联合反恐行动。可以说，美国向中亚国家实施一系列军事援助和联合军演，在扩大美国对中亚各国影响力的同时，也加剧该地区的紧张气氛。

北约参与中亚的军事反恐虽不及美国，但也别具特色。比如，北约于 1996 年就邀请中亚国家参加在美国路易斯安纳举行的北约"和平伙伴关系"计划框架内的军演；1997 年，北约同中亚国家举行"97 中亚维和营"军演；1998 年，在吉、乌两国境内又举行北约"和平伙伴关系"计划框架内的大规模维和军演，哈、吉、乌三国组成的"中亚维和营"参加此次军演活动。

另外，北约还规划和资助中亚国家的国防、保障对武装力量的民主监督、共同策划和实施特种分队就维和与人道主义行动而进行的军演、培训军事干部等活动。2010 年，北约秘书长派驻中亚和高加索地区国家的特使罗伯特·西蒙斯称，北约可能会在塔吉克斯坦境

---

① 贾春阳：《特朗普政府反恐政策初探》，《现代国际关系》2018 年第 4 期。

内新建北约反恐中心的打算,他指出:"我们可能会在民防领域合作计划内组织对抗自然灾害、打击恐怖主义方面的工作。在此方面我们已经开始非常积极的对话,希望在我们准备在这里建设的反恐中心工作框架内继续进行对话"①。北约的上述军事反恐合作活动,显示北约在中亚的军事存在,刺激中亚各国军备竞赛的升级,增添地区潜在冲突的不确定性。

## 第三节　影响中亚反恐安全合作的制约因素

不言而喻,中亚反恐安全合作 EIC 模式的多样性,对于各国反恐安全认知的养成、地区反恐安全合作组织专业化水平的提高、地区反恐安全规范化整合能力的提升、多边和双边联合反恐军演的常态化,以及加强地区国家间反恐安全合作的理解与信任,打击中亚恐怖主义势力的嚣张气焰等具有积极意义,但也不能忽视地区的反恐合作认同感式微、反恐主导权竞争的制度过剩风险、多边主义泛化的规制风险、反恐军事合作排他性的负外部效应等的制约因素。

### 一、反恐合作认同感式微

由于中亚国家的民族宗教复杂、经济差别悬殊,所以它们对地区反恐合作的目标分歧较大。哈、吉、塔等国对反恐合作进程抱有浓厚兴趣,并通过出台《反恐怖主义法》《宗教信仰自由和宗教组织法》《反对政治极端主义法》等相关反恐法律法规,加入各种反恐国际公约,把各国反恐法律与地区反恐合作相对接,将其作为反

---

① 《北约特使称可能将在塔吉克新建反恐中心》,http://world.huanqiu.com/roll/2010-09/1067712.html,登录时间:2018 年 8 月 4 日。

击国家安全威胁的拯救性工具。而乌兹别克斯坦对此有很大保留,更倾向于发展双边关系①,土库曼斯坦则强调"中立国家"地位。这就使它们在国家战略的价值取向、地区安全事务制控权、地区经济利益分配等问题上看法相左。如果"中亚国家间合作证明是难以捉摸的话,那么有关边界争端、恐怖主义等问题将越来越多地限制各国的自主权"②。一些国家甚至还经常围绕资源开发和领土纠纷相互指责,冲突迭起,哈、乌之间的巴盖斯、阿尔纳萨依之争,乌、吉之间的巴拉克和索赫飞地风波,乌、塔之间的布哈拉州和撒马尔罕州主权归属,哈、吉之间的塔拉斯州和伊塞克湖州之争等地区热点问题至今悬而未决。

　　中亚各国之间貌合神离,相互猜疑,缺乏信任。这些都给各国在地区反恐合作的认同上带来诸多不确定性。一方面,中亚各国试图借助独联体、上合组织等区域性组织来努力塑造地区反恐合作的认同观念,另一方面,制约该地区安全的大量难以解决的深层次矛盾却依然存在,地区民主政治发育不成熟、经济基础薄弱、社会结构裂变过度放大、地区安全多孔化引发大国介入等,特别是中亚的"三股势力"还十分猖獗,时刻威胁着该地区的稳定与发展。一旦这些矛盾被激化,必将阻断区域反恐合作认同感的链条,严重影响地区反恐安全制度安排的形成。正如学者波尔指出的,"事实上,为判断中亚各国间日益增多的争端和紧张局势,看来对该区域安全与稳定的最大威胁不是来自阿富汗、俄罗斯或伊斯兰组织,而是来自该地区本身"③。从当前该地区反恐安全合作进程看,由于地区反恐合作认同感缺失,

---

① ［哈］卡·托卡耶夫著,赛力克·纳雷索夫译:《中亚之鹰的外交战略》,新华出版社 2002 年版,第 57 页。

② Gregory Gleason,"Inter-State Cooperation in Central Asia from the CIS to the Shanghai Forum,"*Europe-Asia Studies*,Vol. 53,No. 7,2001,pp. 1077—1095.

③ Annette Bohr,"Regionalism in Central Asia:new geopolitics,old regional order,"*International Affairs*,Vol. 80,No. 3,2004.

大多数反恐安全合作还只停留在一般性质的诸如多边和双边对话等软制度层面,"在保障区域安全上实际却做得很少"①,且把包容性规范作为反恐安全合作的基础,"不大可能促进区域安全身份或解决区域安全管理所面临最紧迫的挑战"②,由此可能会削弱其应有功能的正常发挥。

## 二、反恐主导权竞争的制度过剩风险

不可否认,中亚地区三种反恐安全合作制度的形成与发展,不仅推动该地区的反恐安全合作,扭转一直以来中亚反恐安全合作制度稀缺的现实窘境,而且也是俄、中、美等大国之间争夺地区反恐安全主导权的必然结果。通常情况下,由于中亚地区反恐安全主导权竞争往往通过反恐制度竞争的方式体现出来,所以主导地区反恐的行为体始终处于争夺状态。这就要求影响地区反恐安全合作的俄、中、美三个主要行为体出于争夺反恐主导权的目的,在地区反恐安全制度的抉择上存在不同的制度偏好和战略目标取向,并借助各种手段将其各自设计的地区反恐安全制度安排,诸如俄罗斯的独联体集体安全组织、中国的上合组织、美国的"大中亚伙伴计划"等,在制度竞争中脱颖而出,因而造成中亚反恐安全合作出现以独联体主导下的内生型反恐安全合作、上海合作组织主导下的介入型反恐安全合作及美国等主导下的竞争型反恐安全合作等极为复杂的制度过剩局面,使得任何一种制度框架都难以超越或取代其他的制度安排,成为真正的地区反恐安全合作主导者。这种制度过剩所带来的直接后

---

① Oktay F. Tanrisever,"The Shanghai Cooperation Organization and the Fight against Terrorism in and around Central Asia,"*NATO Science for Peace and Security Series*, E: *Human and Societal Dynamics*,2013,pp. 215—229.

② Roy Allison,"Regionalism, regional structures and security management in Central Asia," *International Affairs*, Vol. 80,No. 3,2004,pp. 463—483.

果,不仅增加主要行为体之间的谈判成本,而且加剧其反恐政策偏好的分散,使得中亚反恐安全合作进程屡遭挫折而无法得到质量上的提升。

### 三、多边主义泛化的规制风险

冷战结束后,受制于国家转型的困扰,中亚各国的政治经济一直以来"积贫积弱",导致它们在地区反恐合作中只能以参与者的配角身份出场,对独联体、上合组织、北约等地区外组织,以及美国等行为体反恐合作的干预能力有限,经常处在被地区外组织或大国行为体边缘化的窘境。基于此,中亚各国只有采用地区多边主义策略,侧重"奉行大国平衡战略"①,广泛参与俄中美主导下的独联体、上合组织、北约等各类区域性组织的反恐机制,直接或间接对这些反恐机制施加影响,逐步将区域性组织和大国行为体的反恐规范和政策趋向多样性的偏好,才能使中亚国家既可以把一些区域外的地区组织或行为体排除在中亚反恐之外,又可以将区域性组织和大国行为体在该地区反恐安全中的作用降低到最低程度。中亚各国"正在努力利用新的外部参与来发挥其主权优势,抵御破坏性的反恐风险,加强其对该地区的政治控制"②。在中亚反恐实践中,地区多边主义通过不同层次或类型的宣言、声明、公约、协定、纲要等,来构建地区反恐合作的非正式制度安排,让中亚各国容易接受这种松散且具有商议性的反恐机制,推动反恐安全议题的顺利展开,实现各国安全利益的最大化。

从目前中亚反恐格局看,地区多边主义规制被视为各国用来竞

---

① 马勇等:《美国与中亚国家的合作与矛盾》,《国际研究参考》2014 年第 12 期。

② Alexander Cooley,"The New Great Game in Central Asia Geopolitics in a Post-Western World," https://www. foreignaffairs. com/articles/central-asia/2012-08-07/new-great-game-central-asia,登录时间:2018 年 8 月 3 日.

争性地操纵地区外组织或行为体关系、保持地区安全平衡的最佳方式,普遍适用于独联体、上合组织等地区性组织,以及美国等大国的反恐合作当中。比如,在上合组织的反恐合作中,中亚各国通过参与上合的反恐合作,有助于维持各国的国内安全;可获得政治合法性与来自中俄两个大国的尊重;获得上合组织和中国的外交支持,抵御来自西方的人权和民主批评;利用上合组织的多边平衡,平衡俄罗斯在中亚事务上的影响;加强与中国的经济联系,获得中国更多投资和基础设施建设的经济资源等。[①] 长此以往,这种多边主义规制会潜移默化地从影响区域性组织或行为体内部各种关系的规范,向影响该区域性组织或行为体与外部行为体之间的关系扩散,并将这些外部行为体逐一社会化,以便形成更宽泛的反恐安全属性的关系。应该看到,这种被泛化的地区多边主义规制也面临巨大风险,它在反恐实践环节中的任何失误,都会产生"骨米诺牌"效应,"对区域安全管理中支持这些权力的多边结构之间有效合作的希望破灭"[②],从而增加中亚反恐安全合作的变数。

## 四、反恐军事合作排他性的负外部效应

应该说,中亚反恐军事合作总体上有利于加深各国间的军事互信,促进相互关系的健康发展。但不可否认,一些国家的军事合作诸如针对第三国的军演,则对地区安全产生负外部效应。现阶段,中亚地区反恐合作存在三种排他性的军事对决隐患,即独联体与北约的多边军事对决、上合组织与美国等的多边军事对决及俄美的双边军事对决。在独联体与北约的军事对决中,独联体占据压倒性的优势。比如,在 2002 年,独联体和北约轮番在中亚地区举行大规模反恐军

---

① 曾向红等:《上海合作组织的安全合作及发展前景》,《外交评论》2018 年第 1 期。

② Roy Allison,"Regionalism, regional structures and security management in Central Asia," *International Affairs*, Vol. 80, No. 3, 2004, pp. 463—483.

演,其参演人数之多、持续时间之长,都十分罕见。当年 4 月,独联体集体安全条约成员国快速反应部队在中亚地区举行代号为"南方·反恐怖——2002"的联合军演,演练搜索、包围、抓捕恐怖分子,以协调各国军队合作打击恐怖主义势力的能力。

为回应这次军演,同年 5—6 月间,以美国为首的北约在俄罗斯周边地区举行大规模军演,以展示北约在中亚的军事存在,许多中亚国家的武装力量参加此次军演。作为回报,同年 8 月间,独联体集体安全条约成员国又在里海地区展开由俄罗斯的里海军区舰队和北高加索军区的 67 艘军舰、30 多架战机和直升机、上万名海陆空官兵组成的大规模联合反恐军演。尽管各方都宣称反恐军演不针对第三国,但在短短半年时间里,独联体和北约两大军事集团连续在同一地区进行三场密集型的军演,充分暴露其军事合作排他性的本质,极易引发军事冲突。

在上合组织与美国等的军事对决中,双方的优势不明显。比如,在 2012 年 6 月,上合组织成员国在塔吉克斯坦举行"和平使命——2012"的联合反恐军演。同月,美国就联手吉尔吉斯斯坦、哈萨克斯坦、阿富汗、塔吉克斯坦五国在吉尔吉斯斯坦境内举行"区域合作——2012"的联合反恐军演,与上合组织相抗衡;在 2013 年 6 月,上合组织成员国又在哈萨克斯坦举行"卡兹古尔特——2013"的联合反恐军演,而同年 10 月,美国针对上合组织的军演,召集哈萨克斯坦、英国、立陶宛、瑞士、意大利、吉尔吉斯斯坦、塔吉克斯坦等 8 国的武装部队在哈萨克斯坦的阿拉木图州举行"草原之鹰——2013"的联合反恐维和战术演习。尽管美国等的军事对决对上合组织的反恐行动构成外部压力,但仍在可控的范围内。在俄、美的双边军事对决中,俄罗斯的优势就略微逊色于美国。比如,为强化双边反恐合作的军事互信关系,2017 年 3 月,俄、塔两国军队在塔吉克斯坦举行联合反恐军演。对此,美国迅速作出反应,同月,美、塔两国军队在杜尚别附近地区举行联合反恐军演,来冲抵俄罗斯在该地区的军事影响力,加剧地区安全的紧张局势。

由此可见,上合组织和独联体作为该地区的两个重要国际组织,它们希望通过反恐军演来维护地区稳定,应该说是在做"份内"之事,无可厚非。而美国等由于对中亚地区的双边关系的偏好,对除美国之外的由其他外部力量发起或推动的这一地区的合作表现出不信任,认为这些都是由竞争所致,①因而对俄罗斯和中国在中亚的军事存在虎视眈眈,不断加码反恐军演,针对性十分明显。对此,一些学者认为,尽管俄罗斯出于其国内经济建设的需要,在反恐、资金、技术、市场等方面有赖于美国的帮助,尽量避免在中亚与美国发生正面冲突和对抗。而美国虽有在地缘上挤压俄战略空间的意图,仍需要与俄在反恐、防扩散等问题上开展密切合作,在中亚反恐上也不会太超前,俄美双方在中亚反恐上维持竞争与合作的局面。② 但不可否认,"美国、俄罗斯和中国都在谈论在反恐战争中加强合作,却很少协调彼此之间的行动。除了自己的亲密盟友之外,美国不愿意与全球各国的领导人加强合作,而俄罗斯则仍然寻求在独联体框架内发挥作用,俄罗斯和中国则都希望上海合作组织能起更大的作用"③。一旦这种局面不能得以改观,就会增加彼此间的敌意,引发地区军备竞赛的升级,不利于该地区的反恐安全合作。

# 小　结

中亚区域反恐安全合作是国际机制理论与中亚地区安全实践相结合的产物,符合国际反恐发展的大势。它通过独联体、上合组织、美

---

① [美]麦克法兰尼:《美国和中亚的地区主义》,《当代世界社会主义问题》2005 年第 4 期。
② 赵龙庚:《中亚:俄美从反恐合作到战略竞争》,《和平与发展》季刊 2004 年第 3 期。
③ [美]玛莎·布瑞尔·奥卡特:《中亚的第二次机会》,时事出版社 2007 年版,第 260 页。

国等地区性组织或外部行为体,建构以独联体为主导的内生型反恐合作、上合组织为主导的介入型反恐合作,以及美国等为主导的竞争型反恐合作的 EIC 模式,具有结果式反恐合作、过程式反恐合作、间歇式反恐合作等三大特征,为中亚反恐安全合作提供可操作的工具理性。

在内生型反恐合作中,独联体成员国因其地区国家身份明显,对地区反恐合作的组织、规制、执行力等核心要素能够保持高度认同,也愿意承诺倾国家之全力合作打击恐怖主义势力,更倾向于结果式反恐安全合作,所以,它们在地区反恐合作组织的专业化程度、反恐安全规范化的整合能力、军事反恐一体化功能等方面都表现出极具进取性的态势。

而在介入型反恐合作中,上合组织内部存在着地区国家身份(如俄、哈、吉、塔等)与地缘国家身份(如中国)的差异性,对反恐合作的理念培育、规制倾向、执行力等都以妥协达成,在上合组织的反恐合作中表现出明显的过程式合作,致使成员国的反恐认知养成曲折而漫长,反恐规制渐进发展,反恐合作执行力多头并举,多边和双边联合反恐军演常态化等。

在竞争型反恐合作中,美国等行为体的国家身份属"泛地缘国家"性质,与地区国家无直接"地缘"联系,不存在实质的相互依存关系,缺乏安全合作的基础,因而只能通过零散的高层互访、双边或多边对话、伙伴关系、军事援助、联合军演等传统方式,与中亚国家维持一种间歇式的反恐合作关系。

应该指出,尽管 EIC 模式的反恐合作对于各国反恐认知的养成、反恐合作组织专业化水平的提高、反恐规范化整合能力的提升、地区军事反恐一体化功能的强化、多边和双边联合军演的常态化等有积极意义,但也不能忽视其在反恐合作认同感式微、地区的反恐合作认同感式微、反恐主导权竞争的制度过剩风险、多边主义泛化的规制风险、反恐军事合作排他性的负外部效应等的制约因素。

为此,中亚国家应积极采取措施加以应对。一是中亚各国应着力转变反恐理念,用全球视野看待中亚反恐,培植地区反恐合作的共同利益。在尊重各自国家主权的前提下,按照互不干涉内政、互不侵犯的准则,来处理合作中的各种问题;要充分考虑各国的政治制度变迁、经济发展水平、民族多元化、宗教复杂性等因素,对地区反恐安全合作的影响与作用机制;通过合作推进各国自身利益、促进地区国家的共同利益,不断把地区反恐合作推向新水平。

二是探索与地区实情相适应的反恐合作长效机制,完善相关反恐法律,根除恐怖主义等三股势力的影响。中亚国家应在完善现有反恐合作框架的基础上,形成新型地区反恐安全合作的长效机制,包括各类地区性反恐组织联席会议的通气机制,地区三股势力的舆情监控、评估及信息共享机制,地区反恐专门机构的组织和协调机制,地区反恐法律条文的制定和补充等。

三是本着求同存异、互惠互利、公平坦诚、共谋发展的旨规,建立一套科学、规范、有序、普惠的反恐合作制度,既能体现俄中美等大国的利益诉求,又可以照顾中亚各国的利益关切,使其成为各国共同遵循的合作规制,避免地区多边主义泛化带来的规制冲击。

四是增强各国间军事互信,深化双边和多边军事反恐对话与协调,建立独联体、上合组织、美国等三方的地区军事反恐合作联动机制,促进各方在共同利益基础上达成反恐共识,团结协作、消弭彼此的对抗和冲突隐患,为地区反恐军事合作营造良性的氛围,并造福于各国人民。

# 第五章　中亚水安全合作

不言而喻,区域性水合作是国际社会的普遍现象。自二战以来,世界许多地区就围绕跨界流域水资源的开发利用,不断进行大胆探索,形成诸如美国和加拿大的《哥伦比亚河条约》,欧盟的《欧洲经委会水公约》,马里、毛里塔尼亚和塞内加尔等国的《塞内加尔河条约》,老挝、缅甸、泰国、柬埔寨、越南等国的《湄公河协定》,印度和巴基斯坦的《印度河水域条约》等一系列较为成熟和稳定的区域水多边合作机制,奠定国际社会在解决区域性跨界流域水合作的制度基础。

作为转型国家创建的区域水多边合作,中亚五国独立后,中亚水合作机制就肩负着促进区域跨界流域国水资源的合理使用和推动区域传统多边水和能源交换制度变革的使命。但从跨界流域的上游水供给国和下游水消费国关系看,两者选择不同的制度安排:上游水供给国更加关注水资源的综合利用,采取与苏联传统多边水合作类似的发电用水与能源补偿相结合的水机制,而下游水消费国则主张按照流域国农业灌溉用水需要,"合理和公正使用"跨界河流水资源,形成与传统区域水合作不同的以单一灌溉用水为导向的水机制。同为中亚跨界流域国建构的区域多边水机制,为何跨界流域的上游水供给国与下游水消费国在水制度选择上有如此明显差异? 对此,中亚先后通过构建以《阿拉木图协定》为主导的单向度水安全合作,以《锡尔河水能协议》为主导的互惠型水安全合作,以《楚河和塔拉斯河协定》为主导的共治型水安全合作等区域水合作的 URC 模式,并在水安全机制路径上形成中亚与联合国机构、欧盟、国际非政府组织、上海合作组织、周边国家等水治理机制的差异化水安全合作格局,构建里海安全合作的制度安排。

## 第一节 中亚各国的水资源管理

在 20 世纪 50 年代,苏联曾制定中亚地区水资源利用的综合规划,以扩大中亚地区耕地面积,增加中亚地区的农业生产。这期间,中亚地区的水资源管理完全由莫斯科的中央水利计划机构和部委直接负责,每个加盟共和国的五年计划由国家规划机构进行协调,并通过苏联共和中央划拨预算。而中亚地区的跨界水资源的分配与利用方案主要由区域设计院制定,设计院的成员来自地区的各个国家与不同部门。1982 年,苏联中央批准针对锡尔河流域的水资源分配与利用方案。1987 年,苏联中央又批准针对阿姆河流域的水资源分配与利用方案。这些水资源分配与利用方案包括中亚地区各个加盟共和国的水资源使用的额度,以及相应的灌溉土地面积。

由于中亚地区在 20 世纪 70 年代末发生严重干旱,为应对旱情,咸海流域各个加盟共和国成立跨地区的水资源机构。同时苏共中央也成立机构负责锡尔河流域下游国家的用水安全。为缓解中亚地区用水矛盾,提高在极度缺水情况下各个加盟国家的用水效率,1986年,苏共中央成立阿姆河流域水资源管理机构和锡尔河流域水资源管理机构,各共和国都在该区域履行特定职能,共同管理该地区水资源的开发和利用。作为夏季上游国家灌溉用水的交换,下游国家在漫长的冬季以煤炭和天然气的形式向上游国家提供能源。在夏季,上游的大型水坝主要是为下游地区的灌溉提供用水,只有在能源匮乏时,这些水坝才在冬季放水发电。<sup>①</sup> 这项水配额制度对所有各方都有用,因为水和能源都由莫斯科集中分配,并对共和国、省和地区实行固定的时间表。每个地区的配额完全取决于该地区的灌溉需要。在这个制度中,吉、塔两国只得到少量的配额,而下游共和国则有权使用大部分水资源,成为该制度的最大受益者。<sup>②</sup> 苏联解体后,中亚各国通过各种方式,积极参与区域水资源的管理。

## 一、哈萨克斯坦水资源管理

哈萨克斯坦是地区大国,幅员辽阔,约有 260 万哈萨克斯坦人生活在咸海流域。哈萨克斯坦国内生产总值的 10％源自农业,约有23％的人口在农业部门工作。锡尔河流经哈萨克斯坦,该国境内每年有 2.4 亿立方米水源注入锡尔河,每年从锡尔河流域得到 12.3 亿立方米的用水额度。由于低效率灌溉,缺乏技术投入,以及缺乏资金进行适当的技术和业务措施,哈萨克斯坦国内的农业生产力落后。哈萨克斯坦《水法》规定明确,水资源的使用将由国家根据国家经济发展需要统一调配。哈萨克斯坦把全国分为八个区域,每个区域都有自己的管理组织。咸海的哈萨克斯坦部分由哈国内的锡尔河水资源管理组织负责管理。地区水资源管理组织的职责包括分配用水,开发供水计划,监控水的使用情况,以及水库运行。鉴于哈萨克斯坦境内的水资源大多来源与外部,哈萨克斯坦积极倡导地区水资源合作,把水资源安全作为国家发展的重要方向。为此,哈萨克斯坦制定《哈萨克斯坦共和国 2014—2040 年国家水资源管理纲要》,确立哈萨

---

① Rost KT,"Wasserkonflikte in Zentralasien am Beispiel des Amu-Darja und Syr-Darja Ein-zugsgebietes," *Wasser—Lebensnotwendige Ressource und Konfliktstoff*, 2004, pp. 43—54.

② Sehring J,"The Politics of Water Institutional Reform in Neopatrimonial States: a compara-tive analysis of Kyrgyzstan and Tajikistan,"*VS Verlag für Sozialwissenschaften*, Wiesba-den, 2009, p. 71.

克斯坦的跨国界水资源与环境管理的区域多边水合作战略。

一方面，哈萨克斯坦通过加强水资源综合管理，比如，建立水管理的垂直管理体系、完善水费制度、提高森林覆盖率，并制定《中亚地区有效利用水能资源构想》，采用统一的针对跨境流域水资源的计量系统、评定系统及其使用制度，在径流形成和分散地区应使用区域监控系统，以提高区域的用水效率；合理开发和利用水资源，调整工农业和居民用水结构，增加水资源来源，应对灾害等；改善水供应体系，完善灌溉体系、水渠系统、市政管网等；推广节水意识和节水技术、设备、设施；加强污水排放管理和提高污水处理技术、设备、设施，减少污染，提高水质和水资源循环利用；加强水利基础设施建设，大力修建水库、疏通河床、引水渠等；筹建国家水务集团，统一协调国内水资源开发利用和国际合作；加强宣传和人才培养，宣传国家水资源政策，养成节水意识，推广节水技能等；应对水资源短缺。①

另一方面，哈萨克斯坦还通过加强跨界河流国际合作，比如，通过与吉、塔、乌三国签署《使用锡尔河流域水资源和能源资源协议》、与俄、中两国签署《使用和保护额尔齐斯河流域水资源合作协议》、与中亚四国签署《中亚水工建筑物安全合作协议》、与中国签署《中哈政府间关于跨境河流水资源分配问题的协议》、与乌兹别克斯坦签署《有关使用锡尔河流域国家间共用水利设施问题的合作协议》、与吉尔吉斯斯坦签署《有关使用楚河和塔拉斯河的国家间共用水利设施问题的合作协议》等一系列多边和双边协议，不断加强与各国的跨界水资源合作；通过制定哈萨克斯坦的《对跨境环境影响的评估协定》的《生态策略评价议定书》、《保护和使用跨境水流与国际湖泊协定》和《工业事故跨境影响协定》的《公民责任和对跨境的工业事故造成的损失进行赔偿的议定书》等法律文本，加强其跨界水域环境影响评

---

① 张宁：《哈萨克斯坦跨界水资源合作基本立场分析》，《欧亚经济》2015年第4期。

估、损害赔偿的法律基础;通过修建东哈萨克斯坦州的边境河——乌尔肯——乌拉斯特河联合水利枢纽工程,改建边境河——松别河的引水设施等水利工程,改善其跨界河流的水利基础设施。[①]

## 二、乌兹别克斯坦水资源管理

乌兹别克斯坦国土面积 44 万平方公里,人口 2400 万。由于灌溉农业的过度发展,乌兹别克斯坦有 60% 的土地是荒漠草原,只有在阿姆河与锡尔河流域有一些绿洲。乌兹别克斯坦约有 25% 的 GDP 来自农业,国家人口的 25% 在农业部门工作。对阿姆河水资源的过度使用,导致咸海的急速萎缩,目前咸海只有原先面积的 1/3,而干枯河床的盐碱化进一步对地区环境造成严重的破坏,限制地区的经济发展。由于境内荒漠较多,山区较少,在咸海流域国家中,乌兹别克斯坦贡献的流量最少为 11 亿立方米,而地区水资源使用分配中,乌兹别克斯坦的使用额度却为 53.6 亿立方米。据统计,2000年,乌兹别克斯坦在咸海流域的灌溉面积约为 400 万公顷,需灌溉用水 62.8 亿立方米。乌兹别克斯坦与阿姆河流域的塔、土两国关系密切,而与锡尔河流域上游的吉国关系不睦,时常爆发水资源的冲突。

为解决水资源短缺的矛盾,乌兹别克斯坦不断加强水管理制度.1993 年,乌制订《水及水利用法》,以确保该国水资源的合理利用,满足城乡居民生活和经济发展的需求,改善水体状况,保护水体免受污染,防止和消除对水资源的其他负面影响,维护企业、农场、公民用水的合法权益。该法规定,乌的水资源管理由共和国内阁、地方政府机关及其特别授权的国家机关负责,各管理机构在其职权范围内确保不同水关系主体都能遵守既定的用水程序和规则,预防和清除对水

---

① 涂莹燕等:《哈萨克斯坦跨国界河流管理国家战略分析》,《环境与可持续发展》2014 年第 6 期。

的不利影响。农业和水资源部在水资源管理和利用领域的国家政策实施中应发挥关键作用,其主要职责包括农业和水资源管理政策的制定;引进、开发农业和水管理领域的新技术;协调企业和商业服务组织的业务活动;投资灌溉和排水系统,以改善水资源管理;为流域组织制定政策和程序,在流域一级引入水资源综合管理;协助并推动用水户协会的发展;建立水资源研究机构,设立培训课程以改善农业灌溉等存在的问题等。

2003 年,乌兹别克斯坦政府颁布《深化农业改革的主要方向》条令,确定十一个流域管理机构,规定各流域管理灌溉系统的主要任务;按照市场规则合理利用各流域的水资源;大力加强技术改造,统一水部门的技术标准,保持灌溉系统和供水设施的技术可靠性;科学管理流域水资源,提高水资源的效率等。2009 年,乌政府实施《关于修改某些立法行为以深化农业和水利部门改革》,进一步规范水资源综合管理的基本原则,设置水管理机构并不断优化,制定水发展战略并不断完善。

为更好制定和执行农业和水资源管理的国家政策,2018 年,乌兹别克斯坦政府把农业和水利部拆分为两个独立机构,水利部承担水管理领域的所有权利、义务及其所制定协议的合法继承者,其他国家水管理机关、地方行政机关及企业和组织必须执行该部在其职权范围内做出的决定,这有助于实现水资源在所有用户之间的公平分配,提高用水效率。为推动水利部的有效运作,乌政府还出台《关于完善农业和水国家管理体系的根本性措施》,通过改善水部门的法律监管,优化水管理系统;发展组织和经济机制以及用水调控系统,扩大节水技术的覆盖面;加快水库、大型水工建筑物等水体建设改造工程,完善水资源记录系统;引入现代信息通信和行业创新技术,确保水管理设施安全的现代化;完善水管理组织的材料和技术基础,保证其技术性和机制化,鼓励水管理工作者;提高人们对水资源利用的法律意识和法律文化等。①

### 三、吉尔吉斯斯坦水资源管理

吉尔吉斯斯坦是高海拔的山地国家,境内平均海拔高度 2750 米,水资源丰沛,发源于境内的纳伦河是锡尔河的主要支流。咸海流域每年有 29 亿立方米的水流于吉尔吉斯斯坦境内形成,而在咸海流域的水资源分配中,吉尔吉斯斯坦每年能分配到 4.3 亿立方米的用水配额。统计资料显示,2000 年,该国境内有 43 万公顷的灌溉土地,需要用水 3.3 亿立方米,农业人口占 55% 以上。吉尔吉斯斯坦的《水法》规定,境内所有的水资源属于国家,要求下游国家向吉尔吉斯斯坦支付使用流域内水资源的费用。

为充分利用该国的水能资源,吉尔吉斯斯坦加强水电开发,以纳伦河和萨雷扎兹河为重点,规划建设 47 座水电站,年发电量可达 396.59 亿千瓦时,目前已建成 6 座水电站,装机 2542MW,在建 5 座水电站,装机 2910MW。另外,吉尔吉斯斯坦还在纳伦河及其支流的西卡拉科尔河、阔阔梅林河、阿特巴什河、阿拉布嘎河等河流上规划建设 39 座水电站,以提高吉的水能资源利用率。此外,吉尔吉斯斯坦积极开展与俄罗斯、世界银行、亚洲发展银行等国际组织等的国际合作,启动康巴拉塔 1 号、康巴拉塔 2 号、上纳伦水电站、阿克布伦水电站、萨雷扎兹梯级水电站、卡瓦克水电站等 6 个大型水电站建设项目,以公开竞标形式拓展这些水电站的融资渠道。据报道,2012 年 7 月,吉在颁布的《电力发展中期规划》中,要求完成在建的南方电网改造和康巴拉塔 2 号水电站建设项目,启动康巴拉塔 1 号、上纳伦河梯级、卡拉克奇热电站等项目的建设。2012 年 9 月,吉、俄两国正式签署上纳伦梯级水电站和康巴

---

① 丁超:《乌兹别克斯坦水资源困境及改革的路径选择》,《世界农业》2019 年第 9 期。

拉塔 1 号水电站建设和运营的协议,合作开发该国流域内的水能
资源。[①]

### 四、塔吉克斯坦水资源管理

中亚的塔吉克斯坦是由许多高大山脉分隔开的不同的、相对独
立的地区组成的山地国家,国土面积约 14 万平方公里,发源于塔吉
克斯坦境内的喷赤河是阿姆河的主要支流。咸海流域每年有 60 亿
立方米的水流在塔吉克斯坦境内形成,在咸海流域的水资源分配中,
塔吉克斯坦每年能分配到 11.5 亿立方米的用水配额。塔吉克斯坦
约 70% 的人口生活在农村,约有 50% 的人口在农业部门工作,主要
农业生产区位于阿姆河与锡尔河流域山谷内的灌溉土地。据统计,
2000 年,塔吉克斯坦境内有 72 万公顷的灌溉土地需要用水 12.5 亿
立方米,农业灌溉用水占该国内用水的 85%。塔的《水法》规定,境
内水资源是国家的经济财产;允许将灌溉系统的管理权转移到私营
企业与集体农庄;加强与地区国家的国际水资源合作等。在水资源
的利用上,塔积极建议在中亚地区重新建立一个综合利用农业用水
与水电用水,来联合管理地区水资源系统,在地区层面加强与邻国的
水资源管理部门与能源部门的合作。

## 第二节　中亚水安全合作机制的形成及其发展演变

### 一、中亚区域水合作机制的三次转变

中亚国家政府间的水合作自独立后就逐步展开。作为区域水合
作,在 1992—2002 年的十年间,中亚水合作机制经历三次转变,以《国
际水道公约》等国际《水法》为旨规,通过签订包括双边或多边性质的

---

① 邓铭江:《吉尔吉斯斯坦水资源及水电合作开发前景辨析》,《水力发电》2013 年第 4 期。

国际协定,以及一般性质的协定、特定水道和其他领域水合作的法律规定,诸如《关于在共同管理与保护跨界水资源合作领域的协定》(简称《阿拉木图协定》)(1992 年)、《关于解决咸海及其周边地区危机并保障咸海地区社会经济发展联合行动的协议》(1993 年)、《努库斯宣言》(1995 年)、《土库曼斯坦和乌兹别克斯坦关于水管理合作协定》(1996 年)、《乌兹别克斯坦与吉尔吉斯斯坦关于锡尔河水电用水和能源资源的协定》(1996 年)、《关于在锡尔河流域合理利用水资源与能源的合作协议》(《锡尔河水能协议》)(1999 年)、《阿什哈巴德宣言》(1999 年)、《关于中亚能源系统并联运行的协议》(1999 年)、《关于吉尔吉斯斯坦北部楚河和塔拉斯河用水的协定》(《楚河和塔拉斯河协定》)(2000 年)、《中亚国家元首关于 2003—2010 年就改善咸海流域生态和社会经济状况采取具体行动的决议》(2002 年)等一系列双边和多边水合作的协定文本,构建中亚区域水合作的内生性制度安排。

在中亚水合作的三次转变中,各国围绕阿姆河、锡尔河等水资源和能源交换的博弈,形成以《阿拉木图协定》为代表的单向度水合作、《锡尔河水能协议》为代表的互惠式水合作、《楚河和塔拉斯河协定》为代表的共治式水合作的 URC 机制,扭转苏联解体后该地区水合作的乱局。从这个意义上说,中亚水合作与区域内利益攸关者的诉求值具有关联性,且利益诉求值的强弱直接影响到水合作的边际效应。中亚利益攸关者的诉求值越弱,水合作空间就越大,反之就越小。伴随利益攸关者的诉求值由弱变强,区域水合作空间从大向小进一步收窄,进而中亚水合作由区域多边主义理想转变为双边合作的理性回归。

(一) 以《阿拉木图协定》为代表的单向度水合作机制

单向度(Unidirectional)水合作机制是一种无界限水合作,它以行为体的弱利益诉求或无利益诉求为前提,赋予一个超国家机构或组织的单独管理权来进行水资源管理。也就是说,这种水合作机制以国际《水法》的基本原则为准绳,以区域国的水需求为导向,通过正式或非正式的国际水协定的制度安排,设置具有国际水法地位的水管理机构,开展水资源一体化管理。鉴于跨界流域国同为一个水共同体,对水环境变化有高度的敏感性和认同感,"一荣俱荣、一损俱损",其在利益诉求值上表现为较弱或不明显,故而都倾向把水管理权交由超国家管理机构代行其职的偏好,通过建构统一的水资源规划、调配、补偿、保障等机制,实行垂直化管理,确保区域水合作的有序性。

单向度水合作机制是中亚水合作的第一次转变,以《阿拉木图协定》生效为标志。众所周知,中亚国家大多是以农业为主,其经济依赖灌溉农业,水对各国来说尤为重要。独立以来,为确定阿姆河、锡尔河等跨界流域国的用水分配制度,各国着手制定该区域水资源管理机制,以取代苏联时期的集中管理系统。1992 年 2 月,五国在阿拉木图签署《关于在共同管理与保护跨界水资源合作领域的协定》(以下简称《阿拉木图协定》),主要涉及阿姆河、锡尔河和咸海盆地的所有跨界水道和湖泊的水资源、供水、灌溉的调节和保护,拉开区域多边水合作的序幕。在此基础上,各国根据该协定的第七条款规定,设立中亚水资源跨国协调委员会,订立《中亚水资源跨国协调委员会章程》(以下简称《章程》),进一步规范五国之间的水分配。

《阿拉木图协定》及其章程主要是根据中亚阿姆河、锡尔河等水环境和跨界流域国水供求状况,在跨界流域的原则、义务、合作方式等方面,全面构建该区域水资源的质量和数量使用、保护、分配、监管和控制等合作框架,形成以中亚水资源跨国协调委员会为核心的、具有广泛水利益(无明显的水利益诉求指向)共识的无界限多边水合作格局,"为建立中亚水法制度做出巨大贡献,解决该地区新独立国家间所面临用水和分配的最紧迫问题"[1]。基于成员国在水安全利益

---

[1]　Barbara Janusz-Pawletta, "Current legal challenges to institutional governance of transboundary water resources in Central Asia and joint management arrangements," pp. 887—896.

诉求上的弱表征,协定等所倡导的"合理和公正使用"和"不造成重大损害"原则,彰显区域水合作的公平和公正性,成为中亚各国水合作的行动指南。不仅如此,该协定还从区域"合作和信息交流"、"通报、协商和谈判"及"和平解决争端"等通报义务的多样化,来确保中亚水合作的有效性。而作为该地区水分配的管理机构,《章程》从水组织化上打造区域水合作的组织框架,制定区域水政策和划分各国用水配额的制度安排,并对这些水制度的执行情况进行监督和裁决,保证中亚水合作的可持续性。

（二）　以《锡尔河水能协议》为代表的互惠式水合作机制

互惠式（Reciprocity）水合作机制,顾名思义,是一种有界水合作或者选择性水合作。它以行为体有利益诉求（中性）的需要为前提,将利益偏好趋同的攸关方结为共同体,通过搭建专门的联合水机构或组织作为水合作平台,对行为体水资源使用实施扁平化管理。换言之,行为体的利益攸关方在承诺遵守国际《水法》规定的各项权利与义务前提下,水供给方（国家或组织）应主动向水消费方（国家或组织）提供水资源,而水消费方也须向水供给方提供必要的物质和资金补偿,来保障跨界流域水资源开发和使用的可持续性。即跨界流域的下游水消费国应向上游水供给国支付一定的费用,有偿使用来自上游国家提供的水资源,实现各方利益最大化。这种有界合作因利益攸关方在水资源的供求关系上始终处于相互对等状态,彼此间不存在"搭便车"的可能性,因而各方在跨界流域的水道设施建设与维护、水资源的分配与储藏、水环境的保护等方面能够保持妥协与合作。它有助于把"纸"合作转化为"真正"的合作,减少不遵守现有条约的隐性成本,避免区域水资源供求的矛盾与冲突。

互惠式水合作机制作为中亚水合作的第二次转变,主要围绕《锡尔河水能协议》展开的。它即是对区域单向度水合作的延续,同时也是对该合作制度的适度调整。鉴于《阿拉木图协定》在实践中暴露出的跨界流域水和能源关系无法协调的制度障碍,加之下游水消费国不愿意向上游水供给国提供能源,使上游水供给国经常违背"合理和公正使用"的原则,在冬季使用水来发电,造成下游水消费国冬季洪水频发,引起跨界流域国的高度关注。为此,哈、吉、乌三个水资源的利益攸关方,针对锡尔河流域放水与发电之间不断增长的利益诉求矛盾,以吉尔吉斯斯坦境内的托克托古尔水库为突破口,探索区域水合作的新路子,尝试通过"通报、协商和谈判",建立一个跨界流域国水分配和共享及联合管理和维护水基础设施的有界多边合作框架,和平解决区域水——能源交换的矛盾,缓解跨界流域国的水资源压力。

中亚的托克托古尔水库是锡尔河流域内最大的水库(14亿立方米的活动存储体积),主要用来灌溉与发电,投产于1974年,但直到1990年才正式运行使用,水库巨大的蓄水容积可以保证地区国家在旱季时的灌溉用水需求。苏联解体前,中亚地区每年四月至九月,因灌溉需要从托克托古尔水库释放出的水所产生的电力被传输到周边地区。作为回报,这些地区将电和燃料(天然气,煤和燃料油)送回吉尔吉斯斯坦的两家火电厂,以便为冬季取暖需求做储备。独立后,中亚各国间不承认对方的国家账户,加之石油、煤炭、天然气、运输价格的不断上涨,使得从该地区其他国家送往吉尔吉斯斯坦的燃料和电力大幅减少,严重影响吉尔吉斯斯坦燃料与能源的供应结构,造成吉尔吉斯斯坦火电厂的发电量减少一半。迫不得已,吉尔吉斯斯坦政府只能通过增加从托克托古尔水库冬季水力发电来满足国内居民的基本用电需求。即便如此,吉尔吉斯斯坦仍未有效解决其国内冬季电力供求紧张的矛盾。

随着吉尔吉斯斯坦国内水电需求的不断扩大,托克托古尔水库彻底从夏季放水满足下游水消费国灌溉需求的运营模式转变为冬季放水发电的运营模式。这一改变带来严重的地区问题,因下游水消费国没有办法储存冬季托克托古尔水库的排水,吉尔吉斯斯坦的擅自主张造成下游水消费国的洪水泛滥,夏季灌溉用水匮乏。为缓解困局,哈、吉、乌三国于 1998 年签署《锡尔河流域用水和能源使用协议》草案(以下简称《锡尔河协议》草案),以寻求"根据国际法先例使用锡尔河流域水和能源资源的准确和公平的解决办法"①,避免造成跨界流域国的重大损害。1999 年,哈、吉、乌、塔四国正式签署《关于在锡尔河流域合理利用水资源与能源的合作协议》,并增加附录(即《锡尔河水能协议》)。

从《锡尔河水能协议》的内容看,乌、哈等下游水消费国试图通过提供煤炭、天然气、电力、燃料油或其他货物或服务,以换取吉、塔等的上游储水。协议要求双方谈判托克托古尔水库的年度放水的时间表,协商乌、哈两国接收来自吉尔吉斯斯托克托古尔水库在夏季产生的多余电量,并在冬季以能源资源,如煤炭、天然气、电力和燃料油,以及提供其他类型的产品(劳动力和服务),或按商定的货币形式等,来补偿吉尔吉斯斯坦等上游水供给国的能源需求。② 协议还特别规定,为确保商定的水工程设施、纳伦——锡尔河梯级水库和灌溉下泄水量的运行制度,缔约方认为有必要在平等的基础上每年对下游泄水量、电力生产与输送、能源损失补偿进行协调和做出决定。另外,该协议强调,按照"公平合理利用"原则制定区域水资源的制度安排,规定"各方不得采取任何违反商定的用水制度和能源交付的行动"③,并同意"水和能源设施的运营、维护和重建应按照资产负债表

---

① Dinara Ziganshina,"Specially Invited Opinions and Research Report of the International Water Law Project: Global Perspectives on the Entry into the UN Watercourses Convention 2014: Part One: The Current State and Future Outlook,"*Water Pol'y*, Vol. 111, 2014, p. 28.

② "*Agreement on the Use of Water and Energy Resources of the Syr Darya Basin*", at art. IV.

③ "*Agreement on the Use of Water and Energy Resources of the Syr Darya Basin*", at art. III.

中提到的财产所有权和合法所有权进行涵盖"①,等等。

为确保协议执行力的有效性,各成员国还决定将协议置于区域一体化和发展组织——中亚经济共同体跨国理事会的执行委员会框架内。该执行委员会每年召开关于地区水和能源使用的圆桌会议,意在制定一个调解关于锡尔河流域沿岸国家竞争性用水问题的框架性协议。执行委员会通过一项框架性协议,该框架性协议在充分考虑上下游国家用水的时间差异后提出保障上下游国家用水的补偿措施等。同时,为协调各国间的研究、能力建设和信息交流提供有效平台,该执行委员会还承担接受捐款和资助方案的工作,以解决区域水管理互利办法所需的联合调查和协作的适应性管理的相关费用。

不仅如此,为保证协议的顺利实施,哈、吉、乌三国还在 2008 年签署有关 2008 年第四季度和 2009 年中亚地区水资源使用协议,哈萨克斯坦承诺 2008 年第四季度向吉尔吉斯斯坦供应 2.5 亿千瓦/小时的电,并同意 2009 年按时向比什凯克热电站提供煤炭。乌兹别克斯坦同意 2009 年第一季度向吉尔吉斯斯坦补充提供 1.5 亿立方米天然气。同时确定 2009 年托克托古尔水库放水总量为 52.5 亿立方米,吉尔吉斯斯坦同意 2009 年植物生长期内托克托古尔水库供水总量不会低于 2008 年的水平。② 显然,"通过这种能源交易和技术手段,改善上游水供给国吉尔吉斯斯坦的能源供给,使下游水消费国在夏季有足够的水,上游水供给国在冬季也有足够的能源资源效率,特别是通过技术改进来提高吉尔吉斯斯坦的能源生产效率、减少电力损耗"③。

---

① "*Agreement on the Use of Water and Energy Resources of the Syr Darya Basin*", at art. VII.

② "中亚五国签署水资源使用协议",www. xjjjb. com,2008-4-8,登录时间:2018 年 8 月 6 日。

③ Blua, Antoine,"Central Asia: Trans-Boundary Water Management A Fundamental Issue," *RFE/RL 27* August, http://www. rferl. org/features/2003/08/27082003173542. asp,登录时间:2018 年 9 月 21 日。

应该说,《锡尔河水能协议》是该区域水管理制度中唯一涉及两个以上跨界流域国的水和能源资源使用的一体化制度框架,集中反映锡尔河流域各国间日益严峻的水——能源交换之间的制度性障碍。该协议在充分顾及哈、吉、乌等利益攸关方的利益诉求基础上,在锡尔河等跨界河流上有界线、分阶段实施有偿使用水资源和能源补偿的制度安排,提供通过交换利益实现互利的机会,一定程度上突破《阿拉木图协定》所限定的水制度设计,重申区域水资源管理机构对各国水配额的权威性,强调跨界流域的下游水消费国有义务在冬季向上游水供给国提供能源,弥补其能源不足,并严格按协议承诺在夏季向下游水消费国放水,实现"合理和公正利用"和"不造成重大损害"的水宗旨,缓解下游水消费国夏季农田灌溉的用水需求和上游水供给国冬季能源不足的窘境,促进跨界流域国之间的多边水合作。

基于此,哈萨克斯坦开始谋求与吉、塔、乌三国重新签订使用锡尔河水、电资源的长期国际协定。哈萨克斯坦提出,协定文本的制定应在亚洲银行提供技术支持的《阿姆河和锡尔河流域水资源管理调节机制》的框架内进行。具体包括:保证纳伦河和锡尔河级联水库通过长效的协商机制调整流量;建立跨境河流沿线水库放水的协调机制,确定协定各方取水量的限额和农业灌溉的用水配额;建立中亚水、电供应机制,共同参与制定流域内新建电站和水库的规划;建立河流灌溉、排污系统;建立污染和灾害预警和信息共享机制等。这无疑为建构中亚新型水合作的制度安排迈出一大步,推动该区域水一体化进程。

(三) 以《楚河和塔拉斯河协定》为代表的共治式水合作机制

共治式(Co-governance)水合作机制是一种双边水合作。它以行为体的强利益诉求为前提,在行为体关系相对稳定的利益攸关方之间展开合作。具体而言,就是在行为体水利益高度趋同前提下,通过制度设计达成水资源供求平衡,实现水电和灌溉用水一体化。正因为该制度对于利益攸关者的诉求要求严苛,排除行为体在合作中"搭便车"的可能性,所以它只能在双边合作而非多边合作的框架内达成,其合作空间也较多边合作来说有进一步缩小之势。究其原因,一则该制度要求跨界流域的下游水消费国有义务分担上游水供给国共有水道上的设施(如水坝和水库等)的维护费用,二来它还要求利益攸关者共同参与跨界流域的水资源开发利用、协调用水额度分配、监督和管理用水协议的执行等,最大限度发挥流域国在水安全中的"主人翁"作用。

共治式水合作机制是中亚水合作的第三次转变,主要对区域水合作的一种现实性制度安排的回应。经过《锡尔河水能协议》的不断调整修复,中亚的利益攸关方逐渐倾向一致的水电用水和灌溉用水相互平衡的利益偏好,开启该区域水共治的制度整合。在 2000 年,哈萨克斯坦和吉尔吉斯斯坦为合作共享水资源,两国共同签署《关于吉尔吉斯斯坦北部楚河和塔拉斯河用水的协定》(简称《楚河和塔拉斯河协定》),成立"楚河——塔拉斯河委员会",由两国共同任命委员会官员,设置由全职工作人员的机构和一个技术办公室,规范两条河流的用水和设施管理。该委员会作为常设双边委员会,主要负责协调和监督吉、哈两国在共享两条河流的水资源履行各自应当承担的"合作和信息交流"、"通报、协商和谈判"等义务,共同参与两国在两条河流上水资源的规划、分配和监督,打造跨界流域的水电用水和灌溉用水一体化格局。

"楚河——塔拉斯河委员会"的这些做法得到区域和国际社会的广泛认同和大力支持,比如,哈、中两国自 2001 年以来签订《中哈两国政府关于利用和保护跨界河流的合作协定》(2001 年)、《关于中哈双方紧急通报主要跨界河流洪水与冰凌灾害信息的实施方案》(2005年)、《中哈两国政府关于跨界河流水质保护协定》(2011 年)、《中哈两国政府跨界河流水量分配协议草案》(2015 年)等十多个水资源合作协定。① 2016 年,哈、乌在两国政府间双边合作联合委员会第 15 次会议上,就南哈萨克斯坦州农业灌溉用水的锡尔河流域水量分配达成协定。这些协定在跨界河流的利用和保护、环保合作、水资源技术交流与合作、地区多边合作等方面取得实质性进展。

在联合国欧洲经济委员会的参与下,哈、吉两国扩大合作领域,改善对现有水资源的了解和获取信息的机会,并制定跨界流域的利益攸关方参与合作的协议,设立常设秘书处和常设双边委员会,确定开发和维护水管理基础设施的费用,加强与国际社会的合作,尽可能有效利用国际援助。亚洲开发银行还为该委员会秘书处的设立和这两条河流上一些基础设施的翻新提供资金支持,并一次性资 99.8 万美元用于该地区的技术援助,支持水资源信息交流和水资源管理机构的潜能②。此外,哈、吉的楚河及塔拉斯河界河政府委员会同瑞士政府签署三方备忘录,共同促进楚河及塔拉斯河水资源管理的政府间合作,瑞士将援助哈、吉两国扩大楚河和塔拉斯河流域自动监测网络等。所有这些都显示出共治式水合作的强大生命力。

## 二、联合国国际水道公约对区域水合作机制的影响

不言而喻,上述中亚水合作的 URC 机制是在联合国《国际水道公约》的框架下进行跨界流域制度设计的。作为国际《水法》中的一部全球性公约,《国际水道公约》从原则、义务、方式及其管理制度上对国际水道非航行利用作详细规定,对促进国际《水法》的编纂和发展、协调各国在跨界水资源的利用和保护等方面提供重要指导,发挥

---

① 李兴等:《安全化与去安全化:中哈跨界河流合作中的问题与对策》,《国外理论动态》2019 年第 11 期,第 115—127 页。

② 《亚洲发展银行协调管理中亚地区水资源》,www.xjjjb.com,2008-10-27,登录时间:2018 年 8 月 5 日.

积极作用。随着公约的酝酿和生效,中亚国家围绕公约的原则、义务和方式,通过制定区域性的双边和多边国际水道的制度安排,推动中亚跨界流域国家水资源合作的发展。

（一）在国际水道非航行利用的权利上,公约的"合理和公正使用"和"不造成重大损害"等原则为中亚区域水合作指明方向

作为国际水道非航行利用权利的核心宗旨,《国际水道公约》主张对跨界流域国家遵守"合理和公正使用"原则,要求每个流域国家有权公平和合理地分配和利用水资源,"最佳和可持续的利用和受益","公平合理参与国际水道的利用、开发和保护",以便在其领土内用于有益的用途。虽然该原则是以共同主权和权利平等为基础,但不等同于每个国家参与公平合理分享利益的主权平等,即使每个沿岸国都有权获得同等数量的水,也不意味着平等的利益。[1] 公约依据沿岸国家的河流分布、水文、气候和生态等自然属性,以及沿岸国的经济社会需要、依赖于水道的人口、水的利用和潜在需求等经济属性进行综合评估,来确定各自的用水份额,最大限度实现其利益,可将潜在的有害影响降到最低程度。该原则得到中亚各国的高度认同,为《阿拉木图协定》及其章程、《锡尔河水能协议》、《楚河和塔拉斯河协定》等一系列制度安排明确方向。

比如,《阿拉木图协定》序言开宗明义宣称,中亚阿姆河、锡尔河等区域水资源是完整和统一的整体,是该区域跨界流域国的共有资源,沿岸国家在使用水资源方面享有平等权利(协定的第1、2、10条款)[2]。这与《国际水道公约》的"公平合理使用"原则基本一致。其《章程》的第1条第5款也指出,设置中亚水资源跨国协调委员会的

---

[1] Rieu-Clarke,"U. N. Watercourses Convention User's Guide (2012)," http://www. unwatercoursesconvention. org/the-convention/［https://perma. cc/Z3JM-V4B2］,登录时间:2018 年 8 月 9 日.

[2] " *Almaty Agreement*"(1992).

目的在于确保水资源的公平分配,兼顾自然需要和未来发展。为此,《章程》第 2 条的第 1、2、3、4 款还详细规定该委员会的职责,把"公平合理利用"原则贯穿于整个组织框架中,包括负责管理锡尔河与阿姆河流域的水资源及其事务,制定和执行共同水管理区域政策,拟订和批准沿岸国家的年度取水限制,监控与管理计划,观察、规划和控制大型水库的运行制度,执行关于沿河河道和通过灌溉系统放水的措施,保证向河流三角洲和咸海供水等等。①

在《锡尔河水能协议》里,乌、哈、吉、塔等国赞同以"公正和合理使用"原则为指针,通过乌、哈下游水消费国提供煤炭、天然气、电力、燃料油或其他货物或服务,换取吉尔吉斯斯坦的上游储水。协议要求各方谈判托克托古尔水库的年度放水的时间表,并指出,各方不得采取任何违反商定的用水制度和能源交付的行动②,同意水和能源设施的运营、维护和重建应按照资产负债表中提到的财产所有权和合法所有权进行涵盖③,等等。

《楚河和塔拉斯河协定》作为吉、哈的双边水合作协定,两国基于"公正和合理使用"原则,制定区域水合作的制度框架。协定强调,双方应确定合作开发和维护水管理基础设施的费用,哈萨克斯坦同意向吉尔吉斯斯坦支付一定的费用,以抵偿吉尔吉斯斯坦在其境内操作和管理几个大坝和水库的维护费用。④ 吉、哈两国在共享水资源上协商和谈判结成的这种共治合作关系,显示出"公正和合理使用"原则成为接受下游水消费国应支付上游水供给国的供水或储水和调

---

① "*Interstate Commission for Water Coordination of Central Asia*," http://www.icwc-aral,登录时间:2018 年 8 月 9 日.

② "*Agreement on the Use of Water and Energy Resources of the Syr Darya Basin*,"at art. III.

③ "*Agreement on the Use of Water and Energy Resources of the Syr Darya Basin*,"at art. VII.

④ World Bank,"*Water Energy Nexus in Central Asia:Improving Regional Cooperation in the Syr Darya Basin*," Washington, D. C:World Bank press,2004,p. 85.

节费用的规制,对双边水合作具有指导意义。

不仅如此,《国际水道公约》还把"不造成重大损害"原则置于流域国水合作同等重要的位子,主张跨界流域国不得以对流域内的他国或流域环境造成重大损害(包括对人类健康或水安全使用造成重大损害)的方式使用其领土上的水道。也就是说,国际水道内的任何国家,不管是对水的任何有益使用还是对水环境造成实际损害的国际水道污染,都不能以牺牲他国的代价来使用水资源。公约在第7、10、12、15、16、17、19、20、22、27 等条款中多次重申这一立场,强调跨界流域国采取一切适当措施,防止对共同沿岸国家造成重大损害。如果一旦发生重大损害,责任国应消除或减轻这种损害产生的不良后果,并酌情予以赔偿等。[①] 对此,《阿拉木图协定》及其章程中也遵循类似表述。

比如,《阿拉木图协定》第 3、4 条款指出,阿姆河、锡尔河等跨界流域国应严格按照"不造成重大损害"原则,合理使用共有水道,遵守商定的水资源使用和保护的命令和规则,防止在其领土上采取可能侵犯其他缔约方利益并对其造成损害、导致偏离商定的排水价值和水源污染的行动。[②] 这表明,各方在使用其领土上的跨界水道时,须严格遵守对流域内的他国"不造成重大损害"原则为前提。其《章程》还在跨国协调委员会的行为准则中规定,跨界流域国在通过委员会管理水资源时,要求相互尊重各方的利益和保护咸海的必要性(章程第 1 条第 4 款),同意授权委员会批准各国共有水源的取水限额,根据实际情况批准取水限制的决策权(章程第 4 条第 1 款),并依照实际水状况,允许流域水务管理机构在规定的范围内调整用水配额(章

---

① Rahaman,"Principles of international water law: creating effective transboundary water resources Management,"*International Journal of Sustainable Society*, Vol. 1, No. 3, 2009, pp. 207—223.

② "*Almaty Agreement*"(1992).

程第 4 条第 2 款),以及委员会的明确准则和责任(章程第 5 条第 5
款)等等。①

（二）在国际水道非航行利用的义务上,公约为中亚区域水合作
规范"合作和信息交流"、"通报、协商和谈判"及"和平解决争端"义务
明确职责

鉴于跨界流域国使用水资源时可能会对他国造成影响,《国际水
道公约》要求实施国应履行"合作和信息交流"、"通报、协商和谈判"
及"和平解决争端"等义务。公约指出,沿岸国家进行适当努力,以提
供不是便捷可得的被请求的信息义务,即任何跨界流域国提出承担
或允许开发水利设施的项目、规划、工程和活动,都可能对任何共同
流域的他国利益造成影响,该国应当向可能受影响国通报水利工程
规划和进展的信息、技术数据、规模,以及对环境影响的评估结果,以
便让可能受影响国知晓水利工程规划所造成的影响和采取的措施
(公约的第 5 条第 2 款、第 8、9、11、12 条、第 24 条第 1 款、第 27、28、
30 条款)。公约强调,每一个跨界流域国都有权事先得到通知,通知
必须附有充分的技术材料和信息,以便可能受影响国能够客观评估
项目的潜在影响,并协商和谈判对其权利或利益造成的损害。公约
认为,通过谈判、斡旋、调停、调解,或者利用联合水道机构,或提交仲
裁,用善意合作手段解决争端。在这些手段无效的情况下,还可通过
强制性事实调查,有权将争端提交公正的调查委员会进行实况调查,
并进入各自领土和视察任何有关的设施、工厂、设备和建筑物或者自
然特征等(公约的第 3 条第 5 款、第 6 条第 2 款、第 11 条、第 26 条第
2 款、第 33 条款),等等。② 这些义务在《阿拉木图协定》及其章程中

---

① "*Interstate Commission for Water Coordination of Central Asia*," http://www.icwc-aral,
登录时间:2018 年 8 月 15 日.

② Rahaman,"Principles of international water law: creating effective transboundary water re-
sources Management,"pp. 207—223.

基本得到遵守。

比如,在"合作和信息交流"上,《阿拉木图协定》把就阿姆河、锡尔河等水的使用和保护方面的科学技术进步进行信息交流,对与水有关的项目的科学技术提供进行共同研究(协定第 5 条款)作为流域国使用国际水道的义务,并通过搭建中亚水资源跨国协调委员会的制度平台,负责监管、合理使用和保护水资源不受国家间的影响(协定第 7 条款)。其内容包括:制定区域水政策、合理利用水资源、该区域供水的未来方案及其执行措施,为该区域的各国和整个区域制定年度用水量限制(协定第 8 条款);决策制定水机制,执行关于合理用水和河流三角洲及咸海供水量的实施(协定第 10 条款)。[①] 而《章程》则进一步使这些职责具体化,包括利用各国的科研能力,协调开展旨在解决科学和工程问题的联合研究;开发和运行统一的区域、流域和各国的用水信息系统,交流与水资源有关的信息,保证各国有效使用这些信息;加强区域和各国的水组织、水文气象服务之间的协调,改进监测系统和水文运行的联合工作;促进各国在开发和实施有效管理水资源的新技术方面的合作;提高委员会执行机构的科技水平(章程的第 2 条第 7、10、11、13、16 款)。《章程》还提议各方加大包括科学信息中心、协调计量中心和培训中心等委员会执行机构的合作、信息交流和联合研究,各方水务管理部门要在河流流域建立自动水管理系统,完善水和土地使用的共同区域、流域和各国的信息系统等(章程的第 5 条第 1、6 款)。[②] 从而更全面实现各方在区域水合作上的信息共享。

在"通报、协商和谈判"上,《阿拉木图协定》通过授权中亚阿姆河、锡尔河等水资源跨国协调委员会及其执行机构,确定区域合理用水、未来方案和强制执行该决定,并赋予该委员会有权确定水配额、

---

① *"Almaty Agreement"*(1992).

② *"Interstate Commission for Water Coordination of Central Asia,"* http://www.icwc-aral,
登录时间:2018 年 8 月 15 日。

水资源合理使用和保护的所有决定,对所有用水者和用水都具有强制性(协定的第 7、8、9、10、11 条款)。[①] 其《章程》则更具体明确协调委员会在协调不同部门之间涉及与农业灌溉需求和水力发电有关的行动的义务,负责调查各国建造影响共有水道的水利设施的权利,拟订各国之间的供水基础设施建设、重建和运营的方案和相关费用预算等方面发挥积极作用(章程的第 2 条第 2、18、19 款)[②]。

在"和平解决争端"上,《阿拉木图协定》明确用和平方式解决阿姆河、锡尔河等区域水争端,在共同原则和公平管制水资源消费的基础上解决共同使用水资源的问题,强调所有水争端都应由各国最高级水务部门的首长解决,必要时设立一个特别委员会,以确定事实,并制定赔偿责任程序(协定的第 8、9、10、11、13 条款)。[③] 其《章程》还详细规定该特别委员会的权限,即有权负责调查各国共有用水道之间的争端和分歧,在必要时制定赔偿责任程序(章程的第 2 条第 17 款),交由委员会最终裁决,委员会关于管理、使用和保护共有水道的决定对所有水消费者和使用者都是强制性的,无论其公民身份、隶属关系和所有权形式如何(章程第 4 条第 4 款)。[④] 这些都为跨界流域国科学利用水资源提供有力保障。

(三) 在国际水道非航行利用的方式上,公约议程设置的科学性保障中亚水合作的执行力

由于《国际水道公约》明确规定跨界流域国有义务参与流域的管理,因此建议跨界流域国建立联合机制或委员会等联合管理安排,将其作为履行实质性义务的有效手段,以促进在诉诸更正式的争端解

---

[①] "*Almaty Agreement*"(1992).

[②] "*Interstate Commission for Water Coordination of Central Asia*," http://www.icwc-aral, 登录时间:2018 年 8 月 15 日.

[③] "*Almaty Agreement*"(1992).

[④] "*Interstate Commission for Water Coordination of Central Asia*,"http://www.icwc-aral, 登录时间:2018 年 8 月 15 日.

决程序之前来解决技术方面的分歧。[①] 跨界流域的联合管理安排一般分为两类：一类是联合管理安排的适用范围，包括整个水道流域、部分水道盆地、边界水域、流域国家共有的任何其他水域，水道的特定项目、方案及使用。另一类是为创建联合管理安排奠定法律基础的机构协议类型，包括不指定执行协定的机构，任命全权代表（政府代表），设立一个广泛负责执行协定的联合委员会、理事会、组织等。这些制度安排可以规划水道的可持续发展，并就所通过的任何计划的执行作出规定，以促进对水道的合理和最佳利用、保护和控制，预防和解决国际争端。这些议程设置在《阿拉木图协定》及其章程、《锡尔河水能协议》等制度安排里被广泛采纳。

比如，《中亚水资源跨国协调委员会章程》（《章程》）在中亚水资源跨国协调委员会下辖三个执行机构，即阿姆河、锡尔河流域水资源组织、科学信息中心和秘书处。该委员会是由成员国的最高级水务部门的官员组成，每季度举行一次会议，确定成员国的水资源使用配额，负责监管、合理使用和保护水资源不受国家间来源的影响。委员会的各项决定都以协商一致为原则，实行一国一票制。[②] 该委员会的秘书处设在塔吉克斯坦，科学信息中心设在乌兹别克斯坦。与此同时，为配合该委员会开展区域水合作，五国还在阿拉木图另设中亚区域环境中心。该中心通过与各国相关机构的合作，致力于促进各国政府、非政府组织、私营部门，以及其他利益攸关方等开展区域水环境保护，参与地区的水环境与安全教育，管理区域内的跨界河流水利设施项目的援助方案等。这些组织机构在解决区域水环境安全上发挥了重要作用。2013 年 4 月，中亚五国政府间水利事务协调委员

---

① Rahaman, "Principles of international water law: creating effective transboundary water resources Management," pp. 207—223.

② "*Interstate Commission for Water Coordination of Central Asia*," http://www.icwc-aral, 登录时间：2018 年 8 月 15 日。

会第六十一次会议在比什凯克讨论阿姆河和锡尔河保护问题,会议听取"阿姆河流域水资源管理协会"和"锡尔河流域水资源管理协会"关于 2012—2013 年间政府间工作总结以及 2013 年水量预测的汇报,组建锡尔河流域用水监控工作小组等机构。

而《锡尔河水能协议》则从确保协议执行力的有效性出发,决定将协议置于区域一体化和发展组织——中亚经济共同体跨国理事会的执行委员会框架内。该执行委员会每年召开关于地区水和能源使用的圆桌会议,意在制定一个调解关于锡尔河流域沿岸国家竞争性用水问题的框架性协议。执行委员会通过一项框架性协议,该框架性协议在充分考虑上下游国家用水的时间差异后提出保障上下游国家用水的补偿措施等。同时,为协调各国间的研究、能力建设和信息交流提供有效平台,该执行委员会还承担接受捐款和资助方案的工作,以解决区域水管理互利办法所需的联合调查和协作的适应性管理的相关费用,进一步完善该区域水合作的组织结构。

(四) 公约对中亚五国在水资源上的共同利益与国家利益间抉择上的局限性

不可否认,《国际水道公约》对中亚水合作机制产生积极影响,它不仅能让水合作制度框架保持高度的独立性,以确保具有专业技术的管理机构在制定地区水合作规划中得到更多的信任,而且可以让各国广泛参与水制度的决策。但该公约对跨界流域国的国家利益偏好估计不足,未能将行为体国家利益最优化选择的合理性纳入制度体系的全过程,因而造成中亚水合作制度安排的不确定性,在区域水资源的开发利用和管理等国家利益的关键议题上表现出严重的"资源民族主义"[①]现象。一方面,上游水供给国为解决其能源短缺,在

---

① Leila Alieva,"Globalization, regionalization and society in the Caspian Sea Basin: overcoming geography restrictions and calamities of oil dependent economies,"*Southeast European and Black Sea Studies*,Vol. 12, No. 3,2012,pp 443—453.

跨界流域上游不断建造大坝和水库,借助其所处的水资源优势,扩大水电发电能力。另一方面,下游水消费国为解决其日益增长的农业人口,倾向于扩大农业耕种面积,农田灌溉用水激增。[1] 随着区域水资源被更密集用于农业灌溉和水力发电,各国都千方百计谋求区域水资源的国家利益最优化。

为确保中亚水资源份额的优势,跨界流域上游的塔、吉等水供给国往往根据自身地理位置,通过直接控制水流对下游水消费国施加制衡。而下游的乌、哈、土等水消费国则利用其石油和天然气等燃料出口作为杠杆,来左右和影响上游水供给国。正是这种国家利益偏好的差异化格局,使得中亚具有地缘战略利益的国家行为体往往无视国际《水法》的基本原则,对该区域的水资源利用施加影响。乌兹别克斯坦作为跨界流域国的主要对手,对削弱上游水供给国的水垄断地位有着巨大的国家利益偏好,对水资源最为敏感,强烈反对在解决区域水问题上进行任何大国调解[2],被认为是中亚水问题中最具阻碍性的力量。哈萨克斯坦是中亚"次区域"大国,因在区域政治经济中的地位显赫,深受各国信赖,它在区域水问题上虽说也有国家利益诉求,但较乌兹别克斯坦就大为逊色,所以经常作为中亚水问题的区域调解人发挥作用。

比如,在跨界流域水能源开发利用上,流域国的做法各有不同。哈、乌、土等下游水消费国就组成联盟反对塔、吉等上游水供应国。乌、土两国强调要加强区域合作,从根本上解决咸海盆地的水环境安全问题,乌、哈两国也多次公开表示,不赞同塔、吉等上游水供应国在

[1] Rost KT,"Wasserkonflikte in Zentralasien am Beispiel des Amu-Darja und Syr-Darja Einzugsgebietes," *Erfurter Geographische Studien*, 2004, pp. 43—54.

[2] Tolipov F,"Putin backs dam in Central Asia: Russia's divideand-rule strategy restored?," *Central Asia-Caucasus Institute*, 2012, http://old. cacianalyst. org/? q=node/5859, 登录时间:2018 年 8 月 10 日.

没有与有关国家协商的情况下独自开发跨界河流的水电能源,从而损害下游水消费国农业灌溉和居民用水的需求。乌兹别克斯坦坚持认为,乌政府反对吉尔吉斯斯坦在不考虑乌兹别克斯坦利益的前提下建设水电站,抵制塔吉克斯坦的水电开发和俄罗斯在塔吉克斯坦的水电投资,并通过切断对塔吉克斯坦的天然气运输进行威胁。乌政府指出,公正合理利用水资源要顾及中亚所有国家的利益,未考虑邻国的利益做出的任何决定会使锡尔河下游的用水状况进一步恶化,建造水电站对环境造成巨大影响,因为气候变化引起的冰川融化最终可能减少流量,导致水电站无水可蓄。① 乌政府主张,必须在公认的国际标准基础上合理和有效利用水资源,跨界河流上任何大规模的建设都必须与区域内所有国家协商,该区域国家拥有解决问题的绝对权力。对此,上游塔、吉等水供应国颇有微词,经常指责乌兹别克斯坦等国在区域水资源和能源问题上有"霸权"野心,不想真正通过谈判解决水争端。塔吉克斯坦还通过加大水电开发力度和阻止乌兹别克天然气通过塔吉克斯坦向乌兹别克斯坦东部输送来进行反击,造成双边关系的紧张。

与此同时,当遇到国家利益的抉择时,这种联盟又显得十分脆弱。哈萨克斯坦在跨界流域的开发利用上与乌、土两国的立场基本一致,奉行"历史权利"原则(通过较长时间利用获得权利的原则),主张"谁先用,谁先有权"、"上游国应承担不造成重大损害的责任和义务",反对上游水供应国独享水电能源。② 但随着哈萨克斯坦科克萨拉斯克水库的开工建设,在跨界流域新建水电站问题的态度逐渐发生转变,

---

① Sharmila L. Murthy & Fatima Mendikulova, "Water, Conflict, and Cooperation in Central Asia: The Role of International Law and Dipomacy,"*Vermont Journal of Environmental Law*, Vol. 18, 2017, pp. 401—454.

② 邓铭江:《哈萨克斯坦跨界河流国际合作问题》,《干旱区地理》2012 年第 3 期,第 365—375 页。

采取即不支持下游水消费国、也不反对上游水供应国的中立政策。

可见,中亚水制度安排的国家利己主义偏好,使得跨界流域上下游国家围绕中亚水合作机制的主导权进行激烈博弈。上游水供给国通过直接控制水流对下游水消费国施加制衡,而下游水消费国则利用其石油和天然气等燃料出口来左右上游水供给国,远未形成制度化程度高、治理能力强的区域机制,导致该地区水一体化进程迟缓。而对于中亚跨界水资源来说,又无法只针对一个国家进行管理,而应当遵循一致同意的国际《水法》原则,对跨界水资源进行共同管理,只有协调一致的方法和行动才能为该地区水资源问题的解决创造有利条件。有学者指出,成功的区域水合作取决于中亚所有相关国家、尤其是哈萨克斯坦和乌兹别克斯坦是否愿意放弃民族主义利益的优先事项,"让渡权力"进行区域一体化管理至关重要。[1] 也就是说,各国必须建立新型的区域法律和经济关系,共同利用、保护和修复跨界水资源,构建水分配和共享以及联合基础设施管理和维护的系统。因为中亚的水、粮食、能源关系日益密切,与水资源管理不善有关的一系列更广泛的挑战和脆弱性,这种联系变得更加明显。

## 第三节　非均衡性区域水安全合作机制的分歧

中亚水合作机制,是在联合国《国际水道公约》基本宗旨的指引下,结合区域内跨界流域国的水资源状况,形成和发展起来的制度安排。从该机制的运行实践看仍存在诸如区域水配给制有失公允、区域水补偿制形同虚设、跨界流域国水法体系及其实践的差异等分歧,制约区域水合作的制度整合,造成中亚区域水一体化进程长期停滞

---

[1]　Granit J, "Regional water intelligence: report Central Asia," *Water Governance*, 2010, http://www.watergovernance.org/documents/WGF/Reports/Paper-15_RWIR_Aral_Sea.Pdf,登录时间:2018 年 8 月 12 日.

不前。

## 一、区域水配给制有失公允

中亚水制度安排在国际《水法》上确立中亚跨界流域管理的基本规范,即一国利用跨界水道的平等权利不意味着所有流域国在特定水道中享有平等水份额;合理使用水资源不等于最有效的使用或用最有效的方法使用,必须通过公认的国际《水法》加以界定;各国应采取适当的措施,尽量在其领土内减少对跨界水道的环境损害等。[①]但它在实践上仍缺乏国际《水法》的可变性和灵活性,难以适应区域水安全形势变化的需要。比如,《阿拉木图协定》和《锡尔河水能协议》等都规定其水管理部门按照"合理和公正使用"原则来调整跨界流域国的水配给,以互利的方式管理水资源。这就客观上要求这些制度安排在水资源分配上保持灵活的可操作性,使各方能够通过加强合作不断适应水资源变化的需要。正如英国学者麦克弗里所指出的,水资源分配应是一个动态过程,很大程度取决于分享水资源国家之间的积极合作。一个国家利用制度对其跨界流域国来说,今天是公平的,明年就未必公平。[②]而协定却简单照搬苏联时期的水配额制,未根据实际变化调整水分配方案,缺乏灵活性,因而违背区域水管理的互利原则,无法满足独立后中亚跨界流域国对水资源的偏好。

对于中亚水配给的制度安排来说,尽管协定未规定各方的最低门槛,即任何单方面改变水配给数额的行为,都将视为违规行为,除非其采取的行动是与所有各方采取的行动一致、且征得受灾国的同

---

[①] Barbara Janusz-Pawletta, "Current legal challenges to institutional governance of transboundary water resources in Central Asia and joint management arrangements," pp. 887—896.

[②] Mc Caffrey, "A Human Right to Water: Domestic and International Implications," *Geo Int'l Envtl L Rev*, Vol. 27, 1992, pp. 404—405.

意。但该制度设计把"不造成重大损害"规制与"偏离商定的排水价值"相联系,也不同程度有失各方的公允。比如,在《阿拉木图协定》中,乌兹别克斯坦强调协定的"公平合理利用"原则的合理性,因为协定在此原则下所规定的水配额有利于乌兹别克斯坦的水需求,这主要与乌兹别克斯坦谋求区域水霸权有关。[1] 而吉尔吉斯斯坦因其水配给压力加大,协定对该国的水配额远远不能满足其发展需求,加之协定只涉及水资源而不涉及相应的能源交换等其他问题,所以该国在"水电利己主义"[2]的驱使下,不断质疑协定的公平性,致使该协定无法有效执行和发挥作用。按照哈萨克斯坦学者贾努孜-帕韦塔的观点,《阿拉木图协定》是一种宣言性、过时且未得到有效执行的制度安排,没有真正反映中亚跨界流域国的水关系。该水制度框架的法律性质相当不确定,既不直接涉及公平合理利用的原则,也不直接涉及跨界流域的管理原则,充其量只是中亚领导人签署的具有政治意义而无法律效力的"软性法律"文件。[3]

鉴于该区域国家在水配额上长久以来一直没有达成共识,让制度的组织者(中亚水资源跨国协调委员会)难以拿出让各国都能接受的水分配机制。该协调委员会也曾尝试在"尊重现有的水分配模式和原则"[4]的基础上,对苏联时期的水分配原则进行调整,把乌、哈、塔、吉的水配额从原来的 46%、44%、8%、2%,[5]调整为 51.7%、

---

[1]　Mark Zeitoun & Jeroen Warner,"Hydro-Hegemony—A Framework for Analysis of Trans-Boundary Water Conflicts,"*WATER POL'Y*, Vol. 8, 2006, p. 435.

[2]　Andrea K. Gerlak, "Hydrosolidarity and International Water Governance," *Int'l Negot*, Vol. 14, 2009, p. 311.

[3]　Barbara Janusz-Pawletta, "Current legal challenges to institutional governance of transboundary water resources in Central Asia and joint management arrangements," pp. 887—896.

[4]　"*Almaty Agreement*"(1992).

[5]　The World Bank,"*Water Energy Nexus in Central Asia*: *Improving Regional Cooperation in the Syr Darya Basin*," 2004, p. 8, http://siteresources.worldbank.org/INTUZBEKISTAN/Resources/Water_Energy_Nexus_final,登录时间:2018 年 8 月 3 日.

38.1%、9.2%、1%，[①]以体现中亚地区跨境水资源合作的最高水平，仍未根本改变苏联的水配置格局。正如德国学者施赫瑞所言，由苏联中央政府建立的区域水分配制度，不管是否有效，都极大压制中亚水制度变革的可能性，因为改变制度所付出的代价很高，所以各国通常采取循序渐进的方式，尽可能把已有水制度延续下来，而不会将原有水制度迅速加以变革。[②]

这种水配置格局势必引起一些利益受损国家的不满。吉尔吉斯斯坦就主张，作为锡尔河的上游水供给国，吉尔吉斯斯坦理应在法律上获得与自己地位相匹配的用水份额，如果它有权获得该河流更多的水配额的话，它可以通过出售多余的水份额，来缓解下游水消费国用水紧张的矛盾。而协定并不是从区域的农业、能源和用水目标的整体互利来确定各国用水配额，而只注重各国的经济目标和农业用水需求，必然造成各国无视该委员会的制度安排，拒不执行相关决定。倘若中亚"再不改变区域内部的水治理结构，各国将无法摆脱其不可持续的治理模式，也很难实现其完全自给自足和总体区域的繁荣"[③]。联合国欧洲经委会学者波利波特一针见血指出，要想从根本上解决中亚跨界水合作的可持续性，需要处理好跨界流域各国在灌溉用水和人类消费、发电及保护生态系统之间的平衡至关重要。[④]

---

① D. P. Bedford, "International Water Management in the Aral Sea Basin," *21 Water International*, 1996, pp. 63—69.

② Sehring J, "*The Politics of Water Institutional Reform in Neopatrimonial States: a comparative analysis of Kyrgyzstan and Tajikistan*," VS Verlag für Sozialwissenschaften, Wiesbaden press, 2009, p37.

③ Behrooz Abdolvand, "The dimension of water in Central Asia: security concerns and the long road of capacity building," *Environ Earth Sci*, Vol. 73, 2015, pp. 897—912.

④ Bolibert, "Challenges and Opportunities for Transboundary Water Cooperation in Central Asia: Findings from UNECE's Regional Assessment and Project Work," *Water Resources Development*, September Vol. 28, No. 3, 2012, pp. 565—576.

## 二、区域水补偿制形同虚设

中亚水合作中的补偿制在制度设计上有明确规定,但因其存在明显缺陷而形同虚设。比如,《锡尔河水能协议》文本只规定下游水消费国对使用上游储水的国家进行能源补偿,没有考虑给予上游水供给国维持水库储存和基础设施的维护费用的补偿,也未明确根据跨界河流的每年水文波动适时制定联合管理计划,来应对河流水量的增减。而对下游水消费国不履行给上游水供给国冬季能源补偿承诺的做法,协议也没有规定相应的惩处措施。这个相当技术性的协议因没有反映《水法》的共同原则和设置一整套完整的管理机构,其效果不明显,一些下游水消费国经常无视协议规定,擅自减少对上游水供给国冬季能源补偿的数量。据报道,2000 年,哈、乌两国按协议应向吉尔吉斯斯坦支付 36 万吨煤炭、6.5 亿立方米天然气,而实际只提供 33 万吨煤炭、2.5 亿立方米,乌兹别克斯坦甚至还单方面停止向吉尔吉斯斯坦提供电力等能源补偿,协议规定的权利与义务势必大打折扣。其原因在于"各国没有用建设性的合作方式,来协调该区域水电用水和灌溉用水之间的平衡,加之流域国对水资源消费的不断增加,加剧区域水环境的进一步恶化,限制该区域不同经济部门的供水"[①]。由此一来,上游水供给国的吉尔吉斯斯坦只得在冬季加大放水发电量,满足自己的能源需求,造成下游水消费国冬季洪水泛滥、夏季农田灌溉用水严重匮乏的恶性循环。

## 三、跨界流域国水法体系及其实践的分歧

中亚跨界流域国在区域水合作的法律体系及其实践上存在显著分歧。比如,吉尔吉斯斯坦通过国内立法等手段,来捍卫其水利益。2001

---

① Bolibert,"Challenges and Opportunities for Transboundary Water Cooperation in Central Asia: Findings from UNECE's Regional Assessment and Project Work,"pp. 565—576.

年,吉出台《关于吉尔吉斯共和国国家间使用水上设施、水资源和水电设施的法案》等的法律文件,指出原产于其境内的水是吉的财产,应按国际价格出售,相关国家应赔偿吉与运营其供水设施有关的费用,有权在下游国家不付费的情况下切断对这些国家的供水等。① 吉此举的目的是希望相关国家分担水库和大坝的基础设施维护费用。据不完全统计,在吉尔吉斯斯坦,托克托库尔水库的维护费用每年就高达 2700 万美元,这对经济疲软的吉来说,无疑造成巨大的额外财政压力。② 吉的水资源专家玛特卡诺夫表示,吉在兴修水利、维护水利设施方面投入大量人力物力,包括乌、哈等下游的受益方理应给予资金或物质的补偿。吉的水利政策专家马姆别托夫也强调指出,吉没有提供水源的义务,因为吉从来没有签订过任何水合作的多方协议,所以对谁都没有义务。③

　　吉尔吉斯斯坦的上述做法虽说符合国际《水法》,但可能加剧与下游水消费国的紧张关系。"在彼此没有明确关系的情况下,国际法的扩散可能会危及有效的水管理系统所需的可持续性"④。而在中亚水合作上,几乎所有国家间的水合作都忽视锡尔河流域的环境问题,这些问题是由水密集型生产和其他关键农业政策造成的。"在费尔干纳河谷进行水合作管理,应超越锡尔河的主流,把延伸到穿越费尔干纳河谷地区的许多支流和数千条灌溉运河相联系统筹考虑,才能根本解决水合作的难题"⑤。

---

① Eric W. Sievers,"*Water*,*Conflict*,*and Regional Security in Central Asia*,"N. Y. U:EN-VTL. L. J press,2002,p. 392.

② International Crisis Group,"Cental Asia: water and conflict,"*ICG Asia Report*, No. 34, 2002, p. 15; http://www. crisisgroup. org/~/media/ Files/asia/central-asia/Central%20Asia%20Water%20and%20Conflict. pdf,登录时间:2018 年 8 月 5 日。

③ 《中亚国家水资源纠纷何时了》,www. xjjjb. com,2008-8-5,登录时间:2018 年 8 月 17 日。

④ Laurence Boisson,"Elements of a Legal Strategy for Managing International Water-Courses: The Aral Sea Basin," *World Bank Technical Paper*,Vol. 112,2010,p. 55.

⑤ Christine Bichsel,"*Land*,*Water*,*and Ecology*,*in Ferghana Valley*:*The Heart of Central Asia*,"2011,pp. 27—28.

另外,为减轻对跨界流域上游水供应国的水依赖,下游水消费国纷纷采取反制措施加以应对。比如,乌兹别克斯坦在跨界流域的下游修建两个水库,用于冬季储存来自上游的排水,供该国夏季农田灌溉需要。哈萨克斯坦也着手采取类似的行动,通过政府拨款100亿坚戈,在查达拉大坝的下游修建储水量为20—30亿立方米的科克萨拉斯克水库,储存查达拉大坝在冬季放下来的储水,确保出现高水位时保障河流附近地区居住的居民安全,保证400平方公里牧场的灌溉水量需求。[①] 这些措施短期看似乎解决该区域水资源短缺的燃眉之急,降低各国不协调行为的代价,缓解缺水年份的供求矛盾,但从长远看很难奏效。因为"用这种昂贵的投资代价解决该区域下游国家用水问题的权宜之计,并不能最大限度提高跨界河流的用水效率"[②]。而"在现有战略环境下,特别是在缺水年份,各国确实很难建立水合作关系,协议经常被各国反复践踏,以至无法提高整个流域的使用效率"[③]。所以要根本解决区域水资源问题,正确处理区域水系统的相互依存和合作关系至关重要。

## 第四节　中亚水安全合作的外部治理机制

作为一种外部性区域合作治理,中亚在水安全合作的治理机制上是全方位,主要包括:中亚与政府间国际组织合作的水治理机制,如中亚与联合国的拯救咸海国际基金会、环境安全倡议、联合国欧洲经济委员会等机构合作的水治理机制,与欧盟合作的"欧盟——中亚

---

① 《哈萨克斯坦在南部洲修建大坝》,www. xjjjb. com 2009-4-2,登录时间:2018年8月19日.

② Klaus Abbink,"The Syr Darya River Conflict: An Experimental Case Study,"*CeDEx Discussion Paper*, July 14, 2005.

③ Klaus Abbink,"Sources of Mistrust: An Experimental Case Study of a Central Asian Water Conflict,"pp. 283—318.

水环境"对话框架和"柏林进程"等水治理机制，与上海合作组织合作的水治理机制；中亚与非政府间国际组织合作的水治理机制，如中亚与全球水伙伴、亚洲开发银行等非政府组织合作的水治理机制；中亚与中国、中东等周边国家合作的水治理机制等。

## 一、中亚与政府间国际组织合作的水治理机制

（一）联合国

1. 拯救咸海国际基金会

为改善咸海盆地周边环境，吸引外部资源以协调、资助地区水资源合作项目，1993 年，中亚五国组建拯救咸海国际基金会。同年又同联合国开发计划署、联合国环境规划署、世界银行等国际组织一道成立咸海跨国理事会，并制定拯救咸海盆地方案，包括稳定咸海盆地的环境；恢复盆地周边的生态环境；改善对咸海水域的管理；加强咸海跨国理事会机构的能力建设等；方案预计所需资金为 4.7 亿美元。[①] 1994 年，中亚各国签署促进咸海地区合作的《具体行动计划》。该计划倡导咸海地区国家共同保护咸海，国家间遵守水资源分配额度，合理用水、节约用水，针对水资源的使用与保护制定具有地区约束力的法律。1997 年，咸海跨国理事会和拯救咸海国际基金会合并，成立拯救咸海国际基金委员会，由各国任命的官员组成，主席由中亚五国的领导人轮流担任。下设执行委员会、国际基金委员会和可持续发展中心三个分支机构。这些分支机构分别设在不同成员国的国家分支机构和部门，完全独立运作，与各成员国之间没有合作关系。

国际基金委员会主要职能是负责法律地位、职能、组织结构、议

---

① World Bank, United Nations Development Programme, United Nations Environmental Programme, "Aral Sea Program-Phase 1," Briefing Paper for the Proposed Donors Meeting to be Held on June 23—24, 1994 in Paris, May.

事规则和决定程序,制定和实施跨界水道的管理,并在财政上支持跨界流域国家共同关心的共同活动。包括:为保护咸海地区的空气、水资源、土地和动植物的联合行动募集资金;跨境生态研究,拯救咸海及改善咸海、咸海周边地区的生态状况;推动保护、恢复咸海地区生态环境的科学研究,提高自然资源的使用效率,管理跨境水资源;建立咸海地区生态环境监测系统;参加、实施关于拯救、改善咸海流域生态环境的国际方案等。拯救咸海国际基金委员会内设有管理委员会,委员会由各成员国副总统组成。董事会负责制定减轻咸海环境问题的方案,协调区域内各国家的行动,促进咸海流域国家的可持续发展等。

拯救咸海国际基金委员会的执行委员会是一个常设执行机构,作为秘书处运作,为该国际基金委员会的法定活动提供行政和技术支持。可持续发展中心是一个协调机构,在各国水管理部门设有代表处。主要负责管理、使用和保护跨界流域的水资源,制定区域水战略等,以促进该区域的环境保护和可持续发展。

拯救咸海国际基金委员会的活动经费由各成员国按比例分摊,其中,哈、土、乌三国每年支付年度预算的 0.3%,吉、塔两国每年支付年度预算的 0.1%。然而在实际运行过程中,其活动经费主要由轮值主席国和国际援助提供资金,缺乏稳定的财政支持,执行效率低下。2003 年 6 月,在联合国环境规划署主持召开的《荒漠化公约》第二次亚洲部长级会议上,中亚国家的代表倡议,实施一项旨在对抗中亚地区的咸海流域荒漠化和东北亚国家之间开展合作来防止和控制沙尘暴的分区域行动方案,以解决该地区的盐碱化、干旱、土地退化、森林破坏等问题,得到与会各方的充分肯定。2009 年,五国元首在地区峰会上表示愿意加强拯救咸海国际基金委员会机构的体制和法律框架的效率,成立特别工作组,开展制定该机构的体制和法律框架的工作。2010 年,该委员会制定第三个咸海盆地行动方案(2011—

2015 年),以减轻咸海盆地的灾害对环境和社会经济的影响,促进咸海盆地实现水资源综合管理和可持续发展。该行动方案主要涵盖中亚的水资源综合管理、环境保护、社会经济问题,以及在体制和法律上加强该区域水管理等方面的合作框架,提高应对包括气候变化在内的环境挑战,促进各国的水资源综合管理效率的提升。[1]

拯救咸海国际基金委员会得到国际社会广泛支持。2009 年,联合国秘书长潘基文就在拯救咸海国际基金委员会创始国首脑会上一再表示,联合国愿协助中亚咸海盆地国家从长远上解决水和能源问题,联合国的中亚地区预防性外交中心可协助中亚五国寻求解决相互关联的水和能源问题的长久方法,并在相关谈判中进行斡旋。如有需要,联合国的其他专门机构也可提供援助和技术支持。

2. 环境安全倡议

环境安全倡议是 2002 年由联合国开发计划署(开发署)、联合国环境规划署(环境署)和欧洲安全与合作组织(欧安组织)共同成立的国际组织,其目标:评估和监测环境与水安全之间的联系;建设能力和发展机构,处理水环境安全问题;制定、执行和倡导将这些关切纳入国家和国际决策工作等。[2] 为保证该组织各项议程的顺利推进,三方代表组成管理委员会负责具体工作,管理委员会在中亚五国设有代表处,协调与各国政府的合作,帮助执行各种方案,包括确保中亚政府的支持、建立区域专家网络,以及收集信息,提交相关报告等。

环境安全倡议的第一次会议于 2003 年 1 月在阿什哈巴德举行,由土库曼斯坦政府主办讲习班,目的是从共同关切和目标的角度处

---

① "EC-IFAS (2010) *Serving the People of Central Asia*: *Aral Sea Basin Program 3 (ASBP-3)*,"Executive Committee of the International Fund for Saving the Aral Sea, http://www.ec-ifas.org/about/activities/do cuments/,登录时间:2018 年 8 月 2 日.

② OSCE,"*Environment and Security Initiative*: *Transforming Risks into Cooperation (Central Asia*: *Ferghana/Osh/Khudjand Area)*,"OSCE, 2005,Vienna,pp. 6—7.

理水环境安全问题,以便确定对水安全有影响的环境压力,应对可能
导致冲突的环境挑战等。[①] 2004 年,该管理委员会在吉尔吉斯斯坦
的奥什举办讲习班,重点对费尔干纳河谷的水环境安全拟订解决方
案,以改善与工业污染、放射性废物、自然灾害和自然资源问题有关
的环境安全(包括毁林和牧场过度使用等)。2005 年,环境安全倡议
在维也纳召开会议,讨论中亚环境安全的信息共享和援助资金的协
调议题,同意建立一个项目数据库,协助收集量化数据(帮助收集准
确、可靠的信息),支持涉及政府各部门(环境部、紧急情况部、国家安
全部等)和民间社会代表(公民、地方社区和非政府组织等)的沟通,
并协调世界银行与吉尔吉斯斯坦的有关降低该国迈鲁苏地区的铀矿
尾矿风险的项目,项目资金为 1200 万美元。同时还协调国际原子能
机构在吉尔吉斯斯坦建立无线电生态监测和评估网络的项目,确定
以前的铀采矿是否遵守国际安全标准等。[②]

　　环境安全倡议管理委员会在 2005 年发布《环境与安全:将风险
转化为合作(中亚的费尔干纳和奥什地区)》的报告,全面分析和评估
中亚费尔干纳河谷地区的水安全状况。报告指出,影响费尔干纳和
奥什地区水环境和安全的因素集中表现为:获得自然资源(土地、水、
生物多样性资源)的机会和质量;工业设施、危险废物场、放射性废物
场的污染;贯穿各领域的诸如气候变化、自然灾害和公共卫生等问
题。报告分析认为,费尔干纳等地的经济发展滞后、生活条件恶化和
基础设施老化等造成该地区的水安全关切。报告建议,各国政府大
力支持该地区的水环境决策,为工业设施和危险废物场地进行快速

---

[①]　OSCE,"An Environment Agenda for Security and Cooperation in Europe-First Regional Meeting on Environment and Security in Central Asia,"20—21 January 2003,Ashgabad, Turkmenistan,OSCE,Vienna.

[②]　OSCE,"Exchange of Information and Coordination of Activities on Radioactive Waste Management in the Ferghana Valley,"Meeting Report (February 2, 2005). OSCE, Vienna.

环境和健康风险评估提供资助等。为实现这一目标,该管理委员会将与指定的国家协调中心开展密切合作,确定优先事项,并制定和执行方案。① 该报告在中亚各国引起强烈反响。

在环境安全倡议管理委员会的推动下,近年来,中亚国家重视地区水环境安全治理,将其作为各国政治议程的优先议题,并给予财政支持。比如,吉尔吉斯斯坦政府提出"生态安全"的倡议,强调环境压力对该国水安全的影响,指示各级政府关注环境问题,对环境安全采取综合安保措施,防范环境污染造成的水安全风险。土库曼斯坦开展"国家环境行动计划",通过举办环境专题的培训,提高公众对水环境的认识,在公立学校开设生态教育课程,培养水安全意识。乌兹别克斯坦的社区协会开展植树造林、清洁街道、收集垃圾等活动,树立环保理念。哈萨克斯坦政府通过加入联合国欧洲经济委员会的《在环境问题上获得信息、公众参与决策和诉诸法律的奥胡斯公约》,从法律上控制"工业场地和其他来源污染清单"②,改善公众获得有关水污染源的信息机会,以减少这种污染对水安全的破坏。

### 3.联合国欧洲经济委员会

联合国欧洲经济委员会(简称欧洲经委会)是联合国经济及社会理事会下属的五个地区委员会之一,其成员除欧洲国家外,还包括美国、加拿大、以色列和中亚国家等。该委员会的宗旨是促进成员国经济整合与合作的多边平台,致力于通过政策对话、国际法谈判、制订法规和标准、推广和应用最佳实践案例、经济及技术经验和专业技能、促进经济转型国家的技术合作等,推动成员国的可持续发展和经

---

① OSCE,"*Environment and Security Initiative : Transforming Risks into Cooperation (Central Asia : Ferghana/Osh/Khudjand Area)*,"OSCE, 2005, Vienna.

② United Nations Economic Commission for Europe,"*Kiev Protocol on Pollutant Release and Transfer Registers*,"July 2006, http://www.unece.org/env/pp/prtr.htm,登录时间:2018年8月3日。

济繁荣。

中亚国家独立后,欧洲经委会开始介入中亚地区的水治理,通过欧洲经委会的《保护与使用越境公约》,开展对中亚跨界水域的河流、湖泊、水库、地下水等的评估和检测活动,推动该区域的水治理机制建设。2007 年,欧洲经委会在贝尔格莱德举行的第六次欧洲环境部长级会议上,审议并通过包括中亚地区在内的关于跨界水域的河流、湖泊和地下水的第一次评估报告。[1] 2008 年,欧洲经委会在柏林召开的"加强在中亚地区水资源管理领域的合作"国际会议上,德国外长施泰因迈尔提出"水资源问题柏林倡议",确定共同管理中亚地区的水资源所面临的短期和长期任务,以保证在解决水资源问题的过程中采取针对性最强、协调高效的行动。联合国欧洲经济委员会代理执行秘书加罗纳指出,由于德国政府的努力,已经找到新途径,制定新措施,使中亚国家可以摆脱危机,采用新的方法管理水资源。哈萨克斯坦农业部水资源委员会主席利亚布采夫建议,在目前的形势下,中亚各国应对水资源的管理采取更为严格的措施,为了不使任何一个国家利益受到损害,中亚各国间应签署一个明确的协议。[2]

2011 年,欧洲经委会在哈萨克斯坦阿斯塔纳的第七次欧洲环境部长级会议上又发布第二次关于跨界水域的河流、湖泊和地下水的评估报告。该报告详细介绍包括中亚地区的阿姆河、锡尔河、楚河、塔拉斯河、泽拉夫山河,以及这些河流的支流等跨界水域的状况,对其跨界水域的环境因素、数量和质量情况、跨界影响、管理对策及其未来趋势进行评估。报告认为,该区域跨界流域沿岸国家,因在水电用水和灌溉用水问题上没有形成共识,加之气候变化的影响,以及一些河流对水资源消费增加,环境压力加大等,其水合作面临巨大挑

---

[1]　UNECE, "*Our Waters: Joining Hands Across Borders. First Assessment of Transboundary Rivers, Lakes and Groundwater*," New York: United Nations, 2007.

[2]　《淡水不足问题将引发中亚国家冲突》, www. xjjjb. com, 登录时间:2018 年 8 月 3 日.

战,应引起各国政府、区域组织及国际社会的高度关注。①

与此同时,欧洲经委会还在这次会议上通过欧洲经委会与中亚区域环境中心共同提交的关于加强区域水质合作的文件。该文件认为,由于中亚各国在水质管理上缺乏政策指引,执行力有限,国家间合作不足,在水质分类系统上差异性大,跨界水质的信息缺乏可比性,给区域水质评估造成很大困难,因此有必要建立统一的分类标准和管理办法,加强各国的水、环境、卫生、水文气象等部门之间的参与合作,准确掌握跨界水质的动向,以便改善区域水质。为此,文件建议,制定协调一致的国家水质管理政策;对跨界河流进行协调监测,制定数据交换程序;与次区域的专家网络建立水质合作平台,在国家间可持续发展委员会下设立水质合作专家组,确保区域水质管理的可持续性。②

欧洲经委会的上述努力,对中亚区域水治理合作进程产生积极效应。比如,在欧洲经委会的支持下,哈、塔、乌三国先后制订和修订有关水管理和使用的相关法律,进一步加强和完善对治理与合作的国家立法;制定适合区域内各国的统一的水分类技术示范标准条例;改善负责大坝和水库系统安全的管理机构间的合作,提高应对大坝和水库危机事态的预警和处置能力,保证这些设施的正常运行。同时还加大区域各国间的水安全合作。比如,哈、吉两国合作改进吉尔吉斯斯坦境内塔拉斯河上的基洛夫大坝监测系统;土、乌两国开发阿特列克河上的多斯蒂大坝的液压基础设施等,强化对跨界河流的大坝和水库的安全性。③

---

① "UNECE(2011)Second Assessment of Transboundary Rivers, Lakes and Groundwaters," Geneva: United Nations, 2011.

② "UNECE(2011)Second Assessment of Transboundary Rivers, Lakes and Groundwaters," Geneva: United Nations, 2011.

③ UNECE, "Our Waters: Joining Hands Across Borders. First Assessment of Transboundary Rivers, Lakes and Groundwater," New York: United Nations, 2007.

（二）欧盟

欧盟对中亚水环境的关注由来已久。早在 2002 年的可持续发展世界峰会上,欧盟发起欧洲水倡议,把中亚和高加索等区域作为其水合作的重要地区伙伴,通过与这些地区国家的水合作,建立区域水资源治理的机制和规则框架,促进区域水、能源等的安全;打造区域的水资源供应和卫生环境,确保民众的健康安全;推动国家间水资源的合作治理,促进地区和平与稳定。2007 年,欧盟出台《欧盟与中亚:新伙伴关系战略》构想,将善治、法治、人权、民主化、教育和培训等确立为首要的政策目标,愿与中亚各国"分享经验和专门知识"①,引导中亚国家的政治经济转型。

在此基础上,欧盟强调在能源多样化的前提下,通过"欧盟——中亚水环境"对话框架,以促进中亚与欧洲的水合作交流。该对话框架指出,欧盟将通过区域水一体化管理政策,强化中亚地区的水治理。对话框架规定:支持欧盟水倡议的中亚国家实现安全的水供应与卫生环境,全面推行一体化水资源管理;推动跨国界河流治理及在里海环境公约下的地区合作;支持地表、地下跨国界水资源的一体化管理;推动便捷提供水基础设施建设资金的合作框架;支持一体化水管理上的地区能力建设和水力生产;气候变化合作;与中亚国家合作对抗沙漠化,保护生物多样性,支持联合国公约的履行;提高中亚森林和其他自然资源的可持续管理,向地区提供援助;鼓励增强环境意识和环境民间社会发展。②

为配合欧盟的中亚战略,2008 年,德国利用担任欧盟轮值主席

---

① Council of the European Union,"*The EU and Central Asia: strategy for a new partnership*," http://register. consilium. europa. eu/pdf/en/07/st10/st10113. en07,登录时间: 2018 年 8 月 3 日.

② "The United Nation Regional Centre for Preventive Diplomacy for Central Asia,"http://un-rcca. unmissions. org/Default. aspx ? tabid＝9301 & Language＝en-US,登录时间:2018 年 8 月 4 日.

国的身份,与中亚国家围绕中亚水治理合作启动"柏林进程"计划。该计划的目标是致力于中亚各国的水治理合作,推动该地区稳定、安全和可持续发展。其内容主要包括:促进区域内跨界河流的水治理;扩大区域内跨界河流的水管理知识普及;建立德国、欧盟和中亚三方的水资源专家的网络平台;在阿拉木图的德国——哈萨克斯坦大学开设水管理专业的硕士课程。2012 年,德国与中亚五国在柏林的中亚水治理合作会议上,一致同意继续开展"柏林进程"第二阶段的建设工作,进一步加强在可持续利用稀缺水资源方面的合作,改善该地区的生态、社会和经济状况。

"柏林进程"第二阶段的建设任务主要涵盖:一是在技术上鼓励水资源网络平台专家的合作;二是在制度上,德国承诺通过德国国际合作协会的各类项目来支持"中亚跨界水管理"方案,包括增进区域水治理合作;通过加强现有的水管理机构能力、信息和促进受影响的水消费者的参与,支持国家水政策和发展水管理组织网络等,更好促进河流流域的水资源综合管理;三是在专业人才培养上,德国承诺在阿拉木图的德国——哈萨克斯坦大学推广"综合水管理"专业的硕士课程,为中亚各国培养水管理方面的专业人才。[①]

在欧盟中亚战略和"柏林进程"计划的影响和推动下,欧盟与中亚的水治理合作成效显著。

一是在环境治理和基础设施援助上,欧盟对中亚的环境治理、水坝、水电站等进行援助。据不完全统计,在 2007—2013 年期间,欧盟对中亚的环境、能源、气候变化等领域的援助高达 1062 万欧元。2008 年,德国向哈萨克斯坦贷款 4600 万欧元,用于哈萨克斯坦的沙

---

① Auswärtiges Amt, "Joint Declaration of the Conference 'Blue Diplomacy for Central Asia' held in Berlin on 7 and 8 March 2012," http://www. auswaertiges-amt. de/cae/servlet/contentblob/ 613050/publicationFile/166241/120308-Gem_Erklaerung_Was serkonferenz. pdf, 登录时间:2018 年 8 月 1 日.

尔达临水电站的涡轮机、操作室和发电机组的改装,提高水电站的发电能力。① 2012—2015 年间,欧盟又向中亚地区环境建设提供 920 万欧元的资金,用于该区域跨界水治理地区合作,分享水资源治理和流域组织建设的经验,培养水资源管理方面的专业人才等。2010 年,欧盟提供 6000 万美元支持塔吉克斯坦改建凯拉库姆水电站及修建苏尔霍布河上的小型电站。2016 年,欧盟向乌兹别克斯坦提供 1200 万欧元援助,用于该国采购现代节水设备,在阿姆河和锡尔河流域的 5 个州修复和发展水资源供应,改善供水状况和提高水力资源管理效率。②

二是在技术服务和社会参与上,欧盟依托技术和管理的优势,针对性地支持中亚地区的环境监测和社会力量参与决策等,提升各国的水治理能力和环保水平。自 2004 年起,中亚的吉、塔两国与芬兰外交部合作的水治理项目获得长期额外资金支持,主要包括:发展区域水资源检测系统的开发与运用;发动区域的非政府组织和民间社团的广泛参与,通过收集可依赖水和环境的监测数据,拓宽信息交流渠道,为社会组织和公众创造参与决策的机会,构建以可持续和公平为基础的区域化水治理模式,提升水资源的可利用率和质量。③

三是在水管理的人才培养上,欧盟利用教育资源的雄厚实力,重点培训水管理人才。在德国的柏林自由大学协助下,德国——哈萨克斯坦大学从 2011 年 9 月开始开设"综合水管理"专业的硕士课程,系统学习中亚水管理的专业理论、水管理的综合方法、各国的

---

① 《哈萨克斯坦将大规模改装水电站》,www. xjjjb. com,2008-7-10,登录时间:2018 年 8 月 2 日.

② 《欧盟向乌兹别克斯坦提供 1200 万欧元改善供水并成立商务和投资委员会》,http:// uz. mofcom. gov. cn/article/jmxw/201603/20160301275035. Shtml,登录时间:2018 年 8 月 5 日.

③ "Finland's Development Cooperation in Europe and Central Asia,2014—2017 Wider Europe Initiative,"http://formin. finland. fi/public/default. aspx? culture=en—US & contentlan= 2,登录时间:2018 年 8 月 2 日.

水法、水资源跨界管理的有关政治和经济框架、区域发展与水治理结构等知识,使学生成为具有丰富技术背景、并对水资源所涉及的各种问题具有跨学科理解能力的专门人才。与此同时,德国——哈萨克斯坦大学还开设"综合水管理"专业的博士课程,培养中亚水管理的政治经济问题研究的博士生,壮大该地区水管理领域的科研队伍。

（三）上海合作组织

随着中亚环境形势的严峻,该地区有关水环境议题关联的合作会议逐渐增多。2001年上海合作组织成立之初,各成员国在《上海合作组织宪章》中就明确规定,要积极鼓励成员国开展水环境保护等共同感兴趣领域的有效区域合作。2003年,在博鳌亚洲论坛第二届年会上,塔吉克斯坦总统拉赫莫诺夫就呼吁中亚各国在水资源利用问题上加强合作,并表示塔吉克斯坦愿在合理开发水资源方面与其他国家开展合作。2004年6月,上合组织成员国元首在塔什干元首理事会会议上,共同讨论地区水环境保护、维持地区生态平衡、合理利用环境资源等议题,发表《塔什干宣言》,强调将水环境保护及合理、有效利用水资源问题提上本组织框架内的合作议程,相关部门和科研机构要开始共同制定本组织在该领域的工作战略,使中亚水资源处理由专门跨国机构依据相关法律文本来处理等,这预示着各方将在一个更为广阔的领域开展环境合作,整合区域环境资源。

2005年,上合组织成员国在莫斯科首次举行环保部长级会议,会议围绕地区水环境变化和环保合作等议题展开讨论,达成广泛共识,并签署《上合组织成员国政府间救灾互助协定》,强调各方应加强紧急救灾领域务实合作,加强紧急救灾领域人员培训合作,共同减轻灾害损失,为进一步开展水合作奠定良好基础。2007年8月,上合组织六国元首在比什凯克签署《比什凯克宣言》,该宣言承诺,各国应发展环保领域的合作,以确保生态安全和合理利用自然资源,并采取必要措施研究和落实专门方案和项目。同时要相互提供援助和帮助,防止自然灾害和技术灾害及消除其后果,适时启动上合组织预防自然和技术的紧急情况中心,随时准备为减少自然灾害做出积极贡献。2008 年 8 月,六国元首又在杜尚别发表《杜尚别宣言》,倡议各成员国高度重视制定共同立场,应对全球水和气候变化带来的消极后果,发展环保清洁型能源。

2008 年 10 月,上合组织成员国召开军事气象水文联合保障问题研讨会,就建立上合组织成员国军事气象水文人员交流机制、完善信息共享体系、优化联合保障程序,以及逐步扩大军事气象水文保障合作与交流的领域和层次等问题交换看法。2009 年 6 月,六国元首在《上合组织成员国元首叶卡捷琳堡宣言》中进一步重申,各成员国将提高在共同及时应对自然和人为灾害方面的合作成效、实施旨在减少其对经济社会影响的措施作为优先合作方向之一,以便更好应对各种水环境灾难的挑战。

2012 年 12 月,上合组织成员国总理在吉尔吉斯斯坦的比什凯克共同发表《上海合作组织成员国政府首脑(总理)理事会会议联合公报》,公报指出,各成员国应就提高能源利用率、降低燃料能源体系给环境和水环境造成的压力、发展和利用可替代能源、采用创新和清洁环保技术等问题开展合作,并采取协调一致的措施,共同应对自然及技术灾害造成的威胁,提高应急反应能力。2015 年 12 月,上合组织成员国总理又在中国的郑州发表《上海合作组织成员国政府首脑(总理)理事会会议联合公报》,公报进一步强调,各成员国将继续在能源,包括利用可再生和可替代能源领域开展全方位互利合作具有重要意义,并支持深化水环保领域合作,就发展节能经济交流经验,促进向低碳发展转变,减少或限制温室气体等有害气体排放,降低能耗等。

## 二、中亚与国际非政府组织合作的水治理机制

### （一）全球水伙伴

全球水伙伴是一个国际非政府组织，其宗旨是通过推动、促进和催化，在全球实现水资源统一管理的理念和行动。根据这一宗旨，水资源管理一体化主要是通过促进水资源、土地资源以及其他资源的管理合作，在不损害可持续的生态环境前提下，以公平方式最大限度提高经济效益与社会福利的过程。其原则有：社会公平，确保全人类有着平等的享用水资源（包括数量与质量）的权力；经济效益，通过一定的财政政策与水资源管理，给大多数的使用者带去最大的经济效益；生态可持续性，合理分配水资源使用，维持其自然生态功能。在操作层面上，水资源管理一体化强调不同学科知识与水资源管理知识的结合，以及来自不同领域的相关利益者共同参与，从而制定更加系统、有效的水资源管理解决方案。从这个意义上说，水资源综合管理是一个全面、参与性的规划和实施工具，以平衡社会公平和经济需求为原则合理、有效的管理和开发水资源，确保生态系统可持续发展。

由于水资源涉及社会发展的诸多方面，所以其综合管理需要跨部门的合作。为确保水资源管理一体化的有序开展，需要通过三个基本支柱确保其实施：一是通过有利的环境（这里的环境主要是指社会环境包括政治局势稳定，法律体系完善等），来确保所有利益相关者（包括个人以及公共和私营部门的机构和公司）的权利和资产，以及公共资产（如内在的环境价值）都得到保护；二是通过有效的机构来确保水资源综合管理的政策和方案的制定和实施，从而使水资源管理机构责任、权力与功能需要相互匹配；三是通过管理工具来帮助决策者做出理性的决策。同时，在水资源管理一体化的实施过程中，还需要考虑政治意愿与承诺、地区能力发展、地区投资、金融与成本

回收情况等。因此，为让水资源管理一体化付诸于国家的行动，要制定实施水资源管理一体化的战略；建立培训体系，提高地区对于水资源管理一体化的理解，培训对象首先应该是拥有水资源专业知识的专业人员，然后是社区领导者（如国际非政府组织），以及试点项目的负责与各个决策阶层的领导人；对用水户和利益相关者进行社会动员；由政府起草、实施水资管理一体化的具体实施计划等。[①]

中亚地区的水资源管理一体化主要是在全球水资源伙伴框架下进行的。2002年2月，中亚和高加索地区的亚美尼亚、阿塞拜疆、格鲁吉亚、哈萨克斯坦、吉尔吉斯斯坦、塔吉克斯坦、土库曼斯坦、乌兹别克斯坦等国决定建立区域水资源合作伙伴关系，并在水资源合作伙伴关系的框架内制定关于水安全的一个现实、长期的承诺。该框架分成两个阶段开展工作，2003—2008间，全球水资源伙伴的工作重点侧重于倡导水资源综合管理方法、说服政治领导人、建立公众意识和参与，并开始参与水资源设施的建设。经过六年建设取得明显成效，比如，在塔吉克斯坦的杜尚别举行两届国际便利生活用水会议（2003、2005年）；举办第三届和第四届世界水论坛（2003、2006年），以及亚太水论坛（2007年）。在2003年，2005年和2008年参与全球水资源伙伴框架的各国还启动国家水资源管理一体化计划，包括向联合国人权委员会报告可持续发展的状况。与邓迪大学合作，推进政治意识培养、培训国际水法专家。

2006年底，全球水伙伴建立附属于全球水伙伴的区域水伙伴关系，即全球水伙伴网络中的成员可以有自己的章程，理事会，并且在财政上承担维持其活动的责任。全球水伙伴中亚和高加索地区已经成为本地区和大多数国家的水资源综合管理的关键推动者。受此影

---

[①]  Victor Dukhovny,"IWRM Implementation:Experiences With Water Sector Reforms In Central Asia,"*Central Asian Waters*, 2008,pp. 19—31.

响,中亚各国水治理和水资源的改善以及水资源管理的效果凸现,比如,各国制定更成熟的水法,提高灌溉效率,环境流量推广,恢复小咸海,并在楚塔拉斯河流域进行跨界合作等。[①]

全球水资源伙伴框架还对 2009—2013 年的工作制定四个战略目标和七个工作计划。四个战略目标包括:支持各国运作水资源综合管理方法;推进水资源管理;应对气候变化等严峻挑战;建立一个全球性的沟通平台,分享知识和发展能力加强网络管理以有效传递信息。七个工作计划为:一是将水资源综合管理规划和水资源管理纳入国家发展计划,制定计划(对于那些落后国家来说),并支持国家实施这些计划或政策,按照水资源综合管理路线图的规划,跨部门协调,与非水务部门协调;二是在不同层次上管理和规划:跨界,流域,当地,社区基层,地下水,海岸和土地使用;三是水治理,机构及参与:不同层面的各机构以及法律系统针对监管、透明度、问责制、腐败问题、性别问题、合作伙伴和来自利益攸关方的"声音"等问题做出改革;四是水资源公益资金:财政上的可持续性,为水资源综合管理计划融资,洪水管理,污染控制和环境保护,水资源的基础设施,创新机制和方法;五是适应气候变化以及为风险和灾难做准备:灾难管理,气候变化和变异,应对策略,风险管理,场景建设和多学科的解决方案;六是解决关键的水资源问题,急切需要解决的问题包括非气候趋势对水的影响,比如全球化、安全与和平、冲突解决办法、人口和人口变化、能源与水关系、工业和水、食物、生物燃料、水和贸易等;七是推进一个清洁、健康的水循环再利用系统。变废物为资源,废水处理(接近零排放),卫生服务,减少污染,为人类和地球重新引入公共卫生服务。[②] 通过全球水资源伙伴框

①　Björn Guterstam,"Towards Sustainable Water Resources Management In Central Asia," *Central Asian Waters*, 2010, pp. 11—17.

②　Björn Guterstam, "Towards Sustainable Water Resources Management In Central Asia," *Central Asian Waters*, 2010, pp. 11—17.

架平台,促进地区国家跨境水资源的交流与沟通,深化地区水资源安全合作思想,对中亚地区水资源合作有积极作用。

（二）亚洲开发银行

2003 年,在亚洲开发银行的支持下,中亚国家和中国分别与亚行开展《中国——全球环境基金干旱生态系统土地退化防治伙伴关系》、《中亚国家实施联合国防治沙漠化公约战略合作协议》合作项目。前一个项目为期 10 年,计划投资 15 亿美元,其中,中国政府出资 7 亿美元,从各开发合作伙伴处筹集 6.15 亿美元,全球环境基金将提供 1.5 亿美元,重点对中国西北地区进行有关旱地综合生态系统治理的制度建设,防止土地退化,减少沙尘暴对该地区造成的生命财产损失。后一个项目也为期 10 年,估计投入资金 6 亿美元,其中亚行出资 5 亿美元,全球环境基金提供 1 亿美元,主要是帮助中亚各国通过制订《中亚国家土地管理计划》来协调、综合、全面的应对沙尘暴策略,明确中亚可持续土地管理所必须解决的问题和障碍,明确重点区域、重点投资及相关技术援助要求,实现中亚国家的可持续土地管理,遏止该地区土地荒漠化的不断蔓延。

## 三、中亚国家与周边国家合作的水治理机制

（一）哈萨克斯坦与中国的水合作

哈、中两国的水资源合作由来已久,早在 1965 年,中、苏就签署《霍尔果斯河水资源分配和利用协议》(1975 年和 1983 年对该协议进行修改和补充)。后又签署《关于跨界河流苏木拜河水资源分配和使用临时协议》、《关于在霍尔果斯河共同建设中哈友谊联合引水枢纽的议定书》等。1992 年,哈萨克斯坦向中国提交《中哈两国关于共同利用和保护跨界水域的合作协议》。1998 年,中、哈两国成立联合工作委员会,开始磋商跨界河流开发与保护问题。1999 年 11 月,哈、中发表联合声明,呼吁国际社会积极合作,采取有效措施保持生

态平衡，减少水环境污染。双方一致同意将在环境保护、合理利用自然资源等方面开展合作，交流经验和技术。2000 年，中、哈两国批准中哈界河联合专家组章程，强调在合理使用和保护跨界河流免遭污染方面，基于研究和绘图工作进行联合评估。2001 年 9 月，中、哈签署《中哈关于利用和保护跨界河流的合作协定》，在中、哈利用和保护跨界河流联委会机制下开展卓有成效的合作，为共同开发河水资源创造条件。2003 年，中、哈就两国跨界河流有关事宜签署联委会工作条例。

2004 年 6 月，哈、中等国召开阿尔泰山共同生态功能保护区会议，就建立阿尔泰山跨国界共同生态功能保护区的可行性进行实质性研究讨论，通过《阿尔泰山共同自然保护区可行性研究国际研讨会声明》，该声明在对建立自然保护区的意义予以充分肯定的基础上，制订自然保护区的中长期合作规划、各国的建设目标和任务及自然保护区的管理和工作程序等，为双方跨国界共同水生态功能保护迈出可喜的一步。

2005 年 7 月，两国签署《中哈关于双方紧急通报跨界河流自然灾害信息的协议》。2006 年 12 月，两国又达成《中哈关于相互交换主要跨界河流边境水文站水文水质资料的协议》和《中哈关于开展跨界河流科研合作的协议》等。2006 年，两国元首签署中、哈 21 世纪合作战略，强调要利用和保护跨界河流联合委员会取得的成果，并遵循公平合理的原则，在现有机制下继续开展合作，制定相关的具体措施，确保合理利用和保护跨界河流水资源和生物资源，切实维护双方在各方面的利益。

2009 年 6 月，哈、中气象部门为落实气象科技合作计划，双方商定，加强在中短期天气预报、卫星资料应用、沙尘暴预报等方面的经验交流，举行农业气象合作专门会议讨论包括使用中国新疆气象局处理农业气象信息的软件系统、农业气象条件和农作物产量预报系统、土壤水分监测和农田水分保障评价系统,以及每两年举行一次科研和业务工作经验交流研讨会等。中国向哈萨克斯坦国家水文气象公司捐赠 1500 个高空探测气球,帮助哈方提高对大气层的无线电探测水平。中科院新疆地理所与哈科学院地理所、哈水文气象研究中心合作,共同开展防治泥石流研究、西天山水环境变迁研究。

2010 年,哈、中两国签署《关于共同建设霍尔果斯河"友谊"联合引水枢纽工程的协议》和《跨界河流水量分配技术工作重点实施计划》。2011 年,两国又签订《跨界河流水质保护协定》。2013 年 1 月,中、哈在利用和保护跨界河流联合委员会第十次会议上,就 2014 年完成两国水资源评估工作达成协议,以评估结果作为 2015 年两国制定水资源分配协议的基础;决定在一些中小规模的跨界河流上建设水利设施;就霍尔果斯河流域冰湖威胁问题交换意见。2013 年 7月,中、哈两国签署《关于共同管理和运行霍尔果斯河"友谊"联合引水枢纽工程的协定》及其实施细则,共同修建的霍尔果斯河友谊联合引水枢纽工程投入使用,这意味着两国在跨界水资源利用和保护领域的合作,进入新阶段。

(二) 中亚四国与中国的水合作

1996—1997 年,塔吉克斯坦、乌兹别克斯坦等国先后与中国签署两国水环境保护合作协定,详细规定双方的合作领域(包括环境检测、环境科学技术研究、自然生态和生物多样性保护、清洁生产、环境保护、协调在全球环境问题上的立场等)和合作方式(包括交换有关信息和资料、互派专家和学者、共同举办由专家学者参加的研讨会、开展联合研究等),为双边长期开展环境合作提供法律保障。

中国在力所能及的前提下,向乌兹别克斯坦、吉尔吉斯斯坦、塔吉克斯坦三国赠送风云卫星广播接收系统,为各国方便快捷地通过通讯卫星获取大气温度、湿度、地表温度等常规地面观测数据,对区域国家的气象预测、水环境监测、灾害评估提供信息和技术支持。中国国家气象局还向塔吉克斯坦国家气象中心无偿援助价值100万美元的气象设备。

中国新疆大学的中亚气候与环境研究中心也通过每年召开一次国际研讨会的形式,加强与中亚各国环境专家的合作,取得很好效果。中国科学院新疆生态与地理研究所与吉尔吉斯斯坦、塔吉克斯坦相关部门共同合作,完成《中亚地区应对气候变化条件下的生态环境保护与资源管理联合调查与研究》的研究成果,对中亚区域未来50年气候变化趋势进行分析,提升新疆、中亚等国的天气预报、气候预测水平。

中国气象局乌鲁木齐沙漠气象研究所依靠自身优势,围绕提升现代化气象服务保障能力建设,不断扩大与中亚国家的科技合作与交流,逐步建立起满足中亚国家气象防灾减灾需求、破解中亚气象核心业务技术难题的气象科技支撑体系,为提升丝绸之路经济带核心区以及中亚各国的气象保障能力发挥着积极作用。该所的科研人员积极与吉尔吉斯斯坦国家科学院水问题与水能研究所、塔吉克斯坦国家科学院水问题、水能和生态研究所的科学家共同开展中亚气候变化科学考察,收集大范围、多样本和不同树种的树木年轮资料,为进一步研究中亚地区树轮对气候的响应、重建中亚历史气候变化、分析中国西风区和中亚地区气候变化的异同提供第一手资料,为顺利开展中亚气候变化和水合作研究打下良好的基础。

2015年10月,中国与中亚国家的气象专家在新疆乌鲁木齐召开首届中亚气象科技研讨会,就中亚区域天气气候科学问题进行研讨,并共同签署《中亚气象防灾减灾及应对气候变化乌鲁木齐倡议》,确定在地面观测和科学实验,遥感监测和卫星资料应用,中亚高分辨率数值模式研发,中亚区域基于树木年轮的历史气候研究,未来气候变化预估,干旱和冰雪圈研究等领域和合作机制上加强合作。此届研讨会除探讨中亚区域气象合作新成果外,还总结一年来"乌鲁木齐倡议"的落实情况,并就在中亚地区建设水环境观测系统、开展灾害天气联合研究、建立区域气象培训中心等未来工作重点进行讨论。为加强中国与中亚国家气象科技合作,促进中亚区域环境变化研究和提升气象防灾减灾能力,2016 年 9 月,中国与中亚国家的气象专家又在北京召开研讨会,围绕中国和中亚区域环境灾害监测技术、灾害性天气预报预警技术、气候变化及其影响评估、水资源对气候变化的响应等主题展开交流研讨,加强合作。

此外,中国还与吉尔吉斯斯坦和塔吉克斯坦两国寻求合作,开发水利资源。比如,中国与吉尔吉斯斯坦共同在科库美伦河上投资建造三个水电站,在吉尔吉斯斯坦的萨伊德哈斯河上,中、吉两国投资修建一个水电站。2015 年,中、吉两国在吉尔吉斯斯坦南部的楚河合作开发水电站,其发电量的 65% 通过国际电网输往中国新疆。2016 年,中、吉达成合作意向,在吉尔吉斯斯坦境内共同建造发电总量为 1160 兆瓦、年均发电 46.616 亿千瓦时的卡扎尔曼梯级水电站。同年,两国达成合作开发吉尔吉斯斯坦的纳伦河水电站项目。这些水电站的建成,不仅缓解吉尔吉斯斯坦电力供求紧张的矛盾,而且也能部分解决新疆南疆地区的电力需求。同时,中国也在塔吉克斯坦参与该国的输电线建设,改善其国内的电力输送问题。

（三）中亚国家与中东等国的水合作

除此而外,中亚国家与伊朗、科威特等国的水资源合作也取得一些成果。伊朗利用与塔吉克斯坦文化同源的便利,积极参与投资塔吉克斯坦的善杜达水电站建设,以便在该地区发挥更大作用。科威特与塔吉克斯坦的水资源合作主要集中在水利基础设施、水电站改建等项目上。比如,2013 年,科威特在塔吉克斯坦的水利基础设施项目上投资约 1700 万美元,增强该国水利设施的安全保障。科威特还投资建造柏哈兹水电站的水隧道工程,以及苏雅卜水电站和努雅巴特 1 号水电站的改建工程,提升这些水电站的发电能力。

# 第五节　里海安全合作的制度安排

里海安全合作作为中亚水安全合作的重要组成部分，一直以来成为中亚国家关注的焦点。里海安全合作机制主要通过里海法律地位的由来，里海沿岸国家对里海划界问题的谈判、各国对里海法律地位的认知差异及解决里海划界问题的三种方案，《德黑兰公约》的生效、《里海法律地位公约》的签署等路径展开的。

## 一、里海法律地位的由来

毋庸质疑，里海问题作为中亚水安全的重要环节，涉及到沿岸五国（哈萨克斯坦、土库曼斯坦、伊朗、阿塞拜疆、俄罗斯）巨大的经济利益。它包括里海矿产资源的划分、航行和捕鱼权利的明确、生态资源的保护和利用、环境保护责任的落实等。

苏联时期，苏联和伊朗是里海沿岸的两个国家，里海的地位也由苏、伊两国共同维护，双方按共同使用或国际共管的原则划分里海。两国在 1921 年、1935 年、1940 年曾先后签订《和平友好条约》、《贸易和海运条约》等条约，规定 10 海里宽的区域为专属捕鱼区，之外区域为共有海域，不容任何第三国插手里海事务，主张通过里海"共享共管"，来协调两国在捕捞、商贸和海洋航行领域的法律关系。按照伊朗学者内贾德的解释，管理这个"联合区"的法律制度是"共同体"，对该区域拥有共同所有权和主权的属于伊朗和苏联的权力和管辖范围。[①] 同时，1935 年，苏联政府单方面默认加桑——库里——阿斯塔拉一线为里海的分割线，以此确定苏联和伊朗在里海的划界。

---

① Seyed Amin Nejat，"Formulation of the Caspian Sea's Legal Regime using a Joint Zone Approach，"*Water Resources*，2016，Vol. 43，No. 3，2016，pp. 571—578.

1949年里海发现石油后,苏联在未通报伊朗的前提下自行勘探开发里海油田,随后伊朗也开始在其管辖海域勘探开发石油。由此,双方在里海矿藏的使用和划分上引发诸多分歧和矛盾。1970年,苏联石油开采工业部曾经做出决议,将里海的苏联部分按中心线原则分给其四个沿岸的加盟共和国,各共和国有权在自己的海域开采矿产。这条线被确定为行政区划界线,是苏联时期唯一的一种界线,并在这些共和国独立后被确认为国界线。

## 二、里海沿岸国家的划界立场

里海问题归根结底是"湖"和"海"的分歧。根据国际法规定,如果里海是"湖",其沿岸各国共有,任何开采工作必须经过各方协调才能进行。如果里海是"海",沿岸各国可以将其划分,各方可在自己的海域自由地进行经济活动和资源开发。伊朗和阿塞拜疆都主张里海是"湖",阿塞拜疆的1995年宪法还明确规定,阿塞拜疆共和国的领土包括里海(湖)区。而哈萨克斯坦主张里海是"海",主张按照《海洋法公约》确立里海沿岸国家的领海、专属经济区和大陆架等范围。俄罗斯主张里海既不是"湖",也不是"海",而是一个"独特的内陆水域",土库曼斯坦的立场则摇摆不定。

（一）里海划界一波三折

冷战结束后,里海沿岸国家围绕里海划界问题进行多轮磋商,达成一些共识。他们认为,只有沿岸国家才能解决里海的法律地位问题,而苏联时期签署的里海法律框架存在明显不足,其条约内容的简单性和概括性已不能适应冷战后该地区复杂的政治、法律、经济和环境状况,因此有必要通过里海沿岸国家的多边合作解决里海的法律地位。[1]

---

[1] Witt Raczka,"A sea or a lake? The Caspian's long odyssey,"*Central Asian Survey*,Vol. 19, No. 2,2000,pp. 189—221.

1992 年,里海五国启动谈判进程以确立里海的法律地位,各方在关于里海是海还是湖问题上存在分歧。俄罗斯认为,里海必须成为一个由各方在共同管辖基础上共同使用的海,各国对自己沿岸的狭窄水域拥有绝对主权,并在其所辖大陆架开采石油,其他区域则属于共同享有;阿塞拜疆强调里海是湖,建议按国家划分水体和大陆架;哈萨克斯坦主张将里海划分为若干个经济区,各国在本区域内拥有开发石油的绝对权力,其他方面通过合作共同管辖;伊朗强调应在1921 年和 1940 年的条约的基础上,来解决里海划界和油气资源的开发。

1. 里海法律地位多边谈判的启动

1993 年,俄罗斯和阿塞拜疆签署共同开发阿属里海油田的协议,协议标明阿塞拜疆的里海领域,并明确阿俄两国的石油公司有权开采并分享 10% 的利润。1994 年,阿塞拜疆政府与国际石油公司签署"世纪合同",共同开发阿属里海油田。参与该项目的石油公司包括西方的石油巨头、阿塞拜疆国家石油公司、俄罗斯"卢克"石油公司等。对此,俄罗斯外交部致函联合国,表示俄不能容忍阿塞拜疆在里海的单方行动,重申保留采取一切必要措施阻止单方面行动的权利。

1995 年,里海沿岸国家举行副外长级会议,就建立专门工作组作为常设谈判机制取得一致,确立里海法律地位问题只能由沿岸国家来解决的基本原则。之后,各方加紧就里海法律地位公约和航行条约及里海矿物资源的开采和加工条约的草拟工作。1996 年 11月,里海沿岸五国举行外长级会议。会上,俄罗斯主张 45 海里为领海,其余地区为五国共有,每个国家都可以对海底行使专属和主权权利,而矿产资源核心部分则保持共同财产,其油气资源由五国组建的油气开发公司共同开发。土库曼斯坦、伊朗两国原则同意该建议,而阿塞拜疆和哈萨克斯坦都拒绝俄罗斯的提案,哈萨克斯坦提出 80 海里的领海权,阿塞拜疆主张将里海完全瓜分。伊朗则坚持认为,有关里海问题的 1921 年和 1940 年的条约应被视为有效,直到五个沿海国家达成新协议为止,并强调里海的任何划分方案必须由五国协商一致才能生效。伊朗表示愿意进行里海划界,给予每个国家 20% 的海底和海面,反对俄罗斯划分海底和共享海水的方案。

2. 里海五国间的双边谈判

在里海五国就里海法律地位无法达成正式协定的情况下,一些国家开始通过双边谈判来解决里海划界问题。比如,1997 年,哈萨克斯坦和阿塞拜疆同意"遵守中线沿线的边界",直至达成关于里海法律地位的公约为止。同年,哈萨克斯坦与土库曼斯坦签署公报,承诺在沿海国商定里海新地位之前,双方按照中线划分里海的边界。1998 年,哈萨克斯坦与俄罗斯达成双边协定,两国一致认为,"达成共识必须反映里海海底的公平划分,而地表水仍然普遍使用,允许免费运输、协调捕鱼准则和保护环境"[1]。双方原则上按照两国之间的中线划分里海北部海底,设立里海专属经济区,而水域为共同财产,对其行使共同权利,保持海上自由航行,建立共同的环境规范,以保护海洋脆弱的生态系统,从而为里海建立一个"双重法律制度"[2]。也就是说,哈、俄协定把里海的航行、水下管道和电缆等议题在《海洋法公约》的基础上,通过单独的双边协定加以解决,以确保所有沿岸国家的认可。根据该协议,在里海所有沿海国家达成全面协议之前,维持苏联时期所达成的各类条约。同年 7 月,俄罗斯和哈萨克斯坦签署划分里海北部海底协定,规定沿岸国家享有 12 海里的"控制区"、20 海里的近海捕鱼区,之外的海域为共管区域,制订联合捕鱼配额、统一的生态标准、规范的协调监测等。海底将在毗邻国家之间

---

[1] Stanislav Cherniavski,"Problems of the Caspian,"*Russian Politics and Law*,Vol. 40,No. 2,2002,pp. 85—94.

[2] Witt Raczka,"A sea or a lake? The Caspian's long odyssey,"*Central Asian Survey*,Vol. 19,No. 2,2000,pp. 189—221.

的中线划定。对此,俄罗斯学者彻米纳韦斯基指出,该协定不仅能确保俄罗斯及其石油公司的利益,而且能提供拥有其生物资源的水域空间的利益。①

与此同时,土库曼斯坦和阿塞拜疆也在 1998 年 2 月发表声明,同意双方按照中线原则划分里海,但之后由于两国在卡帕兹油田开采权上存在分歧,土库曼斯坦一再要求阿塞拜疆停止在卡帕兹地区开发油气资源,而阿塞拜疆表示,该地区是苏联时期分配给阿塞拜疆的,阿有权进行开发,所以两国在划定里海边界线的位置上分歧颇著。土库曼斯坦认为,阿塞拜疆提议沿中线划分里海的方法没有考虑到与海岸特征有关的地理特征,特别是阿塞拜疆的阿巴什容(Ab-sheron)半岛,导致中线出现明显偏差。土库曼斯坦希望通过从大陆海岸线到里海中央划定边界线,以便使其在里海占有更大份额。或者是采用每个里海沿岸国家建立 12 海里的区域,之外每个沿海国家再增加 35 海里的专属经济区,其余部分为沿海国家所共有。阿塞拜疆予以坚决反对,强调如果阿塞拜疆失去卡帕兹,就无法在其海底充分行使其主权权利,而任何旨在阻碍在里海一个地区实现其主权权利的主张,阿都是不会接受的。

3. 俄罗斯和伊朗对里海"话语权"的争夺

2000 年 7 月,俄罗斯总统里海问题特使卡鲁兹尼出访里海国家,提出以 1998 年俄罗斯、哈萨克斯坦双边模式为基础,按中心线原则划分海底,水面及任何有争议的资源仍为五国共享。根据该方案,各国所占里海海底份额分别为:哈 28.4%,阿 21%,俄 19%,土 18%,伊 13.6%。新方案有利于推动里海能源开发,并有较强的可操作性,为哈萨克斯坦、土库曼斯坦、阿塞拜疆所认可,但伊朗坚决

---

① Stanislav Cherniavski,"Problems of the Caspian,"*Russian Politics and Law*,Vol. 40, No. 2, 2002,pp. 85—94.

反对。

为扭转不利局面,2000 年 6 月,伊朗总统哈塔米首次提出伊愿意接受按国家划分里海的原则,但强调这种划分应是均等的划分,即各国应得到 20％的份额,而且海底与水表为同时划分,并主张这20％的水域应成为各国的主权领土。因为与其他四个沿岸国家相比,伊朗沿岸拥有油气储量较少,所以伊朗不仅坚持认为,里海的五个沿岸国家在达成新的协议之前,伊朗和苏联在 1921 年和 1940 年签署的条约应该是有效的,并表示愿意在平等划分的前提下,与各国分享海底和水面资源,支持伊朗石油公司参与里海的油气开发,无意在里海进行军备竞赛,而且强烈反对俄罗斯提出的划分海底和共享海水的方案。

为缓和矛盾,俄罗斯采取先双边,后多边的划分策略,争取先与多数国家达成双边协议,以此孤立伊朗。2000 年 10 月,俄罗斯和哈萨克斯坦签署《里海合作宣言》,两国在宣言中呼吁里海沿岸国家加强合作,以确定里海的新法律地位,将所有沿海国家的合法利益与所有沿海国家的合法利益联系起来,在保护里海生态系统的同时,为有效合作开发油气和生物资源创造有利条件。宣言提议,毗邻国家之间的海底划界应沿着中间线进行,使之成为就行使利用深层矿床的主权权利。同时继续共同持有水面,确保免运费、捕鱼配额和环境保护。宣言提出建立一个永久性的五方“里海战略中心”进行生态监测等。[①] 2001 年 1 月,俄总统普京访阿塞拜疆,双方达成妥协,阿塞拜疆把过去对里海海底和水域的主权要求限于海底,保持整个水面的航行自由,而俄罗斯则承认阿与西方国家石油公司签署的里海海上油田开发的合法性。在此基础上,俄罗斯、阿塞拜疆就里海法律地位

---

[①]　Stanislav Cherniavski,"Problems of the Caspian,"*Russian Politics and Law*, Vol. 40, No. 2,2002,pp. 85—94.

问题签署双边协议,阿塞拜疆接受俄罗斯的方案,双方用等距离的中线原则划分海底。①

伊朗为阻止俄罗斯推广中心线方案,曾试图用"集体一致"原则牵制俄罗斯,2001 年 3 月,伊总统哈塔米访俄罗斯,双方签署《关于里海法律地位问题的联合声明》。伊朗压俄罗斯承诺在新的里海法律机制建立之前不承认任何里海边界;关于里海法律地位的所有协议只有在五国取得一致基础上方可生效。俄罗斯和伊朗声明遭到阿塞拜疆、哈萨克斯坦的反对。

4. 里海问题的缓慢进展

2002 年 4 月,首届里海国家首脑会议在阿什哈巴德举行,五国同意就里海问题继续保持接触,同意避免相互使用武力,同意以和平手段解决分歧。由于俄罗斯、伊朗分歧太大,会议未能就里海划分达成实质性成果。会议未采纳伊的"集体一致"原则和在里海法律机制建立前禁止能源开采,满足了俄罗斯、哈萨克斯坦、阿塞拜疆的要求。而在伊朗的压力下,俄罗斯被迫承诺"不赞同双边做法"、"不以双边协议损害伊利益"。但会后不久,俄总统普京就公开表示俄罗斯将以双边谈判为基础,分阶段解决里海问题。俄罗斯、伊朗分歧公开化。5 月,俄罗斯、哈萨克斯坦签署划分里海北部油气资源的双边协议,作为 1998 年两国划分海底边界协议的补充。俄罗斯、阿塞拜疆也将签署类似协议。伊朗对此反应强烈,伊朗的里海问题专家格齐纳指出,在里海法律地位问题上,只有所有沿岸国家达成共识才有法律效力,双边或三边协定在任何情况下都不能作为确定里海法律地位的标准,因为这些协定从国际法角度看缺乏合法性。② 由于俄罗斯、伊

---

① Gawdat Bahgat,"The Caspian Sea: Potentials and Prospects,"*Governance: An International Journal of Policy, Administration, and Institutions*, Vol. 17, No. 1,2004,pp. 115—126.

② Rogozhina,"The Caspian: Oil Transit and Problems of Ecology," *Problems of Economic Transition*, Vol. 53, No. 5, 2010,pp. 86—93.

朗分歧加剧,五国未能就里海法律地位问题取得一致。

（二）各国对里海法律地位的认知差异

里海沿岸国家的上述立场尽管在里海法律地位上达成一些共识,但受各国利益偏好的影响,各方的合作意愿都不是很强烈。就像英国学者所指出的,"面对互利合作的可能性,每个国家首先关注的是各自的相对收益,这些关切反过来又阻碍国家之间的合作"[1]。也就是说,国家选择参与合作的前提,不在于"我们两个都会获得",而更关心"谁会获得更多"。里海沿岸国家在里海法律地位议题上所采取的不同做法,集中体现各国在里海相对收益上的认知。

1. 俄罗斯

俄罗斯在里海法律地位的相对收益具有明显的不确定。俄罗斯从最初不承认里海是"海",拒绝依照《海洋法公约》来划分里海的界限,对俄罗斯"卢克"石油公司参与阿塞拜疆的里海油气开发也予以坚决反对,谴责双方油气合作的非法性。1995 年,俄罗斯对阿塞拜疆的宪法把里海作为其领土一部分的做法表示不满,警告阿塞拜疆的划界主张是对地区安全的挑战,并保留在适当时候采取措施的权利。

然而到 1996 年,俄罗斯对里海的法律地位发生转变,提出按照《海洋法公约》划定每个沿岸国家享有 45 英里的专属经济区,可以对海底行使专属和主权权利,而海底的油气资源保持共同财产,由五国成立一家股份公司进行开发。1997 年,俄罗斯接受与阿塞拜疆和哈萨克斯坦等里海沿岸国家的妥协解决办法,俄外交部里海问题特使科瓦列夫明确指出,俄罗斯的立场是"公平划分里海海底",主张在邻国之间划分海底及其资源的原则,即俄罗斯与哈萨克斯坦和阿塞拜

---

[1] Grieco,"*Cooperation among Nations: Europe, America, and Non-Tariff Barriers to Trade,*",London: Cornell University Press,1990,p. 40.

疆之间的双边和伊朗、阿塞拜疆、土库曼斯坦的三边的中线划界,并分别于1998年与哈萨克斯坦签署协定和于2001年与阿塞拜疆签署协定。

2. 伊朗

伊朗对里海法律地位的态度也是随着其相对收益的消长而改变的。伊朗因在里海占有的油气储备较少,所以从一开始就主张对里海拥有共同主权,坚持拒绝任何瓜分里海的双边协议,倾向于五国采取集体方式开发里海海底的油气资源。1994年底,伊朗在里海法律地位问题上发生变化。比如,伊朗允许该国的国家石油公司参加阿塞拜疆在里海的油气开发,这意味着伊朗实际上否认苏联时期两国签署的有关里海的双边协议。

伊朗的上述立场没有持续多久,1995年4月,伊朗在美国的压力下取消其国家石油公司参加阿塞拜疆在里海的油气项目,转而支持俄罗斯的划界立场。1995年,伊朗副外长马勒基在里海石油开采问题会议上指出,在里海沿岸国家通过新的里海制度安排前,苏联与伊朗签署的1921年和1940年条约依然有效。这表明,俄罗斯和伊朗有权拒绝阿塞拜疆、哈萨克斯坦和土库曼斯坦达成的任何里海油气开发项目。1997年,阿塞拜疆在其海域单方面开采油气后,伊朗常驻联合国代表致函联合国秘书长安南,强烈反对阿塞拜疆在里海的主权要求,认为阿塞拜疆单方面开采油气资源违反与邻国之间达成的协议和里海的法律地位。尽管如此,伊朗可能最终选择阿塞拜疆提出的把专属经济区之外的区域作为海域来划分界限的方案。

3. 阿塞拜疆

阿塞拜疆对里海法律地位一直秉持相对收益的认知。该国认为里海是"湖",因其在里海所占的油气资源比俄罗斯和伊朗多,开发里海油气资源是阿塞拜疆解决经济困难、摆脱贫困的重要途径,主张对里海划界。阿塞拜疆就建立中线问题与土库曼斯坦已取得共识,并就公平和公正划分海域问题与伊朗妥协。由此一来,阿塞拜疆可以在里海区域保留最大份额的石油和天然气储量(约占里海近海储量总额的 30%—40%),这对该地区建立稳定制度和维持友好关系意义重大。阿塞拜疆是里海沿岸较早开发油气资源的国家。1993 年,阿塞拜疆与西方国家达成里海油气开采协议,并与俄罗斯的"卢克"石油公司签署"世纪合同",开采里海的奇拉格和古纳什利等油田。

4. 哈萨克斯坦

哈萨克斯坦是用相对收益来处理里海法律纠纷的。哈萨克斯坦认为里海是"海",里海的海洋资源对哈萨克斯坦至关重要,"里海大量石油储量问题成为哈萨克斯坦战略生存的关键,哈绝不能放弃这一希望"[①]。鉴于哈萨克斯坦在里海拥有最丰富的能源储备,早在1993 年,该国就与西方国家的石油公司签订油气开发合同,共同开发里海的油气资源。1995 年,哈萨克斯坦外交部副部长吉扎托夫在里海石油开采问题会议上指出,哈萨克斯坦对里海矿产资源的勘探,将决定该国能够以多快的速度站稳脚跟。哈萨克斯坦向里海石油开采问题会议提交关于里海法律地位的公约草案,建议里海沿岸各国都应拥有不超过 12 海里宽的领海,领海外的水域由五国共同管理,里海海底按中心线划分。为此,哈萨克斯坦和俄罗斯签署里海划界的双边协定,两国有可能在里海南部划界问题上最终接受按里海中心线划界方案。

(三) 里海法律地位的三种解决方案

尽管里海沿岸的俄罗斯、伊朗等国在里海法律地位的相对收益具有明显的不确定,但哈萨克斯坦和阿塞拜疆始终秉持对里海法律地位的相对收益的态度,反映各国间关系迄今达成的利益平衡,各方

---

① Rogozhina,"The Caspian:Oil Transit and Problems of Ecology,"*Problems of Economic Transition*,Vol. 53,No. 5,2010,pp. 86—93.

立场也正逐步接近,已基本形成三种划界方案:

1. 伊朗划界方案

伊朗主张根据苏联时期的条约对里海专属经济区之外实行"国际共管",并通过"设立里海区域合作组织,共同管理、开发和分享里海的各类资源";或者沿岸五国按 20% 的原则平均划分里海。

2. 阿塞拜疆划界方案

阿塞拜疆主张按 1970 年苏联政府的决议划分里海北部,南部与伊朗的分界以加桑——库里——阿斯塔拉为基础,所有的海上分界线应按苏联解体后的情形确定。

3. 里海中心线划界方案

根据中心线原则划分里海,俄罗斯获得海域的 19%,哈萨克斯坦获得 29%,阿塞拜疆获得 21%,土库曼斯坦获得 17%,伊朗获得14%。预计在各方协调磋商的基础上,有望签署里海法律地位公约,从而为中亚的安全与稳定奠定坚实的基础。

当然,在里海法律地位问题上,由于里海沿岸国家多倾向于经济、政治以及国家战略利益的关切,缺乏共同的立场,因而他们所达成的任何双边和多边协定,都不可能转化为切实可行的地区安全合作。阿塞拜疆学者阿里维一针见血地指出:"里海多边主义受到冷战后地区强权政治和油气资源丰富的影响,俄罗斯和伊朗两个地区大国的不作为,沿岸各国拥有丰富的近海油气资源,合作需求大大降低,在安全合作上更加谨慎选择地区结盟和合作的程度,制约里海多边主义的有效性"[①]。

因此,要确立里海法律地位并非易事,它不单单需要有关国家的相互协调,化干戈为玉帛,更需要"俄罗斯等国发挥领导作用","通过

---

① Leila Alieva,"Globalization, regionalization and society in the Caspian Sea Basin: overcoming geography restrictions and calamities of oil dependent economies,"*Southeast European and Black Sea Studies*, Vol. 12, No. 3,2012,pp. 443—453.

利用一切可用的政治、外交和经济手段,不断维护其在世界市场上的燃料和能源综合体的利益"①。否则,里海问题的久拖不决有可能危及到中亚及其周边地区的稳定,加速各国在该地区的军事存在,并导致西方大国的介入,继而触发国际争端,给里海沿岸国家的水安全合作抹上阴影。

对此,美国学者巴哈戈特坦言,里海法律地位的不确定性,不仅严重阻碍里海矿产资源的进一步开发,而且加剧沿岸国家的种族竞争和斗争,加之苏联对国籍问题管理不善的遗留问题、外部势力玩世不恭的操纵、与该区域不同群体之间的教派和种族仇恨以及国家建设进程缓慢,油气管道线路的激烈竞争等,都增添里海多边合作的难度。②

### 三、《德黑兰公约》的生效

尽管里海沿岸国家在里海法律地位上存在诸多分歧,但各方对保护里海的海洋生态环境还是极为关注的。就像俄罗斯总统普京所指出的,里海的资源开发与生态安全是相互统一的整体,生态安全必须是衡量里海所有项目的安全措施,特别是在能源资源的开发和运输领域。他强调,里海鱼类数量的锐减,流入里海的河流以及海洋本身急剧减少,是该地区生态困境最明显的指标。他呼吁沿岸国家在开发油气资源与加强里海生态系统之间保持必要的合理平衡。③ 可以说,俄罗斯的里海生态安全立场反映各国对里海海洋环境的共同期待,成为里海生态环境合作的基础。

---

① Stanislav Cherniavski,"Problems of the Caspian,"*Russian Politics and Law*,Vol. 40, No. 2,2002,pp. 85—94.

② Gawdat Bahgat,"The Caspian Sea: Potentials and Prospects,"*Governance: An International Journal of Policy, Administration, and Institutions*, Vol. 17, No. 1,2004,pp. 115—126.

③ Rogozhina,"The Caspian: Oil Transit and Problems of Ecology,"*Problems of Economic Transition*, Vol. 53, No. 5,2010,pp. 86—93.

（一）《德黑兰公约》的基本内容

为加强保护里海海洋环境的合作机制，2003年11月，里海五国签署《保护里海海洋环境框架公约》(简称《德黑兰公约》)。《德黑兰公约》规定，里海国家应履行加强该地区的环境保护和可持续管理；保护里海环境不受所有污染源的污染；保护、恢复及可持续和合理利用里海的生物资源等的义务，并通过预防原则、污染者付费原则、获取信息的权利等原则，单独或联合采取一切适当措施，实现里海的环境保护。公约强调减少里海的污染，不仅包括控制陆地来源污染、海底活动、船只、倾倒和其他人类活动等的规定，而且还包括引进、控制和打击外来入侵物种；海洋生物资源的保护、保全、恢复和合理利用；环境紧急情况；沿海地区管理；海平面波动等。公约要求缔约方对可能对里海海洋环境造成重大不利影响的活动适用环境影响评估程序，包括关于环境监测、研究和开发，以及信息交流和获取的义务等。[①] 该公约于2006年8月12日生效，成为里海地区第一个具有法律约束力的协定。

（二）《德黑兰公约》的四个议定书

里海沿岸国家在《德黑兰公约》的基础上，还相继制定四个议定书，即《越境环境影响评估议定书》《关于陆地来源（和活动）污染的议定书》《生物多样性保护议定书》《关于紧急情况下区域合作的议定书》，作为《德黑兰公约》的补充。

1.《越境环境影响评估议定书》

《越境环境影响评估议定书》是为在里海实施跨界环境影响评估建立一套详细、明确和透明的程序，以防止、减少和控制对里海环境的污染，促进保护其生物多样性，合理利用其自然资源，保护人类健

---

① "Caspian Environment Programme," *An Introduction to the Caspian Sea and the Caspian Environment Programme*, 2005, Tehran.

康。该议定书列出所有缔约方为执行议定书的规定应采取的必要措施,要求缔约方从决定一项拟议的活动是否符合环评要求,再到项目后监测过程中采取循序渐进的环境影响评估程序。同时议定书详细说明环境影响评估文件的要求,规定公众获取相关环评信息的权利,赋予公众就拟议活动向主管当局提出意见,确保公众及时和有效参与环境影响评估程序。此外,议定书还规定秘书处的工作职能,适当了解正在进行的环境影响评估程序,并能够应其他缔约方的请求通知评估工作的进展情况,促进信息交流与合作,编写和转交与执行《公约》有关事项的报告等。①

2.《关于陆地来源(和活动)污染的议定书》

《关于陆地来源(和活动)污染的议定书》是预防、控制、减少并最大限度地消除陆地来源对海洋环境的污染(和活动),及时处理来自陆基点和扩散源的污染物质的排放,包括通过大气层运输的污染物质的排放,这些排放可能影响里海环境和沿海地区,从而实现和保持里海良好的环境地位。该议定书规定缔约方的权利与义务,以及应遵守的诸如预防性原则和污染者付费原则等。议定书明确指出,为综合沿海地区管理和环境影响评估,不仅要通过采取区域层级的措施,包括方案和行动计划、排放控制机制、共同准则和标准,以及应用最佳可得技术和最佳环保做法,而且还要采取国家层级的措施,包括涉及信息和数据收集与交流、科学和技术合作与援助,以及遵约核查和控制等来实现。②

3.《生物多样性保护议定书》

《生物多样性保护议定书》对缔约方保护、保全和恢复里海海洋

---

① "An Introduction to the Caspian Sea and the Caspian Environment Programme,"2005,Tehran.

② "An Introduction to the Caspian Sea and the Caspian Environment Programme,"2005,Tehran.

环境的义务和职责做明确规定,包括保护稀有物种及其生境、控制外来物种的引进、评估遗传资源、转让与生物多样性有关的技术保护和合理利用生物资源。议定书要求通过建立特别保护区,保护敏感地区和沿海区综合管理,保护具有环境价值或代表性的沿海和海洋生态系统。另外,议定书还规定可能对里海生物多样性产生不利影响的项目和活动的环境影响评估程序。并要求缔约方通过制定行动计划和方案,保护生物多样性、可持续利用与管理海洋和沿海生物资源,确保与生物多样性保护有关的环境教育和公众认识。[①]

4.《关于紧急情况下区域合作的议定书》

《关于紧急情况下区域合作的议定书》是界定各缔约方在防备和应对里海污染事件责任的承诺。该议定书规定,缔约方可通过设立区域中心,列入区域协调与合作的规定或其他适当的机制,并与《德黑兰公约》一道,为执行《关于在紧急情况下开展区域合作打击石油污染的里海计划》提供体制支持。该议定书要求缔约方建立国家石油污染防备和反应系统,包括指定一个或多个主管当局,制定国家应急计划。确定处理溢油所需的物质资源;制定里海污染事件的救援措施;评估石油污染事件的原因和后果的程序等。[②]

总之,《保护里海海洋环境框架公约》及其辅助议定书,是里海沿岸国家为保护和维护里海海洋环境所做的最全面的法律文本。它为可持续和合理使用、保护、保全和恢复里海的海洋生态安全建立一个完整的规则、标准、措施和运作程序。尽管该公约还存在诸多悬而未决的议题,比如在《生物多样性保护议定书》里如何界定特别保护区,如何在《关于紧急情况下区域合作的议定书》里建立责任区;如何确

---

① *"An Introduction to the Caspian Sea and the Caspian Environment Programme,"* 2005, Tehran.

② *"An Introduction to the Caspian Sea and the Caspian Environment Programme,"* 2005, Tehran.

保四个议定书都完全符合缔约国的现行国家立法；如何对信息交流、数据管理和公众参与等进行协调；如何构建具有操作性的体制安排和财务机制等等。但公约的总体体制结构已基本确立，成为该区域环境政策的基石，确保里海海洋环境的健康发展。

### 四、《里海法律地位公约》的签署

2018年8月12日，里海沿岸的哈萨克斯坦、土库曼斯坦、伊朗、阿塞拜疆、俄罗斯五国在哈萨克斯坦的阿克套举行第五次里海国家峰会，签署《里海法律地位条约》(简称《里海公约》)，结束有关里海法律地位和划界问题的长达二十多年的争论。

（一）《里海公约》的主要内容

作为里海法律地位的纲领性条约，《里海公约》涉及内容相当广泛，主要包括条约用语含义、里海活动原则、不同性质水域的划分、海床底土的划分、安全合作、航运制度、生物多样性的保护、捕鱼和渔业资源养护、科学研究、环境保护和保全、海底电缆和管道铺设及建立定期高层磋商机制等，明确缔约国的权利和义务。

比如，《里海公约》明确将里海界定为"非湖非海"，既遵循《海洋法公约》对里海的"海"的整体特征的反映，又照顾到历史上俄罗斯和伊朗把里海视为内陆湖的传统惯例。《里海公约》还规定里海沿岸各国的"海岸线"往外延伸15海里的水域为该国领海，领海往外再延伸10海里的水域为该国专属捕鱼区，其他水体以及这些水体的渔业资源将由沿岸五国共同拥有。捕鱼区外则为公共水域，沿岸各国船只可自由通航，但非里海国家舰船禁止驶入域内。《里海公约》特别强调，里海沿岸国在航行、渔业、利用和保护水生生物资源、勘探开发里海海床和底土及其他活动时要考虑相关缔约方签署的诸如《里海环境保护公约》、《划分里海海床底土及资源利用的协议》等单独协议的有效性。

不仅如此，《里海公约》还规定非里海国家不得在里海部署军事力量,指出只有缔约各国对里海及其资源拥有主权权利,包括解决里海相关问题的专属权利,表明沿岸各国应平等参与里海事务、自主解决里海问题。里海国家承诺不得将本国领土提供给第三国来从事危害其他里海国家的军事行动,规定非缔约国军事力量不得存在于里海,不得将领土提供给其他国家做侵略和对抗域内国家之用,以减少里海地区局势的不稳定因素。里海沿岸国家在共同保障里海安全的权利和义务上,应加强合作共同打击武器、麻醉药品、精神药物及制毒原料的非法贩运,打击偷猎,防范制止海上偷运移民及其在里海海域的犯罪等,更好维护里海的安全与稳定。

(二)《里海公约》的影响

一是增强里海沿岸国家间的互信,维护里海地区安全稳定。《里海公约》作为里海问题的框架性法律文本,是里海五国经过长期谈判后达成的有关里海主权、资源开发和里海秩序维护等议题的妥协方案,基本满足沿岸各国的国家利益诉求,符合各国共同的地区安全需要,有效缓和各国间紧张对立的局面,极大增进彼此的理解和互信。比如,该公约明确规定里海沿岸国家要相互尊重领土主权完整、互不干涉内政,以及促进国际合作等原则,不得使用武力或以武力相威胁、和平方式解决里海问题,以确保里海地区的安全稳定。同时还要求沿岸各国遵守在军事领域商定的互信措施,遵循可预见和透明精神,以促进沿岸国家的军事互信。并加强在国际反恐、跨国犯罪、军火走私与毒品贩运等非传统安全领域的合作。正如一些学者所指出的,它为里海各国进一步发展政治、经济合作增加政治互信和强大动力,也因此形成新的、积极的、合作的地缘政治现实,最终的、统一的里海游戏规则似乎正在形成之中。[①]

---

① 周明等:《里海法律地位公约达成原因及影响研究》,《国际关系研究》2020 年第 2 期,第 47—69 页。

二是推动里海地区经济一体化的发展。《里海公约》的签署为里海沿岸国家合作开发利用里海的渔业资源、石油和天然气资源等开辟广阔前景,促进各国间经济合作的健康发展。由于公约对里海水域进行划界,为里海资源分配和合作开发奠定基础,激发沿岸国家参照海洋法公约的有关规定和相关国家已达成的协议精神,通过谈判对相邻区域的渔业、石油和天然气进行分割,合理分配里海海底资源的欲望,为合作开发油气资源和合作建设海底油气管道创造有利条件,推进该地区能源一体化的发展。受此影响,里海沿岸国家将会加大里海航运和海底电缆的建设,进一步优化里海航运和贸易运输线路,促进跨里海经济带建设,为沿岸国家的公路、铁路、海运、管道、电力等基础设施建设提供契机,推动里海地区经济一体化发展。2018 年,里海沿岸的俄罗斯出台《里海海港发展战略》,预计到 2025 年,俄罗斯将在里海建成可接纳 1.5 万吨—2.5 万吨巨型货轮的新深水港。土库曼斯坦等国也先后推出本国的里海国际港口建设战略,通过引进外资来加快里海的基础设施建设。预计未来各国会逐步加快里海地区的交通、海运、管道等基础设施建设的合作,从而带动里海经济一体化的发展。

三是拓宽沿岸国家与中国等国家的能源合作领域。《里海公约》明确规定各国可根据双边或多边协议划分海床底土的原则,享有开发各自区域油气资源的专属权利,为沿岸国家与中国等域外国家合作开发里海油气资源打开方便之门。随着"一带一路"倡议的不断推进,中国等域外国家可在公约的法律框架内,积极开展与沿岸各国的能源合作,不断稳固与哈萨克斯坦等国油气开发运输合作,扩大与土库曼斯坦的天然气开发和管道建设合作,探索与阿塞拜疆等国合作开发里海油气资源的新模式,实现里海地区能源开发的多元化。

## 第六节　制约区域水安全合作的原因分析

对于中亚水安全合作滞后的原因,学者的研究重点主要集中在区域水合作制度的外部性上,诸如中亚地区自然条件具有特殊性、地区政治局势不稳定与经济发展滞后、地区国家民族情绪强烈、地区国家威权主义专制倾向的偏好、上下游国家利益无法协调、灌溉与发电的矛盾、上下游水质差异等,这些因素的叠加作用,造成中亚水安全合作难以形成向心力和聚合力。① 这些解释从不同侧面分析区域水合作停滞不前的种种原因,具有一定合理性,但作为该地区水安全合作的内生性制度体现,国家内部政治博弈的溢出效应、水治理失灵、相邻国家边界纠纷的负外部性等,才是影响该区域水安全合作滞后的关键所在。

### 一、国家内部政治博弈的溢出效应

在区域水安全合作中,国家对合作的政治承诺是合作能否持续的重要前提。在中亚,由于威权主义的盛行,各国领导人倾向于通过民族主义言论和有声望的思想来巩固其执政地位,形成有利于执政精英的国内氛围,他们通常都会把区域水问题视为国家的政治问题,习惯用政治思维将区域水资源问题与民族主义联系在一起,在水资

① 参见 Bo Libert, "Water and Energy Crisis in Central Asia," *China and Eurasia Forum Quarterly*, Vol. 6, No. 3, 2008, pp. 9-20; Leila Alieva, "Globalization, regionalization and society in the Caspian Sea Basin: overcoming geography restrictions and calamities of oil dependent economies," *Southeast European and Black Sea Studies*, Vol. 12, No. 3, 2012, pp 443—453; Sergei Vinogradov, "Langford, Managing transboundary water resources in the Aral Sea Basin: in search of a solution," *Global Environmental Issues*, Vol. 1, No. 3/4, 2001; 廖成梅:《中亚水资源问题难解之原因探析》,《新疆大学学报》2011 年第 1 期;杨恕:《中亚水资源争议及其对国家关系的影响》,《兰州大学学报》2010 年第 4 期;莉达:《中亚水资源纠纷由来与现状》,《国际资料信息》2009 年第 9 期。

源等区域敏感议题上存在明显异议。倘若没有各国领导人的政治支持，要想在区域水安全合作中达成相互认同的政治意愿、实现跨界水合作几乎是不可能的，这客观上弱化区域水安全合作的建设性能力。

比如，在吉、塔两国总统选举期间，其国内党派团体都会利用水资源问题发难，且伴随这些国家能源短缺问题的日益尖锐化，社会局势也日益紧张。一旦两国的政治家们不能解决能源供应问题，其结果不可能得到民众支持。况且，水议题在两国都被赋予民族主义的色彩，两国领导人在区域水安全合作中做出的任何让步，都会被视为国家的叛徒和民族的敌人，再加上各国的恐怖主义、极端主义、跨国贩毒等跨界安全风险，失业和人口外流，以及其他内部政治挑战的叠加威胁，将影响跨界河流沿岸国家的团结合作，并弱化各国合作解决水争端的可能性。

伴随着中亚国家内部政治博弈的不断外溢，对区域水政治产生潜移默化的影响。由于各国无法摆脱对跨界水资源的相互依赖，每个国家在区域水安全合作上都有各自的利益诉求，对合作的需求降低，且受水资源日益短缺的影响，上下游国家间的水资源矛盾突出，塔、乌间的罗贡水电站问题，吉与哈、乌间的卡姆巴拉津水电站问题，乌、哈间的锡尔河截水问题，哈、俄间的乌拉尔河流域水资源分配问题，哈、中之间的伊犁河和额尔齐斯河水量分配问题等成为公认的难题，因而导致区域水安全合作的僵局。

在乌兹别克斯坦，乌政府对塔吉克斯坦修建罗贡水电站问题一直持反对立场，严重影响两国关系。尽管乌兹别克斯坦新总统米尔济约耶夫执政以来，在区域水资源分配（包括兴建水电站）等问题上的立场与前总统卡里莫夫有所不同，但其政策的执行成本、改善的程度等都存在不确定性，特别是在罗贡水电站的建设问题上，乌兹别克斯坦官方持"愿意为该水电站的建设提供帮助"的态度，但考虑到乌兹别克斯坦在中亚的大国地位，该政策能否顺利实施有待时日。

## 二、区域水治理失灵

中亚水安全合作机制是在苏联指令性计划的基础上形成和发展起来的,带有很强的自上而下垂直化管理的时代烙印。中亚国家独立后,随着国家主权意识的强化,各国开始关注跨界流域的水分配,跨界流域水管理日益国有化,许多跨界的供水设施和水库发电站逐渐置于所在国家的管控之下,使得原有的水管理机构形同虚设,中亚垂直化的区域水治理机制面临挑战。为此,各国通过签署《阿拉木图协定》、《锡尔河水能协议》、《楚河和塔拉斯河协定》等一系列的多边和双边协定,试图用一种全新的区域一体化水治理机制,来取代苏联时期的水管理模式。

然而,这些努力因在水资源的管理和使用上,跨界流域国间既没有处理好水资源可利用量在国家间的合理分配、流域控制性水利工程的效益分摊、水资源与能源交换协定的顺利执行的关系,也缺乏对跨界水资源的跨界水体公共属性、流域生态环境保护的公益属性、水资源与能源资源的产地属性、水资源及供水的商品属性的合作共识,至今该区域水治理仍停留在水制度的初创阶段,未能根本摆脱苏联传统水管理的束缚。

从区域水治理机制的实践看,中亚也面临一些亟待解决的难题。比如,在水管理上,各国缺少水管理专业人才和管理经验,区域水管理的效率低下,水资源浪费现象严重;在水管理职权上,区域水管理机构的权力过于集中、缺乏信息透明度,使得各国的地方德高望重的部族长老和州当局都无权跨界执行水共享决定,来解决水和边界争端;[①]在水质监管上,未制定全面可行的区域综合治理方案和区域水

---

① Kai Wegerich,"Meso-Level Cooperation on Transboundary Tributaries and Infrastructure in the Ferghana Valley,"*Water Resources*,No. 12,2012,p. 525.

质标准方案,来监管该地区的水质问题,加之主要河流缺乏足够多的、最新的水资源数据采集与处理设备,流域内的饮用水水质不断下降;在水管理机构的财政政策上,现有的区域水管理的各类机构(如拯救咸海国际基金会执行委员会)的财政开支由轮值主席国负担制,没有要求各国公平的分担财务开支,这些财政开支对于经济实力较好的国家来说应该没有问题,但对于经济实力羸弱的国家无疑难以承受,常常让区域水管理机构陷入资金困境,严重影响水管理机构的正常运行。

上述水管理问题的叠加效应使得中亚水治理严重失灵,难以在该区域水资源分配的控制权力、引入市场机制、协调解决国家间水资源利用与能源补偿等方面取得实质性突破。就像联合国前秘书长潘基文指出的那样,在中亚,农民和牧民、工业和农业、城镇和乡村、上游和下游以及各国之间对水资源的争夺日趋激烈。气候变化、不断扩大的人民需求以及富裕繁荣要求我们必须共同致力于保护和管理这一脆弱和有限的资源。

### 三、相邻国家边界纠纷的负外部性

中亚各国现有的边界基本上都是苏联时期划定的,当时苏共中央在各加盟共和国的边界划界时,没有充分考虑到其自然环境、经济社会、历史文化、民族认同和宗教习俗等因素,采取简单粗暴的行政干预手段,强制划定各加盟共和国的边界线。其结果在每个加盟共和国内都聚集着大量其他族裔群体,族裔重叠现象较为普遍,人为在边境地区制造出许多"飞地"。尽管一些地区的当地居民对此表示不满,但在苏联的高压政治和计划经济体制下,这些矛盾基本上被掩盖起来,未造成大规模的地区冲突。

中亚五国独立后,尘封已久的边界纠纷因苏联解体和该区域水资源短缺变得白热化,地区高度一体化的水管理模式被各主权国家所肢解,原先苏联在流经这些地区的阿姆河和锡尔河及其支流上修建大量水利枢纽,曾经跨越各加盟共和国的统一水利系统也无法实施,被各国复杂边界线分割得四分五裂,供水基础设施难以得到有效管理和维护,灌溉系统老化严重,水资源利用率下降。统计数据显示,1994—2008 年间,中亚五国社会经济(农业、工业、生活及其他等)用水量逐年递减,从 1994 年的 1276 亿立方米减少到 2008 年的 1183 亿立方米,其中,哈从 1994 年的 229 亿立方米降至 2008 年的 193 亿立方米,吉从 1994 年的 110 亿立方米降至 2008 年的 99 亿立方米,塔从 1994 年的 119 亿立方米降至 2008 年的 115 亿立方米,乌从 1994 年的 581 亿立方米降至 2008 年的 538 亿立方米,只有土略有增长,从 1994 年的 238 亿立方米增至 2008 年的 239 亿立方米。[①]这表明,中亚的"费尔干纳河谷的锡尔河及其运河的汇合处曾经是一个统一整体,现在被各国国界所分割,在一些未定边界地方易引发冲突,并对该地区的水和土地资源构成越来越大的压力,造成当地跨界河流上下游的局势动荡,加剧费尔干纳河谷族裔间关系的紧张"[②]。尽管跨界河流的上游国家一再声称保证向下游国家提供足额的用水,但下游地区的居民仍经常抱怨上游国家违反协议"偷走"他们的水,把缺水归咎于上游邻国。显然,中亚国家间的"边界争端是导致该地区的土地和水资源有效控制受到阻碍的根本所在"[③]。

中亚国家边界争端的升级,助长一些国家在有争议的未定边界地区,不断移动边界线,扩大其领土面积,以便掌控跨界水资源的主

---

[①] 根据 Statistics of social economy and water resource utilization in the five central Asia countries years from 1994 to 2008 的统计数据整理得出。

[②] Christine Bichsel,"*Conflict Transformation in Central Asia: Irrigation Disputes in The Ferghana Valley*,"2009,p. 21.

[③] Екатерина Иващенко,"Национальная политика в Кыргызстане: От братских народов к враждующим племенам,"*Fergana news*,Jan. 27,2012,https://perma.cc/GC6D-JSXX,登录时间:2018 年 8 月 3 日.

导权。比如,在吉尔吉斯斯坦和塔吉克斯坦的边境地区,特别是山区,双方仍有许多水资源较为丰富的地方边界尚未划定。为获取这些地区的水资源优势,塔吉克斯坦就通过"故意拖延边界划定"和移民"逐渐移徙"方式来扩大塔吉克人在该地区的人口数量,将使其变成塔吉克斯坦事实上的一部分。这一举动引起吉尔吉斯斯坦政府和当地吉尔吉斯人的强烈反对,引发双方对该地区控制权的争夺,造成边界地区局势动荡。"塔吉克斯坦以扩大领土为目的的边界移民,不仅给两国关系带来不睦,而且导致边界地区的吉尔吉斯人和塔吉克人经常为抢夺水资源而发生暴力冲突"①。长此以往,势必严重制约吉、塔两国的水安全合作。

## 小　　结

作为区域水合作的制度选择,中亚水合作机制(URC),是在地区水资源分布不均、咸海流域面临水危机、地区水污染严重、边界水争端升级等不断加剧的情势下,在联合国国际水道公约等国际《水法》的指引下,经过十多年的探索与实践,经历从以《阿拉木图协定》为主导的单向度水合作机制、向以《锡尔河水能协议》为主导的互惠式水合作机制、再向以《楚河和塔拉斯河协定》为主导的共治式水合作机制的三次转变,带动该区域从无界限多边合作,有界多边合作,再向双边合作的转变,完成中亚水合作从区域多边主义的理想向双边合作的理性回归。在单向度水合作机制中,成员国通过倡导"合理和公正使用"和"不造成重大损害"原则,彰显区域水合作的公平和公正性;从区域"合作和信息交流"、"通报、协商和谈判"及"和平解决争

---

① "Кыргызстан по уровню коррупции занимает 164 место из 182 стран,"http://www.kchr. org/modules. php? name=News&file=article&sid=3035〔https://perma. cc/Z9FV-AD-GU〕,登录时间:2018年8月7日.

端"等通报义务的多样化,确保区域水合作的有效性;从水组织化上打造区域水合作的组织框架,保证中亚水合作的可持续性。在互惠式水合作机制中,成员国重申区域水资源管理机构对上下游国家之间的水——能源交换的权威性,跨界流域的下游水消费国有义务在冬季向上游水供给国提供能源,上游水供给国严格按协议承诺在夏季向下游水消费国放水,缓解下游水消费国夏季农田灌溉的用水需求和上游水供给国冬季能源不足的窘境,促进跨界流域国之间的多边水合作。在共治式水合作机制中,成员国共同组成跨界流域水资源管理机构,共同协调和监督双方在共享两条河流的水资源履行各自应当承担的"合作和信息交流"、"通报、协商和谈判"等义务,共同参与两国在两条河流上水资源的规划、分配和监督,形成跨界流域的水电用水和灌溉用水一体化格局。

在中亚水合作机制的形成和发展过程中,《国际水道公约》在国际水道非航行使用的原则、义务、方式及其管理制度上,对《阿拉木图协定》、《锡尔河水能协议》、《楚河和塔拉斯河协定》等区域性双边和多边国际水道的制度安排发挥积极作用。在区域跨界流域水资源使用的原则上,严格遵循国际《水法》的"合理和公正使用"和"不造成重大损害"等原则进行制度设计;在区域跨界流域水资源使用的义务上,能自觉履行"合作和信息交流"、"通报、协商和谈判"及"和平解决争端"等国际《水法》公认的基本义务;在区域跨界流域水资源使用的方式上,科学的议程设置保障区域水合作的执行力,尽可能降低国家利己主义偏好对国际《水法》的消极影响。

而作为外生性的区域合作治理,中亚在水安全合作的治理机制上又是全方位,主要包括:中亚与政府间国际组织合作的水治理机制,如中亚与联合国的拯救咸海国际基金会、环境安全倡议、联合国欧洲经济委员会等机构合作的水治理机制,与欧盟合作的"欧盟——中亚水环境"对话框架和"柏林进程"等水治理机制,与上海合作组织合作的水治理机制；中亚与非政府间国际组织合作的水治理机制，如中亚与全球水伙伴、亚洲开发银行等非政府组织合作的水治理机制；中亚与中国、中东等周边国家合作的水治理机制等。

里海合作作为中亚水安全合作的重要组成部分，一直以来就成为中亚国家关注的焦点。里海安全合作机制主要通过里海法律地位的由来，里海沿岸国家对里海划界问题的谈判、各国对里海法律地位的认知差异及解决里海划界问题的三种方案，《德黑兰公约》和《里海公约》的生效等路径展开的。

当然，中亚水合作机制在运行实践过程中存在诸多的不确定性，集中体现在区域水配给制有失公允，缺乏国际《水法》的可变性和灵活性，且在制度设计中把"不造成重大损害"规制与"偏离商定的排水价值"相联系，难以适应区域水安全形势变化的需要，势必引起一些利益受损国家的不满；区域水补偿制形同虚设，在制度设计上存在明显缺陷，没有反映《水法》的共同原则和设置一整套完整的管理机构，促使上下游国家经常违约；跨界流域国水法体系及其实践的分歧依旧，加剧上游水供应国与下游水消费国的紧张关系，迫使下游水消费国采取反制措施加以应对。正是这些水规制和水法体系等内在因素的局限，影响区域水合作的制度整合，造成中亚区域水一体化进程的停滞不前。究其原因，一方面，国家内部政治博弈的溢出效应，让跨界流域上下游国家对中亚水安全合作机制的主导权进行激烈博弈，远未形成制度化程度高、治理能力强的区域机制。另一方面，区域水治理失灵和相邻国家边界纠纷的负外部性，难以在水资源分配的控制权力、引入市场机制、协调解决国家间水资源利用与能源补偿等方面取得实质性突破。因此，要根本改变这一局面，中亚国家必须通过增强各国间的相互信任、协调好跨界流域国的利益、重视发挥各国的水资源优势、协调水资源和能源补偿机制、加大各国的非政府组织和公民的社会参与度等措施，以确保中亚水资源多边合作的可持续发展。

# 第六章　中亚禁毒安全合作

苏联解体后,随着阿富汗等地毒品的大量涌入,中亚的非法罂粟等的种植面积不断扩大,种植范围从以吉尔吉斯斯坦为核心的部分地区,逐步扩散到土库曼斯坦的东南部、塔吉克斯坦的东南部、乌兹别克斯坦的东南部等区域,并有向各国蔓延的趋势,引起中亚各国的广泛关注。因此,努力加强中亚的区域禁毒安全合作,已成为各国地区安全合作的当务之急。

## 第一节　中亚国家禁毒措施

中亚五国独立后,围绕地区毒品种植、加工、走私贩运的日益猖獗,以及国内面临的毒品问题所引发的吸毒、艾滋病等各种社会危机的困扰,积极采取措施,制订有关禁毒法和相关法规,从制度安排上构建一整套行之有效的法律规范,并在执行力上多元并举,加大对本国毒品犯罪的打击力度,推动中亚各国禁毒工作的有序开展。

### 一、各国禁毒法及其相关法律的颁行

(一)哈萨克斯坦

哈萨克斯坦针对本国的毒品问题,于 1997 年制订颁布《哈萨克

斯坦共和国打击非法经营和滥用麻醉品、精神药物及其前体法》的禁毒法律法规,把毒品界定为能够造成瘾癖和滥用、对人民健康造成威胁、在哈萨克斯坦共和国的管制清单中注明的麻醉药品和精神药品的植物或者药物,明确规定国家管控的麻醉药品与精神药品的范围和内容,经营麻醉药品和精神药品的资格及监管程序,以及对滥用毒品者进行帮助和治疗的具体要求。在此基础上,哈萨克斯坦还颁行《吸毒成瘾者治疗与社会康复法》(1998 年)、《关于明确国家监管麻醉品、精神药物及其前体流通的规定》(2000 年)、《哈萨克斯坦共和国刑法》(2000 年)、《哈萨克斯坦反腐败法》(2003 年)等一系列相关法律,进一步完善该国的麻醉药品和精神药品控制的法律监管体系。比如,在《哈萨克斯坦共和国刑法》(2000 年)中就规定,对非法生产、购买、存储、运输、寄送、贩卖、销售麻醉药品或精神药物、侵占或勒索麻醉药品或精神药物、引诱他人使用麻醉药品或精神药物、非法种植含麻醉物质的植物、开办或经营使用麻醉药品或精神药物、违反麻醉药品、精神药物或有毒物质的处理规则、非法发给或伪造取得麻醉药品或精神药物的处方或其他文件等的犯罪分子,最高刑罚为 7—15年有期徒刑,并没收其财产。

不仅如此,哈萨克斯坦还加入联合国的《麻醉品单一公约》、《精神药物公约》和《联合国禁止非法贩运麻醉药品和精神药品公约》等国际公约,为参与国际禁毒合作提供法律依据。比如,在联合国的《麻醉品单一公约》中规定,任何违反本公约规定种植、生产、制造、提制、调制、持有、供给、兜售、分配、购买、贩卖,并以任何名义交割、经纪、发送、过境寄发、运输、输入及输出,以及任何其他行为,经该缔约国认定违反本公约规定的犯罪者,各缔约国以不违背本国宪法的限制为限,应采取措施科以适当的刑罚。在《精神药物公约》中也规定,在不违背缔约国本国宪法限制的前提下,各缔约国对于违反为履行本公约义务所制订的任何法律行为,应该作为可科处刑罚的犯罪行为给予处分,并对其罪行情节重大者应科以刑罚或其他剥夺自由的处罚。在《联合国禁止非法贩运麻醉药品和精神药物公约》中明确规定,联合国在麻醉药品和精神药物管制中的主管职能,以促进缔约国之间的禁毒合作,使之有效应对非法贩运麻醉药品和精神药物的行为。同时,公约还强调,应对公约中列举的主观方面是故意的有关毒品的行为规定为其国内法中的犯罪行为、对毒品犯罪实行普遍管辖采取各种可能和必要的措施,规定毒品犯罪的引渡、司法协助和国际合作,加强并增进国际刑事合作的法律手段,在毒品交易过程中出现的洗钱问题,就犯罪分子的引渡、联合调查等问题的原则。这些都对于合作打击区域性和国际性非法贩运毒品的犯罪活动意义重大。

（二）乌兹别克斯坦

乌兹别克斯坦的刑法中规定,毒品犯罪科以刑事惩罚,对于携带0.1克的海洛因可判处 3—5 年的有期徒刑,对于非法贩运毒品、储藏毒品、引诱他人吸毒和生产毒品的四类犯罪人员处于严厉处罚,情节严重者可处以 20 年的有期徒刑,情节特别严重者可处以死刑。2000 年,该国颁布《乌兹别克斯坦共和国麻醉品和精神药物法》,从麻醉药品和精神药物等的种植、实验研究和生产、经营、使用、储存、运输、审批程序和监督管理、法律责任等诸多方面对麻醉药品和精神药物作出明确规范。另外,该国还颁发《关于输入、输出和经乌兹别克斯坦境内运输麻醉品、精神药物和前体问题》(2000 年)、《贩运麻醉品、精神药物及前体许可办法》(2003 年),以及《关于自然人一次性携带自用药品入乌境的规定》(1998 年)、《关于旅乌人员携带及使用麻醉品和精神类药物的规定》(2003 年)等法律法规,明确规定,赴乌人员可随身携带用于治疗用途的麻醉品和精神类药物,但麻醉品不能超过 7 天药量,精神类药物不能超过 15 天药量,并在入境时应主动向海关申报和出示所携带的麻醉品或精神类药物,提供居住国的医疗机构出具的诊断书,证明合法获取药品的文件,对于超出诊断书标明或申报数量的药品,乌海关将予以没收并销毁,对瞒报或藏匿麻醉品、精神类药物的违规人员,乌海关将依法惩处等,有效遏制该国的毒品泛滥。

（三）吉尔吉斯斯坦

吉尔吉斯斯坦的刑法中对毒品犯罪有专门设立"危害人民健康的犯罪"的刑事惩罚,对严重的毒品走私犯罪最高科以死刑的惩罚。1998年,该国颁布《吉尔吉斯共和国麻醉品、精神药物及其前体法》,对麻醉药品和精神药物等的种植、实验研究和生产、经营、使用、储存、运输、审批程序和监督管理、法律责任等作出详细规定,保证麻醉药品和精神药物的合法、安全、合理使用,防止流入非法渠道。在此基础上,该国还在2004年相继出台《吉尔吉斯共和国管制麻醉品、精神药物及其前体监管条例》《吉尔吉斯共和国麻醉品、精神药物及其前体收缴、保管和销毁办法》及《吉尔吉斯共和国禁毒机关法》等法规,进一步明确禁毒部门的地位、权限与责任,从而完善该国麻醉药品和精神药物的管制体系。此外,吉尔吉斯斯坦还批准参加联合国的《麻醉品单一公约》《精神药物公约》和《联合国禁止非法贩运麻醉药品和精神药品公约》三大禁毒公约,以加强与国际社会的禁毒合作。

（四）塔吉克斯坦

塔吉克斯坦的刑法中对毒品犯罪规定,对毒品犯罪科以刑事惩罚,情节严重者处以15—20年的有期徒刑,最高可判处死刑,并处没收财产。2000年,该国颁布《塔吉克斯坦共和国麻醉品、精神药物及其前体法》,确定该国的麻醉品和精神药物的管制范围和机构,以减少麻醉品和精神药物的滥用。该国还在1997年加入联合国的《麻醉品单一公约》《精神药物公约》和《联合国禁止非法贩运麻醉药品和精神药品公约》,成为联合国三大禁毒公约的成员国,积极开展与国际社会的禁毒合作。

（五）土库曼斯坦

土库曼斯坦的刑法中对毒品犯罪科以刑事惩罚,在"危害人民健康的犯罪"罪名中,规定毒品犯罪嫌疑人在被逮捕时持有 2 公斤以上的海洛因就可判处死刑。2004 年,该国颁布《打击非法贩运麻醉药品、精神药物及其前体法》,明确规定麻醉药品和精神药物的管制范围、许可证制度、管制机关及其职权和戒毒治疗等。2009 年,该国还颁布《洗钱和恐怖组织融资法》,加大对毒品等有组织犯罪洗钱行为的惩罚力度。同时,该国还于 1996 年加入联合国的《麻醉品单一公约》、《精神药物公约》和《联合国禁止非法贩运麻醉药品和精神药品公约》三大禁毒公约,从而确保该国参与国际禁毒合作的基础。

## 二、各国执法机关的禁毒成效

（一）哈萨克斯坦

哈萨克斯坦为打击本国的毒品泛滥,除了颁行相关禁毒法案外,还采取一系列的禁毒措施。2002 年,哈萨克斯坦内务部设立禁毒和控制毒品走私委员会,旨在打击毒品犯罪,协调国家机关和社会团体的力量预防吸毒,监管国内麻醉药品的合法经营等。还成立国家预防和打击吸毒及毒品活动协调工作委员会,制定打击吸毒和经营毒品领域的方针政策,建立和完善国家和社会防毒品扩散体系。为配合该委员会的工作,哈还成立国家吸毒人员治疗及社会问题科学实践中心,具体负责毒品滥用中的医疗、医治病情,开展禁毒科研工作。建立警犬训练中心、组织检查等行动,加强对边境毒品走私的监控。

为落实禁毒工作,2006 年,哈萨克斯坦制定《哈萨克斯坦共和国反吸毒行为和毒品走私战略(2006—2014 年)》,为该国的反毒战略明确方向,并于 2017 年将其纳入国家安全战略。在该战略中,哈萨克斯坦从五方面确立禁毒目标:在毒品问题的监测评估中取得良好效果;为吸毒者康复治疗和重返社会创造良好的条件;降低毒品非法流通及相关犯罪的数量；加强国家强力部门、地方自治部门和社会组织在预防吸毒行为方面的合作；加强哈萨克斯坦强力部门与相关国际组织之间在预防吸毒行为、吸毒者的治疗和康复以及与毒品走私斗争领域的合作。为实现该目标，哈实行三步走：第一步是 2006—2008 年，为降低毒品滥用及非法流通的增长速度，进而为将毒品扩散程度降低到对社会危害性最小的程度创造条件；第二步是 2009—2011 年，防止精麻药品在哈萨克斯坦人民当中危险的潜在增长；第三步是 2012—2014 年，继续建立完善国家和社会防止毒品滥用及非法流通行为的完备有效的体系等。2016 年，在哈出台的国家医疗计划中，还专门设立实行减少需求和戒毒治疗的项目，来进一步强化禁毒工作。

随着哈萨克斯坦执法措施的落实，加大打击毒品方面的力度。在哈前总统纳扎尔巴耶夫的号召下，哈在阿斯塔纳等城市连续开展一系列的"无毒品城市"活动，其主题是"减少需求、戒毒治疗和打击贩毒"，并由哈政府每年拨款 800 万美元，责成哈国家安全委员会和内务部联手打击吸毒和毒品贸易。[1] 还开展诸如"罂粟行动"打击专项行动，该行动为哈年度禁毒专项行动，采取多部门联动机制，一般在每年 6—10 月举行，主要打击对象是大麻、海洛因和罂粟原植物等。经过哈不懈努力，其成效逐步显现。据不完全统计，在 1997—2006 年间，哈缴获鸦片类毒品分别为 1043 公斤、347 公斤、224.5 公斤、398.4 公斤、173 公斤、181.3 公斤、899.5 公斤、810.5 公斤、1294.5 公斤、1191.4公斤，累计缴获各类毒品达 6563.1 公斤。2008—2017 年间，哈萨克斯坦执法部门缉获罂粟分别为 68 公斤、127 公斤、105 公斤、90 公斤、30 公斤、2 公斤、8 公斤、298 公斤、5 公斤，总计 733 公斤。[2] 2018 年

---

[1]  Alisher Latypov,"Understanding post 9/11 drug control policy and politics in Central Asia,"*International Journal of Drug Policy*,Vol. 20,2009,pp. 387—391.

[2]  《2019 年世界毒品问题报告》,http://www. nncc626. com/2019-06/15/c_1256442126. htm,登录时间:2020 年 6 月 5 日。

哈执法机构抓获 9 个贩毒组织,缴获 18900 公斤毒品,其中包括 55.3 公斤海洛因和 740 公斤大麻。从缴获力度看,无论是哈缴获毒品的总量还是年均增长量,都呈现出放大的趋势,表明哈对国内毒品走私贩运的整治措施得力,毫不手软,显示出哈对本国毒品打击力度不断加强的态势,极大维护其国内的社会秩序。

不仅如此,哈萨克斯坦缉毒机构还加大打击毒品犯罪的执法,"像对待毒品一样对待吸毒者,严厉控制和遏制吸毒者"[①],通过法治手段,依法惩治毒品犯罪活动。统计数据显示,1994 年,哈警方抓获涉毒犯罪人员人数为 9600 人,每百万人中与毒品有关的犯罪案件有564 起,1996 年上升到 1193 起,1997 年因毒品犯罪人数为 14800人、1998 年为 17368 人、2002 年为 13313 人、2003 年为 12039 人、2004 年为 9748 人、2005 年为 9741 人、2006 年为 10423 人、2007 年为 10502 人、2008 年为 10065 人、2009 年为 9705 人、2010 年为 8795人、2011 年为 4360 人,[②]有效遏制国内涉毒犯罪势力的嚣张气焰。

（二）吉尔吉斯斯坦

吉尔吉斯斯坦在国家禁毒的制度建设上建立一整套禁毒机构。1993 年,吉成立国家毒品管制委员会,加强在国家禁毒计划、缉查、储存和销毁毒品等方面的工作。2003 年,在国家毒品管制委员会的基础上,吉组建国家毒品管制局,下辖国家协调委员会、社会援助和毒品依赖者康复中心、预防毒品学习中心等三大机构,负责制定国家禁毒政策,援助和治疗吸毒患者,预防毒品的宣传教育等,有效遏制该国的毒品泛滥。

从吉尔吉斯斯坦禁毒战略的长远着想,2004 年,吉政府制定《吉

---

① Alisher Latypov,"Understanding post 9/11 drug control policy and politics in Central A-sia,"*International Journal of Drug Policy*,Vol. 20,2009,pp. 387—391.

② Tomas Zabransky,"Post-Soviet Central Asia:A summary of the drug situation,"*International Journal of Drug Policy*,Vol. 25,2014,pp. 1186—1194.

尔吉斯共和国 2010 年前控制毒瘾、打击麻醉品非法流通的国家计划》战略,将该国的禁毒分成三步走,第一步是从 2005—2006 年,减缓该国的毒品扩散,以强化该国的国家和社会层面的禁毒能力,缓解吸毒行为和毒品非法流通的增长速度。第二步是从 2007—2008 年,保持该国毒情的稳定,完善和强化禁毒体系,保持毒情稳定,降低吸毒和毒品犯罪率。第三步是从 2008 年以后,阻止该国吸毒和毒品犯罪的发展,从而把该国吸毒和毒品犯罪各项指数从上升转为下降,以根本扭转该国毒品蔓延的趋势。同时,吉政府加大禁毒宣传尤其是对青少年的禁毒宣传的力度,同联合国毒品犯罪办公室的密切合作,开展禁毒宣传和预防教育工作,并同美国合作开展社区禁毒联盟项目,旨在提高治疗人员的专业能力,并教育青少年。2019 年,吉内务部禁毒局在比什凯克各主要夜总会举行禁毒宣传活动,效果明显。

吉尔吉斯斯坦这些措施的颁行,进一步整合吉政府的缉毒资源,使吉的禁毒向制度化和法制化的方向转变,推动该国禁毒治理的可持续性。一方面,吉禁毒机关通过开展一系列的缉毒行动,重拳出击,缉毒数量不断增加。据联合国毒品与犯罪问题办公室的统计数据显示,1997—2006 年的十年间,吉缴获鸦片类毒品的数量分别达到 1660 公斤、200 公斤、195 公斤、1610 公斤、630 公斤、400 公斤、185 公斤、580 公斤、370 公斤、590 公斤等,合计缴获量超过 6000 公斤,其缉毒总量和年度增幅都呈现稳步上升的态势。2008—2017 年间,吉尔吉斯斯坦执法部门缉获罂粟分别为 102 公斤、344 公斤、58 公斤、200 公斤、399 公斤、147 公斤、63 公斤、55 公斤、32 公斤,共计 1400 公斤,缉毒成效显现。[①] 另一方面,吉警方抓获的涉毒犯罪人员数显著增多。据不完全统计,1994 年,吉各地警方采取一系列的联

---

① 《2019 年世界毒品问题报告》,http://www.nncc626.com/2019-06/15/c_1256442126.htm,登录时间:2020 年 6 月 5 日。

合行动,在全国各地破获与毒品有关的犯罪案件为 553 起,1996 年增至 702 起,2003 年涉毒犯罪人数为 3101 人、2004 年为 2090 人、2005 年为 2565 人、2006 年为 2437 人、2007 年为 1996 人、2008 年为 1905 人、2009 年为 1887 人、2010 年为 1543 人、2011 年为 1924 人,[①]捣毁一大批毒品走私贩运的涉毒窝点和黑恶势力,净化社会空气,维护社会稳定。

（三）乌兹别克斯坦

乌兹别克斯坦的禁毒治理工作早在 1994 年就设立毒品管制国家委员会,负责制定和执行有关禁毒政策。在此基础上,乌又先后国家毒品管制信息和分析中心、国家毒品监控中心等机构,进一步完善该国的禁毒体系。乌国家毒品管制信息和分析中心,下辖特别执法部门和戒毒治疗机构。乌特别执法部门由国家海关委员会、地区政府社区代表、政府各机关主管部门组成,其职责主要是负责协调监控各部委的禁毒工作进展情况,综合分析毒品情报信息,开展与国际社会的交流合作。而戒毒治疗机构主要包括费尔干纳省戒毒治疗所、纳沃伊和吉扎克省戒毒治疗所等戒毒机构。乌国家毒品监控中心的职责是认真承担并履行在国际合作中规定的禁毒任务,铲除毒品种植,做好对年轻人的宣传教育、树立防范毒品观念和远离吸毒等。

与此同时,乌兹别克斯坦还制定《打击非法贩运和滥用毒品计划〈2007—2010 年〉》战略,从七方面阐明该国的禁毒设想,即降低该国的毒品需求,扩大吸毒者重返社会的服务体系;完善该国的护法机关及其他相关国家机关的体系;努力预防和根除该国的吸毒行为及相关违法行为泛滥的条件,加强戒毒医疗组织的条件;对该国非法使用毒品行为的泛滥加以监测;该国通过引入戒毒诊断治疗新技术来改

---

① Tomas Zabransky,"Post-Soviet Central Asia: A summary of the drug situation," *International Journal of Drug Policy*,Vol. 25,2014,pp. 1186—1194.

善戒毒服务;通过分析该国的具体执法情况,继续完善禁毒领域法律法规体系;该国积极参与国际禁毒合作等。2016 年,乌政府制定《乌兹别克斯坦共和国打击药物滥用和非法贩运综合措施方案 2016—2020 年》,进一步明确政府机构在打击非法贩运、减少需求、降低危害、完善立法等领域的责任,要求以内务部为核心,国家安全局、国家边防委员会、国家海关委员会共同担负打击毒品贩运的责任,同时成立专门的国家毒品管制信息和分析中心,主要负责监督政策实施、部门间协调、数据搜集和分析等职责。成立由国家毒品管制信息和分析中心牵头的跨部门工作组,探讨对刑法相关条款进行修订,以强化对新精神活性物质贩运的打击。

在乌兹别克斯坦政府各部门的共同努力下,乌的禁毒措施取得明显成效。从缴获毒品数量看,1997—2006 年的十年间,乌缉毒部门在全国各地先后缴获鸦片类毒品量为 2434 公斤、2188 公斤、3617公斤、2683 公斤、708 公斤、332 公斤、488 公斤、977 公斤、575 公斤、1298 公斤,查封和捣毁"乌伊运"等恐怖主义组织的数十间非法制毒和加工毒品的地下作坊,切断乌国内毒品走私团伙与外界的联系,从毒品源头上阻断阿富汗毒品流入乌的贩运通道。[1] 联合国毒品与犯罪问题办公室公布的数据显示,2008—2017 年间,乌兹别克斯坦执法部门缉获罂粟分别为 138 公斤、687 公斤、896 公斤、413 公斤、330公斤、336 公斤、406 公斤、205 公斤、363 公斤、188 公斤,共计 3962公斤。[2] 2018 年,乌执法机构共查获 1088 公斤毒品,其中包括766.2 公斤鸦片、251.7 公斤大麻、10.2 公斤海洛因,以及 348 克新型合成毒品,政策成效明显。从打击毒品犯罪活动看,乌强力部门通

---

① Nalin Kumar Mohapatra,"Political and Security Challenges in Central Asia: The Drug Trafficking Dimension,"*International Studies*,Vol. 44,No. 2,2007,pp. 157—174.

② 《2019 年世界毒品问题报告》,http://www.nncc626.com/2019-06/15/c_1256442126.htm,登录时间:2020 年 6 月 5 日。

力合作,严打国内涉毒犯罪活动,对涉毒犯罪分子起到震慑作用,仅在 2007—2011 年的五年间,乌警方就抓捕各类涉毒罪犯数量分别达到 9394 人、10174 人、8901 人、8854 人、8834 人,[①]打击乌国内的毒品犯罪活动。

（四）塔吉克斯坦

塔吉克斯坦的禁毒机构主要包括 1996 年成立的国家禁毒委员会和国家禁毒署,其目的是有效打击毒品犯罪,禁止鸦片、海洛因与其他毒品的流通贩卖,提高禁毒执法能力。1998 年,塔吉克斯坦成立禁毒专门机构——塔吉克禁毒处。在此基础上,1999 年,塔吉克斯坦正式成立国家毒品管制局,下辖行动处、医疗处、调查办公室、行政办公室、快速部署小组、信息分析处等机构,主要职责是重点打击非法贩运毒品、侦查毒品案件及塔政府各禁毒部门之间的工作等。塔内务部、边防、海关等各部门都具有禁毒职能。塔还成立流动禁毒队,加强巡查与监管、鉴别、搜捕、查获以及惩治非法贩运毒品组织,参与禁毒行动。2007 年,塔吉克斯坦出台《塔吉克斯坦共和国预防滥用和打击毒品非法贩运计划(2008—2012 年)》,强调政府加大力度打击毒品流通,禁止人们接触毒品吸食毒品,改善吸毒患者治疗服务条件,加强与国际组织的合作等,取得较好成效。同时,塔重视禁毒宣传工作,并在国际机构协助下在杜尚别及其他 4 个地区开设社区和家庭戒毒治疗项目,由塔卫生部负责运行。还开设 12 家美沙酮治疗中心,在监狱中也开设美沙酮治疗试点项目,从政策和措施等诸多方面展开禁毒行动,成效显著。

据联合国毒品与犯罪问题办公室的统计数据显示,在 1997—2006 年间,塔缴获鸦片类毒品数量分别达到 3516 公斤、1462 公斤、

① Hamidreza Azizi,"Analysing the Impacts of Drug Trafficking on Human Security in Central Asia,"*Strategic Analysis*,Vol. 42,No. 1,2018,pp. 42—47.

1978 公斤、6661 公斤、7903 公斤、5582 公斤、7971 公斤、7110 公斤、3449 公斤、3484 公斤,2017 年共缴获 3370 公斤毒品,2018 年共缴获 3110 公斤毒品,有效缓解塔国内毒品泛滥的尴尬局面。与此同时,塔警方也采取强硬手段,打击毒品犯罪活动,从 2002—2011 年间,先后抓捕涉毒犯罪人员数量分别为 1403 人、1118 人、864 人、763 人、726 人、775 人、687 人、796 人、816 人、927 人,对于维护塔国内的社会稳定有积极作用,同时也有效缓解阿富汗毒品流入中亚的压力。2019 年,塔警方侦破 582 起贩毒案件,累计缴获 1637 公斤毒品。[①]正如《2019 年世界毒品问题报告》所分析的那样,从阿富汗经中亚到俄罗斯联邦的"北部"路线的阿片剂贩运有所下降,2008 年,全球截获的吗啡和海洛因约有 10% 是在北线沿线国家缴获的,到 2017 年,这一比例已降至 1%。部分原因可能是目的地市场需求转向合成毒品,区域对策的效力提高也可能发挥了作用。[②]

(五)土库曼斯坦

土库曼斯坦禁毒由该国政府统筹,内务部、边防等部门共同协作,禁毒机构主要包括 1996 年成立的国家禁毒委员会,下辖打击毒品犯罪协调委员会、毒品情报信息搜索分析中心、相关部门的禁毒机构等,负责制定并执行国家禁毒计划、协调各部门之间的行动、制定相应的预防及医疗等措施、与国际禁毒组织交流禁毒工作等。还出台《打击非法流通和向吸毒人员提供毒品国家计划(2006－2010 年)》,共同打击毒品危害。还加强禁毒宣传工作,仅在 2017 年,土政府就组织两次公开销毁毒品的行动,土库曼斯坦 2006 年抓获与毒品有关的犯罪人数有 4000 人、毒品犯罪案件达 2102 起,取得较好效果。

---

① 《中亚国家积极应对安全挑战》,http://www.rmzxb.com.cn/c/2020-02-26/2527775.shtml,登录时间:2020 年 6 月 5 日。
② 《2019 年世界毒品问题报告》,http://www.nncc626.com/2019-06/15/c_1256442126.htm,登录时间:2020 年 6 月 5 日。

## 第二节　制度性区域禁毒安全合作

不言而喻,作为区域安全合作的载体,国家行为体在区域合作中扮演着重要角色。通常情况下,它们借助正式的或非正式的国际制度安排,来获取制度性权力,并通过区域多边合作平台,对地区和国家产生制度性权力的影响力,以便能够有效弥补国家行为体间的实力差距,更好运用低成本的外交策略来维护国家的安全利益。从这个意义上说,国家行为体的制度性权力是国家参与区域合作的根本动力和制度保障。一方面,制度性权力是国际制度赋予国家行为体的基本权力,任何国家一旦加入国际制度体系,都会自动拥有这一权力。另一方面,制度性区域合作的规范和规则,不仅可以约束国家行为体的行为,减少国家行为体间因实力非对等性造成的从属地位和边缘属性的控制,而且为各国在多边合作体内提供合法身份资格、投票权、议题设置和议事日程选择等进行讨价还价的场域,实现对其国家利益最有利的结果。因此,无论是区域性国际合作还是跨区域国际合作,制度性权力都已成为各国普遍认同的价值基础和实现方式,被广泛运用于禁毒合作等地区非传统安全合作机制当中。伴随冷战的结束,中亚国家利用制度性权力,在推动中亚"二轨制"禁毒安全一体化、参与上合组织多元禁毒共治、发挥在独联体中的制度性禁毒权力可持续性等区域和跨区域禁毒合作方面发挥重要作用,推动中亚禁毒合作安全的常态化。

### 一、推动中亚"二轨制"禁毒安全一体化

中亚一体化是中亚五国独立后、受地区主义影响,在中亚掀起的区域整合大戏。它发端于经济领域,经历由地区经济合作组织到中亚经济共同体、再到中亚合作组织的演变过程,后并入欧亚经济共同

体,最终形成统一的贸易互惠安排、自由贸易区、关税同盟、共同市场、经济同盟等多种制度安排。在此推动下,中亚各国间先后在经济、社会、外交和安全等方面建立一体化政策,并创立区域禁毒合作的"二轨制"制度安排,由此开启该地区禁毒合作的进程。作为区域禁毒合作的主体,中亚国家依托中亚一体化战略,充分发挥其在禁毒制度性权力上的优势,借助条约、协议和备忘录等一系列正式的或非正式的制度手段,在禁毒合作制度设计、禁毒情报交流共享、联合禁毒执法等方面各显神通,形成区域一体化的"二轨制"禁毒安全格局。

（一）借助中亚合作组织一体化来推进区域禁毒安全的双向互动

作为区域一体化的重要平台,中亚国家借助中亚合作组织来整合各国的禁毒资源、确立禁毒原则、协调禁毒立场,共同打击地区毒品犯罪。比如,1996 年,在中亚合作组织成立之初,各成员国就在该组织塔什干峰会上签署的关于对非法生产、贩运和滥用麻醉药品和精神药物监督方面相互谅解与合作备忘录中,针对地区一体化禁毒安全阐明立场,强调毒品问题已给中亚构成严峻威胁,首次提出要通过加强区域禁毒合作,共同打击该地区的毒品贩运活动。为推动中亚区域一体化禁毒合作的进程,该组织成员国在 2001 年共同签署《在打击恐怖主义、宗教极端主义和分裂主义、有组织犯罪以及其他危害签约国安全与稳定方面一致行动条约》,还进一步规范该地区禁毒合作的制度设计和行动方案,以应对非法毒品贸易和跨界恐怖主义扩散给该区域禁毒安全带来的挑战。

随着中亚合作组织并入欧亚经济共同体,中亚禁毒合作转由中亚对非法生产、贩运和滥用麻醉药品和精神药物监督方面相互谅解与合作备忘录签约国(简称中亚禁毒区域合作谅解备忘录签约国)取而代之,继续在该地区的一体化禁毒安全上发挥作用。这在 2019 年中亚禁毒区域合作谅解备忘录签约国塔什干峰会联合宣言中得以充分体现。该宣言不仅重申要加强区域禁毒合作、共同打击中亚地区非法贩运毒品、滥用毒品和精神药物的行为,而且还强调中亚的非法贩运毒品既破坏人类健康和福祉,也威胁该区域和国际社会的社会经济发展、安全和政治稳定。宣言呼吁在打击贩毒领域加强与国际组织特别是与联合国毒品和犯罪问题办公室合作的重要性等。乌兹别克斯坦外长卡米洛夫总结指出,只有整合世界范围的资源、经验和技术,才能在打击贩毒等领域取得进展。[①] 这些都彰显各国对打击非法贩运毒品、滥用毒品和精神药物的行为的区域一体化禁毒合作的高度认同和执著信念。

　　为增强中亚国家在区域禁毒"第一轨道"的话语权,各国在中亚合作组织中特别注重依托地缘优势,拓宽相互间禁毒情报交流共享的实现。中亚禁毒情报交流是各国禁毒部门依据本国的毒品情势而建立的情报信息协调机构,通常由一个高级别国家禁毒委员会组成,下设国家药物管制机构或国家药物协调和分析中心等日常行政协调机构,作为与他国相关机构的对口部门,其职能除制定禁毒政策和药物管制措施、控制毒品泛滥和减少药物中鸦片类的使用量外,还兼顾禁毒情报的收集、分析和交流共享的功能,以便更好为国家间禁毒合作提供支持。[②]

　　早在中亚国家独立初期,塔、吉两国就按照国际标准成立国家药物管制机构和与毒品有关的犯罪问题区域信息中心。随着中亚毒品问题的日益严峻,中亚其他国家也先后建立其国家药物管制机构和禁毒情报信息中心。作为区域禁毒合作的重要组成,禁毒情报是各国禁毒部门通过各种渠道和方法获取并经过分析、研判得出的用以指导禁毒工作的增值信息,其内容包括有关毒品违法犯罪的各类信

---

① 《中亚禁毒区域合作谅解备忘录签约国决定加强打击贩毒》,http://www.xinhuanet.com/world/2019-05/03/c_1124447128.htm,登录时间:2020年7月9日。

② Tomas Zabransky,"Post-Soviet Central Asia: A summary of the drug situation,"*International Journal of Drug Policy*,Vol. 25,2014,pp. 1186—1194.

息及对其进行分析研判后的成果,对掌握毒品犯罪动向、强化跨国禁毒侦查协作、防范国际范围内"控制下交付"的实施等具有决定意义。禁毒情报机构兼具有信息库和情报库的双向功能,在承担信息收集整理工作的同时,还担负情报的分析和研判工作等。1996年,哈、吉、乌三国签署禁毒情报共享协议。在该协议中,三国一致同意启动三国禁毒部门之间的禁毒情报合作,建立区域性禁毒合作的制度安排,开创中亚禁毒情报合作的新篇章。

为保证中亚禁毒情报合作的制度化,2006年,中亚五国在阿拉木图成立中亚禁毒信息协调中心,整合各国禁毒情报资源,健全中亚禁毒情报交流共享,以便进一步加强中亚国家在打击毒品生产和贩运方面的合作。乌兹别克斯坦外长加尼耶夫对此给予积极肯定,指出中亚国家是阿富汗毒品进入欧洲国家的重要通道,多年来深受由恐怖分子所支持的国际贩毒集团的危害,中亚国家护法机关每年都可缴获数以吨计的毒品。因此,要解决中亚地区毒品问题不能仅靠在毒品生产地周围建立安全防御带,还应对阿富汗经济进行深层次的结构调整。①

中亚禁毒信息协调中心在信息交流上通过扩大各国间禁毒情报合作,加强药物中使用鸦片类用量标准领域的协作,采取包括预防、发现、控制麻醉药品和精神药物等的联合应急行动在内的协调措施,强化在调整、改善、优化药物滥用监测系统,提升监测数据应用能力和水平等方面的协作。在禁毒信息管控上通过实施有效边境管控,交换涉毒人员情报信息,对跨国毒品犯罪开展联合调查等方式,共同防范国际贩毒组织活动,并积极构建安全、开放、合作的禁毒网络空间,加强各国禁毒信息安全综合保障体系的合作,打击利用信息通信

---

① 《中亚国家决定在哈萨克斯坦建立禁毒信息协调中心》,http://news.sina.com.cn/w/2006-02-09/09128162365s.shtml,登录时间:2019年12月2日。

网络进行毒品走私和毒资流向,提升各国禁毒合作一致行动的水平。

（二）以阿富汗毒品问题为突破口建立禁毒专门组织,发挥区域禁毒合作"第二轨道"的作用

鉴于中亚毒品问题的复杂性,中亚各国针对阿富汗毒品问题外溢特点,联合中亚周边相关国家组建区域禁毒"第二轨道"——中亚禁毒五国会议,与中亚禁毒一体化"第一轨道"遥相呼应,形成该地区禁毒合作的二轨制。这种围绕某一议题而形成的专门性禁毒合作组织,在中亚禁毒安全合作中不多见,反映出各国对地区毒品安全问题的高度关注。中亚禁毒五国会议是由塔吉克斯坦携手阿富汗、俄罗斯、伊朗、巴基斯坦等国共同建立的次区域禁毒合作组织。由于这些国家深受阿富汗毒品之害,阿富汗是世界鸦片的主要供应地,其鸦片产量占世界总量的 90%,俄罗斯约有 200 万人吸食源自阿富汗的海洛因,而塔吉克斯坦则是阿富汗毒品进入中亚的必经之地,伊朗和巴基斯坦也是阿富汗毒品流向欧洲和亚洲等一些地区国家的中转国,它们有强烈的禁毒合作意愿,都迫切希望加强区域合作来缓解本国的毒品安全压力,成立专门的中亚禁毒五国会议组织遂成为各国解决阿富汗毒品问题的不二选择。俄罗斯联邦麻醉品监管总局局长伊万诺夫指出,因阿富汗无法单独应对自身的毒品问题,五方合作显得尤为重要,共同行动有助于增强打击成效。[①] 该组织的宗旨是让中亚及其周边各国认清世界毒品问题对人们的安全、健康与福祉所造成的严重威胁,号召在恪守共同责任的基础上,加强相互间的安全合作,共同打击毒品生产、制作和贩运的活动。[②]

自中亚禁毒五国会议组织成立以来,各国在阿富汗毒品问题上

---

① 《建立中亚合作机制,加强人员培训情报交流》,http://roll. sohu. com/20101210/n301025738. shtml,登录时间:2020 年 7 月 10 日。

② 《中亚禁毒五国会议》,http://www. gzsjdg. cn/article. aspx? id＝3106,登录时间:2020 年 7 月 10 日。

积极开展合作,截至 2016 年,该组织已先后举办七届首脑峰会和论坛,就各方关注的阿富汗毒品现状及其影响进行交流与磋商,协调各方的禁毒合作立场,制定五国禁毒合作规制和行动方案,在合作关系、利益共享,风险共担等方面进一步拓宽中亚禁毒一体化的合作广度,以便在该地区形成更为紧密的、多向性的、内外联动的区域禁毒合作态势。与此同时,该组织还利用联合国毒品和犯罪问题办公室的国家、区域和全球综合方案,以及阿富汗、吉尔吉斯斯坦、塔吉克斯坦三国禁毒联合规划小组等平台,开展区域毒情调研和毒品检测分析,完善禁毒情报信息共享,保障信息传递的准确性,扩大中亚禁毒一体化的合作空间,以推动中亚毒品问题的彻底解决。[1]

中亚禁毒五国会议组织作为中亚禁毒合作的"第二轨道",在禁毒的培训和预警上不断提升各国联合禁毒执法能力,次区域禁毒合作初见成效。受到中亚经济不景气等诸多因素的影响,长期以来,各国间毒品犯罪集团盘根错节,暗流涌动,在阿富汗毒品贸易中兴风作浪、为所欲为,[2]使得该地区的各国政府在区域禁毒一体化中难以单独执行区域禁毒合作行动。因此只有开展区域联合执法,联手打击毒品走私贩运,各国才能根本解决长期困扰该地区的跨国毒品犯罪问题。乌兹别克斯坦国家安全局边防委员会官员坦言,鉴于阿富汗边境地区武装分子和毒贩的活跃,乌兹别克斯坦必须增强乌、阿边境防御,特别是加强情报侦查和技术能力的建设。[3] 从这个意义上说,如何加强各国联合执法的培训和预警建设,提高整体性应对非法跨国毒品贸易的水平,已成为次区域禁毒合作的关键所在。

---

[1] 《2019 年世界毒品问题报告》,http://www.nncc626.com/2019-06/15/c_1256442126.htm,登录时间:2020 年 6 月 5 日。

[2] Filippo De Danieli,"Beyond the drug-terror nexus: Drug trafficking and state-crime relations in Central Asia,"*International Journal of Drug Policy*,Vol. 25,2014,pp. 1235—1240.

[3] 张文伟:《上海合作组织禁毒安全合作》,《俄罗斯学刊》2016 年第 5 期。

比如,在禁毒培训上,各国通过"第二轨道"采用研讨会和讲习班、指导手册等多样化的形式,对各国的边防军人、海关人员和执法人员进行现代禁毒技术的培训,并成立专门的禁毒小组,加大对毒品犯罪的专项治理,提供专用的制服、车辆和先进技术设备等缉毒装备,提高他们在禁毒合作中的专业化技能和综合素质,为各国在统一禁毒法律法规、职责任务、预防措施和宣传教育等方面开展跨国禁毒合作提供支持,为有效联合禁毒执法奠定基础,打击毒品犯罪分子的器张气焰,显示"第二轨道"禁毒合作的良好社会效果。

在禁毒预警上,各国通过"第二轨道"制定协商一致的禁毒方案、区域禁毒执法计划、协调打击非法毒品贩运行动、支助各国政府的指导和技术援助、推动与有关禁毒机构共同努力以促进替代发展计划、研究、监测机制等一系列的禁毒预防措施,共同打击或防范本国的和跨国的贩毒组织实施的走私贩运毒品活动,追踪或阻止国内外贩毒集团之间的毒资流向和洗钱活动,禁止或取缔训练从事毒品制作和贩运行为人员的活动,全方位、多层次打击跨国毒品犯罪集团。据中亚当地媒体报道,自 2002 年以来,在俄罗斯和中亚国家的海关委员会和安全局的牵头下,各国的边防、海关及安全机构等部门先后三次在中亚地区成功举行代号"卡纳尔"的禁毒联合行动,实施跨国"控制下交付"缉毒行动,集中抓捕各类毒贩百余人,捣毁一批地下制毒窝点,以及数量众多的鸦片类毒品。① 从而提高各国禁毒一致行动的效率,维护国家和地区的安全秩序。

## 二、参与上海合作组织的多元禁毒共治

上海合作组织的前身是"上海五国"机制,2001 年,中、俄、哈、吉、

---

① Swanstrom Niklas,"Multilateralism and Narcotics Control in Central Asia,"*CFE Quarterly*, February,2005,pp. 5—11.

塔、乌六国元首共同签署《上海合作组织成立宣言》,成立上海合作组织。上合组织成立后,中亚各国从其国家切身利益密切相关的区域毒品问题出发,通过提供区域禁毒的治理理念、法律规范、议程设置和制度安排等区域公共产品,借助上合组织的多边禁毒合作机制,参与区域禁毒治理并发挥重要作用,确保地区国家禁毒合作的有效性。

（一）奉行合作打击地区非法贩毒优先方向和多元共治的理念

作为上合组织禁毒合作的优先方向,中亚国家在打击地区非法贩毒的认知上经过一个漫长发展过程。早在 20 世纪 90 年代的"上海五国"时期,各成员国意识到地区非法贩毒的危害性,开始就地区毒品问题表明立场,《上海五国阿拉木图联合声明》(1997 年)首次就本地区的非法贩毒活动发表声明,明确提出"上海五国"对该地区非法贩毒不能容忍,各国将采取措施,坚决打击从事任何形式的贩卖毒品和麻醉品及其他跨国犯罪活动。1999 年 8 月,"上海五国"成员国第四次元首会晤再次就地区毒品问题发表《比什凯克声明》,重申成员国共同打击毒品走私活动及其他跨国犯罪行为对地区安全的重要性,为地区国家形成打击非法贩毒的原则共识,遏制中亚地区毒品泛滥,成为该组织禁毒合作的根本保障。

随着阿富汗的毒品种植和加工成倍增长,毒品走私贩运愈发猖獗,对中亚地区禁毒安全构成严重威胁。上合组织成立后,中亚各国认识到加强地区禁毒合作、共同打击非法贩毒活动的紧迫性,《上海合作组织宪章》明确把打击地区非法贩毒确立为该组织的优先任务,强调成员国携手打击一切形式的非法贩卖毒品、武器和其他跨国犯罪活动以及非法移民的必要性,要求成员国在禁毒问题上积极加强合作,遏制国际贩毒集团走私贩运的嚣张气焰。同时号召成员国积极采取措施,对本国的走私贩毒组织和团伙给以重点清除,以配合上合组织的禁毒行动,维护地区禁毒安全。上合组织的这些原则表明该组织在禁毒认知上已从一般性的共同打击非法贩毒的名义表态,上升为区域禁毒合作和国内禁毒行动互动的综合禁毒观,为该地区禁毒安全合作指明方向。

中亚国家还在上合组织倡导跨地区禁毒合作的理念,主张国际禁毒的多元共治。比如,在 2015 年的上合组织成员国元首理事会上,中亚各国元首呼吁在加强禁毒合作作为维护地区安全与稳定的优先任务的基础上,保持与地区国家和国际社会的协调互动,通过各方开展打击非法贩运毒品及易制毒化学品的联合行动,提升执法部门人员水平、加强在监测和铲除非法种植毒品原植物方法与技术的研究和交流、减少毒品需求,提高应对各种非法贩毒紧急事态的能力。① 而《上合组织成员国首脑阿斯塔纳宣言》(2017 年)则明确成员国应以上合组织有关打击非法贩毒的协议、声明,以及联合国大会世界毒品问题特别会议成果在内的联合国公约和决议为基础,加强在打击非法贩运麻醉药品、精神药物及易制毒化学品等方面的务实合作和协调,共同应对非法贩毒的安全威胁与挑战,维护禁毒的综合安全深化对话与合作的多元共治认知。②

《上合组织成员国元首青岛宣言》(2018 年)则特别强调必须在打击毒品及易制毒化学品非法贩运包括网上贩运问题上制定共同平衡立场,继续执行以国际法准则和原则、联合国相关公约和上合组织文件为基础的现行国际禁毒体系,完善上合组织成员国禁毒部门领导人、高官、专家工作组合作机制,定期开展联合行动打击非法贩运麻醉药品、精神药品及其前体,采取有效措施防止合成毒品及新精神活性物质扩散。③ 而《上合组织成员国元首理事会比什凯克宣言》

---

① 《上海合作组织至 2025 年发展战略》,http://scochina. mfa. gov. cn/chn/zywj/t1492476. htm,登录时间:2020 年 8 月 3 日。
② 《上海合作组织成员国元首阿斯塔纳宣言》(2017 年 6 月 9 日),http://scochina. mfa. gov. cn/chn/zywj/t1492477. htm,登录时间:2020 年 8 月 3 日。
③ 《上合组织成员国元首青岛宣言》,http://qd. ifeng. com/a/20180611/6645773_0. shtml,登录时间:2020 年 8 月 3 日。

(2019 年)更是把非法种植、生产、贩运、扩散麻醉药品、精神药物及其前体视为对地区国家安全与稳定、人民健康和福祉的严重威胁,强调进一步采取措施建立有效工作机制,共同应对毒品威胁,禁止麻醉药品、精神药物及其前体的种植、生产和非法贩运的重要性。[1]

上述上合组织一系列宣言和声明充分说明,中亚国家参与上合组织禁毒理念的养成并非权宜之计,而是地区毒品问题日趋严峻形势下的客观使然,是地区各国共同打击非法贩毒势力、遏制国际贩毒组织和毒品走私团伙对地区禁毒的安全威胁、维护地区社会稳定的真实写照。上合组织秘书长阿利莫夫指出,上合组织成员国在打击毒品犯罪方面取得的成就提升上合组织的地位和国际影响,使上合组织和其他国际上有影响力的禁毒机构,比如联合国毒品和犯罪问题办公室开展合作,各成员国的专业素养和合作精神将加强上合组织和其他禁毒国际组织的合作,也向全世界展示其如何打击毒品犯罪。[2]

（二）注重区域禁毒合作的法制化建设

中亚国家在推动上合组织禁毒合作过程中非常重视法制化建设。2003 年,在杜尚别召开的上合组织禁毒专家会议上,各成员国代表围绕区域禁毒合作的法制化问题展开讨论,就上合组织多边禁毒合作协议草案达成共识,为该组织制定区域性禁毒合作法规打下基础。在中亚各国的共同努力下,2004 年,上合组织成员国元首在塔什干签署《上海合作组织成员国关于合作打击非法贩运麻醉药品、精神药物及其前体的协议》(简称《禁毒合作协议》)。该协议是根据各方采取有效措施打击非法贩运麻醉品及其前体的共同意愿、遵循

---

① 《上海合作组织成员国元首理事会比什凯克宣言》,https://www.guancha.cn/internation/2019_06_15_505682_3.shtml,登录时间:2020 年 8 月 3 日。

② 《公安部禁毒局副局长魏晓军:上合应成立禁毒常设机构》,https://www.dzwww.com/xin-wen/guojixinwen/201806/t20180608_17465714.htm,登录时间:2020 年 8 月 12 日。

本国法律和公认的国际法原则和准则为前提形成的区域禁毒合作法律文本。它以对涉及麻醉品及其前体流通的所有形式的活动实行国家管制、对涉及非法贩运麻醉品及其前体的违法行为予以惩罚、优先采取措施预防吸毒及与非法贩运麻醉品及其前体有关的违法行为、国家支持对吸毒成瘾者的脱瘾治疗及医学和社会康复的新方法开展科学研究等为原则，通过各自国家法律规定，来明确非医疗使用麻醉品责任，作为防止吸毒和减少麻醉品需求的预防性手段。该协议作为上合组织禁毒合作的法律文本，协议从内容、形式、实施主体、各自权利与义务、合作程序等方面详细规定各成员国间禁毒合作的法律框架，为该组织的禁毒行为规范提供可操作化的法律依据，确保中亚禁毒安全合作法制化的效力。

在内容上，《禁毒合作协议》明确各成员国在分析与非法贩运麻醉品及其前体有关的犯罪状况；对麻醉品及其前体的流通实行严格管制；采取协商一致的措施，落实有关打击非法贩运麻醉品及其前体的公约和其他国际条约的各项规定；组织各方主管机关在打击非法贩运麻醉品及其前体方面开展合作；制定防止吸毒和非法贩运麻醉品及其前体的联合计划；完善各方打击非法贩运麻醉品及其前体合作的法律基础，根据国际条约调整该领域的国内法律；预防吸毒，研究和运用对吸毒成瘾者进行治疗以及社会和医学康复的新方法；禁止做导致吸毒蔓延的宣传和广告等方面积极开展禁毒合作。①

在形式上，《禁毒合作协议》强调各成员国应以在所有在各方领土上已经实施或准备实施的非法贩运麻醉品及其前体的犯罪行为；与非法贩运麻醉品及其前体有关的犯罪嫌疑人；从各方中的一方领土向另一方领土非法运输或准备运输麻醉品及其前体的具体事实和

① 《上海合作组织成员国关于合作打击非法贩运麻醉药品、精神药物及其前体的协议》，https://www.fmprc.gov.cn/ce/cgvienna/chn/drugandcrime/drugs/mwh/t229272.htm，登录时间：2020 年 8 月 5 日。

经过；参与非法贩运麻醉品及其前体的带有跨国性质的犯罪集团的机构、人员名单、活动范围、管理和联络情况；个人与在各方领土上实施非法贩运麻醉品及其前体的犯罪团伙接触或可能接触的情况；有关非法贩运麻醉品及其前体犯罪活动的形式和方法；将非法贩运麻醉品及其前体获取的收入合法化的活动（洗钱）；发现流入非法贩运渠道的麻醉品及其前体来源的形式和方法以及制止其非法贩运的措施；违法者对非法贩运的麻醉品及其前体所采用的藏匿和掩护的手法及查缉方法等有关防止非法贩运麻醉品及其前体问题的情报交换。同时还可通过应对方要求采取专业侦查措施；采取措施在反对非法贩运麻醉品及其前体方面相互协作，包括进行控制下交付；通过举行会议和研讨会等方式交流工作经验；交换防止非法贩运麻醉品及其前体方面的法律和法规及其执行情况的材料、统计数据及方法建议；培训和提高相关人员的职业素质；提供物资技术和咨询帮助，协助举行专家鉴定；就打击非法贩运麻醉品及其前体问题共同开展科学研究；必要时交换收缴的非法贩运的麻醉品及其前体的样品和研究结果；根据各方参加的国际条约的规定提供司法协助；就在合作过程中产生的问题进行协调，包括成立工作组和交换代表，以开展侦查等活动；吸收非政府组织和公民参与防止吸毒活动蔓延，发展社会医疗戒毒机构网点等各种形式，加强地区国家间的禁毒合作。①

　　不难看出，《禁毒合作协议》的签署，使中亚地区和国家间的禁毒合作日益规范化，并朝着禁毒法制化的方向拓展。比如，2011年的《2011—2016年上海合作组织成员国禁毒战略》及其《落实行动计划》，2013年的《〈2011—2016年上合组织成员国禁毒战略落实行动计划〉2013—2014年措施计划》，2015年的《〈2011—2016年上合组

---

① 《上海合作组织成员国关于合作打击非法贩运麻醉药品、精神药物及其前体的协议》，https://www.fmprc.gov.cn/ce/cgvienna/chn/drugandcrime/drugs/mwh/t229272.htm，登录时间：2020年8月5日。

织成员国禁毒战略落实行动计划〉2015—2016 年措施计划》和《上合组织成员国元首关于应对毒品问题的声明》,2018 年的《2018—2023年上合组织成员国禁毒战略》及其落实行动计划和《上合组织预防麻醉药品和精神药物滥用构想》等。这些禁毒法律文本涵盖应对阿富汗毒品威胁、禁毒预防教育、戒毒康复、国际合作、打击非法贩毒分子犯罪等领域的相关措施及落实,完善上合组织禁毒合作的法律体系。

（三）参与区域禁毒合作协商机制的联动

为落实上合组织成员国领导人达成的各项制度安排,中亚国家积极参与上合组织成员国禁毒部门领导人、高官、专家工作组的多头联动,构建该地区禁毒合作的三级禁毒协商机制,展开禁毒安全合作的一致行动。2006 年,上合组织成员国在北京召开的缉毒执法研讨会上,中亚各国禁毒部门领导人针对阿富汗毒品问题提出加强堵源截流、增设查缉点以加大查缉力度、在边境地区加强缉毒执法合作、加快情报交流机制建设、建立各国缉毒执法联络员制等的各项主张,得到成员国的一致肯定。2009 年,在上合组织成员国禁毒部门领导人的莫斯科会议上,各方同意建立上合组织成员国禁毒部门高官会议机制,在领导人会议框架内成立法律基础、缉毒执法、易制毒化学品管制及减少需求等四个专家工作组,制订《上合组织成员国2009—2014 年禁毒战略》草案,商定在上合组织框架内建立禁毒协调机制,启动该地区禁毒合作协商机制的进程。经过中亚各国的共同努力,逐步形成以禁毒部门领导人会议机制核心,辅以禁毒部门高官会议机制和专家工作组会议机制的上合组织禁毒合作协商机制。

在禁毒部门领导人会议机制上,通过制定、规划和部署区域禁毒合作的总体安排,落实成员国领导人签署的各项协议的执行情况,赋予上合组织常设机构禁毒职能,统筹地区和国际禁毒合作。比如,在2009 年的上合组织禁毒部门领导人会议上,各方制定《2009—2014年上海合作组织成员国禁毒战略》草案,部署具体禁毒领域合作方向

和联合禁毒执法合作。2011 年,上合组织禁毒部门领导人会议制定
《2011—2016 年上海合作组织成员国禁毒战略》草案,确立在打击麻
醉品非法贩运、毒品预防和戒毒康复领域的共同方向。2012 年,上
合组织禁毒部门领导人会议同意赋予上合组织常设机构禁毒职能,
统筹协调成员国各领域的禁毒合作,支持上合组织参与国际和地区
禁毒事务,加强与联合国毒品和犯罪问题办公室、国际麻醉品管制局
等国际和地区禁毒组织的合作。与此同时,该领导人会议还拟定《上
合组织成员国禁毒部门高官会议工作规则》及法律基础、缉毒执法、
易制毒化学品管制、减少毒品需求四个专家工作组的工作规则等,确
立高官会议机制和专家工作组会议机制的职责和工作范围,推动各
机制展开务实合作。①

　　2013 年,上合组织禁毒部门领导人会议规划《〈2011—2016 年
上合组织成员国禁毒战略落实行动计划〉的 2013—2014 年措施计
划》纲要,有步骤、分阶段地落实国际和地区禁毒合作,共同打击阿富
汗毒品贩运,更好解决"金新月"的毒品问题。俄罗斯联邦麻醉品监
管总局局长伊万诺夫表示,阿富汗毒品问题是对上合组织各成员国
公民健康和安全的头号威胁,同时阿富汗毒品问题为恐怖分子、分裂
分子的破坏活动提供资金保证,是影响政治的一个危险因素,在上合
组织常设机构增加禁毒协调职能,能够在交换情报以及采取一致策
略禁毒上提供更多的帮助。2015 年,上合组织禁毒部门领导人会议
重点讨论合作打击毒品非法制造和流通问题,以及《2011—2016 年
上海合作组织反毒战略(落实行动计划)》的落实问题。2018 年,上
合组织禁毒部门领导人会议制定《上合组织预防麻醉药品和精神药
品滥用构想》草案,支持按程序将其提交上合组织成员国元首理事会

---

① 《上合组织成员国禁毒部门领导人举行第三次会议》,http://news. sohu. com/20120402/
　　n339667270. shtml,登录时间:2020 年 8 月 13 日。

会议批准；支持各专家工作组加强在毒品案件情报交流、易制毒化学品管控、减少毒品需求和完善法律基础领域的合作；重申将坚定维护现行国际禁毒体制，维护联合国三大禁毒公约权威，反对毒品合法化，以构建上合组织禁毒命运共同体和利益共同体。①

在禁毒部门高官会议机制和专家工作组会议机制上，通过上合组织成员国禁毒部门高官会议，各成员国针对打击非法贩毒合作的现状和前景等议题进行交流与磋商，达成广泛共识，为上合组织禁毒部门领导人会议制定各种禁毒合作的战略构想提供有力支撑。而专家工作组会议则是按照禁毒部门领导人会议的部署安排，在禁毒法律基础、缉毒执法、易制毒化学品管制、减少毒品需求等领域组建专家工作组，各专家组按专业分工开展工作。比如，在易制毒化学品管制专家工作组会议中，各方主要在各成员国的边境地区开展的易制毒化学品联合监督行动及成果、就打击非法贩运易制毒化学品、防止易制毒化学品流入卫生、食品领域等问题交换意见，拟定相关合作方案，深化务实合作。

显然，上合组织禁毒合作协商机制的建立，不仅为各成员国参与国际和地区禁毒合作的制度安排提供平台，充分发挥各国在地区禁毒安全的能动作用，维护各国国家利益，而且也拓展各国间的交流合作，禁毒合作成果斐然。

比如，中国为上合组织成员国设立"上海合作组织禁毒研究班项目"，邀请各成员国的禁毒官员共同参与研讨各国毒品滥用现状、各国或地区打击毒品犯罪情况、各国应对毒品犯罪的法律法规、"金三角"地区禁毒做法、上合组织框架内国际禁毒合作机制等问题，加深各成员国禁毒部门之间的了解，有利于进一步推进上合组织框架内

① 《上合组织成员国禁毒部门领导人第八次会议达成四项共识》，http://www.dzwww.com/xinwen/guoneixinwen/201805/t20180517_17382806.htm，登录时间：2020 年 8 月 13 日。

禁毒合作机制的建设。中国先后为哈、吉、巴、塔、乌举办双边禁毒执法培训班 19 期,283 名执法官员参训。先后举办上合多边禁毒培训班 4 期,69 名学员参加学习。中国国家毒品实验室与各成员国在实验室建设、科研能力、服务实战水平、毒品样品交换、毒品检验鉴定等方面开展合作,为各成员国毒检专家来华短期跟班作业,人员培训和技术支持。①

另外,中国同哈萨克斯坦签订《关于打击犯罪的合作协议》(2005年),就打击贩运毒品和跨国犯罪等进行交流协作,建立和完善沟通对话机制、情报交流机制、联合行动机制、执法能力培训机制和定期联演联训机制等,在禁毒合作上不断强化信息交换、执法互助合作,共同打击跨国毒品犯罪活动;中、吉两国通过签署《关于打击恐怖主义、分裂主义和极端主义的合作协定》(2002 年)和《中吉移管被判刑人条约》等,加强在禁毒执法司法领域的合作关系。两国通过举行代号"团结——2016"联合执法行动、中吉边防部门举行联合反恐演习(2017 年),共同打击该地区的毒品犯罪活动。两国在中国武警指挥学院举办《国民卫队建设与管理》研修班(2018 年),在上海等地举办"内务部禁毒执法培训班"等形式,加强两国警务部门间的禁毒合作;中、塔两国通过签订《关于禁止非法贩运和滥用麻醉药品、精神药物和管制化学品前体的合作协议》(1999 年)和两国引渡条约与移管被判刑人条约(2014 年),确立双方禁毒合作的法律框架。两国警务部门通过开展打击跨国毒品犯罪联合查缉行动(2014 年),举办培训研修班、援建塔吉克斯坦禁毒部门办公楼、提供毒品实验室设备等,提高双方禁毒合作的水平。中、乌两国通过签署《关于打击恐怖主义、分裂主义和极端主义的合作协定》(2003 年)和参与上合组织元首理

---

① 《公安部禁毒局副局长魏晓军:上合应成立禁毒常设机构》,https://www.dzwww.com/xin-wen/guojixinwen/201806/t20180608_17465714.htm,登录时间:2020 年 8 月 12 日。

事会、安全会议秘书会议和禁毒部门领导人会议等合作机制,加强双方的禁毒合作。

此外,上合组织积极开展与阿富汗的禁毒合作。2009 年,上合组织与阿富汗政府合作,成立上海合作组织——阿富汗联络小组,并签署《上海合作组织成员国和阿富汗伊斯兰共和国打击恐怖主义、毒品走私和有组织犯罪行动计划》,共同开展禁毒合作,有效缓解中亚地区的毒品威胁。2013 年,中、阿两国签署引渡条约,加强双方在禁毒司法的合作。两国还通过举办培训班,为阿富汗培训禁毒执法人员。通过深化上合组织——阿富汗联络小组的外长机制,推进区域禁毒合作。

### 三、在独联体中发挥制度性禁毒权力的影响力

冷战后,作为独联体的重要组成部分,中亚国家从自身的国家利益出发,通过独联体的区域禁毒合作机制、集体安全条约组织的禁毒框架等,在地区禁毒事务中发挥独特的制度性权力影响力,推动中亚地区禁毒合作的有序发展。

（一）利用独联体平台着力构建禁毒法律、政策和议程设置三位一体的合作机制

中亚国家在推进区域禁毒合作中倡导禁毒法律的制定和实施。早在 1996 年独联体成立初期,中亚各国与其他成员国一道通过《联合打击有组织犯罪行动纲要》,用以指引各成员国共同打击地区恐怖主义、非法毒品走私贩运等各种危害地区安全的有组织犯罪活动,成为独联体成员国禁毒合作的纲领性文件,为地区禁毒合作的制度安排奠定合法性基石。在此基础上,为确保区域禁毒合作法制化的有序推进,中亚国家通过与独联体其他成员国签署一系列的禁毒协议、纲要等合作框架,完善打击非法贩毒、跨国毒品犯罪、毒品样品移交程序的制度性法律体系。比如,在打击区域性毒品走私贩运上,独联

体的《打击毒品走私协议》(2000年)从禁毒合作的原则、方向和方式等方面详细制定成员国的法律规范,明确各成员国禁毒主管部门之间联系沟通的权限,以及相互请求援助的司法程序,规定成员国定期交换禁毒业务信息、协调抓捕非法贩毒行动、及时交换贩毒罪犯资料和毒品、精神药品、麻醉药品及易制毒化学品样品工作、建立禁毒协作沟通制度,加强成员国边境口岸地区毒品堵源截流工作力度,共同打击毒品跨国犯罪活动等。在打击跨国毒品犯罪上,独联体的《2014—2016年禁毒合作纲要》(2014年)明确各国对禁毒法律援助、引渡毒贩程序等的实施细则,确保成员国间禁毒合作的有序开展。在有关毒品样品移交程序上,独联体的《毒品样品移交协议》(2011年)规定,成员国应通过法律途径对毒品样品进行对比分析,以鉴定毒品的产地和制毒方法、批次、贩运途径与方式等,使得成员国间毒品样品移交更加规范化。这些法律规范为独联体成员国的禁毒合作提供法律依据,成为其共同打击区域毒品走私和毒品滥用的坚强后盾。

中亚国家在区域禁毒合作政策措施的制定和实践上发挥积极作用。比如,在独联体的《2003—2004年打击犯罪活动纲要和同非法贩毒斗争的合作构想》(2002年)中,中亚国家针对地区毒品问题的特点,提出区域禁毒合作应从成员国联合制定预防毒品滥用措施入手,运用多样化手段扩大大众媒体参与反毒宣传力度,通过加强禁毒康复体系建设,共同研发生产新型戒毒药物和设备等,来确保区域禁毒合作。① 另外,在禁毒信息上,通过成员国间交换毒品犯罪信息、毒品及其前体的样本,丰富跨国毒品犯罪集团及其头目的信息库;在禁毒预防上,通过采取联合侦查、跟踪、特别行动和预防性活动,包括

---

① 《独联体峰会闭幕》,http://news. sohu. com/31/24/news203582431. shtml,登录时间:2020年8月12日。

运用控制下交付手段提供民事和刑事法律援助，协商制定预防毒品滥用措施，建立禁毒专门机构，并为其装备现代检测技术与识别装置；在禁毒管理上，通过分析毒品及其前体的泛滥情况、进程和后果，以及预防、侦察等缉毒行动效果分析，实施联合行动识别并销毁非法有毒作物；在禁毒合作交流上，通过加强成员国间禁毒经验交流，分享最新禁毒科研成果等，以推动成员国禁毒合作的进程。

中亚国家在议程设置上完善区域禁毒合作机构。通过在独联体设置成员国内务部长理事会、成员国边防军司令理事会、成员国国家安全和情报机关跨国委员会，构建独联体内务部长、边防司令和国安局长三位一体的区域性多边禁毒协商机制，在侦察、预防、惩治，以及禁毒信息安全综合保障等方面共同采取措施，加强成员国的内务、边防和安全的禁毒实力，共同打击地区非法贩运毒品的犯罪分子，提升禁毒合作一致行动的水平。不仅如此，中亚国家还支持设立独联体打击毒品犯罪中心和中亚反应小组等机构，制定落实独联体的禁毒战略以及协助商定成员国签署的各项禁毒条约和协议的草案工作，协调解决分歧；交换相关禁毒情报，共同打击非法贩毒的违法犯罪活动；加强与联合国、上合组织、国际刑警组织、亚信会议等国际和地区组织的密切合作，广泛建立禁毒网络，维护地区安全稳定。

（二）借助集体安全条约组织强化区域禁毒合作的持续开展

集体安全条约组织是冷战后独联体国家建立的军事联盟，该组织在其宪章中规定所有参与国不使用武力或以武力相威胁，成员国不加入其他军事联盟或其他国家集团，强调对某一成员国的侵略将被视为对各国的侵略。① 随着地区毒品问题的日益严峻，该组织启动成员国间禁毒合作进程。作为毒品问题的直接受害者，中亚国家

---

① 《Collective Security Treaty Organization》，https://military. wikia. org/wiki/Collective_Security_Treaty_Organization，登录时间：2020 年 8 月 1 日。

十分注重禁毒合作。基于其国家利益的需要,各国在制度设计和一致行动上积极参与集安组织的禁毒合作,形成政治与军事相结合的禁毒合作机制。俄罗斯学者柯娃琴娜指出,地区恐怖主义和毒品贩运已对各国的国家利益构成威胁,维护国家主权和领土完整,反对一切危害国际和地区安全的恐怖主义和极端主义、毒品贩运等,有助于地区各国根据其国家利益融入军事和政治结构。[1]

在制度设计上,中亚国家积极推动以集体安全理事会为主导、辅之于禁毒部门领导人协调委员会和反毒行动中心的区域性禁毒合作机制的建构。为缓解非法毒品走私对地区安全的压力,俄、哈、吉等集体安全条约组织成员国在集体安全理事会框架下设立禁毒部门领导人协调委员会和反毒行动中心,共同打击地区毒品犯罪活动。集体安全理事会作为集安组织的最高机关,由组织成员国国家元首组成,负责集体安全条约组织战略目标和活动原则的制定,通过该组织为实现战略目标和任务而制定的相关决定。比如,通过制定《2008—2009年集体安全条约组织成员国集体打击毒品走私措施计划》,明确规定各成员国的禁毒原则和方式,加强对边境防控、培训禁毒人员、交流禁毒情报等的合作。通过制定《集体安全条约组织成员国建立信息安全体系的集体行动纲要》,成立地区快速反应部队,明确快速反应部队维护安全和打击毒品犯罪的使命等。

而集安组织禁毒部门领导人协调委员会的主要职能是调节完善各国刑法、刑事程序法、行政处罚法等毒品犯罪相关法律;协调组织成员国禁毒部门的工作,与独联体、上合组织、中亚合作组织和其他组织和国家开展禁毒合作;研究禁毒意见建议,列入委员会研究议程;审查集体安全条约组织禁毒决议的执行情况;与其他国家的禁毒

---

[1]  Evgenia Klevakina, "Collective Security Treaty Organization in the Context of Member-states' National Interests," https://www. hse. ru/en/mag/vmo/2013-2/88619931. html,登录时间:2020年8月1日。

部门交流禁毒经验和信息;组织禁毒学术研讨活动;培训成员国禁毒部门缉毒人员、讨论区域内打击毒品走私联合行动计划等,优化成员国的警务、安全、海关和边防部门间的禁毒合作,拓宽它们在金融、信息等方面的情报交流。反毒行动中心的主要工作是整合组织内部禁毒资源,加强在边境、警务、安全、金融、信息等方面的交流,建立禁毒的预防和康复体系,协调各成员国快速反应部队的联合禁毒行动。

在一致行动上,中亚国家推进以联合军事演习为基础的禁毒合作常态化。中亚国家利用集安组织的集体快速反应部队、维持和平部队,以及中亚地区集体快速部署部队等军事力量,与有关国家一道通过"通道"、"雷霆"、"牢不可破的兄弟"、"协作"等一系列联合军事演习进行禁毒行动。为打击和封锁阿富汗进入中亚的贩毒路线的"北线"通道,从2003年始,俄、哈、吉等集安组织成员国每年就区域禁毒安全定期组织开展代号为"通道"联合禁毒军演,成效显著。据不完全统计,在2003—2011年间,集安组织在开展的"通道"系列联合缉毒行动中,共缴获毒品256吨,破获毒品犯罪案件近9万件,切断10多条毒品走私通道,收缴687件武器等,有效遏制阿富汗毒品在中亚地区的泛滥之势。为彻底阻断阿富汗毒品走私到欧亚地区,集安组织把联合缉毒军演从中亚扩大到欧亚。2012年,集安组织成员国首次进行代号为"通道——东方"的次区域联合缉毒军演,缴获毒品5000公斤,破获一批贩毒案。2013年,集安组织成员国进行代号为"通道——高加索"的禁毒联合军事行动,并邀请阿富汗、阿塞拜疆、伊朗、中国、芬兰等国的特警部门参加缉毒行动,缴获毒品超过12000公斤。2017年,集安组织进行代号为"通道——伏尔加边界"的联合缉毒军演,缴获鸦片2000公斤、大麻1480公斤、海洛因200公斤、新型合成药物17公斤等,抓捕一批贩毒分子,维护地区安全。

中亚国家还利用集安组织的集体快速反应部队参与"雷霆"系列禁毒合作。2012年,由俄罗斯麻醉品监管总局特警、内务部特种部队及塔吉克斯坦和吉尔吉斯斯坦禁毒部门的特种部队共同组成的集体快速反应部队,在集安组织禁毒协调委员会的统一部署下,开展代号为"雷霆——2012"联合实战缉毒,旨在加强该组织的快速反应部队在打击毒品犯罪团伙和切断毒品走私供应链方面的协调能力,提高运用装甲、航空装备和缉毒犬等特殊手段搜索、拘留、摧毁毒品犯罪集团的实际作战技能。为加强集安组织集体快速反应部队间的务实协作,2013 年,集安组织的集体快速反应部队特种部队和成员国禁毒部门的作战部队共同进行代号为"雷霆——2013"联合缉毒军演,共缴获鸦片 50 公斤、大麻 40 公斤、海洛因 4 公斤,以及一个藏有枪支和手榴弹的武器库,破获一批重大贩毒案件,掌握大量贩毒团伙的组织结构、地区分布,以及制毒实验室的供货与走私路线等线索,遏制毒品犯罪团伙的活动,封锁向地区国家走私毒品的"北线"通道。

集安组织的集体快速反应部队在 2014 年分别进行代号为"牢不可破的兄弟——2014"和代号为"协作——2014"的联合军演,缴获大量毒品,捣毁一批贩毒窝点。2017 年,集安组织成员国的维和部队和警察部队进行代号为"牢不可破的兄弟——2017"联合军演,通过在组织维和行动、集安组织维和部队指挥、平息与隔绝冲突、举行谈判、护送人道主义物资、巡逻及设置哨卡、消灭武装分子训练营、摧毁毒品犯罪团伙等演练,以强化集安组织成员国维和部队间的相互了解及协同作战能力。[1] 2019 年,集安组织成员国快速反应部队进行代号为"牢不可破的兄弟——2019"联合军演,重点是针对中亚在受到恐怖分子和贩毒集团的威胁下,演练和检验成员国武装力量的协同作战能力。[2] 这些联合军演不仅加深成员国间的相互了解和信

---

① 《牢不可破的兄弟情——2017 联合军演在哈萨克斯坦开幕》,http://www. xinhuanet. com//2017-10/16/c_1121812469. htm,登录时间:2020 年 8 月 3 日。

② 《集安组织"牢不可破的兄弟——2019"军演开始》,http://yn. people. com. cn/BIG5/n2/2019/1022/c378441-33458833. html,登录时间:2020 年 8 月 3 日。

任,提高协同作战能力和实战水平,而且还取得显著的社会效果,有力震慑贩毒团伙和恐怖分子,确保地区稳定。

## 第三节　中亚禁毒安全合作的局限性

当然,应该看到,中亚国家在禁毒安全合作的制度安排、合作对象、资金和技术等方面也面临诸多局限,制约其安全合作进一步发展。

### 一、在禁毒安全制度安排上欠缺高制度化且具有　　法律约束力的国际机制

尽管中亚国家在禁毒安全合作建构推动"二轨制"一体化禁毒合作、参与上海合作组织禁毒合作治理、发挥在独联体中的制度性禁毒权力影响力等区域和跨区域禁毒合作,推动中亚禁毒安全合作,扭转该地区安全合作制度稀缺的现实窘境。但由于中亚地区的复杂性,毒品犯罪团伙人数众多和毒品犯罪形式多元化,跨国性毒品犯罪分子借助高科技设备和专业技术人才进行高组织化的贩毒活动,毒品犯罪呈现隐蔽性趋势,各国在禁毒安全制度抉择上存在差异化的战略目标取向,乌兹别克斯坦先后两次退出集安条约组织、土库曼斯坦奉行中立政策而拒绝参与独联体和集安条约组织的禁毒合作等。这就使得它们在禁毒制度设计上更多借助多种手段建构不同类型的区域禁毒制度安排,其结果造成低层次制度的叠加和过剩局面,缺少制度的监督执行过程和审核机制结果,任何一种制度都难以超越或取代其他的制度安排而成为各国真正在国际禁毒安全合作中的主导力量。

这种碎片化的制度过剩所带来的直接后果,增加各国主要行为体之间的谈判成本,加剧其禁毒安全政策偏好的分散性和禁毒议程

设置功能的非对等性,无论是哈萨克斯坦禁毒委员会重点是收集资料、制定禁毒规划、协调各部门间的工作,塔、吉两国的禁毒署侧重于分析局势、禁毒执法及戒毒治疗的工作,还是俄罗斯的内务部与俄联邦麻醉品监管总局倾向于发挥强力部门的综合保障职能等,都很大程度造成各国间的禁毒合作低下、情报信息不透明、情报共享难以协调的窘况,阻碍地区禁毒合作质量的提升。

况且,中亚地区国家和国际组织之间仍然存在地区认同感缺失,在地区和国际合作的目标上有明显分歧,致使它们在国家战略的取向、地区和国际禁毒安全事务主导权等问题上看法相左。一些国家政府还把禁毒与打击地区恐怖主义相联系,片面认为通过打击本国的毒品犯罪来减少对毒品需求的做法,可能会增加俄罗斯和欧洲其他"目的地"国家的毒品压力。[1] 加之美国等西方国家借禁毒合作之机向中亚国家"输出民主"等,由此带来它们对禁毒安全认同的不确定性,影响区域和国际性的正式或非正式制度和惯例的形成。长此以往,势必导致大多数禁毒合作只停留在论坛、发表宣言及对话等软制度层面上,且把包容性规范作为合作的基础,缺少制度化程度高、有法律约束力的区域和国际机制,客观上削弱各类机制应有功能的正常发挥,增加各国对禁毒制度执行力的难度。

比如,上合组织的《禁毒合作协议》虽规定要求成员国分析与非法贩运麻醉品及其前体物品有关的犯罪状况等原则性条文,但各成员国未就协议与本国的相关立法和执法进行很好衔接,各国对毒品犯罪类型和刑事处罚的立法本身存在明显差异化,在毒品犯罪的量刑上,除吉、乌两国规定毒品罪犯可以用处罚金代替刑事处罚外,中亚其他国家均实施刑罚与罚金并处的规定。乌兹别克斯坦刑法还规

---

[1]　Alisher Latypov,"Understanding post 9/11 drug control policy and politics in Central A-sia,"*International Journal of Drug Policy*,Vol. 20,2009,pp. 387—391.

定在没有加重处罚情节的情况下,不以销售为目的非法毒品走私为非严重犯罪情节,处以三年以上五年以下有期徒刑。塔吉克斯坦刑法则认定不以销售为目的非法毒品走私属严重犯罪情节,应科以有期徒刑,吉尔吉斯斯坦刑法更是规定的毒品犯罪最高量刑为死刑。这势必导致各国相关部门在禁毒司法合作时,因语言、文化等差异性而对协议的理解偏差,以及在打击贩毒分子中出现执行程序的不一致性,面临死刑引渡问题和跨国案件的定罪问题,因而该协议在实践操作上有难度,无法有效执行。加之俄、塔等一些国家执法部门的警察直接或间接参与毒品交易①,随意降低持有毒品的刑事责任数额门槛,来增加"行动搜查活动中"抓获毒品犯罪的报告人数,以解决其"生存问题"和"增加腐败警察的目标"等②。这些都不利于各国间合作打击毒品犯罪活动的有序开展。

## 二、在禁毒合作对象上过度倚重利益攸关方的偏好

长期以来,中亚在禁毒安全合作对象的选择上,通常把地区的俄、哈、吉、塔等国家看作其利益攸关方和战略同盟者,并通过政府主导方式,在这些国家开展一系列的诸如边境管理、执法机构的能力建设,以及安全结构重组等禁毒合作,而忽视乌、土等国家的利益诉求。这对于本来就在禁毒的理念、经验、知识和技能等存在差异的国家行为体来说极为不利。

从中亚禁毒合作实践看,现存的区域性禁毒安全合作机制中,除上合组织已涵盖地区所有国家外,其他区域性禁毒合作组织都存在

---

① Latypov,"Drug dealers, drug lords and drug warriors-cum-traffickers: Drug crime and the narcotic market in Tajikistan,"(T. Dempsey, Trans.), Vilnius: Eurasian Harm Reduction Network,2011.

② DCA,"Tajikistan annual drug report(2005),"Dushanbe: The Drug Control Agency under the President of Tajikistan,2006,http://www. akn. tj/profil. htm,登录时间:2018 年 8 月 1 日。

着合作对象的不完整,乌兹别克斯坦还两度退出集安组织,土库曼斯坦长期游离在各种制度之外等,使得许多区域性禁毒制度安排达不到预期效果。随着全球禁毒治理理念和方式的转变,中亚各国的禁毒安全状况均发生明显变化,对有关警务、安全、海关和边防部门方面的禁毒提出更高要求。当面对跨国毒品犯罪问题时,各国狭隘国家利益意识,使得它们往往从本国利益而不是从他国和地区整体利益出发,来看待跨国毒品犯罪现象,从而限制各国区域禁毒的集体行动。比如,在处理同类毒品犯罪案件时,如果遇到毒品犯罪行为地与结果发生地分属不同国家,或不同国家因属地管辖和属人管辖竞合而使不同国家对同类犯罪案件都要求刑事管辖权等问题时,那么各国的国家主权管辖的不一致直接影响禁毒合作的可持续性。尽管各国间也试图通过举办联合培训班的方式,加强对执法人员的专业化训练,来破解这一困局,但许多培训都是临时安排的短期培训班,或是针对近期发生的典型毒品犯罪案例的培训,缺乏系统性和长效性,无疑制约中亚禁毒合作的持续展开。

另外,上合组织、集安组织等区域性国际组织对中亚禁毒治理的议程驱动,主要集中在利益攸关国家与军事关联的诸如为执法机构提供制服、车辆和设备,修复和翻修边境哨所,培训执法人员禁毒技术等传统禁毒安全,较少关注该地区的吸毒和艾滋病预防、减少毒品需求的干预措施,导致中亚各国在禁毒战略和资源配置上更偏好军事打击和武装执法而非对公共卫生的支持,因而未能触动中亚毒品犯罪团伙与地区毒品贸易联系的核心层面。① 一旦这些区域性组织削减或停止相关支持行动,各国的禁毒合作就会面临非法毒品走私贩运回潮的冲击,屡禁不止。对此,联合国毒品和犯罪问题办公室的

---

① Filippo De Danieli,"Beyond the drug-terror nexus: Drug trafficking and state-crime relations in Central Asia,"*International Journal of Drug Policy*,Vol. 25,2014,pp. 1235—1240.

毒品评估报告指出，中亚的任何禁毒结果都不可能在国际组织的政策和资金撤出后继续维持，提供的禁毒设备出现故障后就无法使用，培训投资因工作人员更替和轮调而流失，翻修后的基础设施形同虚设，无法对禁毒发挥任何作用。[①] 所有这些都难以适应复杂的区域毒品犯罪形势的发展需要。

## 三、各国的禁毒资金和戒毒技术严重短缺

经济全球化在为发展中国家提供机遇，通过参与经济全球化，发展中国家不仅为其自身发展提供必备的市场、资金、技术、人才等，而且还可在激烈的国际竞争中尽快提高本国民族工业的竞争力，促进经济现代化的同时，也使发展中国家面临挑战，受历史和传统局限，其社会发展的总体水平，较西方发达国家仍有较大差距，表现在生产力水平低下、经济结构单一、资金短缺、技术工艺落后、人才匮乏等，这无疑制约发展中国家的经济发展。中亚地区国家大多数属于发展中国家，由于他们在政治制度、社会经济等方面的滞后性，在经济全球化进程中处于被"边缘化"的窘境，直接影响其经济社会的发展。

尽管多数国家积极推进经济社会改革，并取得不少成效，但各国之间的贫富差距十分明显，除中国、俄罗斯的人均 GDP 突破 10000万美元的收入水平外，大多数国家的人均 GDP 不足 3000 美元。在这样的经济发展水平之下，许多国家对本国用于禁毒方面的资金投入不足，联合国开发计划署的调查报告显示，中亚国家用于禁毒等公共卫生方面的财政支出仅为 1%，[②]缺医少药的现象十分普遍。各国普遍缺少先进的缉毒技术和设备来培训缉毒警察和警犬，专业缉毒

① UNODC,"Thematic evaluation of counter-narcotics enforcement in Central Asia,"New York: United Nations, Independent Evaluation Unit,2007.

② Nalin Kumar Mohapatra,"Political and Security Challenges in Central Asia: The Drug Trafficking Dimension," *International Studies* , Vol. 44,No. 2,2007,pp. 157—174.

力量赢弱,加之他们的医疗技术落后,艾滋病等疫病研发、医治和防控能力有限,戒毒手段落后,除少数国家建立较为健全的禁毒等公共卫生财政投入机制和较完整的疫病防控体系外,大多数国家则乏善可陈。

比如,在中亚的艾滋病等疫病防控上,由于中亚国家公共卫生投入不足,长期以来,各国的医疗毒理学实验室缺乏相关设备和实验标准,无法系统收集艾滋病等疫病的准确数据,大部分吸毒治疗标准不符合世卫组织界定的现代有效成瘾吸毒治疗标准。虽然各国的国家艾滋病毒中心每年或每两年定期对本国的吸毒者等高风险群体的血液传播疾病进行普查,但因文化和宗教因素,普通家庭都试图掩盖与毒品有关的死亡,因而无法验证其行为和生物数据的真实性,给地区艾滋病等疫病的治疗和防控带来压力。[①] 据不完全统计,2005—2011 年间,中亚只有约 25% 的艾滋病毒感染者接受过抗病毒治疗,与艾滋病有关的死亡率增加 21%。[②]

在成瘾吸毒者的戒毒治疗上,中亚仍沿用前苏联传统的专门结核病医院长期住院的类鸦片替代疗法治疗方式,但限于对吸毒患者的护理服务、病人教育、艾滋病毒和药物滥用方案的转诊或整合,以及与能够提供住房和食品援助的社会服务相联系的局限,这种类鸦片替代疗法在哈、塔两国只有 0.1% 的吸毒者接受过戒毒治疗。[③] 而对于中亚日益严重的药物滥用和艾滋病毒感染现象,中亚除哈萨克斯坦的国家吸毒成瘾问题应用研究中心等少数几家戒毒康复诊所采用心理治疗、咨询及其他较新的社会康复和药物治疗相结合的方法

---

① Tomas Zabransky ,"Post-Soviet Central Asia: A summary of the drug situation,"*International Journal of Drug Policy*,Vol. 25,2014,pp. 1186—1194.

② Neil W. Schluger,"Tuberculosis, drug use and HIV infection in Central Asia: An urgent need for attention,"*Drug and Alcohol Dependence*,Vol. 132S,2013,pp. 32—36.

③ WHO,"Global HIV/AIDS Response,"*World Health Organization/UNAIDS/UNICEF*,Geneva,2011.

外,大部分戒毒康复机构的治疗设施简陋、治疗过程管理不到位[①],许多毒品成瘾的艾滋病患者因得不到及时治疗而死亡,从而导致艾滋病毒的大面积传播。世卫组织的统计资料显示,除哈萨克斯坦约30％的艾滋病患者、乌兹别克斯坦28％的艾滋病患者、塔吉克斯坦16％的艾滋病患者接受过抗逆转录病毒疗法外,中亚地区大部分吸毒者和共同感染艾滋病毒者的群体没有接受这种疗法。[②]

中亚在艾滋病等疫病防控和成瘾吸毒者戒毒治疗等方面暴露出的上述问题,既与中亚国家的经济社会发展状况相关联,又与中亚地区复杂的禁毒环境密不可分。其结果造成各国的禁毒资金和技术资源难以进行有效整合和合理配置,普遍存在地区合作中的搭便车现象。正如一些学者所指出的,在需要国家大力投入的禁毒等公共卫生领域国际社会呈现出南北两极分化的局面,发达国家和发展中国家分野明显。发展中国家禁毒公共卫生体系不健全、资金技术处于劣势,国内禁毒公共卫生状况堪忧,这种公共卫生问题带来的危险是全球性的。[③] 倘若这种局面不能得到扭转,势必会影响区域性禁毒合作的可持续性。

## 第四节　中亚禁毒安全合作机制的常态化

不言而喻,中亚禁毒安全合作在改变区域碎片化的禁毒资源格局方面发挥关键作用,对于促进各国间禁毒资源合理配置、提高使用效率、防控地区毒品泛滥和艾滋病等疫情的发生等具有深远影响。

---

① "Drugs and demons,"www. thelancet. com, Vol. 364, July, 31, 2004,登录时间:2018 年 8 月 3 日。

② WHO,"Key Facts on HIV Epidemic in Tajikistan(Kazakhstan and Uzbekistan) and Progress in 2011," World Health Organization/Regional Office for Europe,Geneva,2013.

③ 罗艳华:《试论"全球卫生外交"对中国的影响与挑战》,《国际政治研究》2011 年第 2 期。

中亚在禁毒合作上形成以中亚"二轨制"一体化禁毒合作、上海合作组织禁毒合作治理、独联体的制度性禁毒合作为核心的多边协商机制已取得显著成效。为应对日趋复杂的区域禁毒治理环境,各国需从以下方面进一步优化区域禁毒合作机制。

## 一、增强各国间的相互理解和信任

中亚应迅速启动地区各国对禁毒的多边对话与协调,以多边合作机制带动双边对话,畅通与各国的对话平台,提高禁毒合作的层级水平。完善各国在海关检疫、航空管制、旅行安全、灾难救助等方面合作机制,促进相互平等信任和互利合作关系发展;发挥地区众多非政府组织、跨国公司和其他社会力量的广泛参与的作用,构建"多元伙伴关系"①,积极吸纳它们参与地区和全球的禁毒治理建设,共同探讨和协商解决中亚地区所面临的各种禁毒安全问题;广泛开展与各国主流媒体的交流与合作,在积极宣传禁毒成效的同时,适当邀请一些世界知名媒体有组织参观各地的禁毒现场,客观真实报道各国禁毒故事,掌握禁毒舆情的国际话语主动权,正确引导各国民众禁毒防控政策的舆论导向和科普知识的宣传工作,保证各国公民的人身和财产安全。

## 二、积极探索制定适合禁毒实情的区域性制度安排

中亚国家应组织召开区域和国际禁毒的各国领导人特别会议,提出区域禁毒治理的新战略,为地区合作机制运转提供法律保障,进一步提升各国在地区和国际禁毒安全事务中的话语权和影响力。以《麻醉品单一公约》《精神药物公约》和《联合国禁止非法贩运麻醉药品和精神药品公约》等国际公约为宗旨,通过协调各方立场,制定《中

---

① 张蕴岭:《国际公共安全治理,能从新冠疫情中得到什么启示》,《世界知识》2020 年第 7 期。

亚禁毒安全合作协定》,明确各方的权利与义务关系,提高禁毒的集体应变能力。在禁毒安全合作的原则上,以相互尊重主权、互不干涉内政、维护地区秩序、促进共同发展为原则,以机制高效、合作全面、互相协调、功能整合为行动准则,彰显平等性和公正性;在禁毒安全合作的规范上,合理规定各成员国享受的平等参与权、知情权、享受合作成果权、接受帮助权等权利,并明确其履行的诸如快速和透明地进行疫情通报、适当预防与控制、对国际交通施加最小干扰、为提出要求的国家调查和禁毒提供支持等义务;在禁毒安全合作的组织上,通过设立各国禁毒部门高官委员会,统领各国禁毒合作事宜,协调各国立场,拟订有关禁毒的方针、政策和措施,为协调各国间禁毒安全合作关系发挥桥梁和纽带作用。

## 三、充分发掘各国的禁毒资源潜力

中亚国家努力挖掘其缉毒资源,创新合作路径,促进区域禁毒治理的协调发展。支持各国的缉毒建设,加快禁毒专业人才培养;根据毒品的防控需要,密切国家间禁毒技术合作与信息交流;加大各国政府资金投入,拓宽民间资本的融资渠道,充分利用自身缉毒优势,组织研发和推广具有知识产权的缉毒技术。同时,加大吸毒感染艾滋病等疫病研发专项基金的投入,汇集优秀医学专家,共同研究、开发和储备新的防控技术,改变防治技术长期落后的困扰;定期组织各国有经验的专家学者,联合开展对艾滋病等的流行病学、病原学、临床诊断与治疗、传统医学及替代医学等方面调查研究,掌握艾滋病等流行病的传播规律,增强对疫病的风险防范、早期预警和应急处置能力;开辟病毒研究的"绿色通道",实现各国的实验室资源共享机制;按照普惠制原则,及时向有关国家提供力所能及的技术援助和技术转让,强化受援国对疫病防控的自救能力等。

## 四、以积极姿态保持与国际社会的沟通与交流

中亚应建立与欧美等发达国家禁毒合作的常态化机制,继续深化与美英法德等国家的缉毒合作关系,从禁毒的人力资源、基础设施、疫病防治等方面,全方位、多渠道开展双边合作,交换缉毒信息,争取它们在资金、医用物资和医疗技术等更多支持,共同援助其他国力相对脆弱的国家;及时启动中亚与欧盟区域禁毒合作的谈判,构建双方的领导人会晤、部长联席会议等多边对话与磋商机制,努力从理念、规制、执行力、机构设置等打造中亚与欧盟区域禁毒多边合作的制度框架,确保中亚禁毒安全合作多样性和整体性的统一。同时还应依靠国际禁毒组织的专业化指导,发挥它们在指导和协调国际禁毒工作、协助加强国家的缉毒事业和提供技术援助、促进防治吸毒感染艾滋病等疫病、组织对平民的保护和救护工作等方面的作用,推动中亚禁毒治理朝着更深、更广的方向发展。

# 小　　结

中亚禁毒合作经过二十多年的探索与实践,形成以中亚"二轨制"一体化禁毒安全、上合组织的多元禁毒共治、独联体的制度性禁毒合作可持续性等为主导的区域性制度框架,从而在禁毒的理念、规制、执行力和议程设置上,完成中亚禁毒合作的转变,并在相当长的时期内将延续这一趋势。当然也不否认,现行的中亚禁毒安全仍然存在着制度安排上欠缺高制度化且具有法律约束力的国际机制、合作对象上过度倚重利益攸关方的偏好、资金和技术上的两极分化等诸多局限,影响中亚区域禁毒合作上的有效整合,阻碍区域禁毒治理一体化进程。而要根本改变这一局面,当务之急是构建行之有效的区域禁毒安全合作的常态化机制,中亚应通过增强各国间的相互理

解和信任,完善禁毒合作的层级水平;积极探索制定适合禁毒实情的
区域性制度安排,为地区合作机制运转提供法律保障;充分发掘各国
的禁毒资源潜力,创新合作路径,促进区域禁毒治理的协调发展;以
积极姿态保持与国际社会的沟通与交流等,从而确保中亚禁毒安全
合作的持续发展。

# 参 考 文 献

## 一、中文著作

王逸舟:《全球化时代的国际安全》,上海人民出版社 1999 年版。

李开盛:《人、国家与安全治理:国际关系中的非传统安全理论》,社会科学文献出版社 2012 年版。

刘胜湘:《国家安全:理论、体制与战略》,中国社会科学出版社 2015 年版。

焦一强:《从"民主岛"到"郁金香革命":吉尔吉斯斯坦政治转型研究》,兰州大学出版社 2010 年版。

赵常庆:《"颜色革命"在中亚》,社会科学文献出版社 2011 年版。

张振国:《中亚伊斯兰教的历史与现状》(研究报告),北京大学亚非研究所 1996 年编。

张宏莉:《当代哈萨克斯坦民族关系研究》,世界知识出版社 2007 年版。

倪国良:《向西开放——中国西北地区与中亚五国关系研究》,甘肃人民出版社 1995 年版。

赵永琛:《区域反恐约章汇编》,中国人民公安大学出版社 2009 年版。

赵英等:《中国经济面临的危险——国家经济安全论》,云南人民出版社 1994 年版。

余潇枫等:《非传统安全概论》(第三版上卷),北京大学出版社 2020 年版。

余潇枫等:《非传统安全理论前沿》,浙江大学出版社 2020 年版。

巴瑞·布赞等:《新安全论》,浙江人民出版社 2003 年版。

罗伯特·基欧汉:《新现实主义及其批判》,郭树勇译,北京大学出版社 2002 年版。

罗伯特·吉尔平:《世界政治中的战争与变革》,宋新宁等译,上海世纪出版集团 2007 年版。

汉斯·摩根索:《国家间政治——寻求权力与和平的斗争》,徐昕等译,中国人民公安大学出版社 1990 年版。

肯尼斯·沃尔兹:《国际政治理论》,胡少华等译,中国人民公安大学出版社 1992 年版。

爱德华·卡尔:《20 年危机——国际关系研究导论》,秦亚青译,世界知识出版社 2005 年版。

弗朗西斯·福山:《历史的终结及最后之人》,黄胜强等译,中国社会科学出版社 2003 年版。

托布约尔·克努成:《国际关系理论史导论》,余万里等译,天津人民出版社 2004 年版。

罗伯特·基欧汉:《局部全球化世界中的自由主义、权力与治理》,门洪华译,北京大学出版社 2004 年版。

约翰·格雷:《自由主义》,吉林人民出版社 2005 年版。

巴里·布赞:《人、国家与恐惧》,闫健等译,中央编译出版社 2009 年版。

巴里·布赞等:《地区安全复合体与国际安全结构》,潘忠岐等译,上海世纪出版集团 2010 年版。

罗伯特·基欧汉:《霸权之后:世界政治经济中的合作与纷争》,上海人民出版社 2001 年版。

肯尼思·奥伊:《无政府状态下的合作》,普林斯顿大学出版社 1986 年版。

罗伯特·阿克塞尔罗德:《合作的复合性》,普林斯顿大学出版社 1997 年版。

大卫·A·鲍德温:《新现实主义和新自由主义》,浙江人民出版社 2001 年版。

阿诺德·沃尔弗斯:《争论与合作》,约翰·豪肯大学出版社 1965 年版。

约翰·米尔斯海默:《大国政治的悲剧》,上海人民出版社 2003 年版。

罗伊·麦德维杰夫:《无可替代的总统纳扎尔巴耶夫:哈萨克斯坦腾飞的组织者和欧亚方案的倡导人》,王敏俭等译,社会科学文献出版社2009年版。

玛莎·布瑞尔·奥卡特:《中亚的第二次机会》,李维建等译,时事出版社2007年版。

托卡耶夫:《中亚之鹰的外交战略》,新华出版社2002年版。

托卡耶夫:《哈萨克斯坦:从中亚到世界》,新华出版社2001年版。

布热津斯基:《大棋局:美国的首要地位及其地缘战略》,中国国际问题研究所译,上海人民出版社2007年版。

塞缪尔·亨廷顿:《文明的冲突与世界秩序的重建》,周琪等译,新华出版社2002年版。

哈拉尔德·米勒:《文明的共存》,郦红等译,新华出版社2002年版。

杜比茨基:《土库曼斯坦的不忠分子》,纽约出版社1954年版。

扎米尔·卡利扎德等:《21世纪的政治冲突》,张淑文译,江苏人民出版社2000年版。

罗伯特·康奎斯特:《最后的帝国——民族问题与苏联的前途》,刘靖北等译,华东师范大学出版社1993年版。

瓦列里·季什科夫:《苏联及其解体后的族性、民族主义及冲突》,姜德顺等译,中央民族大学出版社2009年版。

科斯等:《财产权利与制度变迁》,上海人民出版社1994年版。

## 二、外文著作

Michael Joeseph smith, *Realist Thought from Weber to Kissinger*, Baton Rouge and London: Louisana State University Press, 1986.

Michael W. Doyle, *Ways of War and Peace: Realism, Liberalism, and Socialism*, New York and London: W. W. norton&company, 1997.

Robert O. Keohane and joseph S. Nye, *Traditional Relations and World Politics*, Cambridge: Harvard University Press, 1971.

Michael Howard, *War and the Liberal Conscience*, London: Temple Smith, 1978.

Michael Schulz, *Regionalization in a Globalizing World* ：*A Comparative Perspective on Forms*，*Actors and Processes*，London：Zed Books，2001.

Viner, *The Customs Union Issue*，New York：Carnegie Endowment for International Peace, 1950.

UN Statistical, *United Nations Statistical Yearbook（1998）*，New York, NY：United Nations，2001.

Spechler, *The Political Economy of Reform in Central Asia ；Uzbekistan under Authoritarianism*，London： Routledge, 2008.

Norman D. Palmer, *The New Regionalism in Asia and Pacific*，Lexington Books，1991.

Scitovsky, *Economic Theory and Western European Integration*，London： Allen&Unwin, 1958.

Marlene Laruelle and Sebastien Peyrouse, *The Chinese Question in Central Asia*：*Domestic Order*，*Social Change*，*and the Chinese Factor*，New York：Columbia University Press, 2012.

Zviagelskaia, *The Russian Policy Debate on Central Asia*，London：1995.

Rosemarie Forsythe, *The Politics of Oil in The Caucasus and Central Asia*，Oxford：1996.

Benjamin R Barber, Jihad Vs, *McWorld*：*Terrorism's Challenge to Memocracy*，New York：Ballantine Books, 2001.

Birnie，P, *International Law and the Environment*，New York：Oxford University Press, 2002.

Eric W. Sievers, *Water*，*Conflict*，*and Regional Security in Central Asia*，N. Y. U, E NVTL . L. J. 2002.

E. Ostrom, *Strategies of Political Inquiry*，Beverly Hills, Sage, 1982.

Christine Bichsel, *Land*，*Water*，*and Ecology*，*in Ferghana Valley*：*The Heart of Central Asia*，2011.

Sehring J, *The Politics of Water Institutional Reform in Neopatrimonial States*：*a comparative analysis of Kyrgyzstan and Tajikistan*，VS Verlag für

*Sozialwissenschaften*，Wiesbaden，2009.

Grieco，*Cooperation among Nations*：*Europe*，*America*，*and Non-Tariff Barriers to Trade*，London：Cornell University Press，1990.

Vishnevskii，*Naseleniie Rossii 2003—2004*：*Odinnadtsatyi-dvenadtsatyi ezhegodnyi demograficheskii doklad*，Nauka，Moscow，2006.

Korobkov A. Palei L，*The Socio-Economic Impact of Migrant Remittances in the CIS. In*：*International Migration Trends*，Vol. 15，MAX Press，Moscow，2005.

Seversky Tokmagambetov T. G.，*Current glaciation deg-radation of mountains of the Southeast Kazakhstan*，Almaty，2004.

Gamble Andrew，*Regionalism and World Order*，London：Macmillan，1996.

World Bank，*Water Energy Nexus in Central Asia*：*Improving Regional Cooperation in the Syr Darya Basin*，Washington，D. C：World Bank press，2004.

*An Introduction to the Caspian Sea and the Caspian Environment Programme*，Tehran，2005.

Latypov，*Drug dealers*，*drug lords and drug warriors-cum-traffickers*：*Drug crime and the narcotic market in Tajikistan*，(T. Dempsey，Trans)，Vilnius：Eurasian Harm Reduction Network，2011.

OSCE，*Environment and Security Initiative*：*Transforming Risks into Cooperation*（*Central Asia*：*Ferghana/Osh/Khudjand Area*），OSCE，Vienna，2005.

UNECE，*Our Waters*：*Joining Hands Across Borders. First Assessment of Transboundary Rivers*，*Lakes and Groundwater*，New York：United Nations，2007.

UNECE，*Second Assessment of Transboundary Rivers*，*Lakes and Groundwaters*，Geneva：United Nations，2011.

OSCE，*Environment and Security*：*A Framework for cooperation in Europe-Draft Background Paper*，Vienna，2002.

OSCE,*An Environment Agenda for Security and Cooperation in Europe-First Regional Meeting on Environment and Security in Central Asia*,20-21,January 2003,Ashgabad,Turkmenistan,OSCE,Vienna.

OSCE,*Exchange of Information and Coordination of Activities on Radio-active Waste Management in the Ferghana Valley*,Meeting Report (February 2,2005),OSCE,Vienna.

World Bank,*World Development Report（2016）*,Washington，DC.

UNEP,*The future of the Aral Sea lies in transboundary cooperation*,2014.

UNODC,*Thematic evaluation of counter-narcotics enforcement in Central Asia*,New York：United Nations，Independent Evaluation Unit,2007.

WHO,*Global HIV/AIDS Response*,World Health Organization/UNAIDS/UNICEF,Geneva,2011.

WHO,*Key Facts on HIV Epidemic in Tajikistan（Kazakhstan and Uzbekistan）and Progress in 2011*，World Health Organization/Regional Office for Europe，Geneva,2013.

Семенов К. А,*Международная экономическая интеграция*，Юристъ-Гардарика，2001.

## 三、中文论文

时殷弘:《国际安全的基本哲理范式》,载《中国社会科学》2000 年第 5 期。

王逸舟:《国家利益再思考》,载《中国社会科学》2002 年第 2 期。

万春生:《乌兹别克斯坦:政治经济改革的理论与实践》,载《东欧中亚研究》1996 年第 6 期。

季芳桐等:《冷战后中亚的非传统安全合作》,载《世界经济与政治论坛》2004 年第 5 期。

高志刚等:《中亚国家区域经济合作模式、机制及其启示》,载《新疆社会科学》2014 年第 4 期。

潘广云:《俄罗斯的独联体劳动移民及相关问题分析》,载《东北亚论坛》2008 年第 6 期。

潘广云:《欧亚经济共同体经济一体化及其效应分析》,载《东北亚论坛》2010年第 4 期。

王维然等:《欧亚经济共同体对中亚区域一体化影响的研究》,载《国际经贸探索》2012 年第 10 期。

王维然等:《关于建立上海合作组织自由贸易区的回顾与反思:2003—2013》,载《俄罗斯东欧中亚研究》2014 年第 6 期。

许云霞:《中国对中亚五国直接投资的比较分析》,载《新疆财经》2016 年第 4 期。

周丽华:《中国与中亚五国金融机构体系比较》,载《合作经济与科技》2010年第 8 期。

吴宏伟:《中国与中亚国家政治经济关系:回顾与展望》,载《新疆师范大学》2011 年第 3 期。

吴宏伟:《中亚地区形势新探》,载《新疆师范大学学报》2016 年第 4 期。

吴宏伟:《中亚形势新特点与新趋势》,载《俄罗斯学刊》2018 年第 2 期。

赵华胜:《上海合作组织的机遇和挑战》,载《国际问题研究》2007 年第 6 期。

孙霞:《中亚新地区主义与上海合作组织》,载《俄罗斯研究》2009 年第 6 期。

李巍:《国际秩序转型与现实制度主义理论的生成》,载《外交评论》2016 年第 1 期。

张宁:《吉尔吉斯斯坦"颜色革命"中的选举因素》,载《俄罗斯中亚东欧研究》2005 年第 5 期。

张宁:《哈萨克斯坦跨界水资源合作基本立场分析》,载《欧亚经济》2015 年第 4 期。

张宁:《中亚一体化新趋势及其对上海合作组织的影响》,载《国际问题研究》2018 年第 3 期。

高洋:《中亚五国投资政策对"一带一路"建设的影响》,载《国际商务财会》2018 年第 6 期。

王琼等:《中国与中亚跨境贸易人民币结算潜力、障碍与对策研究》,载《江汉大学学报》(社会科学版)2019 年第 4 期。

顾炜:《中亚一体化的架构变化与发展前景》,载《国际关系研究》2020 年第

2 期。

郭建伟:《中亚五国货币与其锚货币是线性关系吗?》,载《数量经济技术经济研究》2018 年第 10 期。

郭建伟:《贸易依存度与中亚五国货币锚》,载《国际经贸探索》2018 年第 8 期。

张栋:《后危机时代中亚五国贸易和外商直接投资发展:回顾、比较和展望》,载《金融发展评论》2017 年第 8 期。

张栋等:《中亚五国经济和金融发展情况的比较研究(2009—2016 年)》,载《俄罗斯研究》2017 年第 3 期。

刘志中等:《"一带一路"背景下中国中亚自由贸易区效应》,载《俄罗斯东欧中亚研究》2018 年第 2 期。

徐婧:《一带一路多边合作贸易互补性测度与贸易拓展研究》,载《上海经济研究》2019 年第 3 期。

李依霏:《中亚 5 国外商直接投资、进出口贸易对经济增长的影响》,载《世界农业》2016 年第 5 期。

南楠等:《中亚国家货币政策的演变特征及其影响探究》,载《甘肃金融》2018 年第 12 期。

刘雪莲:《中亚国家国内政治风险对丝绸之路经济带建设的影响》,《社会科学战线》2020 年第 12 期。

邓浩:《中亚毒品问题:现状与前景》,载《国际问题研究》2001 年第 4 期。

邓浩:《新时期上海合作组织与全球治理》,载《国际问题研究》2020 年第 3 期。

朱新光:《中亚共同体:成长与挑战》,载《新疆社会科学》2006 年第 4 期。

曾向红等:《上海合作组织的安全合作及发展前景》,载《外交评论》2018 年第 1 期。

孙壮志:《上海合作组织反恐安全合作:进程与前景》,载《当代世界》2008 年第 11 期。

王联:《论巴基斯坦部落地区的塔利班化》,载《国际政治研究》2009 年第 2 期。

靳会新:《中俄在非传统安全领域的反恐合作》,载《俄罗斯中亚东欧研究》2008 年第 4 期。

赵秉志等:《俄罗斯与中亚诸国反恐怖主义法述评》,载《法学评论》2007 年第 1 期。

李瑞生:《塔吉克斯坦恐怖主义犯罪及其预防研究》,载《犯罪研究》2016 年第 3 期。

赵可金:《军事同盟及其生命力问题》,载《太平洋学报》2005 年第 4 期。

余学会等:《美国军事力量进入中亚及其影响》,载《俄罗斯中亚东欧研究》2002 年第 3 期。

贾春阳:《特朗普政府反恐政策初探》,载《现代国际关系》2018 年第 4 期。

张瑜:《中亚地区水资源问题》,载《中亚信息》2005 年第 10 期。

邓铭江等:《中亚五国水资源及其开发利用评价》,载《地球科学进展》2010 年第 6 期。

邓铭江:《哈萨克斯坦跨界河流国际合作问题》,载《干旱区地理》2012 年第 3 期。

邓铭江:《吉尔吉斯斯坦水资源及水电合作开发前景辨析》,载《水力发电》2013 年第 4 期。

李立凡等:《中亚跨境水资源:发展困境与治理挑战》,载《国际政治研究》2018 年第 3 期。

李兴等:《安全化与去安全化:中哈跨界河流合作中的问题与对策》,载《国外理论动态》2019 年第 11 期。

李志斐:《欧盟对中亚地区水治理的介入性分析》,载《国际政治研究》2017 年第 4 期。

邢伟:《欧盟的水外交:以中亚为例》,载《俄罗斯东欧中亚研究》2017 年第 3 期。

廖成梅:《中亚水资源问题难解之原因探析》,载《新疆大学学报》2011 年第 1 期。

杨恕等:《中亚水资源争议及其对国家关系的影响》,载《兰州大学学报》2010 年第 5 期。

莉达:《中亚水资源纠纷由来与现状》,载《国际资料信息》2009 年第 9 期。

刘华芹:《深化上海合作组织区域经济合作构想》,载《俄罗斯东欧中亚研究》2014 年第 1 期。

吴何奇:《上合组织反恐法律机制建设研究》,载《北京科技大学学报》(社会科学版)2018 年第 4 期。

释冰:《浅析中亚水资源危机与合作》,载《俄罗斯中亚东欧市场》2009 年第 1 期。

焦一强:《中亚水资源问题:症结、影响与前景》,载《新疆社会科学》2013 年第 1 期。

焦一强:《里海法律地位公约的签署及其影响》,载《国际问题研究》2019 年第 1 期。

周明等:《里海法律地位公约达成原因及影响研究》,载《国际关系研究》2020 年第 2 期。

苏来曼-斯拉木:《中亚水资源冲突与合作现状》,载《欧亚经济》2014 年第 3 期。

郑晨骏:《一带一路倡议下中哈跨界水资源合作问题》,载《太平洋学报》2018 年第 5 期。

郝少英:《丝绸之路经济带建设中的中哈跨界河流合作利用面临的难题及对策》,载《俄罗斯东欧中亚研究》2017 年第 3 期。

涂莹燕等:《哈萨克斯坦跨国界河流管理国家战略分析》,载《环境与可持续发展》2014 年第 6 期。

丁超:《乌兹别克斯坦水资源困境及改革的路径选择》,载《世界农业》2019 年第 9 期。

马勇等:《美国与中亚国家的合作与矛盾》,载《国际研究参考》2014 年第 12 期。

王宏渊:《中亚国家的安全战略》,载《新疆社会科学》2005 年第 4 期。

刘远山:《略论反恐多边条约的国内实施》,载《河北法学》2004 年第 8 期。

宋海啸:《阿富汗毒品经济:历史、作用与成因》,载《南亚研究》2010 年第 3 期。

文丰:《阿富汗毒品及其对中亚的影响》,载《新疆社会科学》2014 年第 6 期。

许勤华:《解析毒品与毒品走私对中亚地区安全的影响》,载《俄罗斯中亚东欧研究》2007 年第 2 期。

廖成梅:《中亚水资源问题难解之原因探析》,载《新疆大学学报》2011 年第 1 期。

阿地力江·阿布来提:《中亚毒品问题的国际化及其对我国稳定的影响》,载《云南大学学报》(法学版)2010 年第 2 期。

胡江:《合作打击中亚地区毒品犯罪的若干问题分析》,载《江西公安专科学校学报》2010 年第 1 期。

曹旭:《浅议上海合作组织框架下禁毒合作现状与发展对策》,《山西警察学院学报》2018 年第 3 期。

王玮:《上合组织框架下中亚地区禁毒区域合作研究》,《广西警察学院学报》2019 年第 3 期。

罗升鸿:《中国—中亚国家警务合作:共建地区安全与繁荣》,《北京警察学院学报》2020 年第 4 期。

梁春香:《"金新月"地区毒品向我国渗透的现状与对策》,《武警学院学报》2014 年第 11 期。

张文伟:《上海合作组织禁毒安全合作》,载《俄罗斯学刊》2016 年第 5 期。

刘轶:《中国与中亚国家禁毒合作现状及展望》,《新疆大学学报》2013 年第 5 期。

罗艳华:《试论"全球卫生外交"对中国的影响与挑战》,载《国际政治研究》2011 年第 2 期。

海伦·米尔纳:《国家间合作的国际关系理论——优点与缺点》,载《世界政治》(美)1992 年 4 月刊。

弗朗西斯·福山:《历史的未来》,载《外交》(美)2012 年第 1 期。

麦克法兰尼:《美国和中亚的地区主义》,载《当代世界社会主义问题》2005 年第 4 期。

## 四、外文论文

David Mitrany,"the Functional Approach in Historical Perspective,"*Inter-*

*national Affairs*, Vol. 47, No. 3,1971.

Dovile Jakniunaite, "Critical Security Studies in the 21st Century: Any Directions for Lithuanian Security Studies?" *Lithuanian annual Strategic Review*, Vol. 12,2013—2014.

Ken Booth, "Security and Emancipation,"*Review of International Studies*, 1991,Vol. 17,No. 4.

Didier Bigo,"Security and Immigration: Toward a Critique of the Governmentality of Unease," *Alternatives*, Vol. 27,No. 1,2002.

Kutan,A. and Vuksic, G,"Foreign direct investment and export performance: Empirical evidence,"*Comparative Economic Studies*, Vol. 49,No. 3,2007.

Abduimajid. Bobokhonov, " Economic Cooperationin Central Asia," *Studenckie Prace Prawnicze Administratywistyczne i Ekonomiczne*, Vol. 5,2009.

Edward D. Mansfield & Helen V. Milner,"The New Wave of Regionalism," *International Organization*, Vol. 53,No. 3,1999.

Gregory Gleason,"Inter-State Cooperation in Central Asia from the CIS to the Shanghai Forum,"*Europe-Asia Studies*, Vol. 53,No. 7,2001.

Natasha Hamilton-Hart, " Asia's New Regionalism: Government Capacity and Cooperation in the Western Pacific,"*Review of International Political Economy*, Vol. 10,No. 2,2003.

Weiran Wang,"The Effects of Regional Integration in Central Asia,"*Emerging Markets Finance & Trade*,Vol. 50,Supplement 2, March-April, 2014.

Gregory Gleason,"Inter-State Cooperation in Central Asia from the CIS to the Shanghai Forum,"*Europe-Asia Studies*, Vol. 53,No. 7,2001.

Farkhod Tolipov, "Geopolitical Stipulation of Central Asian Integration," Strategic Analysis,Vol. 34, No. 1,2010.

Kuralai I. Baizakova, " The Shanghai Cooperation Organization's Role in Countering Threats and Challenges to Central Asian Regional Security,"*Russian Politics and Law*,Vol. 51,No. 1,2013.

Yeongmi Yun and Kicheol Park,"An Analysis of the Multilateral Cooperation and Competition between Russia and China in the Shanghai Cooperation Organization: Issues and Prospects,"*Pacific Focus*, Vol. XXVII, No. 1, 2012.

Zaure Chulanova,"Integration of Central Asian Republics into Global Economy,"*Himalayan and Central Asian Studies*, Vol. 12, No. 3—4, 2008.

A. Atamanov,"Regional Cooperation in Central Asia,"*Problems of Economic Transition*, Vol. 48, No. 8, 2005.

Barry Eichengreen,"Is Europe an Optimum Currency Area?,"in Silvio Borner and Herbert G rubel, eds. The European Community after 1992: Perspective from the Outside, Macmillan, 1992.

Chang,"How regional blocs affect excluded countries: the price effects of MERCOSUR,"*World Bank Working Paper*, No. 2157, 2002.

Lipsey,"The theory of Customs Union: A general survey,"*Economic Journal*, Vol. 70, No. 279, 1960.

Martin Myant, "International Integration and the Structure of Exports in Central Asian Republics,"*Eurasian Geography and Economics*, Vol. 49, No. 5, 2008.

Nawal K. Paswan,"Investment Cooperation in Central Asia: Prospects and Challenges,"*India Quarterly*, Vol. 69, No. 1, 2013.

Karras,"Economic integration and convergence: lessons from Asia, Europe and Latin America,"*Journal of Economic Integration*, Vol. 12, No. 4, 1997.

Dunning,"The theory of international production,"*The International Trade Journal*, Vol. 3, No. 1, 1988.

Annageldy Arazmuradov,"Can Development Aid Help Promote Foreign Direct Investment? Evidence From Central Asia,"*Economic Affairs*, Vol. 35, No. 1, 2015.

Andrei V,"Migration trends in Central Eurasia: Politics versus economic,"*Communist and Post-Communist Studies*, Vol. 40, 2007.

Libman, "Regional integration in Central Asia: A firm-centered view,"CDSE Mannheim, IE RAS Moscow and ECNU Shanghai. Munich Personal RePEc

Archive (MPRA) Paper No. 10939, http://mpra. ub. uni-muenchen. de/10939/1/Regional_Integration_in_Central_ Asia 4.

Henrekson,"Growth effects of European integration,"*European Economic Review*,Vol. 41,No. 8, 1997.

Werner Liepach, "How regional cooperation could benefit Central Asian countries," https://www. devex. com/news/opinion-how-regional-cooperation-could-benefit-central-asian-countries-92667.

Graeme Baber,"Central Asia and global financial regulatory reform,"*Current Politics and Economics of South , Southeastern, and Central Asia* ,Vol. 25, No. 1,2016.

Slavomír Horák,"Central Asia After Astana: From Integration to Cooperation," https://www. cacianalyst. org/publications/analytical-articles/item/13509-central-asia-after-astana-from-integration-to-cooperation. html.

Jasur Karshibaev,"Monetary cooperation perspective in Central Asia,"*Procedia Economics and Finance* ,Vol. 30,2015.

Abduimajid Bobokhonov, "Economic Cooperation in Central Asia," *Studenckie Prace Prawnicze , Administratywistyczne i Ekonomiczne* ,March,2008.

Martin C. Spechler,"How Can Central Asian Countries and Azerbaijan Become Emerging Market Economies?"*Eastern European Economics* , Vol. 49,No. 4, 2011.

Alexander Libman &. Evgeny Vinokurov,"Is it really different? Patterns of regionalisation in post-Soviet Central Asia,"*Post-Communist Economies* , Vol. 23, No. 4,2011.

Alexandra Homolar and Pablo A. Rodríguez-Merino, "Making sense of terrorism: a narrative approach to the study of violent events,"*Critical Studies on Terrorism* , Vol. 12,No. 4,2019.

Alexander Cooley,"The New Great Game in Central Asia Geopolitics in a Post-Western World," https://www. foreignaffairs. com/articles/central-asia/2012-08-07/new-great-game-central-asia.

V. Amirov, "Prospects for Cooperation Between Russia and the Countries of Central Asia After the Global Crisis," *Problems of Economic Transition*, Vol. 53, No. 5, 2010.

V. Kirichenko, "The Status and Problems of Economic Relations in the CIS," *Problems of Economic Transition*, Vol. 39, No. 3, 1996.

Shamil Midkhatovich Yenikeyef, "Energy Interests of the 'Great Powers' in Central Asia: Cooperation or Conflict?" *The International Spectator*, Vol. 46, No. 3, 2011.

Paul Kubicek, "Regionalism, Nationalism and Realpolitik in Central Asia," *Europe-Asia Studies*, Vol. 49, No. 4, 1997.

Martha Brill Olcott, "Sovereignty and the Near Abroad," *Orbis*, Vol. 39, No. 3, 1995.

Jean-Pierre Cabestan, "The Shanghai Cooperation Organization, Central Asia, and the Great Powers, an Introduction," *Asian Survey*, Vol. 53, No. 3, 2013.

James MacHaffie, "China's Role in Central Asia: Security Implications for Russia and the United States," *Comparative Strategy*, Vol. 29, No. 4, 2010.

Galiia A. Movkebaeva, "Energy Cooperation Among Kazakhstan, Russia, and China Within the Shanghai Cooperation Organization," *Russian Politics and Law*, Vol. 51, No. 1, 2013.

Pavel Fengelhauer, "SCO Fails to Turn into an 'Eastern NATO'," *Eurasia Daily Monitor*, http://www. jamestown. org/programs/edm/single/? tx_ttnews%5Btt_news%5D¼38055 &tx_ttnews%5BbackPid%5D¼27&cHash¼82c9493bc1b79b0c80dcbb87fddc99e7>, accessed March 28, 2013.

Andrew Small, "China's Afghan Moment: As the United States Draws Down from Afghanistan, China is finally moving in," *Foreign Policy*, October 3, 2012.

Andrew I. Yeo, "Overlapping regionalism in East Asia: determinants and potential effects," *International Relations of the Asia-Pacific*, Vol. 18, 2018.

Stephen Blockmans, "Towards a Eurasian Economic Union: The Challenge of Integration and Unity, Special Report, no. 75,"*Brussels: Centre for European Policy Studies*, December 2012.

Naarajärvi, "China, Russia and the Shanghai Cooperation Organisation: blessing or curse for new regionalism in Central Asia?"*Asia Europe Journal*, Vol. 10,No. 2, 2012.

Yu Bin,"China-Russia Relations: Succession, SCO, and Summit Politics in Beijing,"*Comparative Connection* ,Vol. 14,No. 2, 2012.

Farkhod Tolipov, "Geopolitical Stipulation of Central Asian Integration," *Strategic Analysis*,Vol. 34,No. 1,2010.

Raffaello Pantucci,"China and Russia's Soft Competition in Central Asia," *Current History*,October 2015.

Annette Bohr, "Regionalism in Central Asia: new geopolitics, old regional order,"*International Affairs*,Vol. 80,No. 3,2004.

Yeongmi Yun and Kicheol Park,"An Analysis of the Multilateral Cooperation and Competition between Russia and China in the Shanghai Cooperation Organization: Issues and Prospects,"*Pacific Focus*,Vol. XXVII,No. 1,2012.

Ian Bremmer and Alyson Bailes,"Subregionalism in the newly independent states,"*International Affairs*,Vol. 74,No. 1,1998.

Donald Puchala and Raymond Hopkins, "International Regimes: Lessons From Inductive Analysis,"*International Organization*,Vol. 36,1982.

Reuel R. Hanks,"Dynamics of Islam, identity, and institutional rule in Uzbekistan: Constructing a paradigm for conflict resolution,"*Communist and Post-Communist Studies*,Vol. 40,No. 1,2007.

Emma van Santen, "Combatting organised crime and terrorism in Central Asia,"*Journal of Financial Crime*,Vol. 25,No. 2,2018.

НурбекАмуралиев, АйнураЭлебае Ра, "Баткенские Сщбытия Р Кыргызстане,"*ЦентральнаяАзияи Кавказ*, Швеция,02,2000.

УранБотобеков, "Внедрениеидейпартии," ХизбАт-ТахрирАл-Ислами " наюге Ки Р гизии ", *Исламнапостсоветскомпространст Ре: Рзгладизнутри*,

Московскийцентр Карнеги·Москва·2001.

Mariya Omelicheva, "Combating Terrorism in Central Asia: Explaining Differences in States' Responses to Terror," *Terrorism and Political Violence*, Vol. 19,2007.

Mariya Y,"Combating Terrorism in Central Asia: Explaining Differences in States' Responses to Terror," *Studies in Conflict & Terrorism*, Vol. 42, No. 1,2019.

Sarah Lain,"Strategies for Countering Terrorism and Extremism in Central Asia,"*Asian Affairs*,Vol. 3, No. 1,2016.

Stuart Horsman,"Themes in official discourses on terrorism in Central Asia,"*Third World Quarterly*, Vol. 126, No. 1,2005.

Oktay F. Tanrisever,"The Problem of Terrorism in Central Asia and Countering Terrorist Activities in Kyrgyzstan,"*NATO Science for Peace and Security Series*, E: *Human and Societal Dynamics*,2013.

Aida Amanbayeva,"The Collision of Islam and Terrorism in Central Asia," *Asian Criminology*, Vol. 4, No. 1,2009.

Mariya Y,"Combating Terrorism in Central Asia: Explaining Differences in States' Responses to Terror," *Studies in Conflict & Terrorism*, Vol. 42, No. 1,2019.

Simone Nella, "Pakistan's Tribal Areas: Achilles Heel or Strategic Outpost?",http:// www. Argoriente. It/-modules/ download/ download/ Pakistan/ Pakistan-ots-tribalareas-eng pdf.

David Lewis,"Crime, terror and the state in Central Asia,"*Global Crime*, Vol. 15,No. 3—4, 2014.

Roy Allison,"Regionalism, regional structures and security management in Central Asia,"*International Affairs*,Vol. 80,No. 3,2004.

Liana Eustacia Reyes & Shlomi Dinar,"The Convergence of Terrorism and Transnational Crime in Central Asia,"*Studies in Conflict & Terrorism*,Vol. 38, 2015.

Kuralai I. Baizakova, "The Shanghai Cooperation Organization's Role in Countering Threats and Challenges to Central Asian Regional Security,"*Russian Politics and Law*, Vol. 51, No. 1, 2013.

Raffaello Pantucci, "China and Russia's Soft Competition in Central Asia," *Current History*, October 2015.

James MacHaffie, "China's Role in Central Asia: Security Implications for Russia and the United States,"*Comparative Strategy*, Vol. 29, No. 4, 2010.

Maj. Gen, "International Military Cooperation of Central Asian States,"*Military Though*, Vol. 58, No. 3, 2011.

Gregory Gleason, "Inter-State Cooperation in Central Asia from the CIS to the Shanghai Forum,"*Europe-Asia Studies*, Vol. 53, No. 7, 2001.

Alexander Cooley, "The New Great Game in Central Asia Geopolitics in a Post-Western World," https://www. foreignaffairs. com/articles/central-asia/ 2012-08-07/new-great-game-central-asia.

Blua, A, "Desert Gold: Niyazov's Conflicted Approach to Turkmenistan's Water Woes,"2004: http://www. eurasianet. org/departments/environment/articles.

Sergei Vinogradov, Vance P. E, "Langford, Managing transboundary water resources in the Aral Sea Basin: in search of a solution,"*Global Environmental Issues*, Vol. 1, No. 3/4, 2001.

Micklin, Philip P, "The Diversion of Soviet Rivers,"*Environment*, Vol. 27, No. 3, 1985.

Spoor, Max, "The Aral Sea Basin Crisis: Transition and Environment in Former Soviet Central Asia,"*Development and Change*, Vol. 29, 1998.

На Кыргызской-Таджикской границе с двух сторон скопилось более 100 человек, Радио Свобода, http://rus. azattyk. org/a/27167202. html.

Jamoat Res. Ctr. of Vorukh, "Potential for Peace and Threats of Conflict: Development Analysis of Cross-Border Communities in Isfara District of the Republic of Tajikistan and Batken District of the Kyrgyz Republic,"https://perma. cc/

J7QA-ZAXA.

A. Dan Tarlock,"Four Challenges for International Water Law,"*ENVTL*, 2010.

Nick Megoran, "The Critical Geopolitics of the Uzbekistan-Kyrgyzstan Ferghana Valley Boundary Dispute,"*Geography*,2004 .

Rost KT,"Wasserkonflikte in Zentralasien am Beispiel des Amu-Darja und Syr-Darja Einzugsgebietes,"*Wasser-Lebensnotwendige Ressource und Konfliktstoff*,2004.

Sehring J,"The Politics of Water Institutional Reform in Neopatrimonial States: a comparative analysis of Kyrgyzstan and Tajikistan,"*VS Verlag fu ̈r Sozialwissenschaften*, Wiesbaden,2009.

Rieu-Clarke,"U. N. Watercourses Convention User's Guide (2012)," http://www. unwatercoursesconvention. org/the-convention/ [https://perma. cc/Z3JM-V4B2].

Rahaman,"Principles of international water law: creating effective transboundary water resources Management,"*International Journal of Sustainable Society*,Vol. 1,No. 3,2009.

Barbara Janusz-Pawletta,"Current legal challenges to institutional governance of transboundary water resources in Central Asia and joint management arrangements,"*Environ Earth Sci*,Vol. 73,2015.

Mc Caffrey, "A Human Right to Water: Domestic and International Implications,"*Geo Int'l Envtl L Rev*,,Vol. 27,1992.

Mark Zeitoun & Jeroen Warner, "Hydro-Hegemony—A Framework for Analysis of Trans-Boundary Water Conflicts,"*WATER POL'Y*,Vol. 8,2006.

Andrea K. Gerlak, "Hydrosolidarity and International Water Governance," *Int'l Negot*,Vol. 14, 2009.

D. P. Bedford,"International Water Management in the Aral Sea Basin,"*21 Water International*,1996.

Behrooz Abdolvand,"The dimension of water in Central Asia: security concerns and the long road of capacity building,"*Environ Earth Sci*,Vol. 73, 2015.

Libert,"Challenges and opportunities for transboundary water cooperation in Central Asia: findings from UNECE's regional assessment and project work," *International Journal of Water Resources Management*,Vol. 28,No. 3, 2012.

Dinara Ziganshina,"Specially Invited Opinions and Research Report of the International Water Law Project: Global Perspectives on the Entry into the UN Watercourses Convention 2014: Part One: The Current State and Future Outlook,"*Water Pol'y*,Vol. 111,2014.

Blua, Antoine,"Central Asia: Trans-Boundary Water Management A Fundamental Issue,"*RFE/RL 27* August, http://www. rferl. org/features/2003/08/27082003173542. asp.

Rieu-Clarke,"U. N. Watercourses Convention User's Guide (2012)," http://www. unwatercoursesconvention. org/the-convention/ [https://perma. cc/Z3JM-V4B2].

Douglas L. Tookey, "The environment, security and regional cooperation in Central Asia,"*Communist and Post-Communist Studies*,Vol. 40,No. 1,2007.

Sharmila L. Murthy &. Fatima Mendikulova, "Water, Conflict,and Cooperation in Central Asia: The Role of International Law and Dipomacy,"*Vermont Journal of Environmental Law*,Vol. 18,No. 1,2017.

Erika Weinthal, "Water Conflict and Cooperation in Central Asia,"*Prepared as Background Paper for the UN Human Development Report* (2006).

Muhammad M. Rahaman, "Principles of Transboundary Water Resources Management and Water-related Agreements in Central Asia: An Analysis,"*Water Resources Development*,Vol. 28, No. 3,2012.

Blua, Antoine,"Central Asia: Trans-Boundary Water Management A Fundamental Issue,"*RFE/RL 27 August,http://www. rferl. org/features/2003/08/27082003173542. asp.

Bolibert,"Challenges and Opportunities for Transboundary Water Cooperation in Central Asia: Findings from UNECE's Regional Assessment and Project

Work,"*Water Resources Development*,Vol. 28,No. 3,2012.

Laurence Boisson ,"Elements of a Legal Strategy for Managing International Water-Courses：The Aral Sea Basin,"*World Bank Technical Paper*,Vol. 112, 2008.

Klaus Abbink,"The Syr Darya River Conflict：An Experimental Case Study,"*CeDEx Discussion Paper*,2005—7—14.

Klaus Abbink,"Sources of Mistrust：An Experimental Case Study of a Central Asian Water Conflict,"*Environ Resource Econ*,Vol. 45,2010.

Victor Dukhovny,"IWRM Implementation：Experiences With Water Sector Reforms In Central Asia,"*Central Asian Waters*,2008.

Björn Guterstam, "Towards Sustainable Water Resources Management In Central Asia,"*Central Asian Waters*,2010.

Seyed Amin Nejat,"Formulation of the Caspian Sea's Legal Regime using a Joint Zone Approach," *Water Resources*, Vol. 43, No. 3,2016.

Witt Raczka,"A sea or a lake? The Caspian's long odyssey,"*Central Asian Survey*,Vol. 19,No. 2, 2000.

Stanislav Cherniavski, "Problems of the Caspian," *Russian Politics and Law*,Vol. 40, No. 2,2002.

Andrea K. Gerlak,"Hydrosolidarity and International Water Governance," *Int'l Negot*,*Vol. 14*,*2009*.

Bo Libert,"Water and Energy Crisis in Central Asia,"*China and Eurasia Forum Quarterly*,Vol. 6, No. 3,2008.

Sergei Vinogradov,"Langford,Managing transboundary water resources in the Aral Sea Basin：in search of a solution,"*Global Environmental Issues*,Vol. 1, No. 3/4,2001.

Екатерина Иващенко,"Национальная политика в Кыргызстане：От братских народов к враждующим племенам,"*Fergana news*,Jan. 27, 2012,https://perma. cc/GC6D-JSXX.

Gawdat Bahgat,"The Caspian Sea：Potentials and Prospects,"*Governance：*

*An International Journal of Policy, Administration, and Institutions*, Vol. 17, No. 1, 2004.

Rogozhina, "The Caspian: Oil Transit and Problems of Ecology," *Problems of Economic Transition*, Vol. 53, No. 5, 2010.

Leila Alieva, "Globalization, regionalization and society in the Caspian Sea Basin: overcoming geography restrictions and calamities of oil dependent economies," *Southeast European and Black Sea Studies*, Vol. 12, No. 3, 2012.

Kai Wegerich, "Meso-Level Cooperation on Transboundary Tributaries and Infrastructure in the Ferghana Valley," Water Resources, No. 12, 2012.

Nalin Kumar Mohapatra, "Political and Security Challenges in Central Asia: The Drug Trafficking Dimension," International Studies, Vol. 44, No. 2, 2007.

Tomas Zabransky, "Post-Soviet Central Asia: A summary of the drug situation," International Journal of Drug Policy, Vol. 25, 2014.

Hamidreza Azizi, "Analysing the Impacts of Drug Trafficking on Human Security in Central Asia," *Strategic Analysis*, Vol. 42, No. 1, 2018.

Sharma, "Central Asian Security and Changing Dimension," *Eurasian Vision*, No. 1, 2003.

Filippo De Danieli, "Beyond the drug-terror nexus: Drug trafficking and state-crime relations in Central Asia," *International Journal of Drug Policy*, Vol. 25, 2014.

Alisher Latypov, "Understanding post 9/11 drug control policy and politics in Central Asia," *International Journal of Drug Policy*, Vol. 20, 2009.

Swanstrom Niklas, "Multilateralism and Narcotics Control in Central Asia," *CFE Quarterly*, February, 2005.

Neil W. Schluger, "Tuberculosis, drug use and HIV infection in Central Asia: An urgent need for attention," *Drug and Alcohol Dependence*, Vol. 132S, 2013.

С. Г. Лузянин. Поглощение, сопряжение или конфликт? ШОС, китайский проект Шелкового Пути и ЕАЭС: варианты взаимодействия в Евразии Часть II

（Работа выполнена при поддержке РФФИ /РГНФ，проект № 16-07-00024）.

Сыроежкин К. Л. "Концепция формирования Экономического пояса на Шелковом пути：проблемы и перспективы，"*Institute for Public Policy*. //URL：http://www. ipp. kg/ru/news/2768/.

## 五、中文网站资料

《上海合作组织中期发展战略规划》（2012 年）：http://www. 360doc. com/content/13/0104/17/68666_258185133. shtml.

《上合组织阿斯塔纳宣言》（2017 年）：http://scochina. mfa. gov. cn/chn/zy-wj/t1492477. htm.

《上合组织未来应着力推进区域合作 访俄罗斯政论家特洛菲姆丘克》：ht-tp://www. scobc. cn/news/newsdetail_2470. html.

《上海五国元首会晤》：http://www. cnr. cn/wq/fivecountry/index6-000. htm.

《上海合作组织区域经济合作成绩单（2001—2017）》：http://www. sohu. com/a/234498705_115495.

《上海合作组织成员国多边经贸合作纲要》（2003 年）：http://scochina. mfa. gov. cn/chn/zywj/t1492503. htm.

《上合组织成员国政府首脑（总理）理事会联合公报》（2006 年）：http://sco-china. mfa. gov. cn/chn/zywj/t1516261. htm.

《上合组织成员国政府间国际道路运输便利化协定》（2014 年）：http://world. people. com. cn/n1/2017/0215/c1002-29083260. html.

纳扎尔巴耶夫：《"丝绸之路经济带"可连接上合组织、欧亚经济联盟和欧盟》：http://www. scobc. cn/news/newsdetail_5756. html.

《上合组织经贸部长第十四次会议在西安举行》：http://www. xinhuanet. com/fortune/2015-09/16/c_1116581817. htm.

《上合组织经贸部长会议推 9 项措施对接"一带一路"建设》：http://news. cnstock. com/news，bwkx-201509-3566846. htm.

《欧亚经济共同体成员国间相互贸易规模 2017 年将达 15%》：http://

www. scobc. cn/news/newsdetail_2656. html.

《上海合作组织至 2025 年发展战略》(2015 年)：http://scochina. mfa. gov. cn/chn/zywj/t1492476. htm.

《上合成员国元首关于贸易便利化的联合声明》(2018 年)，https://www. yicai. com/news/5430494. html.

《上合组织阿斯塔纳宣言》(2017 年)：http://scochina. mfa. gov. cn/chn/zy-wj/t1492477. htm.

《上海合作组织成员国政府首脑(总理)理事会会议联合公报》(2017 年)：ht-tp://scochina. mfa. gov. cn/chn/zywj/t1516261. htm.

《习近平对构建上合命运共同体提出五点建议》，http://world. people. com. cn/n1/2018/0610/c1002-30048288. html.

《中国与欧亚经济联盟实质性结束经贸合作协议谈判》：http://www. mof-com. gov. cn/article/ae/ai/201710/20171002654057. shtml.

《上合组织阿斯塔纳宣言》(2017 年)：http://scochina. mfa. gov. cn/chn/zy-wj/t1492477. htm.

《集体安全条约组织》：http://www. baike. com/wiki/％E9％9B％86％E5％AE％89％E7％BB％84％E7％BB％87.

《上海合作组织成员国外长非例行会议举行》：http://www. people. com. cn/GB/paper39/5153/543047. html.

《上海合作组织成员国元首乌法宣言》：http://www. xinhuanet. com/world/2015-07/11/c_1115889128. htm.

《美俄将分别与塔吉克斯坦举行联合反恐军演》：http://www. 81. cn/wjsm/2017-03/27/content_7539288. htm.

《哈、中、吉、俄、塔五国国防部长发表联合公报》：http://www. china. com. cn/policy/txt/2002-05/16/content_9233967. htm.

《上海合作组织反恐怖主义公约》：http://www. npc. gov. cn/wxzl/gong-bao/2015-02/27/content_1932688. htm.

《上海合作组织成员国关于地区反恐怖机构的协定》：http://www. npc. gov. cn/wxzl/gongbao/2003-02/24/content_5307526. htm.

《上海合作组织成员国关于地区反恐怖机构的协定》：http：//www. npc. gov. cn/wxzl/gongbao/2003-02/24/content_5307526. htm.

《上海合作组织成员国组织和举行联合反恐演习的程序协定》：http：// www. pkulaw. cn/fulltext_form. aspx？Db＝eagn&EncodingName＝，％E5％ A9％B5？&Gid＝d5524ed671245bb21187b958a0dc9487bdfb&Search_IsTitle＝ 0&Search_Mode&keyword.

《上海合作组织成员国关于地区反恐怖机构的协定》：http：//www. npc. gov. cn/wxzl/gongbao/2003-02/24/content_5307526. htm.

《上海合作组织成员国元首乌法宣言》：http：//www. xinhuanet. com/ world/2015-07/11/c_1115889128. htm.

《首届"阿中巴塔"四国军队反恐合作协调机制高级领导人会议举行》：ht-tp：//www. gywb. cn/content/2016-08/03/content_5154884. htm.

《上海合作组织成员国元首阿斯塔纳宣言》：https：//baike. baidu. com/ item/上海合作组织成员国元首阿斯塔纳宣言/20855121.

《上合组织成员国主管机关举行天山—3 号（2017）联合反恐演习》：http：// www. scobc. cn/news/newsdetail_5831. html.

《美国宣布对中亚国家援助新计划》：http：//news. takungpao. com/world/ roll/2015-11/3229805. html.

《美国将继续帮助塔吉克斯坦加强塔阿边境守卫》：http：//world. people. com. cn/GB/1029/42354/15464643. html.

《乌兹别克斯坦成为独联体地区唯一一个没有被美国削减财政援助的国 家》：http：//www. scobc. cn/news/newsdetail_5728. html.

《北约特使称可能将在塔吉克新建反恐中心》：http：//world. huanqiu. com/ roll/2010-09/1067712. html.

《乌外长呼吁所有中亚国家采取对话方式解决跨境水资源争端》：http：// www. scobc. cn/news/newsdetail_5711. html.

"中亚五国签署水资源使用协议"：www. xjjjb. com，2008-4-8.

"中亚国家水资源纠纷何时了"：www. xjjjb. com，2008-8-5.

"哈萨克斯坦在南部洲修建大坝"：www. xjjjb. com，2009-4-2.

"亚洲发展银行协调管理中亚地区水资源"：www. xjjjb. com，2008-10-27.

http：//www. mofcom. gov. cn/article/i/dxfw/jlyd/201306/20130600180205. shtml.

"淡水不足问题将引发中亚国家冲突"：www. xjjjb. com，2008-11-17.

"哈萨克斯坦将大规模改装水电站"：www. xjjjb. com，2008-7-10.

"欧盟向乌兹别克斯坦提供 1200 万欧元改善供水并成立商务和投资委员会"：http：//uz. mofcom. gov. cn/article/jmxw/201603/20160301275035. Shtml.

联合国开发计划署：《世界投资报告》(1993—2011)。

联合国开发计划署：《世界投资报告》(1998—2011。

《2019 年世界毒品问题报告》：http：//www. nncc626. com/2019-06/15/c_1256442126. htm.

《中亚国家积极应对安全挑战》：http：//www. rmzxb. com. cn/c/2020-02-26/2527775. shtml.

《中亚禁毒区域合作谅解备忘录签约国决定加强打击贩毒》：http：//www. xinhuanet. com/world/2019-05/03/c_1124447128. htm.

《建立中亚合作机制，加强人员培训情报交流》：http：//roll. sohu. com/20101210/n301025738. shtml.

《中亚禁毒五国会议》：http：//www. gzsjdg. cn/article. aspx？id＝3106.

《上海合作组织至 2025 年发展战略》：http：//scochina. mfa. gov. cn/chn/zywj/t1492476. htm.

《上海合作组织成员国元首阿斯塔纳宣言》(2017 年 6 月 9 日)：http：//scochina. mfa. gov. cn/chn/zywj/t1492477. htm.

《上合组织成员国元首青岛宣言》：http：//qd. ifeng. com/a/20180611/6645773_0. shtml.

《上海合作组织成员国元首理事会比什凯克宣言》：https：//www. guancha. cn/internation/2019_06_15_505682_3. shtml.

《公安部禁毒局副局长魏晓军：上合应成立禁毒常设机构》：https：//www. dzwww. com/xinwen/guojixinwen/201806/t20180608_17465714. htm.

《上海合作组织成员国关于合作打击非法贩运麻醉药品、精神药物及其前体的协议》：https：//www. fmprc. gov. cn/ce/cgvienna/chn/drugandcrime/drugs/mwh/t229272. htm.

《上合组织成员国禁毒部门领导人举行第三次会议》：http：//news. sohu. com/20120402/n339667270. shtml.

《上合组织成员国禁毒部门领导人第八次会议达成四项共识》：http：//www. dzwww. com/xinwen/guoneixinwen/201805/t20180517_17382806. htm.

《独联体峰会闭幕》：http：//news. sohu. com/31/24/news203582431. shtml.

《牢不可破的兄弟情——2017 联合军演在哈萨克斯坦开幕》：http：//www. xinhuanet. com//2017-10/16/c_1121812469. htm.

《集安组织"牢不可破的兄弟——2019"军演开始》：http：//yn. people. com. cn/BIG5/n2/2019/1022/c378441-33458833. html.

## 六、外文网站资料

Asian Development Bank，"Development through Cooperation，Central Asia Regional Cooperation Strategy and Program Update. 2006－2008，"www. Adb. org/statistics.

"European Bank for Reconstruction and Development，Transition Report，2007，"London，UK：EBRD［http：//www. ebrd. com/country/sector/econo/stats/index. htm］.

NBK（2000—2012），"Main directions of monetary policy of the National Bank of Kazakhstan，"National Bank of Kazakhstan：http：//www. nationalbank. kz/.

CBU（2006—2014），"Current state of affairs and main directions of monetary policy，"Central Bank of Uzbekistan：http：//www. cbu. uz/；Central Bank of Uzbekistan（http：// www. cbu. uz/），Central Bank of Turkmenistan（http：//www. cbt. tm/），National Bank of Kazakhstan（http：//www. nationalbank. kz/），National Bank of Kyrgyz Republic（http：//www. nbkr. kg/），National Bank of Tajikistan：http：//www. nbt. tj/.

European Bank for Reconstruction and Development，"Transition Report，

2007," London, UK: EBRD [http://www. ebrd. com/country/sector/econo/stats/index. htm].

EBRD,"transition indicators of Central Asian Countries (2008)," http://journals. sagepub. com. ezproxy. lib. purdue. edu/doi/pdf/10. 1177/0974928412 472101.

"Environment & SecuritydTransforming Risks into Cooperation: Focal Points," OSCE-UNDP-UNEP-NATO, 2005: http://www. envsec. org/focalp. php>.

National Bank of Kazakhstan, http://www. nationalbank. kz/.

OANDA currency database, http://www. oanda. com/.

International Monetary Fund, http://www. imf. org/.

"Interstate Commission for Water Coordination of Central Asia": http://www. icwc-aral.

"EC-IFAS (2010) Serving the People of Central Asia: Aral Sea Basin Program 3 (ASBP-3), Executive Committee of the International Fund for Saving the Aral Sea," http://www. ec-ifas. org/about/activities/do cuments/.

United Nations Economic Commission for Europe,"Kiev Protocol on Pollutant Release and Transfer Registers," July 2006: http://www. unece. org/env/pp/prtr. htm.

Council of the European Union,"The EU and Central Asia: strategy for a new partnership," http://register. consilium. europa. eu/pdf/en/07/st10/st10113. en07.

OSCE-UNDP-UNEP-NATO ,"Environment & SecuritydTransforming Risks into Cooperation: Focal Points,"2005: http://www. envsec. org/focalp. php.

International Crisis Group,"Cental Asia: water and conflict," ICG Asia Report, 2002, No. 34: http://www. crisisgroup. org/~/media/ Files/asia/central-asia/Central%20Asia%20Water%20and%20Con flict. pdf.

Slavomír Horák,"Central Asia After Astana: From Integration to Cooperation," https://www. cacianalyst. org/publications/analytical-articles/item/

13509-central-asia-after-astana-from-integration-to-cooperation. html.

Timur Toktonaliev,"Could Uzbekistan Lead Central Asia?"https://iwpr. net/global-voices/could-uzbekistan-lead-central-asia.

Auswärtiges Amt,"Joint Declaration of the Conference'Blue Diplomacy for Central Asia'held in Berlin on 7 and 8 March 2012,"http://www. auswaertiges-amt. de/cae/servlet/contentblob/ 613050/publicationFile/166241/120308-Gem_Erklaerung_Was serkonferenz. pdf.

"Finland's Development Cooperation in Europe and Central Asia,2014—2017 Wider Europe Initiative,"http://formin. finland. fi/public/default. aspx? culture=en—US & contentlan=2.

Tolipov F,"Putin backs dam in Central Asia: Russia's divideand-rule strategy restored? "Central Asia-Caucasus Institute, 2012: http://old. cacianalyst. org/? q=node/5859.

Granit J,"Regional water intelligence: report Central Asia,"Water Governance,2010: http://www. watergover nance. org/documents/WGF/Reports/Paper-15_RWIR_Aral_Sea. pdf.

Екатерина Иващенко,"Национальная политика в Кыргызстане: От братских народов к враждующим племенам,"Fergana news, Jan. 27, 2012: https://perma. cc/GC6D-JSXX.

"Кыргызстан по уровню коррупции занимает 164 место из 182 стран,"http://www. kchr. org/modules. php? name=News&file=article&sid=3035[https://perma. cc/Z9FV-ADGU.

"Collective Security Treaty Organization,"https://military. wikia. org/wiki/Collective_Security_Treaty_Organization.

Evgenia Klevakina,"Collective Security Treaty Organization in the Context of Member-states' National Interests," https://www. hse. ru/en/mag/vmo/2013-2/88619931. html.

DCA,"Tajikistan annual drug report(2005),"Dushanbe: The Drug Control Agency under the President of Tajikistan,2006:http://www. akn. tj/profil. htm.

# 致　　谢

　　《冷战后中亚非传统安全合作研究》是在 2019 年度国家社科基金后期资助项目(项目批准号为:19FGJB014)最终成果的基础上,经过近两年时间潜心研究完成的一部学术著作,总字数 28 万字。

　　本书主要运用国际关系的非传统安全合作相关理论,对冷战后中亚的经济、反恐、水资源、禁毒等非传统安全议题进行总体研究,阐明中亚国家对经济、反恐、水资源、禁毒等区域安全合作机制的基本立场,总结这些制度化的秩序安排在区域合作与竞争中的适应性、效果及其缺陷,分析该区域安全合作的局限性与地区主义制度过剩的相关性,尝试提出其逻辑路径与对策建议。

　　由于中亚非传统安全是一个新兴的研究领域,相关文献不足。为弥补国内外学界的研究资料,保证研究工作的顺利推进,我们除多次前往北京国家图书馆、中国社科院、南京大学、兰州大学、新疆大学等单位收集和整理资料外,还赴美国、俄罗斯等国家的科研院所查阅资料,并得到约翰·霍普金斯大学的傅立曼、伊利诺伊大学的李倩、普渡大学的朱博轩等人的帮助,对此表示由衷感谢。

　　本书在写作过程中,得到上海师范大学的苏萍、朱雅宾等人的合作支持。苏萍在本书中独立承担完成本书的第四章(中亚反恐安全合作)(4 万字)的全部撰写内容,朱雅宾承担完成本书的第五章(中亚水安全合作)中的第一节(中亚各国的水资源管理)(1万字)的撰写内容。对他们付出的辛勤工作表示感谢。此外,对徐鸿飞、吴佳颖等人在资料收集、整理和翻译方面的工作表示感谢。

本书在出版过程中,得到上海三联书店大力支持,对责任编辑钱震华老师的辛勤工作表示感谢。

图书在版编目（CIP）数据

冷战后中亚非传统安全合作研究/朱新光著.
—上海：上海三联书店，2023.

ISBN 978-7-5426-8081-5

Ⅰ.①冷…　Ⅱ.①朱…　Ⅲ.①国家安全—国际合作—
研究—中亚　Ⅳ.①D736.035

中国国家版本馆 CIP 数据核字（2023）第 060217 号

# 冷战后中亚非传统安全合作研究

著　　者　朱新光

责任编辑　钱震华

装帧设计　陈益平

出版发行　上海三联书店

　　　　　中国上海市漕溪北路 331 号

印　　刷　上海晨熙印刷有限公司

版　　次　2023 年 5 月第 1 版
印　　次　2023 年 5 月第 1 次印刷
开　　本　710×1000　1/16
字　　数　320 千字
印　　张　26
书　　号　ISBN 978-7-5426-8081-5/D・579
定　　价　98.00 元